#Swagg

Deutsch Aktuell 3
Fourth Edition

Roland H. Specht
Shawn C. Jarvis
Isolde Mueller
Wolfgang S. Kraft

Consultants

Jeanine S. Biemel
Upper Arlington High School
Upper Arlington, Ohio

Pat Hewitt Chance
Douglas S. Freeman High School
Henrico County, Virginia

Sharon Gerstacker
Dulles High School
Sugar Land, Texas

Hans J. König
The Blake Schools
Hopkins, Minnesota

Cindy Magrath
Triad High School
St. Jacob, Illinois

Rachel A. Sennert
Palmer High School
Colorado Springs, Colorado

Gunda Vaughan
East High School
Rockford, Illinois

EMC/Paradigm Publishing, Saint Paul, Minnesota

About the Cover

History reflects events that occurred in the development of a people and a country. Interwoven with the historical perspective are the literature, stories and legends that have been passed on from one generation to the next to form today's rich cultural heritage. The cover illustrates a kaleidoscope of historical landmarks and symbols from the German-speaking countries: Germany, Austria and Switzerland. *The Fortress of Hohensalzburg* forms the backdrop of the city of Salzburg. From its beginnings as a wooden stockade in the twelfth century to its present majestic structure, the fortress has been the site of events that shaped the history and culture of Austria and many other European countries. *The Chapel Bridge of Lucerne,* with its octagonal water tower built in the fourteenth century, reflects the spirit of the old city walls and towers. The colorful paintings displayed on this bridge are reminders of Switzerland's past. The *Niederwalddenkmal,* an imposing structure overlooking the Rhine River above the town of Rüdesheim, symbolizes Germany's conflict with France in 1870–71, a time in history that also saw the multiple states and principalities of Germany unified into one country. Finally, the *Edelweiss,* meaning "precious and white," is an indigenous flower that represents freedom and love for the homeland. This flower was celebrated in a song made famous in the film *The Sound of Music.*

In the first two levels of *Deutsch Aktuell,* students formed a solid understanding of the language and culture of today's German-speaking countries. But as they progress, they must gain a deeper appreciation for the history and cultural heritage of these countries. With this in mind, *Deutsch Aktuell 3* familiarizes students with highlights of past centuries and provides glimpses of contributions made in science, literature, and the arts. The German-speaking world of today is brought to light through discussions of such topics as the environment, social problems, health, media and technology. As they continue to relate these topics to their own cultures, students will be able to appreciate Goethe's observation that "you do not know your own language and culture until you have learned another."

Credits

Desktop Production Specialist
Bradley J. Olsen

Illustrator
Hetty Mitchell

ISBN 0-8219-1701-3

© 1999 EMC Corporation

Published by EMC/Paradigm Publishing
875 Montreal Way
St. Paul, Minnesota 55102

Printed in the United States of America
2 3 4 5 6 7 8 9 10 XXX 04 03 02 01 00 99

Hallo Leute!

Es geht weiter! Sie haben schon viel Deutsch gelernt und Sie können auch schon sehr
viel. Aber jetzt wollen wir noch mehr können. Machen wir uns also wieder auf den Weg!
Dieses Buch bereitet Sie auf das Leben im 21. Jahrhundert vor. Sie werden Weleda,
eine weise Frau, und ihren kleinen Freund Kali kennen lernen und mit den beiden
durch die Jahrhunderte reisen — in die alte Zeit und in die Zukunft. Sie werden auch
viel über die deutsche und europäische Geschichte erfahren, zum Beispiel wie Leute
im Mittelalter lebten, wie Gutenberg das erste Buch druckte, wie Johannes Kepler über
unser Solarsystem lernte, und was man heute macht, um die Natur und alte historische
Denkmäler für die Zukunft zu retten.

Wenn Sie Deutsch besser sprechen, lesen und verstehen wollen, wäre es auch eine gute
Idee, mehr über die Leute in deutschsprachigen Ländern zu lernen. Deshalb reisen wir
im Text durch Deutschland, Österreich und die Schweiz und sehen, was die Menschen
für Traditionen haben. Wie kommt man dahin? Das erfahren wir in den Texten „Von
einem Ort zum andern" — da gibt es verschiedene Transportmittel, von Motorrädern
und Eisenbahnen bis hin zum Internet.

Über Hobbys und Freizeitaktivitäten lesen Sie in „Aktuelles". Da finden Sie alles über
alte und neue Hobbys, Berufe und Sport, mit Themen wie Mountainbiking,
Rollstuhlbasketball, Essen in Deutschland und Snakeboarding. Und in „Extra, Extra!"
werden Sie auch tolle Texte von deutschen Autoren und Schriftstellern lesen. Hier
haben Sie viel Gelegenheit, das, was Sie schon können, weiter zu entwickeln und auch
neue Sachen zu lernen. Sie werden viel üben, indem Sie Texte lesen, schreiben, und
Themen besprechen, die für das alltägliche Leben wichtig sind. Um nur ein paar der
Themen zu nennen: Wie verstehen sich die Generationen? Wie lebt man gesund? Was
kann man für die Umwelt tun? Welche Probleme und Träume haben deutsche Schüler?
Alle diese Themen, und viele mehr, finden Sie hier im Buch. Wir sind sicher, es macht
Ihnen Spaß!

Also, los!

Table of Contents

Kapitel 1
Im Herzen Europas *1*

Weleda und Kali *Weleda trifft Kali 2*
Allerlei *Wir leben im Herzen Europas 6*
    Deutschland in Europa 6
    Drei Freunde aus Europa 7
    Das Geburtstagsgeschenk 8
Du und ich *Ein Geburtstagsgeschenk 9*
Rollenspiel *10*
Sprache Coordinating and Subordinating
    Conjunctions *10*
Länder, Kantone und Provinzen
    Der Chiemsee in Bayern 13
Von einem Ort zum andern *16*
    Die Bahn 16
    Kais Reise nach Ingolstadt 17
Rollenspiel *18*
Sprache Expressions for Times of Day *19*
Menschen und Mächte *Karl der Große 21*
    Das Leben vor 1200 Jahren 21
    Besuch von einer weisen Frau 22
Bei uns zu Hause *Wir feiern Geburtstag! 24*
Nützliche Wörter und Ausdrücke
    Zum Geburtstag 26
Rollenspiel *28*
Aktuelles *Die Spielzeugeisenbahn 29*
Extra! Extra! *Lenchens Geheimnis*
    (Michael Ende) 31
Endspiel *34*
Vokabeln *35*

Kapitel 2
Gestern und heute *36*

Weleda und Kali *Weledas Zeitreise*
    geht schief 38
    Wohin soll's gehen? 38
    Was ist schief gegangen? 39
Sprache Verbs Used as Nouns *41*
Allerlei *Eine Reise nach Papenburg 42*
Du und ich *Am Strand 44*
Rollenspiel *45*
Nützliche Wörter und
    Ausdrücke
    Kopfbedeckungen 45
Raten wir mal! *46*
Sprache Present Perfect
    and Narrative
    Past *49*
    Regular Verbs *49*
    Irregular Verbs *51*
Länder, Kantone und
    Provinzen *An der*
    Nordsee 54

Von einem Ort zum andern *56*
    Das Motorrad 56
    Ich kaufe ein Motorrad 58
Rollenspiel *59*
Sprache Time Expressions with the
    Dative *59*
Menschen und Mächte *61*
    Heinrich I. 61
    Die Wikinger 62
Bei uns zu Hause *Bügeln und Putzen 65*
Nützliche Wörter und Ausdrücke
    Arbeiten im Haushalt 66
Rollenspiel *67*
Aktuelles *Essen in Deutschland: gestern*
    und heute 68
Extra! Extra! *Winterkartoffeln*
    (Jo Hanns Rösler) 70
Endspiel *72*
Vokabeln *73*

Kapitel 3
Familie und Nachbarn 74

Weleda und Kali *Familiengeschichten 76*
Allerlei *Umfrage zum Thema: Nachbarn 79*
    Interview 1 79
    Interview 2 80
    Interview 3 81
Du und ich *Kannst du mir mal helfen? 83*
Rollenspiel 84
Sprache *als, wenn, wann 84*
Länder, Kantone und Provinzen
    Die Schweiz und Zürich 86
Von einem Ort zum andern 88
    Das Fahrrad 88
    Martins Fahrradprobleme 89
Nützliche Wörter und Ausdrücke
    Das Fahrrad 90
Rollenspiel 91
Sprache Relative Pronouns 91
Menschen und Mächte *Die letzte deutsche*
    Kaiserin 95
    Im 11. Jahrhundert 95
    Agnes von Poitou 96
Bei uns zu Hause *Der Gelbe Sack 98*
Nützliche Wörter und Ausdrücke
    Müll und Entsorgen 99
Rollenspiel 100
Sprache 100
    Present Subjunctive II:
    Polite Requests and
    Wishes 100
    Compound
    Nouns 102
Aktuelles
    Mountainbiking
    104
Extra! Extra! *Kinder*
    (Bettina Wegner)
    106
Endspiel 108
Vokabeln 109

Kapitel 4
Spaß muss sein 110

Weleda und Kali *Hoppe, hoppe, Reiter! 112*
Sprache Imperative 116
Allerlei *Rockfestival Südpfalz 118*
Du und ich *Streiche und ihre*
    Konsequenzen 121
Wir raten mal! 122
Länder, Kantone und Provinzen *Tirol 122*
Von einem Ort zum andern 124
    Die Mitfahrzentrale 124
    Ruths Mitfahrgelegenheit 125
Rollenspiel 126
Sprache Verb / Preposition
    Combinations 126
Menschen und Mächte *Der Kaiser macht*
    ein Fest 129
Sprache Relative Pronouns after
    Prepositions 131
Bei uns zu Hause *Pannen im Haushalt 132*
Nützliche Wörter und Ausdrücke
    Im Haushalt 134
Rollenspiel 135
Sprache If / Then Clauses, Present
    Tense 135
Aktuelles *Jonglieren 137*
Extra! Extra! *Der Stift (Heinrich Spoerl) 139*
Endspiel 142
Vokabeln 143

Kapitel 5
Österreich 144

Weleda und Kali *Weleda fährt zu den
  Berggeistern* **146**
Allerlei *Wie höflich sind die Leute?* **151**
Du und ich *Du oder Sie?* **154**
Rollenspiel **155**
Sprache **155**
  Comparative and Superlative **155**
  Comparison of Adjectives and
  Adverbs **157**
  Expressing Preferences with
  Comparative and Superlative **159**
Länder, Kantone und Provinzen
  Wien, Budapest und Prag **160**
Von einem Ort zum andern **163**
  Wandern **163**
  Auskunft **164**
Rollenspiel **166**
Sprache If / Then Clauses, Past Tense **166**
Menschen und Mächte *Ein Dichter im
  Mittelalter: Walther von der
  Vogelweide* **168**
Bei uns zu Hause *Ich will mein eigenes
  Zimmer!* **171**
Rollenspiel **171**
Nützliche Wörter und Ausdrücke
  Mein Zimmer **172**
Sprache *Da*-compounds **174**
Aktuelles *Beim Tanzen* **177**
Extra! Extra! *Gedichte (Christian
  Morgenstern)* **179**
  Klein Irmchen **180**
  Die beiden Esel **181**
  Der Frühling kommt bald **182**
  Herr Löffel und Frau Gabel **183**
Endspiel **184**
Vokabeln **185**

Kapitel 6
Spuren der Geschichte 186

Weleda und Kali *Kali bei den Piraten* **188**
Allerlei *Unsere Klasse* **193**
Du und ich *Das Klassentreffen* **195**
Rollenspiel **196**
Sprache **196**
  Modals: Present Perfect **196**
  Modals: Double Infinitives **198**
Länder, Kantone und Provinzen *Die
  Hansestädte Hamburg und Bremen* **199**
  Mit der E-Mail **199**
  Und noch mehr **200**
Von einem Ort zum andern **202**
  Segeln wie vor 100 Jahren **202**
  Willi bewirbt sich um eine Stelle **203**
Rollenspiel **205**
Sprache Modals: Narrative Past **205**
Menschen und Mächte *Die Hanse* **207**
Bei uns zu Hause *Das eigene Zimmer* **209**
Nützliche Wörter und Ausdrücke
  Reparaturen im Haus **211**
Sprache **213**
  Modals: Present Subjunctive **213**
  Modals: Past Subjunctive **213**
Aktuelles *Aus alt mach neu!* **215**
Sprache *wann* and *ob* **218**
Extra! Extra! *Der Erlkönig
  (Johann Wolfgang von Goethe)* **219**
Endspiel **220**
Vokabeln **221**

Kapitel 7
Generationen 222

Weleda und Kali *Kali sucht seine Familie* 224
Allerlei *Probleme zwischen den Generationen* 228
Du und ich *Familienrat* 230
Rollenspiel 231
Sprache *Wo*-compounds 231
Länder, Kantone und Provinzen *Nordrhein-Westfalen* 233
Sprache Passive Voice, Present Tense 236
Von einem Ort zum andern 238
   Die Straßenbahn 238
   Eine Fahrkarte, bitte! 240
Rollenspiel 241
Sprache Modals with the Passive, Present Tense 241
Menschen und Mächte *Gutenberg und der Buchdruck* 242
Bei uns zu Hause *Medien* 244
Nützliche Wörter und Ausdrücke *Medien und Technologien* 246
Sprache Infinitive Clauses with *zu* and *um...zu* 248
Aktuelles *An der Pommesbude* 250
Extra! Extra! *Was kann ein Computer?* 252
Endspiel 254
Vokabeln 255

Kapitel 8
Gesundes Leben 256

Weleda und Kali *Geschichten aus dem Harz* 258
Allerlei *Stress vermeiden vor dem Abitur* 262
Du und ich *Nichts als Ausreden!* 265
Rollenspiel 266
Sprache Passive Voice, Narrative Past 266
Länder, Kantone und Provinzen *Der Harz* 269
Sprache Passive Voice with Modals, Narrative Past 272
Von einem Ort zum andern 274
   Inline Skating 274
   Franz Kramer erzählt 275
Rollenspiel 276
Sprache Relative Pronouns *was* and *wo* 278
Menschen und Mächte *Paracelsus und die moderne Medizin* 279
Bei uns zu Hause *Gesunde Ernährung* 282
Nützliche Wörter und Ausdrücke *Gesundheit und Ernährung* 283
Sprache The Genitive 285
Aktuelles *Rollstuhlbasketball* 287
Extra! Extra! *An den Rollstuhl gefesselt — Leben aus einer anderen Perspektive* 289
Endspiel 290
Vokabeln 291

Kapitel 9
Die Nachbarn in Europa 292

Weleda und Kali *Familiensinn und andere Länder* **294**

Allerlei *Kommt der Euro?* **297**

Du und ich *Was? Schon wieder ein Schülerforum?!* **302**

Rollenspiel 303

Sprache Uses of *werden* **303**

Länder, Kantone und Provinzen

    Straßburg **306**

    Thema 1: Warum Straßburg wichtig für die EU ist **306**

    Thema 2: Die Geschichte Straßburgs und die Verbindung zu Deutschland **308**

    Thema 3: Wichtige Leute, die in Straßburg lebten **309**

Sprache Word Order of Adverbials **310**

Von einem Ort zum andern 312

    Fliegen **312**

    Beim Gepäckdienst **313**

Rollenspiel 314

Sprache Passive Voice with the Subject *es* **314**

Menschen und Mächte *Johannes Kepler und die Bewegung der Planeten* **316**

Bei uns zu Hause *Um uns herum* **319**

Nützliche Wörter und Ausdrücke *Landschaften und Klima* **321**

Sprache *-ung* Nouns from Verbs **322**

Aktuelles *Das Neuste vom Neusten: Snakeboarding* **324**

Extra! Extra! *Fair Play mit der Natur* **326**

    Ein Bericht der Föderation der Natur- und Nationalparks Europas **326**

    Skisport **327**

    Drachenfliegen **328**

Endspiel 330

Vokabeln 331

Extra! Extra! *Das Märchen vom kleinen Herrn Moritz, der eine Glatze kriegte (Wolf Biermann) 364*
Endspiel *366*
Vokabeln *367*

Reference 368

Hand-in-Hand Activities 368
Grammar Summary 372
German-English Vocabulary 388
English-German Vocabulary 414
Index 439
Acknowledgments 440
Credits 443

Kapitel 10
Beziehungen 332

Weleda und Kali *Kali reist ab 334*
Allerlei *Soziale Aktionen 338*
Du und ich *Meinungsumfrage in unserer Stadt 341*
Rollenspiel *342*
Sprache Past Perfect *342*
Länder, Kantone und Provinzen *Die UNESCO Welterbestätten in Deutschland 345*
Von einem Ort zum andern *349*
 Das Internet 349
 Surfen 350
Rollenspiel *351*
Sprache Past Perfect with Modals *351*
Menschen und Mächte *Jahrhundertwenden 353*
Sprache Subordinate Clauses with Question Words *355*
Bei uns zu Hause *Soziale Beziehungen 356*
Nützliche Wörter und Ausdrücke *Zwischenmenschliches 358*
Sprache Past Participles as Adjectives *359*
Aktuelles *Studienprogramme 361*

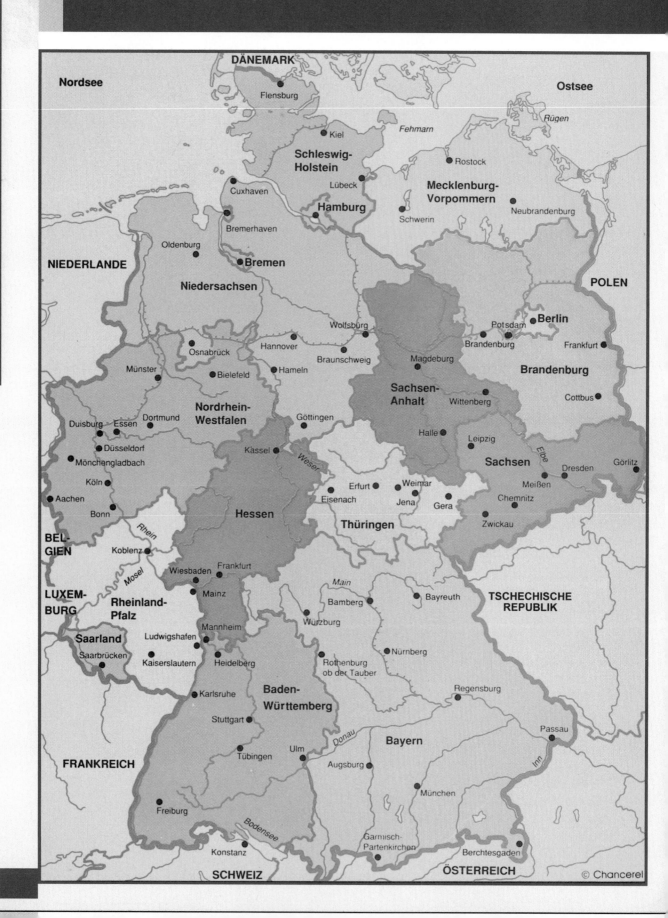

Deutschland

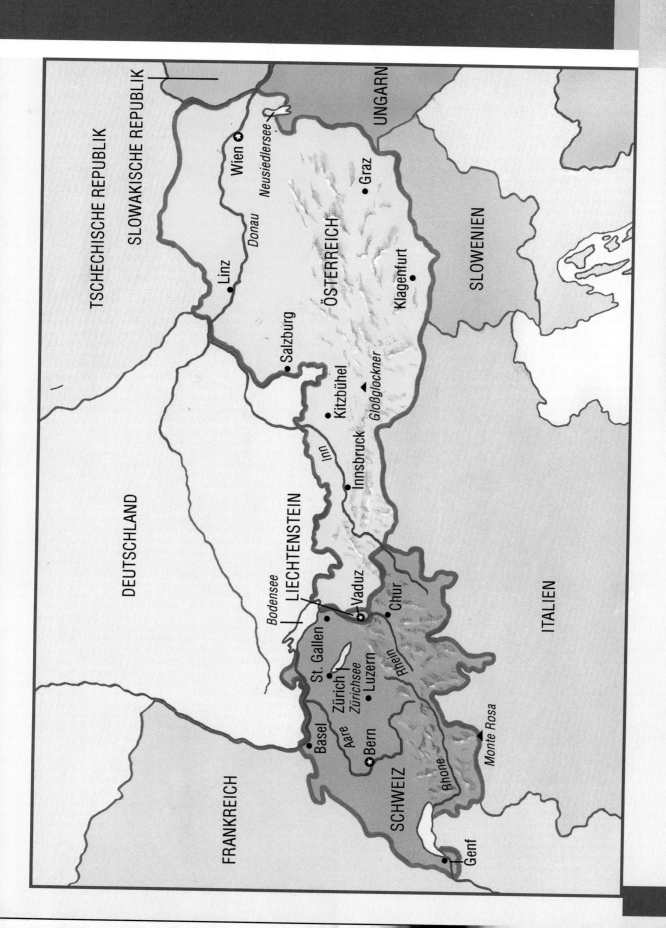

TSCHECHISCHE REPUBLIK

SLOWAKISCHE REPUBLIK

DEUTSCHLAND

FRANKREICH

Linz

Donau

Wien

Neusiedlersee

UNGARN

Graz

ÖSTERREICH

Klagenfurt

SLOWENIEN

Salzburg

Kitzbühel

Gloßglockner

Innsbruck

Inn

LIECHTENSTEIN

Bodensee

Vaduz

Chur

ITALIEN

St. Gallen

Zürich

Zürichsee

Luzern

Rhein

Basel

Aare

Bern

Rhone

Monte Rosa

SCHWEIZ

Genf

Im Herzen Europas

In this chapter you will learn how to:

- offer and accept gifts
- express astonishment and disbelief
- inquire about prices
- avoid direct answers
- inquire about travel arrangements

Weleda trifft Kali

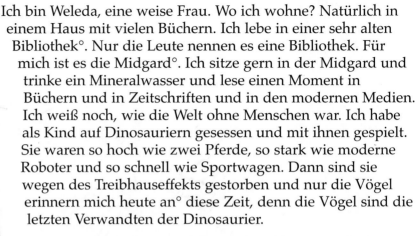

Ich bin Weleda, eine weise Frau. Wo ich wohne? Natürlich in einem Haus mit vielen Büchern. Ich lebe in einer sehr alten Bibliothek°. Nur die Leute nennen es eine Bibliothek. Für mich ist es die Midgard°. Ich sitze gern in der Midgard und trinke ein Mineralwasser und lese einen Moment in Büchern und in Zeitschriften und in den modernen Medien. Ich weiß noch, wie die Welt ohne Menschen war. Ich habe als Kind auf Dinosauriern gesessen und mit ihnen gespielt. Sie waren so hoch wie zwei Pferde, so stark wie moderne Roboter und so schnell wie Sportwagen. Dann sind sie wegen des Treibhauseffekts gestorben und nur die Vögel erinnern mich heute an° diese Zeit, denn die Vögel sind die letzten Verwandten der Dinosaurier.

Solange ich denken kann, ist Midgard meine Welt. Sie verbindet° die alte Welt und die moderne Welt. In der Midgard leben Menschen und Tiere, die die Menschen heute nicht mehr kennen. Midgard ist die Welt von Feen°, mythischen Figuren und Kobolden°, die Welt von Gullivers Reisen und Kapitän Jean-Luc Picard von der Enterprise. In dieser Welt wohne ich auch. Ich kann mit meiner Zeitmaschine in die Geschichte reisen und sehen, was früher passiert ist. Ich kann es sehen, aber ich kann nicht in der Zeit leben. Ich kann auch in die Zukunft reisen, aber nur eine halbe Stunde. Ich verbinde die Tage heute mit der Geschichte früher.

Eines Tages saß ich in meiner Midgard, wie ich sie nenne, und hörte eine leise° Stimme°:

> *Stimme:* Hört mich denn hier keiner? Ich will hier raus. Computer, lass mich los°! Lass mich jetzt gehen!

Diese Stimme kannte ich nicht. Diese Stimme hatte ich noch nie° gehört. Sie war jung und laut°.

> *Stimme:* Jetzt reicht° es mir! Schluss mit diesem Quatsch°! Lass mich sofort los!

Wer konnte das sein? Wer war da in meine Bibliothek gekommen? Das interessierte mich jetzt aber doch! Ich rief: „Wer ist denn da? Wo sind Sie denn?" Konnte das sein? So eine junge Stimme? Das konnte doch kein Erwachsener sein! Da brauchte ich nicht „Sie" zu sagen. Also „du". „Mal sehen, wer du wohl bist", dachte ich mir und folgte der Stimme. Sie wurde immer lauter und führte mich in die Anmeldung meiner Bibliothek. Dort stehen die Computer und die Enzyklopädien. Und dort sah ich nun den kleinen Kobold, der so laut schimpfte:

Kobold: Wie lange muss ich denn hier auf Hilfe° warten? He? Sind Sie die Sekretärin hier? Was treiben Sie denn noch so spät in der Anmeldung? Wie sehen Sie denn aus? Da will ich auf einen anderen Computer-Bus umsteigen, aber es ging nicht. Ich konnte nicht weiter und saß in der Klemme°. Ich konnte mich noch an dieser Kassette festhalten°, ... sonst, ... na, ... ich weiß auch nicht, was sonst.

Da sah ich also den kleinen Mann. Er hatte fast einen Unfall im Computer. Er redete so laut und viel, dass mir schwindlig wurde. Ich wollte ihm aus dem Computer helfen. Er war nur so groß wie mein Finger! Ein junger, kleiner, wütender° Kobold! Toll!

Weleda: Mit wem habe ich das Vergnügen?

Kobold: Erst die Arbeit, dann das Vergnügen! Helfen Sie mir bitte hier raus! Es tut mir weh! Der Computer hat mich festgehalten! Ich wollte hier umsteigen und nach der nächsten Web-Seite fahren. Im Internet, Sie wissen schon.

Weleda: Ich weiß nur, dass du hier bist und dass du wütend und laut bist und dass ich in meiner Bibliothek meine Ruhe haben will. Also, was treibst du in meiner Midgard? Und wie heißt du denn?

Kobold: Ich heiße Karl Webber, aber alle nennen° mich Kali. Ich reise durchs Internet und sehe mir an, was die Leute dort haben. Ich reise immer weiter, von einem Computer zum nächsten. Und jetzt habe ich diesen Unfall hier gehabt. Mein linkes Bein und meine rechte Hand tun weh. Jetzt kann ich nicht weiter, denn ich kann nur reisen, wenn Arme und Beine normal funktionieren. Jetzt muss ich immer hier bleiben. Aber ich will nicht, denn ich bin noch jung! Und ich muss noch so viel sehen und lernen.

Weleda: Nun mach mal keine Witze, Herr Karl Webber! In ein paar Tagen geht es dir wieder besser und du kannst weiter. Jetzt bleib hier und komm mit mir ins Lesezimmer! Ich kann dir helfen.

So lernte ich Kali Webber kennen°. Er wollte nur ein paar Tage bleiben und ist doch viel länger geblieben. Er wollte nur gesund werden und wieder ins Internet, aber dann kam es anders. Kali lernte die Midgard kennen und die vielen Geschichten, die es hier gibt. Und Kali wollte nicht mehr weg. Mir ist es recht, denn nachts und an Wochenenden und an den Festtagen und Feiertagen ist meine Midgard fast zu leise und zu langweilig. Da habe ich jetzt einen jungen Schüler bei mir. Wie schön!

(*die Bibliothek* library; *die Midgard* home of people in Germanic mythology; *sich erinnern an* to remind of; *verbinden* to connect; *die Fee* fairy; *der Kobold* gremlin, imp; *leise* soft; *die Stimme* voice; *loslassen* to let go; *nie* never; *laut* loud; *Es reicht mir!* I've had enough!; *Schluss mit diesem Quatsch!* Enough of this nonsense!; *die Hilfe* help; *in der Klemme sitzen* to have problems; *festhalten* to hold on; *wütend* mad; *nennen* to name; *kennen lernen* to get to know)

1. *Richtig oder falsch?* **Wenn falsch, geben Sie die richtige Antwort!**

    1. Midgard ist eine weise Frau.
    2. In einer Bibliothek gibt es viele Bücher.
    3. Weleda trinkt gern Mineralwasser.
    4. Weleda fährt einen Sportwagen.
    5. Weleda kann sehen, was später passieren wird.
    6. Kali Webber ist ein junger Kobold.
    7. Kali Webber kommt aus einem Buch raus.
    8. Kali braucht gesunde Hände und Beine zum Reisen.
    9. Weleda ist froh, dass Kali in der Bibliothek bleibt, weil sie nicht mehr so allein ist.
    10. Am Wochenende ist es nie langweilig in der Bibliothek.

2. *Ergänzen Sie die folgenden Sätze!* **Die Anfangsbuchstaben der Antworten (von oben nach unten gelesen) bilden ein wichtiges Wort, das Sie im Text gelesen haben.**

    1. Weleda liest in den modernen _____.
    2. Kali wollte nach der nächsten Web-Seite _____ Internet umsteigen.
    3. Kali reist durchs Internet und sieht sich an, was _____ Leute dort machen.
    4. Weleda hat als Kind mit Dinosauriern _____.
    5. Der Kobold heißt Karl Webber, _____ alle nennen ihn Kali.
    6. Kali kann nur durchs Internet _____, wenn sein Körper ganz gesund ist.
    7. Weleda sagt Kali: „Ich kann _____ helfen."

Allerlei

Wir leben im Herzen° Europas

Deutschland in Europa

In der Mitte von Europa liegt Deutschland. Es hat sechzehn Bundesländer°, viele Nachbarländer, viele Städte, viele alte Dörfer°, und mehr als 80 Millionen Menschen. Deutschland hat auch viele alte Traditionen. In jedem Dorf haben die Einwohner ihre Feste und Feiertage, ihre Geburtstage und Beerdigungen°, ihre Taufen° und Hochzeiten°. Aber viele Menschen, die in Deutschland leben°, kommen aus anderen Ländern. Manche von ihnen kommen aus den Nachbarländern, z. B. (zum Beispiel) im Westen aus Frankreich, im Süden aus Österreich, im Osten aus der Tschechischen Republik und Polen, oder im Norden aus Dänemark. Und andere kommen aus Slowenien, der Türkei, Griechenland oder Italien. Im Westen von Deutschland ist die älteste deutsche Stadt, Trier. Dort leben drei Freunde. Sie kommen aus drei europäischen Ländern.

(*das Herz* heart; *das Bundesland* federal state; *das Dorf* village; *die Beerdigung* funeral; *die Taufe* baptism; *die Hochzeit* wedding; *leben* to live)

---

3. **Benutzen Sie Wörter aus dem Text, um die Sätze zu ergänzen!**

   1. ___ liegt in der Mitte von Europa, westlich von Polen und der Tschechischen Republik.
   2. ___ und Städte gibt es in diesem Land.
   3. ___ Menschen leben in Deutschland.
   4. ___ haben in ihren Dörfern Feste und Feiertage.
   5. ___ kommen aus anderen Ländern nach Deutschland.
   6. ___ und Geburtstage und Hochzeiten feiern die Leute.
   7. ___ sind zwei Nachbarländer im Osten von Deutschland.
   8. ___ ist ein Nachbarland im Norden.

Drei Freunde aus Europa

Neben dem Kaufhaus treffen sich Frau Dr. Melanie Dupont, Frau Ingrid Schwarz und Herr Rudolf Polasky. Frau Dr. Dupont lebt schon seit zehn Jahren in Trier. Sie kommt aus Albi im Südwesten von Frankreich und unterrichtet seit vielen Jahren Französisch am Gymnasium. Sie lebt gern in Deutschland, aber sie findet, dass das französische Brot immer noch am besten schmeckt. Deshalb hat sie ein französisches Brot gekauft. Sie hält es in Papier unter ihrem Arm und will es mit nach Hause nehmen.

Trier

Frau Dr. Dupont trifft Frau Schwarz. Frau Schwarz lebt schon immer in Trier. Sie ist dort zur Schule gegangen, hat eine Ausbildung° gemacht und arbeitet jetzt bei Horten als Verkaufsleiterin°. Sie kommt jetzt nach der Arbeit aus dem Kaufhaus Horten. Dort hat sie auch eine teure Kamera gekauft. Die Kamera ist für ihren Mann, Herrn Trentani, denn er wird morgen 30 Jahre alt. Seinen Geburtstag wollen sie morgen feiern.

Wo treffen sich Frau Dr. Dupont, Frau Schwarz und Herr Polasky?

Die dritte Person ist Rudolf Polasky. Er lebt jetzt auch in Trier, aber er kommt aus Polen. Er kommt aus Krakau. Diese Stadt in Polen ist wegen ihrer Kultur und der Universität berühmt. Dort hat er Informatik° studiert. Herr Polasky ist heute Computerspezialist. Computer und Romane° machen ihm Spaß. Er schreibt als Hobby Sciencefiction und kleine Romane.

Die drei unterhalten sich über den Unterricht von Frau Dr. Dupont. Im Vergleich zu Deutschland lernen die französischen Schüler weniger Sprachen, aber im Vergleich zu Polen lernen die deutschen Schüler weniger Sprachen. Also ist Herr Polasky stolz, weil die Schüler in Polen mehr lernen. „Wir sind eben ökonomisch schwach°, aber akademisch stark°!" meint Herr Polasky mit einem Lachen. Er findet, dass seine alte Universität besonders gut ist. Dort hat er seine Liebe° für Wissenschaft° und die Literatur gefunden und schreibt seitdem seine eigenen Geschichten. Er hat die Geschichten „Reise durchs Telefon" geschrieben. Die sind echt toll.

„Wir sind eben ökonomisch schwach, aber akademisch stark!"

(*die Ausbildung* education, training; *die Verkaufsleiterin* sales manager; *die Informatik* computer science; *der Roman* novel; *schwach* weak; *stark* strong; *die Liebe* love; *die Wissenschaft* science)

4. *Von wem ist hier die Rede?* Diese Person...

1. kommt aus Albi im Südwesten Frankreichs.
2. hat morgen Geburtstag.
3. schreibt Geschichten.
4. arbeitet bei Horten.
5. kommt aus Polen.
6. unterrichtet an einem Gymnasium in Trier.
7. hat eine Kamera gekauft.
8. arbeitet mit Computern.
9. lebt schon immer in Trier.
10. ist der Mann von Frau Schwarz.

Das Geburtstagsgeschenk

Melanie Dupont: Hallo, Ingrid! Grüß dich, Rudolf! Schön, euch in der Stadt zu treffen! Was macht ihr denn?

Ingrid Schwarz: Tag, Melanie! Ich komme gerade von der Arbeit. Ich habe heute nur einen halben Tag gearbeitet. Heute Nachmittag habe ich frei. Ich muss einen Geburtstagskuchen für meinen Mann backen. Sein Geschenk, eine Kamera, habe ich schon gekauft.

Was wird Ingrid Schwarz am Blumenstand kaufen?

Rudolf Polasky: Ja, dein Mann hat wieder Glück. Ein Geburtstagskuchen und eine Kamera, das sind schon tolle Geschenke.

Melanie Dupont: Ach, lieber Rudolf! Du bekommst doch auch immer tolle Geschenke zum Geburtstag, oder?

Rudolf Polasky: Nein, so schöne Geschenke bekomme ich nicht. Ich habe ja keine Frau und meine ehemalige Freundin hat jetzt einen anderen Freund.

Melanie Dupont: Ja, Rudolf, du hast ein schweres Leben. Wenn du das nächste Mal Geburtstag hast, kaufen wir dir ein schönes Geschenk.

Rudolf Polasky: Oh, danke. Ich freue mich schon jetzt. Bekommt dein Mann denn auch Blumen zum Geburtstag, Ingrid?

Ingrid Schwarz: Oh, gut, dass du das sagst. Die darf ich nicht vergessen. Rote Rosen müssen es sein. Drei Stück.

Melanie Dupont: Da ist ja ein Blumenstand. Nimm doch gleich drei Rosen mit!

Du und ich

Ein Geburtstagsgeschenk

Rollenspiel

Sie haben gerade die Situation mit Kali, Herrn und Frau Koller gelesen. Frau Koller hat ihrem Mann also ein Bild des niederländischen Malers van Gogh gekauft. Das Bild ist sehr teuer. Herr Koller ist nicht so froh und Frau Koller weiß nicht, was sie sagen soll. Wie geht es weiter? Was passiert jetzt? Benutzen Sie Kalis Ideen oder Ihre eigenen, um den Dialog mit einem Partner oder einer Partnerin weiterzuspielen!

Sprache

Coordinating and Subordinating Conjunctions

Coordinating conjunctions *(denn, aber, sondern, und)* link ideas together, without necessarily indicating which aspect of the sentence is more important. When you use coordinating conjunctions, you do not have to change the position of the elements in the sentence. The coordinating conjunctions are an invisible glue that holds two sentences together.

Ich möchte heute Abend ins Kino, aber ich muss arbeiten.
I would like to go to the movies tonight, but I have to work.

Ich möchte heute Abend ins Kino und dann in die Disko.
I would like to go to the movies tonight and then to the disco.

Ich möchte heute Abend ins Kino, denn es gibt einen interessanten neuen Film.
I would like to go to the movies tonight because there is an interesting new movie out.

Ich möchte heute Abend nicht ins Kino, sondern in die Disko.
I don't want to go to the movies tonight, but rather to the disco.

Subordinating conjunctions *(da, dass, ob, weil)* are *not* invisible glue—you can always see where they connect the sentences because they push the main verb to the end of the clause.

Ich möchte heute Abend ins Kino, weil es einen interessanten neuen Film <u>gibt</u>.
I would like to go to the movies tonight, because there's an interesting new movie out.

Meine Mutter sagt, dass ich heute ins Kino gehen <u>darf</u>.
My mother says that I may go to the movies tonight.

Sie möchte heute Abend ins Kino, denn es gibt einen
interessanten alten Film.

Kapitel 1

5. Was passt hier am besten?

1. Rudolf lebt jetzt in Trier,
2. Das Geschenk ist für Herrn Trentani,
3. Die drei Freunde treffen sich vor Horten
4. Melanie isst gern deutsches Brot,
5. Die deutschen Schüler lernen mehr Sprachen als die französischen Schüler,
6. Melanie kauft lieber französisches Brot,
7. Ingrid fährt in die Stadt,
8. Rudolf arbeitet mit Computern

a. denn sie isst es gern.
b. aber sie findet französisches Brot besser.
c. aber sie können weniger Sprachen als die polnischen Schüler.
d. aber er kommt aus Polen.
e. denn sie braucht ein Geschenk für ihren Mann.
f. und unterhalten sich über den Unterricht von Frau Dr. Dupont.
g. und schreibt Romane.
h. denn er hat morgen Geburtstag.

6. Bilden Sie Sätze!

1. Melanie Dupont unterrichtet Französisch / weil / sie / kommt / aus Frankreich
2. Rudolf Polasky kann Polnisch / aber / er / spricht / kein Französisch
3. Rudolf Polasky liest viele Bücher / und / er / schreibt / Sciencefiction und Romane
4. Frau Dr. Dupont ist froh / dass / sie / trifft / ihre Freunde in der Stadt
5. Ingrid Schwarz sucht ein Geschenk / denn / ihr Mann / hat / morgen Geburtstag
6. Herr Trentani bekommt eine Kamera / weil / er / fotografiert / gern / die Natur
7. Frau Dr. Dupont fährt oft nach Frankreich / da / ihre Familie / lebt / dort
8. Herr Polasky sieht viele Sciencefictionfilme / weil / er / bekommt / Ideen / für seine Romane

Die Schüler gehen gern auf den Schulhof, weil dort immer etwas los ist.

7. *Hand-in-Hand.* **This is a speaking activity for partners. One student looks at this page, the other student looks at page 368 in the appendix. You must interview one another to complete the chart, but don't show your page to your partner! Your partner has the information for the blanks in your chart and you have the information for the blanks in your partner's chart.**

◆ *Person 1:* Warum lebt Melanie Dupont in Trier?
◆ *Person 2:* Melanie Dupont lebt in Trier, weil sie hier Französisch unterrichtet.

	Melanie Dupont	Ingrid Schwarz	Rudolf Polasky
Warum lebt er/sie in Trier?	Sie unterrichtet hier Französisch.	Sie lebt schon immer in Trier.	
Warum geht er/sie einkaufen?	Sie braucht Brot.		Er braucht ein Buch.
Warum lernt er/sie Sprachen?	Sie reist gern.	Sie hat internationale Freunde.	
Warum geht er/sie nach Hause?			Er muss heute das Abendessen kochen.

8. **Schreiben Sie die Sätze zu Ende mit der Information aus** *Hand-in-Hand*!

◆ Melanie lebt in Trier, weil ___.
sie hier Französisch unterrichtet

1. Melanie geht nach Hause, weil ___ .
2. Rudolf geht einkaufen, weil ___.
3. Ingrid lernt Sprachen, weil ___.
4. Melanie geht einkaufen, weil ___.
5. Ingrid geht nach Hause, weil ___.
6. Rudolf lebt in Trier, weil ___.
7. Melanie lernt Sprachen, weil ___.
8. Ingrid geht einkaufen, weil ___.

Warum lebt Rudolf Polasky in Trier?

Länder, Kantone und Provinzen

Der Chiemsee in Bayern

Ein Report von Erna und Siegfried Meurer

Erna: Mein Mann Siegfried und ich fahren gern durch Europa und besuchen Städte, Länder, Seen, Strände und Leute. Wir wohnen im Saarland. Das ist ein kleines Bundesland im Südwesten Deutschlands. Es kam erst 1957 wieder zu Deutschland. In den Jahren zwischen 1945, als der Zweite Weltkrieg° zu Ende war, und 1956 waren viele Franzosen hier.

Unsere Heimatstadt° heißt Saarbrücken. Mit dem Auto fahren wir oft in zehn Minuten nach Frankreich. Das ist heute sehr leicht. Siegfried fährt immer sehr schnell, aber er sieht fast nie in den Innenspiegel. Wir haben viel Zeit zum Reisen, denn mein Mann arbeitet nicht mehr und unsere Kinder sind groß.

Wenn wir in die Ferien fahren, fahren wir oft mit dem Zug, weil wir Seniorenpässe° bekommen und das Reisen dann sehr preiswert ist. Dann habe ich auch keine Angst, denn Siegfried kann nicht zu schnell fahren!

Ich möchte jetzt gern von unserer Fahrt mit dem Zug nach Bayern erzählen. Das war eine tolle Reise! Wir fahren nicht gern am Wochenende, denn alle jungen Familien sind dann im Zug. Wir fahren gern am Dienstag los° und kommen am Donnerstag nach Hause. Ich mache Fotos und mein Mann sieht aus dem Fenster.

Meurers kaufen Seniorenpässe.

Dienstag sind wir also losgefahren. Erst nach Stuttgart, dann Nürnberg, Rosenheim bis nach Prien. Wir haben in Prien ein Hotelzimmer genommen und sind morgens früh aufgestanden. Siegfried, sag doch auch mal was!

Siegfried: Ja, ja, so war das. Wir haben in Prien übernachtet. Als wir frühstückten, hat die Sonne so schön geschienen, nicht, Erna?

Erna: Erzähl doch lieber, was wir gemacht haben! Wir sind an diesem Tag mit dem Schiff auf dem Chiemsee gefahren. Auf der

Herreninsel ist ein Schloss von diesem bayrischen Märchenkönig°, Ludwig dem Zweiten. Siegfried, weißt du noch?

Siegfried: Ja, ja, Erna. So war das. Mit dem Schiff. Auf dem Chiemsee. Bis zur Herreninsel. Wir haben aber zuerst den Fahrplan und die Karte genau angesehen.

Erna: Dann habe ich die Fahrkarten gekauft. Wir sind zum Schiff gegangen. Ein Touristenboot fährt immer auf dem Chiemsee. Immer von Prien zu den zwei Inseln°, zur Herreninsel und Fraueninsel.

Was haben sich Herr und Frau Meurer genau angesehen?

Wir sind zuerst bis zur Herreninsel gefahren. Dort ist das Königs-schloss Herrenchiemsee mit einem schönen Park, einem Wasserspiel° und vielen Figuren. Und dieses Schloss! Das viele Gold und die vielen Figuren und Spiegel° und Bilder. Das vergesse ich nie!

Siegfried: Ja, ja, alles sehr barock. Viel Gold, ja, ja. Spiegel aus der noblen° Zeit.

Erna: Ich musste viel fotografieren. Alles war so schön! Aber man fühlt sich etwas fremd in einer so noblen Umgebung. Im Schloss vom König Ludwig dem Zweiten von Bayern sind viele Zimmer fertig. Aber nicht alle. Es gibt auch noch Zimmer und Flure°, die noch nicht fertig sind. Die werden immer als Kontrast dienen°. Dann sieht man erst, wie viel Geld so ein Schloss kostet. Meinst du nicht auch, Siegfried?

Die Fraueninsel sieht märchenhaft aus.

Ein Touristenboot fährt immer auf dem Chiemsee.

Siegfried: Es kostet viel Geld. Der Ludwig hatte am Ende kein Geld mehr. Er hat alles in seine Schlösser investiert. Und dann ist er im See ertrunken°. Der war noch sehr jung. Erst 41 Jahre, als er ertrank. Geboren° im Jahr 1845. Und 1886 war der dann tot°, der Ludwig der Zweite.

Erna: Aber heute sind wir froh, dass „Ludwig der Märchenkönig" die Schlösser Herrenchiemsee, Linderhof und Neuschwanstein gebaut hat.

Siegfried: Der hat nichts gebaut, nein, nein. Das hat der nicht, der Ludwig. Der hat bauen lassen. Der hat nur investiert.

Erna: Jetzt maule° mal nicht, Siegfried! Die Reise war doch schön, oder? Und dann die Fraueninsel! Alle sagen, dass sie noch schöner ist. Älter und eindrucksvoller°. Und am Donnerstag waren wir wieder in Saarbrücken, denn Freitagmorgen musste Siegfried ja zum Arzt. Weil er doch so Rückenschmerzen hat. Tut es denn noch weh, Siegfried?

Siegfried: Ja, ja. Der Rücken tut weh, aber das war eine schöne Reise. Am Freitag musste ich zum Doktor Filbinger; das hast du ja schon gesagt, Erna.

Erna: Ach, wir haben noch nicht so viel von der Fraueninsel erzählt! Die war ja auch so schön! Noch schöner als die Herreninsel. Nur etwas kleiner. Ich habe schon so viele Fotos gemacht. Fotografieren ist meine Sache. Und Siegfried fährt mit mir mit.

Man findet interessante Statuen im Schlossgarten.

Wer hat Schloss Herrenchiemsee gebaut?

(*der Zweite Weltkrieg* World War II; *die Heimatstadt* hometown; *der Seniorenpass* senior citizen rail pass; *losfahren* to leave, take off; *der Märchenkönig* fairy-tale king; *die Insel* island; *das Wasserspiel* fountain; *der Spiegel* mirror; *nobel* noble, feudalistic; *der Flur* hallway; *dienen* to serve; *ertrinken* to drown; *geboren* born; *tot* dead; *maulen* to complain; *eindrucksvoll* impressive)

Im Herzen Europas

9. **Beantworten Sie die Fragen!**

   1. Wo wohnen Herr und Frau Meurer?
   2. Wie fährt Siegfried Meurer mit seinem Auto?
   3. Wie kommen die Meurers zur Herreninsel?
   4. Wie heißt das Schloss auf der Herreninsel?
   5. Was gefällt Erna Meurer im Schloss?
   6. Warum hatte Ludwig der Märchenkönig am Ende kein Geld mehr?
   7. Welche Insel gefällt Erna Meurer besser? Warum?
   8. Warum musste Herr Meurer am Freitag wieder in Saarbrücken sein?
   9. Wer macht die Fotos?

10. *Was stimmt hier nicht?* **Verbessern Sie den falschen Teil!**

   1. Das Saarland ist ein großes Bundesland im Norden Deutschlands.
   2. Die Meurers fahren mit dem Zug nach Berlin.
   3. Erna und Siegfried wohnen in Prien in einer Pension.
   4. Das Schloss Herrenchiemsee ist auf der Fraueninsel.
   5. Alle Zimmer im Schloss Herrenchiemsee sind fertig.
   6. Ludwig der Märchenkönig ist 1845 gestorben.
   7. Ludwig hat zwei Schlösser gebaut.
   8. Siegfried musste am Freitagnachmittag zum Arzt.

Von einem Ort zum andern

Die Bahn°

Wenn Sie schnell und bequem° an Ihr Ziel kommen wollen, dann fahren Sie mit der Bahn. Die Deutsche Bahn hat ein tolles System von Zügen, die durch ganz Deutschland und auch ins Ausland° fahren. Wenn man mit der Bahn fahren will, muss man wissen:

   1. wohin man fahren will,
   2. an welchem Tag man fahren möchte (der Abreisetag°),
   3. um wie viel Uhr man abfahren will (die Abfahrt°),
   4. wann man ankommen möchte (die Ankunft°),
   5. mit welcher Klasse (1. oder 2. Klasse) man fahren will.

Die Erste Klasse ist normalerweise° 50 Prozent teurer als die Zweite Klasse. Man kann auch für die Fahrt einen Sitzplatz im Zug reservieren. Dann weiß man, dass man nicht die ganze Zeit stehen muss, und man kann sagen, ob man im Raucher- oder Nichtraucher-Wagen° sitzen möchte. Es gibt Großraumwagen (die ein bisschen wie Flugzeuge aussehen) oder Abteilwagen (die wie Züge in alten Filmen aussehen mit kleinen Abteilen für sechs Personen).

Es gibt viele verschiedene Züge. Der IntercityExpress (ICE) und der EuroCity (EC) verbinden die europäischen Zentren. Der InterCity (IC), der Großstädte verbindet, ist besonders schnell und hält nur in größeren Städten an. Der InterRegio (IR) verbindet Städte in einer Region; der Schnellzug (D), der RegionalExpress (RE), die RegionalBahn (RB), und der StadtExpress (SE) sind etwas langsamere Züge, die in vielen kleinen und großen Städten anhalten. Manche Züge haben ein Restaurant oder ein Bistro Café. Man kann gut sitzen, die Landschaft° sehen und auch gut essen.

Es gibt viele verschiedene Züge.

(*die Bahn* railroad, train; *bequem* comfortable; *das Ausland* foreign country; *der Abreisetag* day of departure; *die Abfahrt* departure; *die Ankunft* arrival; *normalerweise* normally; *der Nichtraucher-Wagen* nonsmoking car; *die Landschaft* landscape)

Kais Reise nach Ingolstadt

Man kann preiswert mit der Bahn fahren. Es gibt Juniorenpässe für Schüler, Seniorenpässe für Senioren und Monatskarten für Geschäftsleute°. Aber manchmal muss man einfach eine Karte kaufen, so wie Kai.

Kai kauft eine Fahrkarte.

Kai: Guten Tag!

Beamtin: Guten Tag!

Kai: Ich möchte eine Fahrkarte kaufen.

Beamtin: Wohin?

Kai: Von Bochum nach Ingolstadt.

Beamtin: An welchem Tag?

Reiseverbindungen   Deutsche Bahn DB

VON   Bochum Hbf
NACH   Ingolstadt Hbf
ÜBER   Gültig am Freitag, dem 09.05.97

BAHNHOF

                        UHR   ZUG   BEMERKUNGEN
Bochum Hbf
Kassel-Wilhelmshöhe   ab 11:22 IR 2459 Bistro Cafe
                      an 13:55
Nürnberg Hbf   ab 14:21 ICE 789 2
                      an 16:18
Ingolstadt Hbf   ab 16:48 RE 4067
                      an 18:16
Dauer: 6:54 h, fährt täglich
Preis: 198,00/298,00 DM (2./1.Kl.)
über (BI/HA)*(ICE:KS*N)*TREU

Kai:	Am 9. Mai.
Beamtin:	Einfach°, oder hin und zurück°?
Kai:	Einfach. 2. Klasse, bitte. Sagen Sie mir auch die schnellste Verbindung°, ohne Umsteigen.
Beamtin:	Leider müssen Sie in Kassel und Nürnberg umsteigen, aber das ist die schnellste Verbindung. Die Fahrt dauert dann nur 6 Stunden 54 Minuten. Sie fahren zuerst mit dem InterRegio, dann mit dem InterCityExpress, und von Nürnberg mit dem RegionalExpress.
Kai:	Und wann fahre ich?
Beamtin:	Abfahrt ist 11.22. Gleis 7. Ankunft 18.16 in Ingolstadt.
Kai:	OK. Und wie viel kostet die Fahrt?
Beamtin:	198 DM.
Kai:	Gut, aber ich möchte auch einen Sitzplatz reservieren.
Beamtin:	Großraumwagen oder Abteil?
Kai:	Großraumwagen bitte, und Nichtraucher.
Beamtin:	Ja... Also, Wagen 51, Platz 65. Die Reservierung kostet 3 DM.
Kai:	Vielen Dank! Auf Wiedersehen!
Beamtin:	Auf Wiedersehen und gute Reise!

Wie lange dauert die Fahrt?

(*die Geschäftsleute* businesspeople; *einfach* one-way; *hin und zurück* round-trip; *die Verbindung* connection)

Rollenspiel

Jetzt fahren Sie mit der Bahn von Berlin nach Braunschweig! Hier haben Sie die Reiseverbindung von der Deutschen Bahn und die Reservierung. Arbeiten Sie mit einem Partner/einer Partnerin! Eine Person ist der Tourist/die Touristin, die andere Person ist der

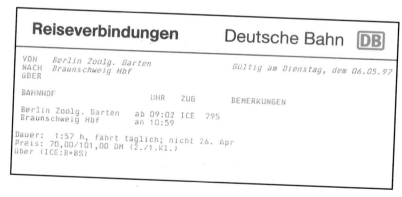

Beamte/die Beamtin. Die reisende Person muss einen Sitzplatz reservieren, den Abreisetag sagen, nach der Ankunftszeit fragen und alles andere machen, um die Reise vorzubereiten. Viel Erfolg!

11. Was passt hier am besten?

1. Abreise
2. Großraumwagen
3. Fahrt
4. Fahrkarte
5. Bahn
6. Geschäftsleute
7. Ankunft
8. Sitzplatz
9. Ausland
10. Zentrum

a. Man kommt am Ziel an.
b. Ein anderes Wort für „Mitte".
c. Die braucht man, um mit dem Zug zu reisen.
d. Dann fährt man ab.
e. Man fährt nicht in Deutschland, sondern in ein anderes Land.
f. Ein anderes Wort für „Reise".
g. Man braucht dafür meistens eine Reservierung, wenn man nicht stehen will.
h. Sie arbeiten bei Firmen.
i. Er sieht ein bisschen wie ein Flugzeug aus.
j. Ein anderes Wort für „Zug".

Sprache

Expressions for Times of Day

To express when something has happened or is going to occur, you use general time expressions. You can combine adverbs with parts of the day to indicate specific times:

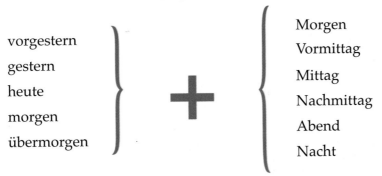

vorgestern
gestern
heute
morgen
übermorgen

+

Morgen
Vormittag
Mittag
Nachmittag
Abend
Nacht

Note: The time expression *morgen Morgen* does not exist. Use *morgen früh*.

These time expressions usually occur directly after the verb in main clauses; in subordinate clauses they occur after the subject.

Ich arbeite heute sehr lange, weil ich morgen früh mein Projekt fertig haben muss.
I'm working late today because I have to have my project done for tomorrow morning.

12. Machen Sie Sätze mit den folgenden Wörtern!

1. Ich / spielen / heute Nachmittag / Tennis / weil / es / regnen / morgen
2. Wir / besuchen / morgen früh / das Museum / weil / unser Urlaub / gehen / morgen Nachmittag / zu Ende
3. Sabine / gehen / heute Abend / ins Kino / weil / der Film / spielen / heute / zum letzten Mal
4. Ihr / suchen / heute Vormittag / euere Reisekarten / weil / ihr / machen / heute Nachmittag / eine Reise
5. Er / einkaufen / heute Mittag / weil / er / kochen / heute Abend
6. Hans und Peter / lernen / heute Nacht / weil / sie / haben / morgen früh / eine Prüfung
7. Du / reparieren / heute Nachmittag / das Fahrrad / weil / du / machen / morgen Nachmittag / eine Radtour
8. Kevin / zubereiten / heute Abend / viel Essen / weil / er / haben / morgen früh / keine Zeit

13. *Was wollen Sie alles machen?* **Sie wollen wissen, was Ihre Freunde und Freundinnen heute, morgen, oder übermorgen machen. Sie müssen mindestens fünf Schüler und Schülerinnen fragen, was sie heute Morgen, heute Mittag, morgen Nachmittag, und zu anderen Zeiten machen! Schreiben Sie auf, wer was wann macht! Sie können die Information in eine Tabelle schreiben, wie im folgenden Beispiel.**

◆ Was machst du heute Vormittag? Was machst du übermorgen Nachmittag?

	heute	morgen	übermorgen
Vormittag		Carla: lange schlafen	
Morgen	Rita: mit dem Bus fahren		
Mittag			Jana: Oma besuchen
Nachmittag			Jessica: zu Hause bleiben
Abend	Britta: sich einen Film ansehen		

14. Machen Sie jetzt ganze Sätze aus Ihren Notizen!

◆ Britta sieht sich heute Abend einen Film an.
◆ Carla schläft morgen Vormittag lange.

Menschen und Mächte

Karl der Große

> **Steckbrief°**
> **Name:** Karl
> **Geburtstag:** 2. April 742
> **Eltern:** Pippin und Berthrada
> **Geschwister°:** Karlmann, gestorben 771
> **Beruf°:** Kaiser°
> **Todestag°:** 28. 1. 814
> **Wichtigster Tag:** 25. 12. 800 in Rom. Karl wird zum Kaiser gekrönt° und heißt jetzt „Karl der Große"

Das Leben vor 1200 Jahren

In den Jahren nach 760 sprechen die Leute zum ersten Mal über die *theodisca lingua*, die deutsche Sprache. Sie ist nicht wie die Sprache der Franzosen im Westen und die lateinische Sprache aus dem Süden. Sie ist die Sprache der einfachen Leute, Franken und Germanen, die zum Reich° Karls des Großen gehören. Karl der Große ist seit 768 König° in dem Reich, das sein Vater an ihn und seinen Bruder Karlmann übergeben° hat. Karlmann herrscht° im Süden und Karl im Norden. Die beiden Brüder mögen sich nicht und die Mutter Berthrada und der Vater Pippin sorgen sich deshalb sehr. Aber Karlmann lebt nur bis 771 und Karl wird König von beiden Teilen des Reiches. Er ist ein guter Politiker und ein noch besserer General. Er macht sein Reich immer größer, bis er am Weihnachtstag des Jahres 800 in Rom zum Kaiser gekrönt wird. Jetzt hat er den Titel „Karl der Große", weil er Kaiser in Europa und König der Franken und Langobarden ist.

Der Dom in Aachen

Karl der Große

Er ist ein *Patricius Romanorum*, also ein römischer Herr und Politiker. Das heißt auch, dass Italien, Deutschland und Frankreich zusammen in einem großen Kaiserreich° sind. Karl lebt die meiste Zeit in Aachen und baut dort einen großen Palast. In Deutschland heißt Aachen auch heute noch die Kaiserstadt, weil Karl dort gelebt hat.

Karl ist der letzte europäische Herrscher°, der große Teile von Europa vereinigt°. Man kann also sehen, dass Kaiser Karl im Herzen Europas das tut, was heute die Europäische Union versucht: die Länder Europas zusammenzubringen.

(*der Steckbrief* personal data; *die Geschwister* siblings; *der Beruf* profession; *der Kaiser* emperor; *der Todestag* day of death; *krönen* to crown; *das Reich* empire; *der König* king; *übergeben* to hand over; *herrschen* to rule; *das Kaiserreich* empire; *der Herrscher* ruler; *vereinigen* to unite)

15. Was stimmt hier nicht?

1. Karl hat zwei Schwestern.
2. Vor dem Jahr 800 ist Karl schon Kaiser gewesen.
3. Karl und Karlmann haben das Reich von ihrer Mutter bekommen.
4. Karl und sein Bruder verstehen sich sehr gut und sind Freunde.
5. Karl ist ein besserer Politiker als ein General.
6. Karl wird zu Neujahr des Jahres 800 zum Kaiser gekrönt.
7. Die Europäische Union will alle Länder Europas verbinden.
8. Karl stirbt vor seinem Bruder.

Besuch von einer weisen Frau

Wie war das Leben der Menschen vor 1200 Jahren? Wie lebten sie? Wie arbeiteten sie? Was taten sie? Wie redeten sie? Diese Fragen hatte Weleda, als sie in ihrer Bibliothek ein Buch über Karl den Großen fand und es von vorne bis hinten las. Das war ja sehr interessant! Das musste sie genauer wissen. Sie stieg schnell in ihre Zeitmaschine und besuchte Karl in der Altstadt von Aachen. Dort wohnte er in seinem Palast.

Weleda: Guten Tag, mein Herr! Keine Angst! Ich bin Weleda, eine weise Frau. Ich komme aus dem Jahre 2000 und besuche die alte Zeit. Ich möchte mit Karl dem Kaiser sprechen.

Karl der Große: Da haben Sie die richtige Person gefunden, meine Dame. Sie sind aber sehr gut, wenn Sie aus der Zukunft zu Besuch kommen können.

Weleda: Meine Zeitmaschine macht es möglich! Aber ich bin nicht gekommen, um über meine Zeitmaschine oder mich zu sprechen, sondern ich bin gekommen, um Ihnen ein paar Fragen zu stellen.

Karl der Große: Oh? Aber zuerst: was darf ich Ihnen anbieten?

Weleda: Nichts, danke. Ich kann hier nichts essen oder trinken. Ich kann nur hier sein und sprechen und hören. Ich möchte wissen, wie die Menschen in Ihrem Reich leben.

Karl der Große: Den Menschen geht es besser als vor 30 Jahren. Sie arbeiten als Bauern° und als Arbeiter. Jeder Bauer hat drei Felder° für seinen Bauernhof. Ein Jahr pflanzt° er Sommerweizen°, ein Jahr später Winterweizen, dann ein Jahr nichts. So bleiben die Felder gesund und tragen gute Ernte°. Und es geht den Bauern gut.

Weleda: Und was machen die Kinder?

Karl der Große: Viele Kinder gehen in die Schule, wo sie Lesen und Schreiben lernen. In den Schulen ist die Sprache Latein, aber die Menschen sprechen zu Hause immer noch ihre Dialekte.

Weleda: Gut, ich sehe mir das Land an. Ich komme vielleicht bald wieder und sage Ihnen, wie mir Ihr Reich gefällt.

(*der Bauer* farmer; *das Feld* field; *pflanzen* to plant; *der Weizen* wheat; *die Ernte* harvest)

16. *Was stimmt hier nicht?* **Verbessern Sie den falschen Teil!**

1. Die Leute in Karls Reich arbeiten als Könige und Arbeiter.
2. In den Schulen ist die offizielle Sprache Deutsch.
3. Weleda kann bei Karl essen und trinken.
4. Die Bauern pflanzen in jedem Jahr Sommerweizen und Winterweizen.
5. Den Menschen geht es schlechter als vor 30 Jahren.
6. Die Arbeiter und Bauern sprechen Latein.
7. Viele Kinder lernen in den Schulen von Karl Schreiben und Sprechen.
8. Weleda kommt zu Karl, um Antworten auf seine Fragen zu geben.

Sprichwort

Den Film kannst du dir schenken.
(No need to see that film.)

Bei uns zu Hause

Wir feiern Geburtstag!

Kali hat heute Geburtstag. Er wird drei. Drei Koboldjahre jung, das sind etwa fünfzehn normale Jahre. Kali will sofort die Geschenke auspacken. Weleda feiert diesen Geburtstag in der Midgard. Sie bereitet Kaffee und Kuchen vor. Die beiden Gäste, Frau Muschel und Herr Sever, sind noch nicht da. Es ist Sonntag, 14 Uhr 55.

Seit ein paar Tagen plant Weleda dieses Fest. Mit Kali und den Gästen sind es vier Personen. Da kommen die Gäste. Es ist drei Uhr. Sie gratulieren Kali zum Geburtstag. Sie sagen: „Herzlichen Glückwunsch zum Geburtstag, Kali!" Alle gratulieren ihm und geben ihm Geschenke. Auf dem Tisch stehen drei Kuchen: ein Erdbeerkuchen, ein Apfelkuchen und Kalis Lieblingskuchen, eine Spezialität aus Österreich! Sachertorte° mit drei Kerzen°. Dieser Schokoladenkuchen ist super, findet Kali. Frau Muschel möchte nur zwei Stück Kuchen. Weleda gibt ihr mehr. Jede Person isst drei Stück, das muss so sein. Sonst gibt es morgen Regenwetter, sagt Weleda. Die Gäste bedanken sich für den leckeren Kuchen. Kali bedankt sich für die Geschenke. Es ist toll, dass sich alle hier heute treffen! Sie feiern bis zum Abend.

(*die Sachertorte* famous Austrian cake; *die Kerze* candle)

Zum Geburtstag

17. *Probleme mit der E-Mail!* Hier ist ein E-Mailbrief von Dieter. In dem Brief erzählt er von seinem letzten Geburtstag, aber der Computer hat die Sätze falsch kombiniert. Helfen Sie Dieter, seinen Brief wieder in Ordnung zu bringen! Der erste und letzte Satz stehen an der richtigen Stelle.

Liebe Maria! Gestern war mein Geburtstag...

1. _a_ Am Morgen hat meine Mutter meine Party vorbereitet.
2. ___ Und am Ende der Party haben wir noch alle zusammen ein Video gesehen.
3. ___ Am Abend haben wir Würstchen gegessen und Limonade getrunken.
4. ___ Am Nachmittag sind meine Freunde und Freundinnen gekommen.
5. ___ Als wir vom Spielen müde waren, habe ich meine Geschenke aufgemacht.
6. ___ Am Anfang der Party haben wir sehr viel Kuchen gegessen und Kakao getrunken.
7. ___ Nach dem Essen haben wir Spiele gespielt.
8. ___ Die Geschenke haben mir alle sehr gut gefallen.
9. _i_ Um acht Uhr sind meine Freunde nach Hause gegangen.

18. **Finden Sie die richtigen Wörter aus der Liste und setzen Sie sie mit der richtigen Verbform ein!**

auspacken	einpacken	feiern	bedanken
schenken	treffen	einladen	gratulieren

1. Sie ___ zusammen ein Fest im Garten.
2. Herr Trentani ___ alle seine Freunde zu einer großen Party ___.
3. Die Freunde ___ die Geschenke für Herrn Trentani ___.
4. Die Gäste ___ sich bei Herrn Trentani.
5. Die Gäste ___ Herrn Trentani zum Geburtstag.
6. Dann ___ Herr Trentani seine Geschenke ___.
7. Frau Schwarz ___ Herrn Trentani eine Kamera zum Geburtstag.
8. Er ___ sich bei seinen Freunden für die schönen Geschenke.

Die Dame wird ihrer Bekannten viele Blumen schenken.

19. *Welche Geschenke möchten Sie?* **Suchen Sie acht Geschenke aus, die Sie zum Geburtstag möchten! Sagen Sie auch, warum Sie diese Geschenke möchten!**

◆ Ich möchte einen Fernseher, weil ich mir gern Filme ansehe.

Rollenspiel

Schüler(in) 1: Am Samstag haben Sie Geburtstag. Rufen Sie Ihren Freund / Ihre Freundin an und laden Sie ihn / sie ein! Geben Sie Ihrem Freund / Ihrer Freundin Antworten auf die Fragen: wo die Party ist, wann die Party beginnt, was er / sie mitbringen soll, wo Sie wohnen, usw.

Schüler(in) 2: Das Telefon klingelt. Ihr Freund / Ihre Freundin ist am Telefon und lädt Sie zu einer Party ein. Sie haben einige Fragen an Ihren Freund / Ihre Freundin: wo die Party ist, wann die Party beginnt, was Sie mitbringen sollen, wo Ihr Freund / Ihre Freundin wohnt, usw.

Die Spielzeugeisenbahn°

1825 fuhr in England der erste Zug der Welt. In Deutschland gab es erst zehn Jahre später, 1835, den ersten Zug. Er fuhr von Nürnberg nach Fürth. Züge transportierten Leute, aber auch Material wie Kohle°, weil die Straßen schlecht waren und die Pferde nicht so viel tragen konnten.

Isabella Schneider sammelt schon seit mehr als dreißig Jahren Spielzeugzüge.

Heute sehen die Züge anders aus. Sie sind schneller und fahren längere Strecken, aber alte Züge gefallen vielen Leuten noch immer. So zum Beispiel Isabella Schneider, 45 Jahre alt, die schon seit mehr als dreißig Jahren Spielzeugzüge° sammelt. Sie sagt: „Ich habe Züge schon immer gern gehabt. Sie erinnern mich an meine frühe Jugend. Als Kind habe ich neben einem Bahnhof gewohnt. Mein Vater war der Schaffner° in einer kleinen tschechischen Stadt an der Grenze zu Österreich. In dieser Zeit gab es noch diese großen Lokomotiven, die mit Dampf° fuhren. Ich erinnere mich gerne an diese Zeit und deshalb habe ich viele alte Spielzeugzüge. Außerdem sammle ich auch Bilder von alten Zügen. Ich habe schon so viele, dass bald kein Platz mehr in unserer Wohnung ist."

Sie sammelt auch Bilder von alten Zügen.

Wie viele Züge hat Franz Greber selbst gebaut?

Franz Greber, 19 Jahre alt, ist auch ein Eisenbahnfan. Seine Züge hat er alle selbst gebaut. Jetzt hat er schon 35 Züge. Sein Interesse an Zügen erklärt er so: „Ich habe schon immer gern Modelle gebaut. Aber erst vor wenigen Jahren habe ich begonnen, Züge zu bauen. An Zügen gefällt mir, wie viele Details zu ihnen gehören. Außerdem finde ich, dass sie schön sind. Jetzt bin ich auch Mitglied° in einem Modelleisenbahnklub. Wir treffen uns einmal im Monat, zeigen unsere neusten Modelle und geben und bekommen Tips."

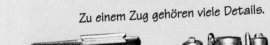

Zu einem Zug gehören viele Details.

(*die Spielzeugeisenbahn* model railway; *die Kohle* coal; *der Spielzeugzug* model train; *der Schaffner* train conductor; *der Dampf* steam; *das Mitglied* member)

20. *Von wem ist hier die Rede?* Diese Person...

1. ist Modelbauer.
2. sammelt Bilder von alten Zügen.
3. hat als Kind neben dem Bahnhof gewohnt.
4. war Schaffner.
5. ist Mitglied in einem Modelleisenbahnklub.
6. sammelt seit 30 Jahren Spielzeugzüge.
7. kennt Züge seit der frühen Jugend.
8. hat bald keinen Platz mehr in der Wohnung.

Extra! Extra!

Lenchens Geheimnis

Michael Ende (1929–1995)

Michael Ende war der Sohn des surrealistischen Malers Edgar Ende. Für seine Bücher und Geschichten bekam er viele Preise in Deutschland und auch in anderen Ländern. Seine Bücher kann man in 30 verschiedenen Sprachen kaufen. Insgesamt hat man bis jetzt 5 Millionen seiner Bücher auf der ganzen Welt verkauft. Aus zwei seiner Romane, *Die unendliche Geschichte* und *Momo*, hat man Filme gemacht.

Über den Text

Lenchen ist ein typischer Teenager und wie die meisten Teenager hat sie Probleme mit ihren Eltern. Ihr Vater und ihre Mutter tun nämlich nicht immer, was Lenchen will. Wenn Lenchen ihren Vater zum Beispiel um Geld bittet, weil sie ein Eis kaufen will, sagt er: „Nein, du hast schon drei Eis gegessen und zu viel Eis ist nicht gut für dich." Um ihre Eltern zu kontrollieren, fährt Lenchen zu der Fee Franziska Fragezeichen. Zusammen machen die beiden einen Plan, wie Lenchen ihre Eltern besser kontrollieren kann. Der Teil, den Sie jetzt lesen, beginnt, als Lenchen und Franziska miteinander sprechen.

Vor dem Lesen

1. *Lenchens Geheimnis* is a modern-day fairy tale. Usually fairy tales involve magical characters and supernatural events. What other characteristics of a fairy tale are there, especially a modern one?

2. Think about the following before reading this selection:

    a. If you had supernatural powers that enabled you to control behavior of others, whom would you want to control, and why?

    b. How would you describe the worst possible parent or teenager?

Wenige Minuten später kam der Zauberkahn schon an der Insel an, und das kleine Mädchen sprang an Land. Da war das Land plötzlich ein Zimmerboden mit einem Teppich darauf, und in diesem Zimmer saß an einem runden dreibeinigen Tischchen eine Frau, die gerade Kaffee trank. Es war ziemlich dunkel im Raum, weil er nur von ein paar brennenden Kerzen hell wurde, die an den Wänden festgemacht waren. Zum Fenster schien der volle Mond herein. Eine Kuckucksuhr schlug zwölfmal, nur dass der Kuckuck, der aus der Uhr kam, kein Kuckuck war, sondern ein Uhu, der zwölfmal „uhu!" rief.

„Setz dich zu mir, mein Kind", sagte die Fee, „und sprich!"

„Wieso ist es denn schon so spät?" fragte Lenchen.

„Es ist Mitternacht", antwortete die Fee, „weil hier immer Mitternacht ist. Es gibt gar keine andere Zeit."

Tatsächlich zeigte die Uhr anstelle der anderen Zahlen nur zwölfmal eine Zwölf.

„Das ist sehr praktisch", erklärte die Fee, „denn man kann, wie du weißt, nur um Mitternacht richtig zaubern. Das verstehst du doch?"

Lenchen wusste nicht richtig, die Sache war ihr gar nicht klar.

„Also, worum geht's?" fragte Franziska Fragezeichen.

Lenchen setzte sich der Fee gegenüber auf den freien Stuhl an das Tischchen und sah sie sich genau an. Eigentlich sah die Frau ganz normal aus — wie irgendeine Frau, die man auf der Straße sieht. Trotzdem war etwas Besonderes an ihr, nur merkte Lenchen nicht gleich, was es war. Doch dann sah sie es: Die Fee hatte sechs Finger an jeder Hand.

„Das macht nichts", sagte Franziska Fragezeichen, „bei uns Feen ist immer irgend etwas ein bisschen anders als bei gewöhnlichen Menschen. Sonst wären wir ja keine Feen. Das versteht sich doch?

Lenchen nickte. „Es geht um meine Eltern", erklärte sie dann und seufzte. Ich weiß nicht, was ich mit ihnen machen soll. Sie wollen und wollen mir einfach nicht folgen..."

„Das ist ja allerhand", meinte die Fee mitfühlend. „Was kann ich für dich tun?

„...Weil sie nämlich in der Überzahl sind", sagte Lenchen, „immer zwei gegen einen."

„Dagegen ist schwer etwas zu machen", murmelte die Fee.

„Außerdem sind sie größer als ich", sagte Lenchen.

„Das ist bei Eltern meistens so", sagte die Fee.

„Wenn sie kleiner wären als ich", sagte Lenchen laut, „wäre die Sache mit der Überzahl vielleicht nicht mehr so wichtig."

„Sicher!" sagte die Fee.

Franziska Fragezeichen faltete ihre zwölf Finger, machte die Augen zu und dachte eine Weile nach. Lenchen wartete.

„Ich hab's!" rief die Fee schließlich. „Ich gebe dir hier zwei Zuckerstückchen. Sie sind natürlich verzaubert. Die tust du deinen Eltern heimlich und unbemerkt in die Tee- oder Kaffeetassen. Es wird ihnen nichts passieren. Nur werden sie, sobald sie erst mal den Zucker gegessen haben, **jedesmal** wenn sie dir nicht folgen, halb so groß werden, wie sie vorher waren. **Jedesmal** immer wieder halb so groß. Das verstehst du doch?"

Und sie schob dem Kind zwei ganz normale weiße Zuckerstücke über den Tisch, die sie aus einer besonderen Büchse genommen hatte.

„Danke sehr", sagte Lenchen, „was kosten sie?"

„Nichts, mein Kind", antwortete die Fee. „Die erste Beratung ist immer gratis. Die zweite wird dann allerdings schrecklich teuer."

„Das macht mir nichts", sagte Lenchen, „weil ich ja keine zweite Beratung brauche. Also dann, schönen Dank."

„Auf Wiedersehen", sagte Franziska Fragezeichen und lächelte.

Dann gab es ein Geräusch — „flopp!" — als ob man den Korken aus einer Flasche zieht, und Lenchen stand plötzlich im Wohnzimmer bei sich zu Hause. Die Eltern waren da und hatten noch nicht einmal bemerkt, dass ihre Tochter weg gewesen war. Aber Lenchen hielt die beiden Zuckerstückchen in der Hand. Daran erkannte sie mit Sicherheit, dass das ganze kein Traum gewesen war.

Die Mutter brachte gerade die Teekanne herein und ging noch einmal in die Küche, um den Teller mit den Plätzchen zu holen. Der Vater zog sich im Schlafzimmer seine bequeme Hausjacke an. Als Lenchen allein war, tat sie die beiden Zuckerstückchen in die Teetassen ihrer Eltern. Einen kurzen Augenblick lang hatte sie ein schlechtes Gewissen, aber das ging schnell vorüber. Sie haben selber Schuld, dachte sie.

Nach dem Lesen

Was denken Sie, wird mit Lenchen und ihren Eltern passieren? Schreiben Sie Ihre Version der Geschichte!

Endspiel

1. Erinnern Sie sich an Isabella Schneider und ihre Sammlung von Spielzeugeisenbahnen? Haben Sie auch eine Sammlung? Was sammeln Sie? Wie und warum haben Sie mit Ihrer Sammlung angefangen? Schreiben Sie darüber!

2. Erklären Sie diese Wörter: die Abfahrt, die Ankunft, der Abreisetag, die Fahrkarte, der Sitzplatz!

3. Stellen Sie sich vor, Sie können eine Reise durch die Zeit machen! Wohin fahren Sie und warum? Sprechen oder schreiben Sie darüber!

4. Sie arbeiten in Gruppen von drei. Zwei von Ihnen wollen einem Freund/ einer Freundin ein Geburtstagsgeschenk kaufen. Sie gehen in ein Geschäft und fragen die Person im Geschäft, was verschiedene Geschenke kosten. Es gibt aber ein Problem: eine Person möchte ein preiswertes Geschenk kaufen und die andere Person möchte ein sehr teures Geschenk für das Geburtstagskind kaufen. Finden Sie einen Kompromiss!

5. Gehen Sie in die Bibliothek oder benutzen Sie einen Computer, um weitere Informationen über Karl den Großen oder Ludwig den Märchenkönig zu finden. Schreiben Sie einen kurzen Bericht mit den Informationen, die Sie gefunden haben!

6. Gehen Sie in die Bibliothek oder benutzen Sie einen Computer, um weitere Informationen über Trier zu sammeln! Dann spielen Sie mit einem Partner/einer Partnerin die folgende Situation: Sie arbeiten in einem Reisebüro, die andere Person möchte nach Deutschland reisen, aber weiß nicht, in welche Stadt. Empfehlen Sie, dass die Person nach Trier fährt und erklären Sie, warum Trier besonders interessant ist!

Wenn Sie mit dem IntercityExpress nach Aachen fahren,...

...können Sie die Statue von Karl dem Großen sehen.

Vokabeln

die **Abfahrt,-en** departure
der **Abreisetag,-e** day of departure
die **Ankunft,ːe** arrival
die **Ausbildung** education, training
das **Ausland** foreign country
die **Bahn,-en** railroad, train
der **Bauer,-n** farmer
die **Beerdigung,-en** funeral
bequem comfortable
der **Beruf,-e** profession, job
die **Bibliothek,-en** library
das **Bundesland,ːer** federal state
der **Dampf,ːe** steam
dienen to serve
das **Dorf,ːer** village
eindrucksvoll impressive
einfach one-way
sich **erinnern an** to remind of
die **Ernte,-n** harvest
ertrinken (*ertrank, ist ertrunken*) to drown
die **Fee,-n** fairy
das **Feld,-er** field
festhalten (*hält fest, hielt fest, festgehalten*) to hold on, grab
der **Flur,-e** hallway
geboren born
die **Geschäftsleute** (pl.) businesspeople
die **Geschwister** (pl.) siblings
die **Heimatstadt,ːe** hometown
herrschen to rule
der **Herrscher,-** ruler
das **Herz,-en** heart
die **Hilfe,-n** help
hin und zurück round-trip
die **Hochzeit,-en** wedding
die **Informatik** computer science
die **Insel,-n** island
der **Kaiser,-** emperor
das **Kaiserreich,-e** empire
kennen lernen to get to know
die **Kerze,-n** candle
die **Klemme: in der Klemme sitzen** to have problems

der **Kobold,-e** gremlin, imp
die **Kohle,-n** coal
der **König,-e** king
krönen to crown
die **Landschaft,-en** landscape, scenery
laut loud
leben to live
leise soft
die **Liebe** love
losfahren (*fährt los, fuhr los, ist losgefahren*) to leave, take off
loslassen (*lässt los, ließ los, losgelassen*) to let go
die **Macht,ːe** power, force
der **Märchenkönig,-e** fairy-tale king
maulen to complain
die **Midgard** home of people in Germanic mythology
das **Mitglied,-er** member
nennen (*nannte, genannt*) to name
der **Nichtraucher-Wagen,-** nonsmoking car
nie never
nobel noble, feudalistic
normalerweise normally
pflanzen to plant
der **Quatsch** nonsense; *Schluss mit diesem Quatsch!* Enough of this nonsense!
das **Reich,-e** empire
reichen: Es reicht mir! I've had enough!
der **Roman,-e** novel, story
die **Sachertorte,-n** famous Austrian cake
der **Schaffner,-** train conductor
schwach weak
der **Seniorenpass,ːe** senior citizen rail pass
der **Spiegel,-** mirror
die **Spielzeugeisenbahn,-en** model railway

der **Spielzeugzug,ːe** model train
stark strong
der **Steckbrief,-e** personal data
die **Stimme,-n** voice
die **Taufe,-n** baptism
der **Todestag,-e** day of death
tot dead
übergeben (*übergibt, übergab, übergeben*) to hand over, pass on
verbinden (*verband, verbunden*) to connect
die **Verbindung,-en** connection
vereinigen to unite
die **Verkaufsleiterin,-nen** sales manager
das **Wasserspiel,-e** fountain
der **Weizen** wheat
der **Weltkrieg,-e** world war; *der Zweite Weltkrieg* World War II
die **Wissenschaft,-en** science
wütend mad, angry

eine Hochzeit

Im Herzen Europas

Kapitel 2

Gestern und heute

In this chapter you will learn how to:

- gather information
- identify people
- sequence events
- inquire about details
- state factual information
- describe a vehicle

Weleda und Kali

Weledas Zeitreise geht schief°

Wohin soll's gehen?

Weleda besuchte Karl den Großen nicht noch einmal, denn sie hatte nicht genug Zeit. Sie wollte Kali die Zeit der Wikinger und der Germanen zeigen, weil Kali nur die Bilder und Geschichten aus dem Internet kannte und er immer nach diesen Völkern° fragte. Er war selbst noch nie in die Zeit gereist, weil er nicht wusste, wie man das macht.

> *Kali:* Frau Weleda, wie machen Sie das? Die Reise durch die Zeit?
>
> *Weleda:* Karl Webber, kleine Kobolde müssen nicht immer alles sehen. Wenn wir unsere Reise beginnen, kommst du mit mir und ich zeige dir meine Maschine. Das ist dann früh genug!
>
> *Kali:* Kann ich Ihre Maschine nicht jetzt schon sehen? Sieht Ihre Zeitmaschine so aus wie die Maschine im Film „Zurück in die Zukunft"?
>
> *Weleda:* Ich sage nur so viel: Meine Maschine ist schneller, besser und schöner. Jetzt aber Schluss mit diesen Fragen.

Und mehr konnte Kali heute nicht von Weleda erfahren°. Er lernte jeden Tag viele neue Dinge° hier in der Midgard. Jeden Tag las er in den Büchern. Jeden Tag ritt er durch das Netzwerk° der Bibliothek Midgard und sah sich CDs, Videofilme und Clips an. Jeden Tag sprach er mit Weleda über alles Neue. Das Lernen machte ihm Spaß. Das Reisen durchs Computernetz der Bibliothek fand er toll. Das Diskutieren mit Weleda hatte er am liebsten, denn sie wusste auf alles, was er fragte, eine Antwort. Er freute sich sehr, dass er mit ihr in die Zeit vor tausend Jahren reisen und die Wikinger selbst sehen konnte. Das war echt gut für einen jungen Kobold, der herumkommen° und etwas sehen und erfahren wollte.

(*schief gehen* to go awry; *das Volk* people; *erfahren* to learn from a person; *das Ding* thing; *das Netzwerk* network; *herumkommen* to get around)

1. *Was stimmt hier nicht?* **Verbessern Sie den falschen Teil!**

    1. Kali interessiert sich für Karl den Großen.
    2. Weleda kannte die Geschichten der Wikinger aus dem Internet.
    3. Kali war vor vielen Jahren in die Zeit gereist.
    4. Kali weiß, wie man in die Zukunft reist.
    5. Weleda will am Ende viele Fragen beantworten.
    6. Jeden Vormittag liest Kali in Büchern.
    7. Kali diskutiert gern mit den Wikingern.
    8. Kali kann allein zu den Wikingern reisen.

Was ist schief gegangen?

Weil Kali die Wikinger so interessant fand, konnte Weleda nicht nein sagen und sie versprach° ihm einen Besuch bei Leif Erikson, dem Führer° der Wikinger. Kali freute sich so, dass er ohne Pause° redete. Er machte Weleda ganz wild.

Endlich war es so weit. Sie stiegen in die Zeitmaschine. Kali fand alles ganz toll. So viele Knöpfe° und Hebel° hatte er noch nie in seinem Leben gesehen. Sofort begann er damit, mit ein paar Knöpfen zu spielen und Weleda über die anderen zu fragen. Weleda sagte Kali, dass er nun still sein sollte, weil sie sich ganz konzentrieren musste, damit die Reise anfangen konnte. Aber der kleine Kobold hatte keine Ruhe. Sie drehte an einem der Knöpfe und sagte ganz leise:

> Willst du den Leif Erikson sehen
> und im Nordland von früher stehen,
> musst du an zwei Knöpfen drehen
> und mit dem Hebel nach hinten gehen.
> Sage 'Emme menne muh' und ab gehst du.

Genau in dem Moment als Weleda den Knopf für das Zeitalter° der Wikinger drücken° wollte, wollte Kali wissen, was der Schalter° links von ihm machte. Weleda drehte sich zu Kali um und da passierte es! Sie drückte den falschen Knopf. Die beiden landeten mit ihrer Zeitmaschine auf dem Forum Romanum in Rom.

Tausend Jahre zu früh. Keine Wikinger, kein Leif Erikson, keine Boote. Kali wollte bleiben, aber Weleda war sauer°. Kalis Reden hatte sie sehr verwirrt° und sie fuhren in die falsche Zeit! Weleda konnte solche Fehler° nicht leiden° und sie reiste mit Kali sofort in die Midgard zurück. Warum konnte Kali nicht mal still sein? Weleda ging ins Bett und redete kein Wort mehr. Kali maulte, aber was half es? Allein konnte er nicht zurück.

(*versprechen* to promise; *der Führer* leader; *die Pause* break; *der Knopf* button; *der Hebel* lever; *das Zeitalter* age, era; *drücken* to press, push; *der Schalter* switch; *sauer* angry; *verwirrt* confused; *der Fehler* mistake; *leiden* to tolerate)

2. **Welches Wort passt hier am besten?**

Lernen	Diskutieren	Pause	Wort	Geschichten
Boote	Dinge	Knöpfe	Reisen	Besuch

1. Aus dem Internet kannte Kali ___ über die Wikinger.
2. Kali freute sich auf das ___ durch die Zeit.
3. In der Bibliothek lernte er jeden Tag viele neue ___.
4. Das ___ machte Kali viel Spaß.
5. Das ___ mit Weleda dauerte viele Stunden.
6. Weleda versprach Kali einen ___ bei den Wikingern.
7. Kali freute sich so, dass er ohne ___ redete.
8. Weleda drehte an einem der ____.
9. In Rom auf dem Forum gab es keine Wikinger und keine ___.
10. Weleda ging ins Bett und redete kein ____ mehr.

Sprache

Verbs Used as Nouns

In German, you can use infinitive forms of verbs as nouns to indicate the activity of the verb. These nouns are always neuter nouns: *das Schwimmen* (swimming), *das Denken* (thinking), *das Arbeiten* (working).

Das Lernen macht Kali Spaß. Learning is fun for Kali.
Beim Tanzen werde ich immer müde. I always get tired dancing.

3. **Kombinieren Sie!**

Beim
Das

Tanzen
Diskutieren
Fahren
Lesen
Tennisspielen
Schwimmen
Reisen
Lernen
Schlafen

werde ich immer
finde ich
interessiert mich
ist sehr
macht mir
werde ich

keinen Spaß
dumm
schön
nicht
sehr
toll
lustig
viel Spaß
müde

Allerlei

Eine Reise nach Papenburg

Die Gruppe wartet auf ihre Reiseleiterin.

Im April beginnt die Reisezeit für den Norden Deutschlands. Dann wird es dort wieder wärmer. Die Strände an der Nordsee, die Städte Bremen, Oldenburg und Hamburg werden langsam voll mit Touristen und Badegästen°. Die Badeorte° auf den Inseln in der Nordsee sind besonders beliebt.

Wie finden die Touristen das richtige Museum? Wie finden sie die richtige Kirche oder den richtigen Ort? Natürlich mit Hilfe einer Reiseleiterin° oder eines Reiseleiters. Martina Uhlenstein ist so eine Person. Sie leitet° viele Gruppen nach Norddeutschland und Ostdeutschland. In Oldenburg beginnt die Fahrt. Die Touristen wollen die alten Schiffe und den Kanal in Papenburg sehen. Die Reiseleiterin fährt vorn im Bus neben dem Fahrer und erklärt den Touristen, was sie draußen sehen. Das Land ist flach und grün. Die Fahrt ist kurz. Nach dreißig Minuten kommen sie in Papenburg an. Frau Uhlenstein zeigt der Gruppe diese schöne

Martina Uhlenstein

Papenburg liegt an einem Kanal.

norddeutsche Stadt. Die Stadt ist schon 700 Jahre alt. Die Traditionen leben in den renovierten Häusern weiter°. Dann gehen die Touristen zum Kanal, der Papenburg mit dem Ems Fluss verbindet. Früher baute man hier viele Schiffe, als Papenburg einen Hafen° hatte. Obwohl Papenburg heute keinen Hafen mehr hat, baut man hier immer noch die größten Schiffe, die in die ganze Welt fahren.

Bremen

Der Roland steht in der Stadtmitte.

Nach dem Besuch in Papenburg fährt Martina Uhlenstein mit der Gruppe weiter nach Bremen. Sie möchte den Touristen die moderne Stadt im Frühling zeigen. Die großen weißen Häuser der Einwohner sehen dann am schönsten aus. Und in der Stadtmitte sieht die Gruppe das Rathaus, den Senat und die Figur des Rolands im besten Licht°.

(*der Badegast* tourist in a seaside or beach resort; *der Badeort* town by the sea; *die Reiseleiterin* tour guide; *leiten* to lead; *weiterleben* to live on; *der Hafen* harbor; *das Licht* light)

4. ***Bringen Sie die Sätze in die richtige Reihenfolge!* Die erste Antwort steht schon da.**

1. ___ Nach der Stadt Papenburg besuchen die Touristen und Frau Uhlenstein Bremen.

2. ___ Die Fahrt der Gruppe beginnt in Oldenburg und geht nach Papenburg.

3. _a_ Die Reisezeit im Norden Deutschlands beginnt im April.

4. ___ In Papenburg sieht die Reisegruppe die alten Häuser.

5. ___ Weil die Fahrt kurz ist, kommen die Touristen nach dreißig Minuten in Papenburg an.

6. ___ Martina Uhlenstein begleitet Touristen in den Norden.

7. ___ Außerdem gibt es einen Kanal in Papenburg, auf dem die größten Schiffe fahren.

8. ___ Dann ist es wärmer.

Gestern und heute

Du und ich

Am Strand

Rollenspiel

Schreiben Sie eine kurze Beschreibung von sich selbst! Wie sehen Sie aus, was tragen Sie am liebsten und was für ein Typ sind Sie? Dann werden die Beschreibungen eingesammelt und ohne Namen vorgelesen. Versuchen Sie zu erraten, von wem die Rede ist!

Nützliche Wörter und Ausdrücke

Kopfbedeckungen

der Tiroler Hut

der Sonnenhut

der Strohhut

die Skimütze

der Cowboyhut

der Clownhut

die Strickmütze

die Mütze

die Bademütze
die Badekappe

die Baseballkappe

das Kopftuch

Raten wir mal!

Suchen Sie den Hut! Hier haben Sie viele Menschen mit Hüten, Mützen, Kappen und Kopftüchern. Arbeiten Sie in Gruppen von vier Leuten! Jede Person muss sich ein Foto von einem Hut aussuchen, den sie „tragen" will. Aber den anderen nicht sagen, welche Kopfbedeckung Sie tragen! Die anderen Leute in der Gruppe müssen Fragen stellen, bis sie wissen, welchen Hut oder welche Kappe man trägt. Die Person, die die meisten Hüte richtig errät *(guess)*, gewinnt!

Beispielfragen:

- ◆ Trägst du einen Hut, eine Mütze, eine Kappe, oder ein Kopftuch?
- ◆ Ist dein Hut (deine Mütze, deine Kappe, dein Kopftuch) groß oder klein, alt oder neu, schmutzig oder sauber?
- ◆ Ist dein Hut (deine Mütze, deine Kappe, dein Kopftuch) bunt oder eine Farbe?
- ◆ Ist dein Hut (deine Mütze, deine Kappe, dein Kopftuch) blau , rot, grün...?
- ◆ Ist dein Hut (deine Mütze, deine Kappe, dein Kopftuch) für einen Mann oder eine Frau?
- ◆ Ist dein Hut (deine Mütze, deine Kappe, dein Kopftuch) für den Sommer oder für den Winter?

5

6

7

8

9

10

11

12

5. Was für Kopfbedeckungen tragen diese Leute? Warum?

◆ Er trägt eine Skimütze, weil es kalt ist.

1.

2.

3.

4.

5.

6.

7.

Sprache

Present Perfect and Narrative Past

When you talk or write about events that happened in the past, you need to use past tense forms. German offers you two options: narrative past and present perfect. Your choice of these verb forms depends on if you are narrating a series of events (narrative past) or if you are in a conversational exchange (present perfect). Look at the following time line with the tenses:

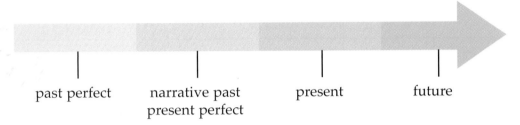

| past perfect | narrative past present perfect | present | future |

As you can see, narrative past and present perfect can occur at the same time. The present perfect tense uses a past participle with a helping verb *(haben* or *sein)*. The narrative past uses a simple form: the main verb in the past tense.

> *Er hat gelacht, als wir ihm gratuliert haben.*
> *Er lachte, als wir ihm gratulierten.*
> He laughed when we congratulated him.

There are both regular and irregular verbs. It is important to know which category a verb falls into so that you can form the correct narrative past and present perfect forms.

Regular Verbs

Regular verbs form the narrative past and the participle for the present perfect in a very predictable way. For the narrative past, you use the infinitive as the base form, add *-t*, then endings: *lachen - lachte, kaufen - kaufte.* To form the past participle, these verbs use *ge-* and *-t: lachen - gelacht; kaufen - gekauft.*

Note: Verbs that end with *-ieren* or that begin with *be-, ent-, ge-, er-,* and *ver-* do not add *ge-* to the past participle: *telefonieren - telefoniert; besuchen - besucht.*

When using regular verbs in the narrative past, you will need these endings:

singular		plural		singular or plural	
ich	e	wir	en		
du	est	ihr	et	Sie	en
er, sie, es	e	sie	en		

6. *Hand-in-Hand.* **Arbeiten Sie mit einem Partner oder einer Partnerin! Die andere Hälfte dieser Übung ist auf Seite 368 im Anhang.**

◆ *Person 1:* Was hat Frau Muschel am Donnertstag gemacht?
   Person 2: Sie hat ein Buch gesucht.

◆ *Person 2:* Was hast du am Morgen gemacht?
   Person 1: Ich habe gefrühstückt.

	Kali	Weleda	Frau Muschel	Herr und Frau Yilmaz	du
Was hat er/sie (haben sie) am Morgen gemacht?	sich die Zähne putzen	Kaffee kochen			
Was hat er/sie (haben sie) am Donnerstag gemacht?		mit Kali diskutieren	ein Buch suchen	Freunde besuchen	
Was hat er/sie (haben sie) am Wochenende gemacht?	zu den Wikingern reisen			Briefmarken sammeln	

7. *Schreiben Sie, was Sie alles am Wochenende gemacht haben!* **Benutzen Sie sechs dieser Verben im Imperfekt** *(narrative past)*!

telefonieren   besuchen   hören   einkaufen   schenken

spielen   kochen   machen   planen   mähen

übernachten   träumen   reden   wandern

◆ Am Samstagmorgen telefonierte ich lange.

Was machten sie am Wochenende?

Irregular Verbs

Irregular verbs form the narrative past and the past participle for the present perfect in a very unpredictable way. It is important that you learn these forms. For a list of all irregular verbs, see the Grammar Summary at the back of the book.

There is a small group of verbs in this category that resemble the regular verbs in their endings and the -t of the narrative past and present participle: *denken – dachte – gedacht; mitbringen – brachte mit – mitgebracht; wissen – wusste – gewusst.* Use the same endings in the narrative past for these verbs as for regular verbs.

Here is a list of the most important verbs in this group:

brennen	(to burn)	*brannte*	*gebrannt*
bringen	(to bring)	*brachte*	*gebracht*
denken	(to think)	*dachte*	*gedacht*
kennen	(to know [a person or place])	*kannte*	*gekannt*
rennen	(to run)	*rannte*	*ist gerannt*
wissen	(to know [a fact])	*wusste*	*gewusst*

8. *Sie hören ein Gespräch, aber einiges hören Sie nicht.* **Können Sie die Sätze ergänzen?**

brennen	bringen	denken	kennen
mitbringen	rennen	wissen	

Rita: ___ du ____, dass Hannes einen Marathon ___ ___?

Johanna: Was? Hannes kann rennen? Das ___ ich nicht ___. Er sieht immer so unsportlich aus.

Rita: Ja, du ___ ihn nicht vor zwei Jahren ___! Er hat aber gesagt, dass seine Füße beim Laufen sehr ___ ___. Armer Hannes!

Johanna: ___ du ihm etwas aus der Stadt ____? Vielleicht Blumen?

Rita: Warum denn? Er ___ mir nie ein Geschenk ___ .

The largest group of irregular verbs has a special set of endings. Form the third person singular *(traf)* and add these endings:

singular		plural		singular or plural	
ich	-	wir	**en**		
du	**(e)st**	ihr	**(e)t**	Sie	**en**
er, sie, es	-	sie	**en**		

If verbs end in *d, t, s,* or *ß,* add *-e* before the ending for *du* and *ihr* forms (*du fandest, ihr fandet*).

For the present perfect, the past participle has the prefix *ge-* and ends in *-en*: *treffen - getroffen; einladen - eingeladen; gehen - gegangen.* You will need to learn these forms.

Note: Verbs that begin with *be-, ent-, ge-, er-,* and *ver-* cannot take *ge-* for the past participle (*verstehen - verstanden; ertrinken - ertrunken*).

9. *Umfrage.* **Sie wollen wissen, was Ihre Schulfreunde am Wochenende gemacht haben. Nehmen Sie ein Stück Papier und schreiben Sie diese Aktivitäten auf! Sie müssen für jede Aktivität eine Person in der Klasse finden, die das gemacht hat. Wenn eine Person „ja" sagt, muss diese Person auf Ihrem Papier neben der Aktivität unterschreiben (sign).**

◆ *Person 1:* Bist du am Wochenende geschwommen?
◆ *Person 2:* Ja, ich bin am Wochenende geschwommen.
◆ *Person 1:* O.K. bitte hier unterschreiben.

Hast du/Bist du am Wochenende...?

1. in einem Restaurant gewesen
2. zu viel gegessen
3. Sport getrieben
4. lange geschlafen
5. deine Freundin/deinen Freund angerufen
6. ein Buch gelesen
7. mit Freunden ausgegangen
8. mit deinen Eltern gesprochen
9. Auto gefahren
10. einen Film gesehen

Sie ist mit ihrer Freundin in die Stadt gefahren.

10. *Was haben Sven und Monika gemacht?* **Schreiben Sie Sätze mit diesen Wörtern! Wenn Sie fertig sind, wissen Sie, was Sven und Monika letzte Woche gemacht haben.**

◆ die Zeitung lesen
   Sie lasen die Zeitung.

1. in der Stadt ankommen
2. Freunde dort treffen
3. Hunger haben
4. mit ihnen im Restaurant essen
5. danach einen Film im Kino sehen
6. vier Stunden in der Stadt bleiben
7. dann müde werden
8. nach Hause gehen

11. **Jetzt versuchen Sie, das Beispiel von Wochenendaktivitäten der letzten Übung zu benutzen und beschreiben Sie acht Aktivitäten von Ihrem Wochenende!**

12. *Rotkäppchen* (Little Red Riding Hood). **Setzen Sie die Verben im Imperfekt ein! Einige Verben brauchen Sie mehr als einmal.**

hören (2x)	schneiden	wohnen	legen
laufen	treffen	werfen	heißen
sehen	schlafen	packen	denken
sein (3x)	essen (2x)	haben (2x)	gehen

Es war einmal vor vielen, vielen Jahren ein Mädchen. Es ___ Rotkäppchen. Weil Rotkäppchens Großmutter Geburtstag ___, wollte das Kind sie besuchen. Die Großmutter ___ am anderen Ende des Ortes. Im Wald ___ Rotkäppchen den Wolf. Der Wolf zeigte Rotkäppchen Blumen für die Großmutter. Rotkäppchen pflückte sie und blieb lange im Wald.

Der Wolf aber ___ schnell zum Haus der Großmutter. Und weil er großen Hunger ___, ___ er die Großmutter. Als er Rotkäppchen ___, zog er das Nachthemd (*night shirt*) der Großmutter an und ___ sich ins Bett. Rotkäppchen ___, dass der Wolf die Großmutter ___. So ___ der Wolf auch das arme Rotkäppchen. Dann ___ er.

Der Wolf ___ sehr laut im Schlaf. Ein Jäger (*hunter*) ___ den Wolf. Der Mann ___ in das Haus und ___ den Wolf im Bett liegen. Er ___ den Bauch des Wolfes auf und befreite (*freed*) das Rotkäppchen und die Großmutter. Die beiden ___ gesund. Der Jäger, das Rotkäppchen, und die Großmutter ___ Steine (*stones*) in den Bauch des Wolfes und ___ ihn in den Brunnen (*well*).

Länder, Kantone und Provinzen

An der Nordsee

Viele Leute verbringen ihren Urlaub jedes Jahr an der Nordsee. In der Nordsee gibt es drei verschiedene Inselgruppen, die man alle friesische° Inseln nennt. Es gibt die Westfriesischen Inseln (Rottum, Ameland, Terschelling, Vlieland, Texel); sie gehören zu den

Niederlanden. Die Ostfriesischen Inseln (Borkum, Juist, Norderney, Langeoog, Spiekeroog, Wangerooge) und die Nordfriesischen Inseln (Helgoland, Amrum, Föhr, Sylt, Norstrand, Pellworm, die Halligen) gehören zu

Am Nordseestrand ist besonders im Sommer viel los.

Deutschland. Auf diesen Inseln gibt es viel Interessantes: den kleinsten Ort (Hallig Gröde) in Deutschland mit nur sechzehn Einwohnern, Kurorte° und die meiste Sonne in ganz Deutschland. Außerdem ist die Landschaft auf den Inseln sehr schön: Dünen°, Wiesen, Felder, Klippen°, Strände, Leuchttürme° — alles, was man sich zur Erholung° wünschen kann. Die Touristen kommen nicht nur im Sommer. Immer mehr Menschen fahren auch in den anderen Jahreszeiten an dieses Meer°, weil man auch im Frühling, Herbst und Winter auf den Inseln viel machen kann.

Zu den Gästen im Winter gehören dieses Jahr auch Matthias und Katja aus Weimar. Die beiden wollen zwei der Inseln in der Nordsee besuchen. Zuerst fahren sie auf die Insel Sylt und dann wollen sie auch noch einige Zeit auf der Insel Amrum verbringen. Matthias und Katja wollen wandern und sich viel ausruhen. Warum die beiden immer wieder ans Meer fahren, erklärt Matthias so: „Als kleiner Junge bin ich oft mit meinen Eltern ans Meer gefahren. Das hat so viel Spaß gemacht, dass ich es nie vergessen habe. Und als ich dann Katja getroffen habe, da hat sie gesagt, dass sie noch nie am Meer war. Da haben wir unsere erste Reise zusammen an die Nordsee gemacht. Ja, und seit dieser Zeit will sie nur noch ans Meer."

Zu den Gästen im Winter gehören auch Matthias und Katja.

Die Jahreszeit spielt keine Rolle. Katja sagt: „Wir fahren gern im Februar hierher. Es regnet manchmal, aber die Inseln sind auch bei diesem Wetter schön. Und in dieser Zeit sind weniger Touristen hier als im Sommer und alles ist ruhiger°. Außerdem sind die Zimmer preiswerter."

Aber eigentlich gibt es noch einen anderen Grund°, warum Matthias und Katja in dieser Jahreszeit in diese Gegend Deutschlands fahren. Matthias erzählt: „Ich möchte dieses Jahr endlich zum Biikebrennen Fest gehen. Das ist ein sehr altes Fest, das es schon seit mindestens 2000 Jahren gibt. Das Fest findet jedes Jahr am Abend des 21. Februar statt. Die Menschen feiern den Frühling. Sie machen ein großes Feuer° als Zeichen°, dass der Winter zu Ende ist. Dann tanzen sie um das Feuer und feiern so, dass sie Freunde sind. Auf den Inseln Amrum und Föhr feiern die Leute auch dieses Fest, aber das Fest auf Sylt ist das bekannteste."

Katja plant den zweiten Teil der Reise: „Ich möchte dieses Jahr die Insel Amrum besuchen. Das ist eine Nachbarinsel° von Sylt. Die Natur ist auf dieser Insel besonders schön: es gibt viel Wald°, aber auch interessante Blumen und Tiere. In Nebel, dem größten Ort, gibt es noch alte Häuser. Hier wohnten früher viele Seemänner° und man kann noch heute ihre alten Wohnräume° und Küchen sehen. Aus dieser Zeit stammt auch der 60m hohe Leuchtturm der Insel. Von dort oben kann man die ganze Insel sehen. Außerdem interessiere ich mich für die Friedhöfe° auf der Insel, wo es sehr schöne Grabsteine° gibt. Man kann von ihnen viel über einen Ort lernen. Und auf dem Heimatlosenfriedhof° liegen die Menschen, die das Meer angeschwemmt° hat und die niemand kennt."

Einen Leuchtturm findet man fast auf jeder norddeutschen Insel.

Im Herbst wollen die beiden noch einmal ans Meer fahren, dann aber an die Ostsee. Sie wollen auf der Insel Fehmarn ein Drachenfest° besuchen. Matthias und Katja bauen selbst ihre Drachen° und lassen sie fliegen. Und bei dem sonnigen Wetter und dem Wind geht das auf Fehmarn besonders gut. Die beiden können sich einfach nichts Schöneres vorstellen als einen Urlaub am Meer.

(*friesisch* Frisian; *der Kurort* resort, spa; *die Düne* dune; *die Klippe* cliff; *der Leuchtturm* lighthouse; *die Erholung* relaxation; *das Meer* sea; *ruhig* quiet; *der Grund* reason; *das Feuer* fire; *das Zeichen* sign; *die Nachbarinsel* neighboring island; *der Wald* forest; *der Seemann* sailor; *der Wohnraum* living quarter; *der Friedhof* cemetery; *der Grabstein* gravestone; *der Heimatlosen-friedhof* cemetery for homeless, nameless people; *angeschwemmt* washed ashore; *das Drachenfest* kite flying festival; *der Drachen* kite)

13. Beantworten Sie diese Fragen!

1. Wie viele Inselgruppen gibt es in der Nordsee?
2. Welche Inselgruppe gehört zu den Niederlanden?
3. Aus welcher Stadt kommen Matthias und Katja?
4. Welche beiden Inseln besuchen sie in der Nordsee?
5. Wann sind Katja und Matthias an der Nordsee?
6. Zu welchem Fest will Matthias dieses Jahr gehen?
7. Was feiern die Leute auf diesem Fest?
8. Wie heißt der größte Ort der Insel Amrum?
9. Wer hat früher auf dieser Insel gewohnt?
10. Wo liegen Menschen, die das Meer angeschwemmt hat und die niemand kennt?
11. Wohin fahren Matthias und Katja im Herbst?
12. Was machen sie dort?

Von einem Ort zum andern

Das Motorrad

In Deutschland und Österreich ist es sehr teuer, den Führerschein zu machen und ein Auto zu kaufen. Das ist der Grund, warum viele Jugendliche gar kein Auto haben, sondern nur einen Roller° oder ein Motorrad. Die sind viel billiger° und viel praktischer zu fahren, weil man überall einen Parkplatz finden kann. Manche kleinen Roller sind fast wie ein Fahrrad mit Motor — sie heißen auch Kicker°, weil man einen Kick-Starter hat und erst treten° muss, um den Motor zu starten. Bei einem Roller sind die Beine geschützt und die Füße auf einem Trittbrett°; bei einem Motorrad kommen die Füße auf die linke und rechte Seite. Motorräder und Roller werden immer beliebter, weil man mobil sein möchte. Aber Achtung°: Helmpflicht°!

Gleich geht's mit den Motorrädern los!

(*der Roller* motor scooter; *billig* cheap; *der Kicker* moped; *treten* to pedal; *das Trittbrett* footboard; *die Achtung* attention; *die Helmpflicht* helmet law)

14. *Zweiräder.* Auf dieser Seite sehen Sie sechs Motorräder und Roller, aber acht Anzeigen aus der Zeitung. Lesen Sie die Texte und sagen Sie, welches Bild zu welchem Text passt! Für zwei Anzeigen gibt es keine Bilder.

a **Mokick**, 50 ccm, gelb, 2-Takt, renoviert. Sammlerstück. Bj 55. Sehr gut. Zust. ☎ (09443) 51 17.

b **Moped**, alt, beige, fährt noch, Angebot. ☎ (09443) 77 82.

c **BMW R 100 RS**, Bj. 88, Koffer, blau/grau. Mit Scheibe und 3 Koffern. Viele Extras. VB 7.295 DM. ☎ (0 84 27) 15 02 (Anrufbeantworter).

d **Kawasaki K1**, 1,1 L Maschine. Gelb/rot, kleine Scheibe, gelbe Räder, Rennausstattung. VB 6.000 DM. ☎ (0841) 7 77 89.

e **Suzuki DR 650 R**, 34 PS, Bj. 92, 8' km, blau/weiß, wie neu, VB 5.000,- DM. ☎ (0 84 31) 37 83.

f **Roller Peugeot (rot)**, 3 Jahre alt, 5' km, 4.5 PS, Elektro- und Kick-Starter. Helmfach, günstig zu verkaufen. ☎ (0841) 5 32 66.

g **Neue BMW K 1200 RS**, gelb/grün, 4/97, unt. Liste. ☎ (0841) 27 86.

h **Harley Davidson**, Bj 90, gut. Zust., Kennzeichen/Frankfurt. ☎ (069) 3 28 94.

Gestern und heute

15. *Hier haben Sie eine besondere Textart.* **Sie kennen vielleicht nicht alle Wörter in den Anzeigen, aber Sie kennen den Kontext. Raten Sie, was die Abkürzungen *(abbreviations)* und Wörter bedeuten!**

1. Bj
2. 5' km
3. zu verk.
4. Anrufbeantworter

5. sehr gut. Zust.
6. umgebaut
7. Rennausstattung
8. Sammlerstück

Ich kaufe ein Motorrad

Nachdem man die Anzeigen° in der Zeitung gelesen hat, telefoniert man dann, weil man mehr über das Motorrad wissen will und es auch sehen und fahren möchte.

Käufer: Guten Tag! Schmidt hier. Ich habe Ihre Anzeige in der Zeitung gelesen. Ich interessiere mich für Ihre BMW.

Verkäufer: Guten Tag. Ja, meine BMW ist wirklich ein ausgezeichnetes und schönes Motorrad. Was möchten Sie wissen?

Käufer: Wie alt ist das Motorrad?

Verkäufer: Sieben Jahre.

Käufer: Wie viele Kilometer sind Sie mit dem Motorrad gefahren?

Verkäufer: 7.000.

Käufer: Ist das Motorrad in gutem Zustand°?

Verkäufer: Ja, ich bringe mein Motorrad einmal im Jahr zum Mechaniker. Und ich hatte noch nie Probleme oder einen Unfall. Außerdem wasche und poliere° ich mein Motorrad einmal in der Woche. Wenn ich es nicht fahre, steht es immer in der Garage.

Käufer: Gut. Wie viel wollen Sie für das Motorrad?

Verkäufer: 2.000.- DM.

Käufer: Ich möchte mir das Motorrad gern einmal ansehen. Wann kann ich Sie treffen?

Ist das Motorrad in gutem Zust...

Verkäufer: Kommen Sie doch heute Nachmittag vorbei, so um drei Uhr! Ich wohne am Holzmarkt 13. Geht das?

Käufer: Gut, bis dann. Auf Wiederhören!

Verkäufer: Auf Wiederhören!

(die Anzeige ad; der Zustand condition; polieren to polish)

58

Rollenspiel

Jetzt kaufen oder verkaufen Sie ein Motorrad. Arbeiten Sie mit einem Partner oder einer Partnerin! Eine Person hat ein Motorrad zu verkaufen und muss es so gut wie möglich beschreiben. Die zweite Person sucht ein Motorrad und stellt so viele Fragen wie möglich.

Sprache

Time Expressions with the Dative

You can create time expressions that answer the question *wann* with the prepositions *an* (on), *in* (in), and *vor* (ago). These time expressions require the dative case.

Use *an* in combination with days of the week and times of day: *am Sonntag* (on Sunday), *am Montag* (on Monday). You can also combine days and their parts: *am Sonntagmorgen* (on Sunday morning), *am Montagnachmittag* (on Monday afternoon). And you can indicate dates using *am*: *am 14. (vierzehnten) April* (on the fourteenth of April), *am 31. Dezember* (on the thirty-first of December).

Use *in* with seasons and months *(im Herbst, im Mai)* as well as with time expressions including numbers and days *(in fünf Tagen)*, weeks *(in zwei Wochen)*, or months *(in drei Monaten)*.

When you use *vor*, you need a number plus *Tag(e), Woche(n), Monat(e),* or *Jahr(e): vor zwei Tagen* (two days ago); *vor sieben Jahren* (seven years ago).

Remember: These prepositions work with the dative case. You need an *-n* on plurals!

16. *In, im, am?* **Ergänzen Sie diesen Text mit** *in, im* **oder** *am!*

Heute ist Samstag, der 20. Oktober. ___ zehn Tagen hat Martina Geburtstag, ___ 30. Oktober. ___ Nachmittag feiert die Familie eine Party mit Freunden und Verwandten. ___ Abend gehen sie dann in ein Restaurant. Martina ist glücklich, dass ihr Geburtstag ___ Herbst ist. Dann ist das Wetter nicht so warm wie ___ Sommer, aber nicht so kalt wie ___ Winter und die Gäste können auch im Garten sein. Ihr Bruder Christian hat seinen Geburtstag ___ drei Monaten, ___ Januar, ___ 27. Aber dann sitzen die Gäste nicht im Garten!

Im Sommer ist das Wetter auf der Insel Spiekeroog meistens schön.

Gestern und heute

17. *Sie haben Sommerferien und müssen folgende Sachen machen.* **Wann wollen Sie alles machen? Schreiben Sie acht Sätze mit Ihren Plänen und ob Sie es am Vormittag, Nachmittag oder Abend machen wollen!**

◆ Zimmer aufräumen
   Ich räume mein Zimmer am Samstagvormittag auf.

1. Rasen mähen
2. staubsaugen
3. Freunde besuchen
4. E-Mail schreiben

5. ins Kino gehen
6. zum Einkaufszentrum gehen
7. mit den Eltern Verwandte besuchen
8. die Garage aufräumen

18. *Zum ersten Mal, zum letzten Mal, noch nie: ein Interview.* **Stellen Sie einem Partner oder einer Partnerin die folgenden Fragen! Sie können Rollen tauschen.**

◆ *Person 1:* Wann bist du zum ersten Mal Fahrrad gefahren?
   Person 2: Vor zehn Jahren.

◆ *Person 2:* Wann hast du zum letzten Mal Tennis gespielt?
   Person 1: Vor drei Stunden.

◆ *Person 2:* Wann bist du zum letzten Mal ohne deine Schuhe auf dem Rasen gelaufen?
   Person 1: Ich bin noch nie ohne meine Schuhe auf dem Rasen gelaufen.

Wann bist/hast du zum ersten Mal...?

1. für Geld gearbeitet
2. bei einer Freundin/einem Freund übernachtet
3. nach Mitternacht nach Hause gekommen

4. ohne Eltern ins Kino gegangen
5. im Zelt geschlafen
6. ein Auto gefahren

Wann bist/hast du zum letzten Mal...?

7. dein Zimmer aufgeräumt
8. den Rasen gemäht
9. Sport getrieben
10. Computerspiele gespielt

11. ein Buch gelesen
12. Hausaufgaben gemacht
13. geduscht

19. **Schreiben Sie sechs der lustigsten Sachen, die Ihr Partner/Ihre Partnerin gesagt hat!**

◆ Mein Partner sagt, dass er noch nie ein Buch gelesen hat.
◆ Meine Partnerin hat gesagt, dass sie ihr Zimmer zum letzten Mal vor drei Monaten aufgeräumt hat.

Menschen und Mächte

Heinrich I.

Steckbrief

Name:	Heinrich I.
Geburtstag:	ein Tag im Jahr 876
Eltern:	unbekannt
Geschwister:	unbekannt
Ehefrau:	unbekannt
Kinder:	Gerberga, Tochter
Beruf:	König der Deutschen von 919–936
Todestag:	ein Tag im Jahr 936
Wichtigster Tag:	Der Sieg° über die Wikinger

Heinrich der Erste wurde im Jahr 919 König von Deutschland. Er wohnte in Bonn und verbesserte das Training der Soldaten°. Er trainierte sie auf Pferden, Booten und zu Fuß. Die Soldaten lernten so, wie man das desolate Land wieder in Ordnung bringen konnte. Heinrich führte seine Soldaten im Jahr 934 nach Norden an den Schlei Fluss. Er hatte erkannt°, dass er mit dem Wikingerkönig Knuba kämpfen musste. Die Wikinger nahmen sich immer, was sie wollten. Das sollte nun ein Ende haben, meinte Heinrich. Er ritt mit 3 000 Soldaten nach Norden und traf sich mit Knuba vor der Stadt Haithabu. Die Wikinger standen mit Keulen° und Messern hinter ihrem König. Heinrichs Soldaten standen hinter ihm. Am Ende ging es aber ohne Kämpfen und Schlagen, denn die Wikinger und die Deutschen einigten sich°. Heinrich verlangte°, dass die Wikinger Steuern° bezahlten. König Knuba und seine Leute machten das, aber dieser Vertrag° kostete Haithabu viel Geld und die Stadt wurde immer kleiner, weil viele Wikinger in andere Länder zogen°. Sie wollten dem Heinrich die Steuern nicht bezahlen. Heinrich erkannte, dass man gut trainierte Soldaten braucht, damit es keine Kämpfe gibt.

Haithabu liegt südlich von Schleswig.

(*der Sieg* victory; *der Soldat* soldier; *erkennen* to recognize; *die Keule* club; *sich einigen* to agree; *verlangen* to demand; *die Steuer* tax; *der Vertrag* contract; *ziehen* to move)

20. *Richtig oder falsch?* **Wenn falsch, geben Sie die richtige Antwort!**

1. Heinrichs Schwester hieß Gerberga.
2. Heinrich lebte im 9. und 10. Jahrhundert.
3. Heinrich hatte eine gut trainierte Armee.
4. Die Wikinger lebten im Norden von Deutschland.
5. Die Wikinger waren Heinrichs Freunde.
6. Der König der Wikinger hieß Knuba.
7. Die Wikinger und Heinrichs Armee kämpften lange.
8. Die Wikinger mussten Steuern bezahlen.
9. Die Stadt der Wikinger hieß Bonn.
10. Heinrich wusste, dass er gute Soldaten brauchte, um zu kämpfen.

21. *Welche Verben passen hier am besten?* **Benutzen Sie das Imperfekt!**

brauchen	leben	verlangen	führen
lernen	wissen	kämpfen	reiten
bezahlen	treffen	ziehen	

1. Die Wikinger ___ in der Stadt Haithabu.
2. Heinrich hatte viele Soldaten. Sie ___ viel von ihm.
3. Heinrichs Soldaten ___ auf Pferden und fuhren mit Booten.
4. Heinrich ___, dass er gegen die Wikinger kämpfen musste.
5. Heinrich ___ seine Soldaten nach Norden.
6. Heinrich und seine Soldaten ___ die Wikinger und den Wikingerkönig.
7. Es gab keinen Krieg, denn die Wikinger und die Deutschen ___ nicht miteinander.
8. Heinrich ___ Geld, aber die Wikinger ___ nicht lange, weil sie in andere Länder ___.
9. Manchmal ___ Heinrichs Soldaten nicht zu kämpfen.

Die Wikinger

In Schleswig-Holstein liegt die Stadt Schleswig an der Schlei. Die Schlei ist ein großer Fluss mit vielen Armen. Die Arme gehen vom Meer 40 Kilometer weit ins Land. Dort liegt eine alte Stadt der Wikinger: Haithabu. Die alten Häuser sieht man nicht mehr, denn sie waren aus Holz°. Hier lebten noch Wikinger bis etwa 1100. Von hier fuhren sie mit ihren Wikingerschiffen ins offene Meer und bis nach Island, Skandinavien, Spanien, Frankreich, Italien, die Türkei und sogar nach Amerika. Die Wikinger waren ein skandinavisches Volk und sie waren in Frankreich, Deutschland, Skandinavien und ab° 1066 auch in England zu finden. Sie hatten nicht immer Gelegenheit° für Wissenschaften und schöne Künste°.

Die Männer waren oft lange Monate oder Jahre mit den Booten auf dem Meer. Sie fuhren zur See und machten Geschäfte° mit ihren Booten oder plünderten° die Dörfer von anderen Leuten. Die schnellen Boote kamen ohne Warnung, die Wikinger nahmen sich was sie wollten und waren wieder weg. Die Wikingerboote waren das beste Transportmittel° vor

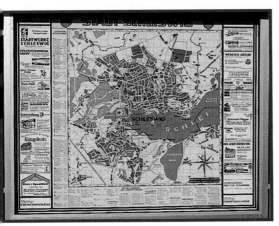

Den Stadtplan von Schleswig findet man gleich vor der Information.

Die Wikinger beim Essen und Trinken

tausend Jahren, denn sie waren sehr schnell und breit° genug für Reiter und Pferde. Am Ufer° sprangen Reiter und Pferde von den Booten und waren sofort für den Kampf° bereit°.

Das Leben in der Stadt Haithabu war auch interessant. Meistens waren die Frauen, ihre Kinder und die alten Männer in der Stadt, aber die jungen Männer waren nicht oft da. Die Wikinger spielten gern Karten und würfelten, wenn sie Zeit zum Spielen hatten. Die

Die Wikingerboote waren das beste Transportmittel vor tausend Jahren.

Wikingerboot steht im Museum von Haithabu.

Frauen zeigten den Kindern, was sie fürs Leben im Norden brauchten. Schulen gab es noch nicht. Nur die Schule des Lebens in Haithabu.

(*das Holz* wood; *ab* as of; *die Gelegenheit* opportunity; *die schönen Künste* fine arts; *das Geschäft* business; *plündern* to loot; *das Transportmittel* means of transportation; *breit* wide; *das Ufer* shore; *der Kampf* fight, battle; *bereit* ready)

Gestern und heute

22. Was passt hier am besten?

1. Die Stadt Haithabu wurde von den Wikingern gegründet,
2. Weil sie aus Holz waren,
3. Weil sie in viele Länder reisten,
4. Die Boote waren sehr praktisch,
5. Die Wikinger plünderten die Dörfer
6. Weil ihre Boote so leise waren,
7. Die Frauen und Kinder der Wikinger sahen die Männer nicht oft,
8. Wenn sie freie Zeit hatten,
9. Weil es keine Schule in Haithabu gab,
10. Viele Länder hatten Angst,

a. bauten die Wikinger viele Boote.
b. kamen sie oft ohne Warnung.
c. und fuhren bald wieder weg.
d. spielten die Wikinger gern Karten.
e. machten die Frauen viel mit den Kindern.
f. aber heute leben keine Leute mehr in dieser Stadt.
g. sieht man heute die Häuser der Wikinger nicht mehr.
h. weil die Männer viel auf dem Meer waren.
i. dass die Wikinger zu ihnen ins Land kommen.
j. weil man in ihnen viel transportieren konnte.

23. *Was stimmt hier nicht?* Geben Sie die richtigen Antworten!

1. Die Wikinger lebten in der Stadt Schleswig.
2. Die Wikinger lebten direkt am Meer.
3. Die Wikinger hatten Steinhäuser.
4. Die Wikinger reisten nach Asien und Amerika.
5. Die Wikinger spielten Fußball.
6. Die Boote der Wikinger waren langsam.
7. Die ganze Familie reiste auf den Booten.
8. Die Wikinger lebten nach 1100 in Haithabu.

Wann kann man das Wikinger Museum in Haithabu besuchen?

Wikinger Museum Haithabu

Öffnungszeiten:
April - Oktober
täglich   9 - 18 Uhr
November - März
Dienstag - Freitag   9 - 17 Uhr
Sonnabend
und Sonntag   10 - 18 Uhr
Montag geschlossen

Sprichwort

Fenster sind die Visitenkarte eines Hauses.

(Windows are a home's calling card.)

Bei uns zu Hause

Bügeln° und Putzen

Heute ist Samstag. Wir müssen die Hausarbeit machen. Jeden Samstag putzen wir das Haus, weil meine Eltern arbeiten und wir keine Putzfrau° haben. Und unsere Eltern meinen, es ist gut, dass Kinder putzen lernen. Putzen gefällt mir nicht besonders, aber es muss sein! Zuerst räumen wir alles auf, damit nichts auf dem Boden liegt. Dann benutzen° wir den Staubsauger°, um die Teppiche° sauber zu machen°. Mein Bruder Philipp nimmt einen Eimer°, macht ihn voll mit Wasser und Seife°, und wischt° den Boden°. Das macht er nicht gern! Ich muss Staub wischen°. Mein Vater spült das Geschirr in der Küche und meine Mutter trocknet alles ab°. Wie viele Leute haben wir leider keine Geschirrspülmaschine. Die schmutzige Kleidung waschen wir am Morgen und wir bügeln sie am Nachmittag. Bis wir fertig sind, haben wir keine Lust mehr zu kochen! Und alles ist so schön und sauber, wir wollen nichts schmutzig machen. Bis zum nächsten Samstag!

(*bügeln* to iron; *die Putzfrau* cleaning woman; *benutzen* to use; *der Staubsauger* vacuum cleaner; *der Teppich* carpet, rug; *sauber machen* to clean; *der Eimer* pail; *die Seife* soap; *wischen* to wipe; *der Boden* floor; *Staub wischen* to dust; *abtrocknen* to dry [dishes])

Welche Hausarbeit muss man oft machen?

Arbeiten im Haushalt

putzen

sauber

die Bürste

staubsaugen

schmutzig

der Schmutz

der Staubsauger

staubig

Staub

Staub wischen

das Staubtuch

kehren

waschen

der Besen

die Kehrschaufel

das Wasser

spülen

der Lappen

der Eimer

der Schrubber

24. Wovon spricht man hier?

1. Wenn man putzt, braucht man Wasser. Man braucht etwas, um das Wasser zu tragen.

2. Wenn man keine Zeit zum Putzen hat, dann kann man einer Person Geld geben. Diese Person putzt dann das Haus und bekommt Geld dafür.

3. Man wäscht zuerst das Hemd. Dann ist das Hemd sauber und trocken. Aber bevor man ein Hemd tragen kann, tut man noch etwas.

4. Nach dem Essen, wenn das Geschirr schmutzig ist, tut man das. Danach ist es wieder sauber.

5. Man benutzt ihn, um den Teppich sauber zu machen.

6. Man wäscht viele Sachen mit Wasser. Und damit die Sachen noch sauberer werden, kommt noch etwas ins Wasser.

7. Viel ist im Haus, wenn man nicht so oft putzt. Es ist grau. Eine Person kann eine Allergie bekommen, wenn viel im Haus ist.

8. Wenn das Geschirr aus dem Wasser kommt, dann muss man das machen. Danach kann man es in den Schrank stellen.

9. Wenn alles da ist, wo es nicht sein soll, dann tut man das. Danach sind alle Sachen wieder am richtigen Platz.

10. Wenn etwas nicht sauber ist oder wenn die Sachen grau oder schwarz aussehen, dann sind sie so.

25. Finden Sie das Wort, das nicht zu dem Verb passt!

1. waschen: die Haare, die Wäsche, die Zeit, die Kleidung
2. spülen: das Geschirr, die Tassen, den Boden, die Messer
3. putzen: die Zähne, die Schuhe, die Fenster, den Kobold
4. bügeln: die Hose, das Hemd, den Computer, das Kleid
5. wischen: den Boden, die Wäsche, den Staub, die Treppe

Rollenspiel

Sie arbeiten mit einer anderen Person. Eine Person ist die Mutter oder der Vater und die zweite Person ist die Tochter oder der Sohn. Der Vater oder die Mutter möchte, dass ihr Sohn oder ihre Tochter die Hausarbeit macht. Aber er oder sie will nicht. Diskutieren Sie und versuchen Sie einen Kompromiss zu finden!

Ich habe keine Lust, die Hausarbeit zu machen. Sehen wir doch mal nach, was es im Kino gibt!

Essen in Deutschland: gestern und heute

Sicher kennen Sie klassisches deutsches Essen: Sauerbraten, Sauerkraut, Brezeln, Bratwurst und noch vieles andere mehr. Seit dem Zweiten Weltkrieg hat sich das Essen in Deutschland aber sehr verändert°. Nach dem Krieg, in den 50er und 60er Jahren, hatten die Leute endlich wieder genug zu essen. Sie genossen°, dass sie so viel essen konnten, wie sie wollten. In dieser Zeit arbeiteten auch nicht so viele Frauen. Sie blieben zu Hause und kochten für ihre Familien, die zum Mittagessen nach Hause kamen.

Gebratene Gans isst man besonders gern zu Weihnachte

Heute ist Deutschland ein modernes Industrieland. Die Leute haben immer weniger Zeit und mehr Frauen arbeiten als früher. Viele Leute haben auch weniger Zeit zu Hause, weil sie lange Strecken zur Arbeit fahren. Das beeinflusst° auch die deutschen Essgewohnheiten°.

Gert Brunner, ein Koch, erklärt wie die Deutschen heute essen:

Der Koch bringt gesundes Essen auf den Tisch.

„Ich sehe zwei Gruppen mit verschiedenen Essgewohnheiten in Deutschland: eine Gruppe isst Fastfood und Convenience-Products, also Sachen, die fertig aus der Dose oder dem Karton kommen. Diese Leute sind nicht mehr wie die ältere Generation, die jeden Tag typisches deutsches Essen wie Braten°, Kartoffeln, Soße° und Blumenkohl° gegessen hat. Viele Leute leben heute allein und wollen nicht viel kochen. Und in vielen Familien arbeiten der Vater und die Mutter. Da hat man weniger Zeit für die Familie zu kochen. Die zweite Gruppe versucht, gesund zu essen. Diese Leute essen wie die Franzosen, Italiener und Spanier. In diesen Ländern essen die Leute auch heute noch mehr Obst und Gemüse oder kochen selbst."

Fastfood wird also auch in Deutschland immer beliebter. Vor allem Kinder essen gern Hamburger, Pommes frites oder Pizza. Im Mikrowellenherd können sie schnell Essen warm machen, auch wenn die Eltern nicht da sind. Oder sie gehen zwischen der Schule am Vormittag und am Nachmittag in ein Fastfood-Restaurant. Simon, der Sohn von Gert Brunner, sagt warum:

Fastfood ist bei den Jugendlichen sehr beliebt.

„Ich esse nicht gern belegte Brote. Und meine Mutter arbeitet und kocht deshalb nicht zu Mittag. Meine Pause am Mittag ist auch nicht so lang, dass ich selbst etwas kochen kann. Deshalb gehe ich in ein Fastfood-Restaurant, wo das Essen schnell kommt. Außerdem gehen meine Freunde auch dahin und zusammen essen macht mehr Spaß."

Mit seiner Familie isst Simon während der Woche selten, weil alle so viel zu tun haben. Gert Brunner erzählt: „Nur am Wochenende können wir zusammen essen und, was vielleicht noch wichtiger ist, zusammen sprechen." Simon sagt dazu: „Stimmt. Ich freue mich immer schon auf das Wochenende, weil mein Vater ein sehr guter Koch ist und wir dann endlich Zeit haben."

Gert Brunner kann nur am Wochenende mit seinem Sohn zusammen essen und sprechen.

(*verändern* to change; *genießen* to enjoy; *beeinflussen* to influence; *die Essgewohnheit* eating habit; *der Braten* roast; *die Soße* sauce, gravy; *der Blumenkohl* cauliflower)

26. **Wer isst...?**

   1. gern Hamburger, Pomme frites oder Pizza
   2. gern Braten und Blumenkohl
   3. Convenience-Products
   4. frisches Essen und kocht selbst
   5. im Fastfood-Restaurant
   6. nur am Wochenende zusammen
   7. nicht gern belegte Brote
   8. an Wochentagen ohne den Sohn

   a. Simon Brunner
   b. Franzosen, Italiener, Spanier
   c. Herr Brunner
   d. Familie Brunner
   e. Kinder
   f. die ältere Generation
   g. Leute, die allein leben
   h. Simon Brunner und seine Freunde

27. *Was essen Sie?* **Gert Brunner hat über die Essgewohnheiten der Deutschen gesprochen. Was für Essgewohnheiten haben Sie? Essen Sie oft Fastfood? Wie viel Obst und Gemüse essen Sie? Wann essen Sie mit Ihrer Familie? Schreiben Sie darüber!**

Winterkartoffeln

Jo Hanns Rösler (1899–1966)

Jo Hanns Rösler wollte zuerst Theologie studieren, aber er änderte seine Pläne im 1. Weltkrieg und entschied sich, Bücher zu schreiben. Er ist berühmt für seine lustigen Geschichten und Skizzen, die sich besonders gut für das Radio adaptieren lassen.

Über den Text

Röslers Text „Winterkartoffeln" ist ein typisches Beispiel der Kurzgeschichte. In diesen kurzen Texten gibt es oft nur wenige wichtige Charaktere, die mit einer Situation oder einem Erlebnis zu tun haben. Das Ende dieser Geschichte ist oft sehr wichtig, weil man meistens erst am Ende die Geschichte ganz verstehen kann.

Vor dem Lesen

1. The main character in this short story is named *Herr Gaunert*. In German, a *Gauner* is a person who has dubious moral standards. How does understanding his name help you understand the author's portrayal of this character and predict events in the story?

2. What do you know about *Tante-Emma-Läden* (corner grocery store) and *Supermärkte* in German-speaking countries? What do you think are the advantages and disadvantages of shopping at both types of stores?

I ch kaufe lieber beim kleinen Kaufmann ein als in den riesigen Geschäften. Beim alten Gaunert in der Nebenstraße gab es Winterkartoffeln. Er hatte viele. Die Kartoffelsäcke standen bis auf die Straßen hinaus; ein Kartoffelsack neben dem anderen. Über dem Fenster stand:

„Heute noch Kartoffeln zum alten Preis! Letzter Tag."

So kamen die Kunden.

„Was kosten die Kartoffeln?"

„Wir verkaufen noch zum alten Preis."

„Und das ist?"

„Fünf Pfund 75 Pfennige."

„Nur noch heute?"

„Heute ist der letzte Tag."

Die Kunden kamen und kauften sehr viel. Sie kauften für den ganzen Winter. Zum alten Preis. Jeder wollte Kartoffeln haben. Beim alten Gaunert wurde die Waage warm und die Kasse stand nicht still.

„Fünf Pfund 75 Pfennige! Wer will noch mal? Wer hat noch nicht? Wie viel Pfund dürfen es denn sein, junge Frau?

Die Kunden standen bis auf die Straße hinaus. Sie standen in Reihen. Sie kamen zweimal und dreimal. Zu Hause baten die Frauen ihre Männer um mehr Geld.

„Beim Gaunert gibt es noch Kartoffeln zum alten Preis! Heute letzter Tag!"

Die Männer freuten sich über ihre Frauen. Johannes kam auch vorbei. Er sah die vielen Kartoffelsäcke.

„Kartoffeln zum alten Preis! Heute letzter Tag!"

Er stellte sich hinten an. Als er an der Reihe war, fragte er:

„Zum alten Preis?"

„Ja. Nur noch heute. Fünf Pfund 75 Pfennige."

Johannes fragte:

„Und morgen? Was werden die Kartoffeln morgen kosten?

„Den neuen Preis."

„Wie viel ist das?

Gaunert sagte, aber leise: „Fünf Pfund 65 Pfennige."

Nach dem Lesen

1. Diese Geschichte ist über kluge Marketingstrategien. Wählen Sie ein Produkt und entscheiden Sie a) wem Sie dieses Produkt verkaufen wollen und b) wie Sie es auf den Markt bringen wollen!

2. Welche Rolle spielen Männer und Frauen in dieser Geschichte? Wer geht einkaufen und wer kontrolliert das Geld? Könnte Rösler diese Geschichte auch heute noch so schreiben? Warum oder warum nicht?

Endspiel

1. Gehen Sie in die Bibliothek oder benutzen Sie einen Computer, um weitere Informationen über die Wikinger und Heinrich I. zu finden. Schreiben Sie einen kurzen Bericht mit den Informationen, die Sie gefunden haben!

2. Sie machen Urlaub. Für morgen oder das Wochenende möchten Sie einen Roller mieten. Sprechen Sie mit drei Personen, die Roller zu vermieten haben! Versuchen Sie den besten Preis zu bekommen! Sie möchten einen Roller mit Kick-Starter haben. Vergessen Sie nicht zu sagen, wann Sie Ihren Roller brauchen!

3. Erinnern Sie sich noch an die Vokabeln, die mit Putzen zu tun haben? Versuchen Sie drei dieser Wörter für eine Person vorzuspielen *(act out)*, ohne etwas zu sagen. Die andere Person muss die Wörter erraten!

4. Bringen Sie ein Bild zur Klasse, auf dem mehrere Personen sind! Schreiben Sie eine Beschreibung von zwei der Personen auf dem Bild, dann lesen Sie Ihre Beschreibung! Ein Partner oder eine Partnerin muss dann die richtige Person auf dem Bild finden.

5. Beschreiben Sie einen typischen Montag in den Sommerferien und einen typischen Montag während des Schuljahres!

Was machen sie in den Sommerferien...

...und während des Schuljahres?

Vokabeln

ab as of
abtrocknen to dry (dishes)
die **Achtung** attention
angeschwemmt washed ashore
die **Anzeige,-n** ad
der **Badegast,-̈e** tourist in a seaside or beach resort
der **Badeort,-e** town by the sea
beeinflussen to influence
benutzen to use
bereit ready
billig cheap, inexpensive
der **Blumenkohl** cauliflower
der **Boden,-̈** floor
der **Braten** roast
breit wide
bügeln to iron
das **Ding,-e** thing
der **Drachen,-** kite
das **Drachenfest,-e** kite flying festival
drücken to push, press
die **Düne,-n** dune
der **Eimer,-** bucket, pail
sich **einigen** to agree
erfahren (erfährt, erfuhr, erfahren) to learn from a person, encounter
die **Erholung** relaxation, recuperation
erkennen (erkannte, erkannt) to recognize
die **Essgewohnheit,-en** eating habit
der **Fehler,-** mistake, error
das **Feuer,-** fire
der **Friedhof,-̈e** cemetery
friesisch Frisian
der **Führer,-** leader
die **Gelegenheit,-en** opportunity
genießen (genoss, genossen) to enjoy
das **Geschäft,-e** business
der **Grabstein,-e** gravestone
der **Grund,-̈e** reason
der **Hafen,-̈** harbor
der **Hebel,-** lever

der **Heimatlosenfriedhof,-̈** cemetery for homeless, nameless people
die **Helmpflicht** helmet law
herumkommen (kam herum, ist herumgekommen) to get around
das **Holz,-̈er** wood
der **Kampf,-̈e** fight, battle
die **Keule,-n** club
der **Kicker,-** moped
die **Klippe,-n** cliff
der **Knopf,-̈e** button
die **Kunst,-̈e** art; die schönen Künste fine arts
der **Kurort,-e** resort, spa
leiden (litt, gelitten) to tolerate, suffer
leiten to lead
der **Leuchtturm,-̈e** lighthouse
das **Licht,-er** light
das **Meer,-e** sea
die **Nachbarinsel,-n** neighboring island
das **Netzwerk,-e** network
die **Pause,-n** break
plündern to loot
polieren to polish
die **Putzfrau,-en** cleaning woman
die **Reiseleiterin,-nen** tour guide
der **Roller,-** motor scooter
ruhig quiet
sauber machen to clean
sauer angry
der **Schalter,-** switch
schief gehen (ging schief, ist schief gegangen) to go awry

der **Seemann,-̈er** sailor
die **Seife,-n** soap
der **Sieg,-e** victory
der **Soldat,-en** soldier
die **Soße,-n** sauce, gravy
der **Staub** dust; Staub wischen to dust
der **Staubsauger,-** vacuum cleaner
die **Steuer,-n** tax
der **Teppich,-e** carpet, rug
das **Transportmittel,-** means of transportation
treten (tritt, trat, getreten) to pedal
das **Trittbrett,-er** footboard
das **Ufer,-** shore
verändern to change
verlangen to demand
versprechen (verspricht, versprach, versprochen) to promise
der **Vertrag,-̈e** contract
verwirrt confused
das **Volk,-̈er** people, folk
der **Wald,-̈er** forest
weiterleben to live on
wischen to wipe
der **Wohnraum,-̈e** living quarter
das **Zeichen,-** sign
das **Zeitalter** age, era
ziehen: in andere Länder ziehen (zog, ist gezogen) to move to other countries
der **Zustand,-̈e** condition

Die Straßenbahn ist ein wichtiges Transportmittel.

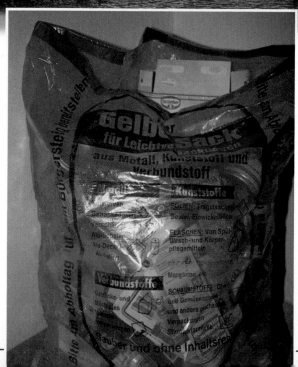

Kapitel 3

Familie und Nachbarn

In this chapter you will learn how to:

- express wishes
- give and receive orders
- make an appointment
- get repairs made
- offer to do something
- describe daily routines

Weleda und Kali

Familiengeschichten

Es war wieder einmal Sonntagmorgen und in der Midgard war es still. Kali war in der Anmeldung und surfte im Intranet der Bibliothek. Seine Hand und sein Bein waren besser geworden und er konnte schon wieder ins Netzwerk gehen. Aber er war auch gern in der Midgard. Weleda war eine interessante Person. Sie wusste so viel und er konnte jeden Tag etwas von ihr lernen. Eine typische Familie war das vielleicht nicht: zwei Leute, eine weise Frau und ein Kobold, in einer Bibliothek. Aber Weleda und Kali waren glücklich und fanden ihre Alternativfamilie toll. Als Kali aus dem Intranet zurückkam, fragte ihn Weleda:

Weleda: Du bist gern unterwegs°, oder?

Kali: Ich bin ja noch so jung. Ich muss etwas sehen und etwas erleben. Aber ich muss sagen, dass ich mich hier bei Ihnen in der Midgard wohler fühle. Die Entfernungen sind im Internet ja kein Problem. Ich bin in Sekunden° von einem Ort im nächsten. Aber man sieht immer neue Leute, immer neue Gesichter, und hört immer wieder „Guten Tag" und „Auf Wiedersehen". Aber jetzt habe ich auch einen Ort, zu dem ich zurückkommen kann und will: ein Zuhause°.

Weleda: Das höre ich gern, Kali. Mir gefällt es hier auch besser, seit du eingezogen° bist. Die Midgard ist schon immer mein Zuhause gewesen. Hier finde ich alles, was ich brauche. Und die Archive der Bibliothek halten jeden Tag kleine Überraschungen° für mich bereit°.

Kali: Ja, die Midgard überrascht mich auch immer wieder. In der Midgard findet man Informationen über alles und jeden, bis weit in die Geschichte zurück.

Weleda: Damals° erzählten die alten Generationen den jüngeren Generationen die Geschichten. Die Familien saßen abends in der Küche und gaben die alten Geschichten weiter°. Es gab keine Computer und keine Fernseher.

Kali: Weiß ich doch, Frau Weleda; ich bin ja auch nicht mehr so jung. Ich habe meine Eltern darüber sprechen hören.

Weleda: Nun, jung bist du schon, Kali. Aber was ist denn mit deiner Familie passiert? Wo sind deine Eltern?

Kali: Die haben mich sitzen gelassen°. Nur weil ich etwas ungeschickt° beim Surfen im Internet bin. Ein paar Mal haben sie mir helfen müssen, weil ich in der Klemme saß. Außerdem redete ich viel zu viel. Da hat mein Vater gesagt: „Den Jungen kann ich nicht mehr aushalten°. Der kann selbst eine neue Familie finden." Und meine Mutter wollte nicht ohne meinen Vater bei mir bleiben. Sie wissen ja, Frau Weleda, dass Kobolde mit zwei Jahren alt genug sind, allein zu leben. Und so sind sie ohne mich los.

Weleda: Hast du denn deine Eltern nicht wieder gesehen? Du bist doch viel im Computernetz unterwegs.

Kali: Es gibt zu viele Verbindungen und zu viele Computer. Da findet man sich nicht so leicht wieder. Und die Zeit vergeht° so schnell. Ich bin ja so froh, dass ich jetzt hier mein neues Zuhause gefunden habe. Da war es ja doch einmal gut, dass ich etwas ungeschickt bin.

Weleda: Ja, manchmal sind die kleinen Fehler eine große Hilfe. Und sieh, zu unserer Familie gehören die vielen Heldinnen und Helden aus den Büchern, die Könige und Kaiser aus der Geschichte. Und denk an unsere Nachbarn, die Frau Muschel und den Herrn Sever.

Kali: Meinen Sie den dicken Mann mit dem Glatzkopf?

Weleda: Ja, ja, den guten Herrn Sever und die nette Frau Muschel. Es wird Zeit, dass wir sie einmal wieder zu uns einladen.

Kali: Ja, wir haben tolle Nachbarn.

Weleda: Ja, die haben wir. Und wir alle machen aus der Midgard unser Zuhause.

(*unterwegs* on the move; *die Sekunde* second; *das Zuhause* home; *einziehen* to move in; *die Überraschung* surprise; *bereithalten* to have in store; *damals* back then; *weitergeben* to pass on; *sitzen lassen* to leave in the lurch; *ungeschickt* uncoordinated, clumsy; *aushalten* to tolerate; *vergehen* to pass [time])

1. ***Was stimmt hier nicht?* Verbessern Sie den falschen Teil!**

   1. Es ist Donnerstagmorgen in der Bibliothek.
   2. Kali ist im Lesesaal.
   3. Kalis Bein und sein Kopf sind besser geworden.
   4. Weledas Zuhause ist das Intranet.
   5. Kalis Eltern ließen ihn sitzen, weil er zu viel liest.
   6. Kalis Mutter konnte ihn nicht mehr aushalten.
   7. Kobolde sind mit vier Jahren alt genug, allein zu leben.
   8. Kali findet seine Eltern im Netz leicht wieder.
   9. Herr Sever ist ein dünner Mann mit einem Glatzkopf.
   10. Frau Muschel und Herr Sever sind Weledas Freunde.

Die barocke Bibliothek in Metten ist eine Sehenswürdigkeit für Besucher.

Allerlei

Umfrage zum Thema: Nachbarn

Wir wollten wissen, was die Menschen in Deutschland über ihre Nachbarn denken, wo sie wohnen, wie die Nachbarn sind, was sie mit den Nachbarn zusammen tun, welche Hilfe sie von den Nachbarn bekommen und was sie schon für ihre Nachbarn getan haben. Diese Fragen haben wir vielen Personen in Baden-Württemberg, Rheinland-Pfalz, Nordrhein-Westfalen und in Hessen gestellt. Die Antworten finden wir sehr informativ, denn sie zeigen, was alte und junge Leute, Leute in der Stadt und Leute auf dem Land über das Thema *Nachbarn* denken und sagen.

Fragebogen

Wo wohnen Sie?

Kennen Sie Ihre Nachbarn?

Was machen Sie zusammen mit Ihren Nachbarn?

Bitten Ihre Nachbarn Sie manchmal um etwas?

Was haben Sie schon für Ihre Nachbarn getan?

Interview 1

In Stuttgart sprachen wir mit Irene, einer jungen Frau mit langen schwarzen Haaren. Sie hatte ihre Freundin dabei. Sie antwortete sofort auf unsere Fragen.

Interviewer: Wo wohnen Sie?

Irene: Ich wohne in Ludwigsburg. Das ist eine Stunde von hier. Ich bin zu Besuch bei meiner Freundin hier.

Interviewer: Kennen Sie Ihre Nachbarn?

Irene: In Ludwigsburg? Da kenne ich jeden Nachbarn.

Interviewer: Was tun Sie mit Ihren Nachbarn?

Irene: Ich spreche jeden Tag mit den Nachbarn. Monika, die Tochter der Nachbarn, ist in meiner Klasse.

Interviewer: Bitten Ihre Nachbarn Sie manchmal um° etwas?

Was macht der Interviewer?

↑ Stuttgart-West Liederhalle
27 Tübingen
← Böblingen
♨ Heilbronn
Ludwigsburg 27
Stuttgart-Nord →
Messe
—— 100 m

Wo wohnt Irene?

Irene: Monikas Mutter hat ihren kranken Vater im Haus. Da bittet sie mich manchmal, ihr mit dem Vater zu helfen. Dann ruft sie: „Irene, komm doch bitte und hilf mir den Vati drehen!" Dann drehen wir ihren Vater im Bett auf die andere Seite.

Interviewer: Was haben Sie schon für Ihre Nachbarn getan?

Irene: Ich helfe unseren Nachbarn oft beim Einkaufen und im Garten.

Interviewer: Herzlichen Dank für dieses Gespräch!

Irene: Bitte schön!

Interview 2

In Dörrenbach gehen wir ins Geschäft und sprechen mit der Verkäuferin, Frau Weiss. Ihr Geschäft liegt ein paar Häuser vom Rathaus entfernt. Sie antwortet gern auf unsere Fragen.

Interviewer: Darf ich Ihnen ein paar Fragen stellen?

Frau Weiss: Ja, worum geht's denn?

Interviewer: Wo wohnen Sie?

Frau Weiss: Ich wohne natürlich hier, in Dörrenbach, ein paar Häuser weiter.

Interviewer: Kennen Sie Ihre Nachbarn?

Frau Weiss: Ja, was denken Sie denn? Ich kenne jeden Menschen im Dorf. Die kommen doch alle und kaufen bei mir ein.

Interviewer: Was tun Sie mit Ihren Nachbarn?

Dörrenbach

Frau Weiss: Ja, wissen Sie, am Tage verkaufe° ich ihnen, was sie brauchen. Und ich habe auch eine Post im Geschäft. Ich bin also Postdirektorin, wenn Sie so wollen. Bei mir können Sie Pakete und Briefe schicken. Aber das ist mehr Arbeit, als ich dachte.

Interviewer: Bitten Ihre Nachbarn Sie manchmal um etwas?

Frau Weiss hat auch eine Post im Geschäft.

Frau Weiss: Meine Nachbarn bitten mich immer um etwas. Sie vergessen ihr Geld und ich soll den Kauf anschreiben°. Ich schreibe den Betrag° hier an die Tafel.

Interviewer: Was haben Sie schon für Ihre Nachbarn getan?

Frau Weiss: Meine Nachbarn und ich, wir leben gut zusammen. Ich helfe gern und das tun meine Nachbarn auch. Im Geschäft brauche ich oft Hilfe und dann kommt der Nachbarsjunge und hilft mir. Und meine Nachbarin, die Frau Schulte, die vergisst oft das Einkaufen. Dann kommt sie am Abend, wenn das Geschäft schon zu ist und ich gebe ihr, was sie braucht.

Interviewer: Herzlichen Dank für dieses Gespräch!

Frau Weiss: Ja, wollen Sie denn nichts kaufen?

Interview 3

Eine Frau und ein Mann stehen neben dem Zug im Bahnhof von Duisburg und sehen sich die Informationstafel an. Sie sind gerade aus Frankfurt angekommen.

Interviewer: Darf ich Ihnen schnell ein paar Fragen stellen?

Nivedita: Ja, gern.

Interviewer: Wo wohnen Sie?

Nivedita: Wir kommen jetzt aus Frankfurt. Sarnath, sieh nach vorn, der Interviewer möchte mit uns sprechen. Wir sind zu Besuch in Duisburg.

Die beiden sehen sich die Informationstafel an.

Der Mann aus Indien dreht sich jetzt um° und sieht uns an.

Interviewer: Wir fragen, ob Nachbarn für Sie wichtig sind.

Nivedita: Für uns sind die Nachbarn sehr wichtig. In Indien ist es wichtig, dass wir mit den Nachbarn guten Kontakt haben.

Interviewer: Wie sind die Deutschen anders° als die Menschen in Indien, wenn wir über Nachbarn reden?

Sarnath: Hier sind die Menschen privater. Hier weiß nicht jeder Nachbar alles. In meiner Heimatstadt Kalkutta, da wusste jeder Nachbar alles. Man konnte nichts privat machen. Was meinst du, Nivedita?

Nivedita: Fragst du mich, wo es mir besser gefällt, Sarnath? Ich mag meine neue Heimat hier. Unsere Familien sind auch hier. Meine Mutter wohnt bei uns in Frankfurt. Ich möchte bleiben, denn wir haben gute Jobs.

Familie und Nachbarn

Interviewer: Helfen Ihnen die deutschen Nachbarn gern? Und ist es Ihnen möglich, den deutschen Nachbarn zu helfen?

Sarnath: Ich weiß es nicht genau. In Frankfurt lebt man sehr privat. Ich kenne die Nachbarn in unserem Mietshaus° nicht.

Nivedita: Wir haben unsere indischen Nachbarn besser gekannt als unsere deutschen Nachbarn. In Indien bekommen die Nachbarn immer alles, was sie brauchen. In Frankfurt ist das anders, obwohl Kalkutta viel größer ist als Frankfurt.

In Indien bekommen die Nachbarn immer alles, was sie brauchen.

(*um etwas bitten* to ask for something; *verkaufen* to sell; *anschreiben* to buy on credit; *der Betrag* amount; *sich umdrehen* to turn around; *anders* different; *das Mietshaus* apartment building)

2. ***Wer sagt das?*** **Diese Person sagt, dass...**

   1. sie der Nachbarin mit ihrem Vater hilft.
   2. sie die Postdirektorin ist.
   3. ihre Mutter in Frankfurt lebt.
   4. sie die indischen Nachbarn besser gekannt hat als die deutschen.
   5. sie gut mit ihren Nachbarn zusammenlebt.
   6. ihr der Nachbarsjunge oft hilft.
   7. sie in Ludwigsburg wohnt.
   8. die Menschen in Deutschland privater sind.
   9. sie die Nachbarn im Mietshaus nicht kennt.

3. ***Welches Wort fehlt?*** **Geben Sie die richtige Antwort!**

   1. Ludwigsburg ist eine ___ von Stuttgart entfernt.
   2. Irene hilft den Nachbarn beim Einkaufen und im ___ .
   3. Die Tochter der Nachbarn ist bei Irene in der ___ .
   4. Frau Weiss hat ihr ___ ein paar Häuser vom Rathaus.
   5. Frau Weiss schreibt einen Betrag an die ___ .
   6. Wenn Frau Weiss Hilfe braucht, kommt der ___ .
   7. In Indien hat Nivedita mit den Nachbarn guten ___ .
   8. Sarnath kennt die Nachbarn im ___ nicht.

Du und ich

Kannst du mir mal helfen?

Rollenspiel

Spielen Sie dieses Rollenspiel mit zwei Personen! Die erste Person ist der neue Nachbar oder die neue Nachbarin und braucht Hilfe, weil er oder sie in die neue Wohnung zieht. Sie bittet die zweite Person um Hilfe. Die zweite Person hilft gern, will aber mehr über den neuen Nachbarn oder die neue Nachbarin wissen.

Sprache

als, wenn, wann

Three different words can be used for "when," depending on the context.

Wann is a question word used for situations in which you are asking about a time when something occurs. You can use *wann* for questions in any tense, present or past.

> *Wann gehst du in die Stadt?* When are you going downtown?
> *Wann war dein Geburtstag?* When was your birthday?
> *Wann wirst du die Zeitreise machen?* When will you do the time travel?

Wann functions as a subordinating conjunction when it introduces a subordinate clause.

> *Wissen Sie, wann die Party ist?* Do you know when the party is?

Als is not a question word, but a subordinating conjunction that indicates when past events in the past occurred.

> *Das Kind weinte, als es vom Fahrrad fiel.* The child cried when it fell off the bike.
> *Als wir nach Deutschland gereist sind, sind wir mit Lufthansa geflogen.* When we went to Germany, we flew with Lufthansa.

Wenn is used for present and future events.

> *Wenn ich früh aufstehe, bin ich den ganzen Tag müde.* When I get up early, I'm tired the whole day.
> *Wenn ich Zeit habe, besuche ich meine Freunde in Köln.* When I have time, I visit my friends in Cologne.

Wenn is also used for past and present events that occurred or occur repeatedly.

> *Ich habe als Kind jedes Mal gemault, wenn ich mir die Zähne putzen musste.* As a child I complained every time I had to brush my teeth.

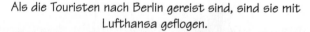

Als die Touristen nach Berlin gereist sind, sind sie mit Lufthansa geflogen.

4. *Vater hat seinen Ehering* (wedding ring) *verloren.* **Benutzen Sie** *als, wenn,* **oder** *wann,* **um herauszufinden, was passiert ist!**

Christian: ___ putzt ihr?

Maria: Jeden Samstagvormittag.

Christian: Ist letzten Samstag etwas Besonderes passiert?

Maria: Ja! ___ wir gestaubsaugt haben, hat mein Vater seinen Ehering verloren. Und ___ meine Mutter das gehört hat, ist sie ausgeflippt.

Christian: ___ hat euer Vater gesehen, dass sein Ring weg war?

Maria: ___ er sich die Hände gewaschen hat. Er wäscht sich immer die Hände, ___ er nicht arbeiten will!

Christian: Und ___ habt ihr den Ring wiedergefunden?

Maria: ___ meine Mutter den Boden gewischt hat. Aber sie hat zu meinem Vater gesagt: „___ passt du endlich besser auf deinen Ring auf? Ich gebe dir den Ring nur dann wieder, ___ du mir einen neuen kaufst!"

5. *Schreiben Sie Sätze mit den Teilen!* **Passen Sie auf, dass Sie die richtige Zeitform** *(tense)* **benutzen!**

1. Als / wir / ankommen / in München / meine Freunde / warten / auf uns
2. Wenn / ich / meine Tante / zum Geburtstag / anrufen / sie / sein / immer froh
3. Wissen Sie / wann / die Schmidts / machen / nächstes Jahr / Urlaub
4. Wann / wir / putzen / zum letzten Mal / die Wohnung
5. ~~Sein / du~~ / müde / als / du / früh aufstehen
6. Wann / Sie / gehen / am Abend / ins Bett
7. Als / ich / jung / sein / ich / mein Zimmer / immer aufräumen
8. Wenn / wir / gehen / ins Kino / ich / kaufen / immer die Karten

Wann fahren nur wenige Leute
zur Ostsee?

Länder, Kantone und Provinzen

Die Schweiz und Zürich

Die Schweiz ist ein kleines Land, wo die Besucher viel sehen können. Wenn man von der Schweiz hört, denkt man an Uhren, Schmuck, Schokolade, Berge, und lange Traditionen. In den 26 Kantonen der Schweiz sprechen die Einwohner vier verschiedene Sprachen. Die meisten Leute (70%) sprechen deutsch. Im westlichen Teil der Schweiz, der an Frankreich

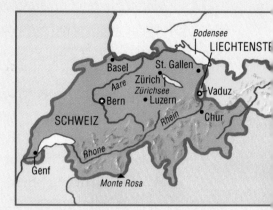

grenzt, sprechen die Leute mehr französisch (19%). Im Tessin, einem Kanton im Süden der Schweiz, spricht man italienisch (10%). Die vierte Sprache ist Rätoromanisch. Das ist eine sehr alte Sprache, die nur sehr wenige Menschen sprechen (1%). Man spricht sie im Kanton Graubünden, der im Südosten der Schweiz liegt. Aber alle vier Sprachen sind offizielle Sprachen der Schweiz.

Genf, eine berühmte Konferenzstadt

In der Schweiz gibt es viele schöne Städte: Bern, die Hauptstadt des Landes; Genf, eine berühmte Konferenzstadt; Luzern mit seiner schönen alten Brücke°; und natürlich Zürich, die größte Stadt der Schweiz. Zürich liegt am Zürichsee. Zürich hat eine lange Geschichte. Schon vor ungefähr 2 000 Jahren waren die Römer° hier. Man kann noch ein Haus aus dieser Zeit sehen. Auch die Könige und Kaiser im Mittelalter° fanden diese Stadt so wichtig, dass sie sie immer wieder besuchten. Im 10. Jahrhundert° gewann Zürich großen Einfluss, den die Stadt bis heute noch hat.

Bern, die Hauptstadt

Viele Gebäude° in Zürich sind Zeugen° dafür, wie alt diese Stadt ist. Das Großmünster°, zum Beispiel, ist eine Kirche mit zwei Türmen aus dem 11. Jahrhundert. Wenn man diese Kirche besichtigt, kann man Elemente aus den verschiedenen Jahrhunderten finden. Es gibt eine interessante Geschichte, die

Luzern mit der schönen alten Brücke

erklärt, warum die Kirche an diesem Ort steht. Die Römer enthaupteten° zwei Menschen in Zürich, die Geschwister Felix und Regula. Die beiden nahmen danach ihre Köpfe unter den Arm und gingen auf einen kleinen Berg. Karl der Große fand ihr Grab° und ließ die Kirche an dieser Stelle bauen. Dehalb gibt es auf diesen Türmen eine Statue Karls des Großen (742–814). Im 16. Jahrhundert war das Großmünster sehr berühmt, weil Huldrych Zwingli in dieser Kirche arbeitete. Er wollte wie Martin Luther die katholische Kirche reformieren. Er war aber so radikal, dass sogar Martin Luther Angst vor ihm hatte.

Das Großmünster in Zürich

Aber auch die heutige Zeit hat Einfluss auf Zürich. Zürich ist ein großes Wirtschafts- und Kulturzentrum°. In der Stadt kann man viele

Zürich liegt am Zürichsee.

Banken und viele moderne Firmen sehen. Aber auch die moderne Kunst gehört zu Zürich. Ein Beispiel ist das „Heidi-Weber-Haus". Es war das letzte Haus, das der französisch-schweizerische Architekt Le Corbusier baute. Bei so vielen verschiedenen Attraktionen ist eines sicher: Zürich ist ein Zeuge der Zeit und eine Reise wert°!

(*die Brücke* bridge; *der Römer* Roman; *das Mittelalter* Middle Ages; *das Jahrhundert* century; *das Gebäude* building; *der Zeuge* witness; *das Großmünster* Grand Cathedral; *enthaupten* to behead; *das Grab* grave; *das Wirtschafts- und Kulturzentrum* economic and cultural center; *wert sein* to be worth)

6. Was stimmt hier nicht?

1. Die Schweiz hat fünfzehn Kantone.
2. 70% der Leute sprechen französisch.
3. Zürich ist die Hauptstadt der Schweiz.
4. In Luzern gibt es eine neue Brücke.
5. Zürich liegt in den Bergen.
6. Bern ist die größte Stadt in der Schweiz.
7. Schon die Griechen waren in Zürich.
8. Das Großmünster ist eine Kirche mit zwei Fenstern.
9. Martin Luther hat die katholische Kirche gebaut.
10. Le Corbusier war ein Maler.

7. Was passt hier zusammen?

1. Die Schweiz ist ein kleines Land,
2. Das Schweizerdeutsch ist
3. Der westliche Teil der Schweiz grenzt
4. Im Tessin sprechen
5. Rätoromanisch ist eine alte Sprache,
6. Viele Gebäude in Zürich sind
7. Im 10. Jahrhundert gewann Zürich
8. Das „Heidi-Weber-Haus" ist

a. Zeugen des hohen Alters der Stadt.
b. wo man viel sehen kann.
c. das letzte Haus von Le Corbusier.
d. an Frankreich.
e. die Leute italienisch.
f. wirtschaftlichen Einfluss.
g. die nur wenige Leute sprechen.
h. anders als Hochdeutsch.

Von einem Ort zum andern

Das Fahrrad

Das Fahrrad ist ein beliebtes Transportmittel in den deutschsprachigen° Ländern. Viele Leute fahren jeden Tag mit ihrem Fahrrad. Man fängt schon früh mit dem Radfahren an. Die Kinder lernen in der Schule die Verkehrsregeln° und machen dann eine praktische Prüfung mit ihrem Rad, so dass sie auch ohne Erwachsene fahren dürfen.

Kurze Strecken fahren die meisten Leute lieber mit dem Rad als mit dem Auto oder Bus. Viele kaufen zum Beispiel mit ihrem Fahrrad ein. Dann müssen sie ihr Essen und ihre Getränke nicht nach Hause tragen. Das ist der Grund, warum fast alle Räder, die man in deutschsprachigen Ländern kauft, einen Gepäckträger° haben. Und alle Fahrräder müssen ein Licht haben, damit sie auch in der Nacht fahren dürfen. In der Innenstadt ist das Rad fast so schnell wie ein Auto, weil die Autos hier nicht schnell fahren dürfen. Und man kann es leichter parken und das Radfahren verschmutzt° die Luft und die Umwelt nicht. Deshalb versuchen manche Städte, die Menschen zu motivieren, noch mehr Rad zu fahren. In Ingolstadt in Bayern zum Beispiel gibt es 350 Räder im Stadtzentrum. Sie sind gelb und alle Leute können sie in der Stadt kostenlos benutzen.

An Wochenenden fährt oft die ganze Familie mit dem Rad eine längere Strecke. Auf diesen Radtouren kann man sich gut erholen° und etwas für die Gesundheit tun. Das macht Spaß und hält fit.

(*deutschsprachig* German-speaking; *die Verkehrsregel* traffic rule; *der Gepäckträger* baggage carrier; *verschmutzen* to pollute; *sich erholen* to recuperate, recover)

Mit dem Fahrrad kommt man schneller durch die Stadt.

Martins Fahrradprobleme

Mechaniker: Guten Tag! Hier Fahrradhaus Klein.

Martin: Guten Tag! Hier Martin Simmer. Ich habe von meinem Großvater ein altes Rad bekommen. Das Rad hat einige Probleme und ich möchte wissen, wie viel die Reparaturen° kosten.

Mechaniker: Was ist denn alles kaputt?

Martin: Das Rad hat kein Rücklicht. Die Handbremse funktioniert nicht. Das Vorderrad ist verbogen° und das Hinterrad hat einen platten° Reifen.

Martin ruft beim Fahrradhaus Klein an.

Mechaniker: Ist die Kette° noch in Ordnung?

Martin: Nein, das habe ich ganz vergessen. Sie ist ganz verrostet°.

Mechaniker: Ja, das passiert oft bei alten Rädern. Und Sie wollen wissen, wie viel es kostet. Also, Sie brauchen sicher ein neues Vorderrad, weil das Fahrrad schon alt ist. Ein Rücklicht ist nicht so teuer, nur um die 30 Mark. Und die Handbremse braucht vielleicht nur etwas Öl.

Familie und Nachbarn

Der Mechaniker repariert
jeden Tag Fahrräder
für seine Kunden.

Den Reifen kann ich Ihnen auch auswechseln°. Es ist
aber besser, wenn Sie hier vorbeikommen, so dass ich
mir das Rad einmal ansehen kann. Dann kann ich
Ihnen auch einen genaueren Preis sagen.

Martin: Heute habe ich keine Zeit. Aber morgen früh kann ich
kommen. Geht das?

Mechaniker: Das ist kein Problem. Wir machen um 8 Uhr 30 auf.

Martin: Gut, dann bis morgen.

Mechaniker: Ja, bis dann.

Martin: Auf Wiederhören!

Mechaniker: Wiederhören!

(*die Reparatur* repair; *verbogen* bent; *platt* flat; *die Kette* chain; *verrostet* rusty;
auswechseln to change)

Nützliche Wörter und Ausdrücke

Das Fahrrad

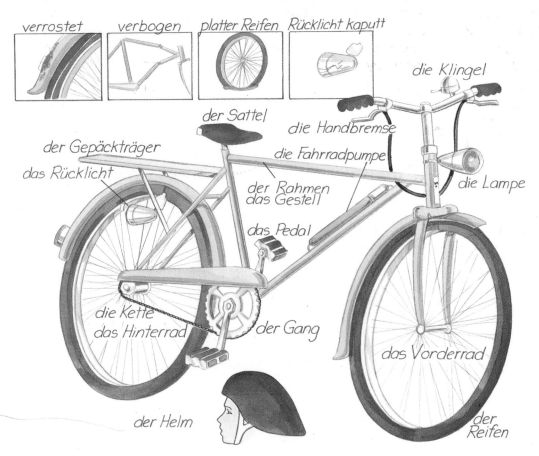

Rollenspiel

Jetzt sind Sie an der Reihe. Arbeiten Sie mit einer zweiten Person! Eine Person hat vor drei Wochen ihr Fahrrad zur Reparatur gebracht. Es sollte vor zwei Wochen fertig sein, aber der Mechaniker oder die Mechanikerin sagt, dass es noch immer nicht fertig ist. Was tun Sie?

Die zweite Person ist der Mechaniker oder die Mechanikerin. Sie haben das Fahrrad noch immer nicht repariert. Finden Sie eine gute Ausrede (excuse), warum es noch immer nicht fertig ist!

Sprache

Relative Pronouns

Relative clauses are a kind of subordinate clause. Like subordinating conjunctions, relative pronouns push the main verb to the end of the clause. And like other pronouns, relative pronouns replace a noun. Usually they directly follow the noun they describe.

Relative pronouns can appear in the nominative, accusative, dative and genitive cases. You use relative clauses to provide more information about a noun in the main clause. To determine the case of the relative pronoun, check the following: (1) the gender of the noun it refers to—masculine, feminine, neuter, singular or plural; and (2) the role of the relative pronoun in the subordinate clause—subject, direct object, or indirect object. The redundant noun is deleted in the relative clause.

A relative pronoun can be the subject (nominative) of the relative clause:

main clause	Der Freund	+	kommt am Montag.
subordinate clause		Der ~~Freund~~	hat Geburtstag.
	Der Freund,	der Geburtstag hat,	kommt am Montag.

The friend, who has a birthday, is coming on Monday.

A relative pronoun may be the direct object (accusative) of the relative clause:

main clause	Der Freund	+	kommt am Montag.
subordinate clause	Ich habe	den ~~Freund~~	lange nicht gesehen.
	Der Freund,	den ich lange nicht gesehen habe,	kommt am Montag.

The friend, whom I have not seen for a long time, is coming on Monday.

A relative pronoun may be the indirect object (dative) of the relative clause:

main clause	Der Freund	+	kommt am Montag.
subordinate clause	Ich schenke	dem ~~Freund~~	ein Buch zum Geburtstag.
	Der Freund,	dem ich ein Buch zum Geburtstag schenke,	kommt am Montag.

The friend, to whom I am giving a book for his birthday, is coming on Monday.

The relative pronouns are identical to the definite articles except for the dative plural form.

	masculine	feminine	neuter	plural
nominative	der	die	das	die
accusative	den	die	das	die
dative	dem	der	dem	**denen**

8. *Kombinieren Sie die Sätze!* **Benutzen Sie Relativpronomen im Nominativ, um die Sätze zu verbinden!**

◆ Das Kind, ____, geht heute Abend ins Theater.
   Das Kind trägt einen roten Rock.
   Das Kind, das einen roten Rock trägt, geht heute Abend ins Theater.

1. Der Schüler, ____, sieht toll aus.
   Der Schüler trägt einen lustigen Hut.

2. Die Lehrerin, ____, ist nett.
   Die Lehrerin unterrichtet Deutsch.

3. Das Mädchen, ____, lebt gern in Deutschland.
   Das Mädchen wohnt in Trier.

4. Die Lehrer, ____, erkennen gute Schüler.
   Die Lehrer sind klug.

5. Die Bücher, ____, sind interessant.
   Die Bücher kommen aus Berlin

6. Der Computer, ____, ist teuer.
   Der Computer ist neu.

7. Die Blume, ____, ist sehr schön.
   Die Blume steht im Garten.

8. Die Flugzeuge, ____, sind lange geflogen.
   Die Flugzeuge landen jetzt.

Die Salzburger, die besonders interessan[t]
Hüte tragen, sehen toll aus.

9. Kombinieren Sie!

Box 1:
- Die weise Frau
- Der Mann
- Der Kobold
- Die Musik
- Die Schule
- Das Museum

Box 2:
- die er kauft
- den ich kenne
- das Sie besuchen
- ? wir sehen
- ? ihr besucht
- ? du hörst

Box 3:
- ist berühmt
- ist sehr nett
- kennt Karl den Großen
- hört sich gut an
- kommt aus Trier
- kostet viel
- möchte eine Zeitreise machen

10. Welches Relativpronomen passt hier am besten?

1. Wir wohnen in der Straße, ___ hinter dem Supermarkt ist.
2. Das ist ein Wort, __ ich noch nie gehört habe.
3. Kennen Sie den Mann, ___ die Busreise macht?
4. Wer ist die Frau, ___ so viel fotografiert?
5. Die Kinder, ___ er die Fotos gezeigt hat, haben sehr gelacht.
6. Ich kenne das Restaurant, ___ du so schön findest.
7. Die Nachbarin, ___ ich helfen will, ist sehr freundlich.
8. Wo ist das Kind, ___ ich das Buch gegeben habe?
9. Wann kommt der Zug, ___ nach Berlin fährt?
10. Das ist nicht das Motorrad, ___ ich gern kaufen möchte.
11. Wann kommen die Gäste, ___ wir zum Geburtstag eingeladen haben?
12. Wo ist der Computer, ___ wir für Marta gekauft haben?

Wer sind die Leute, die so viel fotografieren?

Familie und Nachbarn

11. *Hand-in-Hand. Wo sind die Kobolde?* Hier haben Sie neun Bilder von Kobolden, Koboldinnen und Koböldchen. Fragen Sie die andere Person, wo in der Tabelle welcher Kobold ist! Eine Person arbeitet auf dieser Seite, die andere auf Seite 369 im Anhang.

◆ *Person 1:* Welcher Kobold ist in Spalte 2 Mitte?
Person 2: Das ist die Koboldin, die eine große Nase hat.

Spalte 1	Spalte 2	Spalte 3
oben		
Mitte		
unten		

Menschen und Mächte

Die letzte deutsche Kaiserin

Im 11. Jahrhundert

Wenn Sie nach Speyer, Aachen, Bamberg oder Goslar fahren, finden Sie dort die Zeugen einer Zeit, die wir Mittelalter nennen. Das frühe Mittelalter geht von 500 bis 1000. Dann folgt das hohe Mittelalter.

Speyer mit dem Dom

Das elfte Jahrhundert (1000–1099) war eine wichtige und interessante Zeit, weil es mit der Jahrtausendwende° begann, wie das Jahr 2000. In diesem Jahrhundert spielte Religion eine große Rolle. Es war die Zeit des ersten Kreuzzuges° (1096–1099); 330 000 Leute zogen in das Heilige Land°, aber nur 40 000 kamen in Jerusalem an. Die Klöster° waren wichtige Orte für das Lernen und das Wissen über Naturwissenschaften und Technik. Aber das Leben im 11. Jahrhundert war immer noch sehr hart: die Leute wurden im Durchschnitt° nur 21 Jahre alt. Die Schulen wurden immer besser: man lernte Schreiben, Grammatik, Rhetorik und Latein. In diesen Jahren waren die Deutschen noch sehr aktiv in Rom. Sechs Deutsche wurden zwischen 996 und 1085 Papst°. Die deutschen Kaiser hatten in der europäischen Politik das Sagen und konnten in Italien und Frankreich aktive Politik treiben. Das wurde ab der Mitte des 11. Jahrhunderts anders.

In Aachen ist immer etwas los.

Goslar

Ostseite des Domes

(*die Jahrtausendwende* turn of the millennium; *der Kreuzzug* Crusade; *das Heilige Land* Holy Land; *das Kloster* cloister, monastery; *im Durchschnitt* on the average; *der Papst* pope)

12. Beantworten Sie diese Fragen!

1. In welchen Städten findet man Zeugen der Zeit, die man Mittelalter nennt?
2. Wann beginnt das frühe Mittelalter?
3. Warum ist das Jahr 1000 wie das Jahr 2000?
4. In welchem Jahrhundert war der erste Kreuzzug?
5. Wohin zogen die Leute auf dem Kreuzzug?
6. Wo waren wichtige Orte für das Lernen und das Wissen in dieser Zeit?
7. Wie alt wurden die Menschen im 11. Jahrhundert?
8. Was lernte man in den Schulen?
9. Aus welchem Land kamen viele Päpste im 11. Jahrhundert?
10. In welchen europäischen Ländern hatten die deutschen Kaiser auch Einfluss?

Agnes von Poitou

	Steckbrief
Name:	**Agnes von Poitou**
Geburtstag:	**unbekannter Tag im Jahr 1025**
Eltern:	**Vater, Wilhelm von Aquitanien**
Beruf:	**Kaiserin des Deutschen Reiches**
Ehemann:	**Heinrich III.**
Kinder:	**Heinrich IV.**
Todestag:	**14. 12. 1077**
Wichtigster Tag:	**25. 12. 1046 Agnes wird Kaiserin**

Agnes von Poitou wurde Königin. Die bescheidene°, religiöse Frau kam aus Frankreich und wurde die Frau des deutschen Königs Heinrich III. Die beiden hatten im November 1043 in Ingelheim geheiratet°. Seit dem 25.12.1046 war sie dann Kaiserin und ihr Mann war Kaiser. (Ein König regierte° in einem Land, aber ein Kaiser in mehreren Ländern.) Die beiden regierten ein Reich, das größer war als Deutschland heute. Aber ihr Mann Heinrich III. lebte nicht lange. Er starb am 5. Oktober 1056 und sein kleiner Sohn Heinrich IV. war noch viel zu jung zum Regieren. Deshalb musste die Mutter Agnes die politischen Geschäfte führen.

Agnes regierte ab 1056 das deutsche Reich für ihren Sohn Heinrich. Die deutschen Fürsten waren mit ihrer religiösen Politik und der Verbindung zum Papst in Rom aber nicht zufrieden°. Sie wollten, dass Agnes nicht mehr Kaiserin war und machten einen Plan. Sie entführten° Heinrich. So steht es in den Annalen, die Lampert von Hersfeld schrieb:

Der Erzbischof° von Köln fuhr auf einem Schiff zur Insel Kaiserswert, wo der König war. Als der König nach einem großen Essen besonders guter Laune war, lud ihn der Bischof ein, sein Schiff anzusehen. Der arglose° Knabe° ging ohne Angst auf das Schiff. Nachdem er auf dem Schiff war, umringten° ihn Leute und sie fuhren das Schiff mit starken Ruderschlägen° sehr schnell in die Mitte des Flusses. Der König bekam Angst, weil er dachte, die Leute wollten ihn töten° und er sprang in den Rhein. Der Graf Eckbert sprang schnell hinter ihm her und rettete° ihm das Leben. Als er wieder auf dem Schiff war, versuchten sie ihn zu beruhigen° und führten ihn nach Köln.

Agnes wusste, dass die Politik für sie und ihren Sohn zu gefährlich war. Im April 1062 gab Agnes ihre Macht ab° und ging in den Süden. Sie wollte von der Politik nichts mehr wissen und wanderte nach Italien und Rom, um ein religiöses Leben zu führen. Dort lebte sie in einem Kloster und führte ein sehr bescheidenes Leben. Ihr Sohn Heinrich IV. aber wurde Kaiser und hatte seine eigenen Probleme mit dem Papst. Nach diesem Jahrhundert wurde kein Deutscher mehr Papst in Rom und es gibt keine deutsche Kaiserin mehr. Die Französin Agnes von Poitou war die letzte Frau, die deutsche Kaiserin war.

(*bescheiden* modest; *heiraten* to marry; *regieren to* rule; *zufrieden* satisfied; *entführen* to abduct; *der Erzbischof* archbishop; *arglos* unsuspecting; *der Knabe* boy; *umringen* to surround; *der Ruderschlag* oar stroke; *töten* to kill; *retten* to save; *beruhigen* to calm down; *abgeben* to give up, relinquish)

13. *Von wem spricht man hier?* **Wer war(en) die Person(en), die...?**

    1. Agnes von Poitou heiratete
    2. ab 1056 Deutschland regierte
    3. mit der Politik Agnes nicht zufrieden waren
    4. über die Entführung von Heinrich IV. schrieb
    5. mit einem Schiff zur Insel Kaiserswert fuhr
    6. Heinrich IV. das Leben rettete
    7. Probleme mit dem Papst hatte

Köln

Sprichwort

Der Apfel fällt nicht weit vom Stamm.

(Like father, like son.)

Bei uns zu Hause

Der Gelbe Sack

Ich hasse° es, den Müll rauszutragen°. Aber jetzt geht es etwas besser, seit wir den Gelben Sack haben. Ich wohne in Köln. In einem Jahr produziert man hier so viel Müll, dass der Kölner Dom mit seinen rund 150 Meter hohen Türmen in diesem Müllberg° versinken° kann! Besonders in den 80er Jahren wurden die Müllberge in Deutschland immer höher, weil man immer mehr fertige Produkte und abgepackte° Waren° kaufte. Man produzierte einfach zu viel Müll mit den ganzen Verpackungsmaterialien° und den Schaumstoffen°. Deshalb musste man etwas dagegen machen. Heutzutage gibt es verschiedene Aktionen, um die Müllberge kleiner zu machen. Man versucht vor allem die Müllvermeidung°.

In meiner Familie zum Beispiel kaufen wir einfach weniger und versuchen alte Sachen zu reparieren oder weiterzugeben. Dann gibt es auch die Wiederverwertung° oder was man heute Recycling nennt. In unserer Familie kaufen wir Getränke nicht

Was kann man hier in diese Container werfen?

mehr in Dosen oder Einwegflaschen° aus Plastik, sondern nur noch in Flaschen, die man zum Geschäft zurückbringen kann. Und die anderen Glasflaschen, die keine Pfandflaschen° sind, sortieren wir nach Farben und bringen sie dienstagsnachmittags zum Container. Wir kaufen auch fast keine Lebensmittel in Blechdosen° und kochen lieber frisch. Unser Küchenabfall° (altes Obst und Gemüse) kommt in die Bio-Tonne° und wird dann Kompost. Manche Leute haben Angst, dass die Bio-Tonne stinken wird, aber sie stinkt gar nicht. Die Müllmänner° holen sie einmal die Woche ab, genauso wie den normalen Müll. Aber jetzt gibt es auch den Gelben Sack. Den finde ich gut — da kann man alles reinwerfen°, nachdem man es gespült hat: Getränkekartons, kleine Schachteln, Becher, Blechdosen, Alufolie° und viele andere Sachen.

Wir versuchen, sehr umweltbewusst° zu leben und das machen wir, wenn wir weniger verbrauchen und mehr wiederverwerten°. Jetzt mit dem Gelben Sack haben wir viel weniger Müll und wir tun mehr für die Umwelt. Und weil ich jeden Sonntagabend den Müll raustragen muss, sehe ich schon, wie viel weniger es geworden ist. Es lebe die Umwelt!°

Auf dem Gelben Sack steht genau, was man hineintun darf.

(*hassen* to hate; *raustragen* to take outside; *der Müllberg* mountain of garbage; *versinken* to sink (into); *abgepackt* prepackaged; *die Ware* product; *das Verpackungsmaterial* packing material; *der Schaumstoff* foam material; *die Müllvermeidung* waste avoidance; *die Wiederverwertung* recycling; *die Einwegflasche* nonreturnable bottle; *die Pfandflasche* bottle with deposit; *die Blechdose* tin can; *der Küchenabfall* kitchen garbage; *die Bio-Tonne* garbage for composting; *der Müllmann* sanitation worker; *reinwerfen* to throw into; *die Alufolie* aluminum foil; *umweltbewusst* environmentally aware; *wiederverwerten* to recycle; *Es lebe die Umwelt!* Long live the environment!)

Nützliche Wörter und Ausdrücke

Müll und Entsorgen

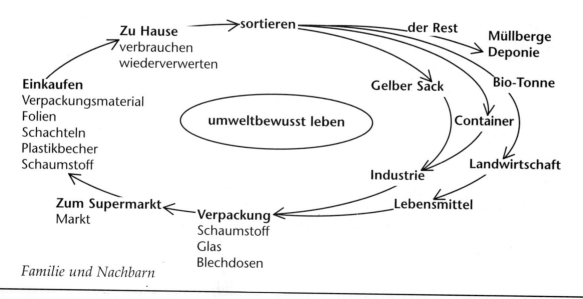

14. *Der Weg einer Pfandflasche.* **Beschreiben Sie, was mit einer Pfandflasche passiert, vom Anfang bis zum Ende! Wie macht man sie und was passiert mit ihr?**

15. **Was passt hier nicht?**

1. Man kann Müll _____.

   a. produzieren   b. vermeiden   c. wiederverwerten   d. zurückbringen

2. Man kann Flaschen _____.

   a. zurückbringen   b. waschen   c. sortieren   d. beeinflussen

3. Man kann Müll _____.

   a. raustragen   b. verlieren   c. abholen   d. wegwerfen

4. Man kann alte Sachen _____.

   a. kochen   b. reparieren   c. weitergeben   d. wegwerfen

5. Man kann den Gelben Sack _____.

   a. benutzen   b. feiern   c. raustragen   d. abholen

6. Man kann Schachteln _____.

   a. wiederverwerten   b. in den Gelben Sack werfen   c. pflanzen   d. sammeln

Rollenspiel

Es ist Dienstagabend. Am Mittwochmorgen kommt die Müllabfuhr und der Gelbe Sack muss raus. Eine Person sitzt in ihrem Zimmer und hört Musik. Da kommt die zweite Person (Mutter oder Vater) herein und will, dass die erste Person den Gelben Sack rausträgt. Die erste Person hat Hausaufgaben und hat jetzt keine Zeit. Diskutieren Sie und finden Sie einen Kompromiss!

Sprache

Present Subjunctive II: Polite Requests and Wishes

When you make polite requests and suggestions in German, you use a special form of the verb called subjunctive II. The endings for these verbs are identical to the narrative past endings of regular verbs (see Chapter 2).

The present subjunctive forms of *werden - würde; haben - hätte;* and *sein - wäre* work much the same way in German as "would" does in English:

Würdest du bitte nicht so laut reden? Would you please not talk so loudly?
Hätten Sie vielleicht die neue Musikkassette? Would you happen to have the new music cassette?
Wärest du bitte leiser? Would you please be quieter?

You can also express wishes with these verb forms and *wenn...nur.* In English these kinds of statements usually begin with "if only."

Wenn du nur dein Zimmer aufräumen würdest! If only you would clean up your room!
Wenn wir nur weniger Arbeit hätten! If only we had less work!
Wenn ich nur nicht krank wäre! If only I weren't sick!

16. *Ausreden, Ausreden* (excuses, excuses). **Heute muss der Gelbe Sack raus und Sie haben keine Lust. Schreiben Sie Ihre Wünsche und benutzen Sie** *nur* **in Ihren Antworten!**

◆ Mein Bruder ist dran.
  Wenn mein Bruder nur dran wäre!

◆ Die Leute stellen den Müll vors Haus.
  Wenn die Leute nur den Müll vors Haus stellen würden!

1. Meine Schwester sortiert den Müll.
2. Der Sack ist leichter.
3. Die Müllmänner kommen bald.
4. Wir werfen einfach alles weg.
5. Wir kaufen weniger Essen in Dosen.
6. Meine Familie isst nicht so gern Joghurt.
7. Wir haben weniger Verpackungsmaterialien.
8. Es gibt keinen Müll.

17. *Im Restaurant.* **Sie sind in einem romantischen Restaurant und wollen etwas bestellen. Bitten Sie den Kellner um verschiedene Dinge! Vergessen Sie nicht, „bitte" zu sagen!**

◆ uns einen Tisch im Garten geben
  Würden Sie uns bitte einen Tisch im Garten geben?

◆ noch einen Platz frei haben
  Hätten Sie bitte noch einen Platz frei?

1. eine Tageskarte haben
2. uns die Speisekarte geben
3. die Spezialität des Hauses erklären
4. uns sagen, was heute gut ist
5. ein besonders gutes Getränk vorschlagen
6. ein Mineralwasser haben
7. uns die Nachtische zeigen
8. uns die Rechnung bringen

Würden Sie uns bitte sagen, was heute gut ist?

Sprache

Compound Nouns

German has many compound nouns. An example from the text *"Der Gelbe Sack"* is *Müllberg*. You could also say *ein Berg aus Müll*, but the compound noun is shorter and more efficient. Sometimes the two nouns are connected with an *-s*: *Verkehr-s-regel*. The second part of the compound determines the gender. *Müllberg* is masculine because *Berg* is a masculine noun. Knowing one part of the noun will sometimes allow you to guess what the whole word means.

18. *Wortsalat.* **Hier haben Sie zwei Schüsseln mit zusammengesetzten Wörtern aus diesem Kapitel. Die Wörter sind nicht mehr zusammen. Setzen Sie sie wieder zusammen und geben Sie den Artikel für das Wort an!**

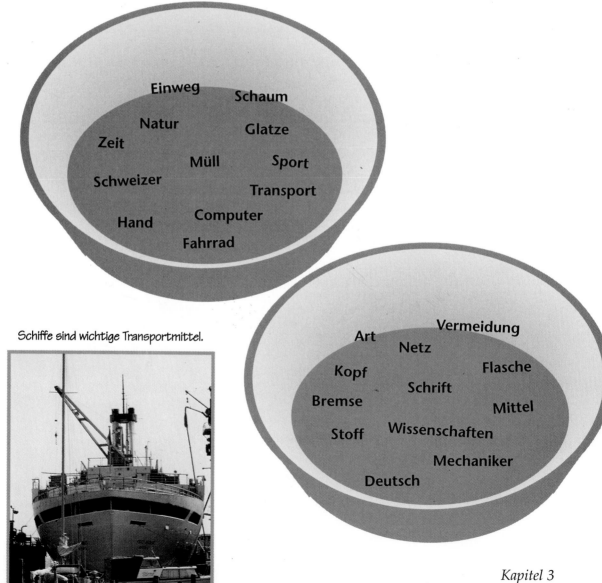

Einweg   Schaum
Natur   Glatze
Zeit
Müll   Sport
Schweizer   Transport
Hand   Computer
Fahrrad

Art   Vermeidung
Netz
Kopf   Flasche
Schrift
Bremse   Mittel
Stoff   Wissenschaften
Mechaniker
Deutsch

Schiffe sind wichtige Transportmittel.

19. *Hier sind Wörter, die alle mit „Schul-" beginnen.* **Sehen Sie sich die Bilder an und dann bilden Sie ein zusammengesetztes Wort!**

◆ die Arbeit/ die Schularbeit

1.

2.

3.

4.

5.

6.

Aktuelles

Mountainbiking

Renate Tscherning, 16, lebt in Zürich in der Schweiz. Dieser Ort ist berühmt für seine Berge, die viele Touristen in die Schweizer Alpen bringen. Im Winter fahren die Leute hier Ski und im Sommer kann man hier wandern. In den letzten Jahren aber wird eine Sportart hier immer beliebter: Mountainbiking.

Renate gehört zu den Leuten, die mit ihrem Fahrrad vom Berg fahren. Renate erzählt, wie sie anfing, Mountainbike zu fahren: „Ich bin sehr sportlich. Ich fahre im Winter Ski und in der Schulzeit spiele ich Fußball. Im Sommer aber habe ich oft nicht gewusst, was ich tun soll, bis mein Bruder Sebastian eines Tages eine Zeitschrift für Mountainbikes nach Hause brachte. Ich habe sie von Anfang bis zum Ende gelesen. Ich war sofort von diesem Sport sehr fasziniert und ich wusste, dass ich Mountainbiking selbst versuchen wollte.

Renate lebt in Zürich.

Mountainbiking macht Spaß!

Meine Eltern hatten zuerst Angst, dass Mountainbiking nur eine Phase sein würde und ich nach drei Wochen kein Interesse mehr an meinem Mountainbike haben würde. Aber dann haben sie mir zum 13. Geburtstag doch ein Mountainbike geschenkt. Und jetzt fahre ich schon drei Jahre und dieses Hobby gefällt mir immer besser. Meine Eltern waren auch besorgt°, dass dieser Sport zu gefährlich° ist, weil ich sehr schnell fahre. Aber ich hatte bis heute nur kleine Unfälle, was ganz normal ist."

Warum sie diesen Sport mag, erklärt Renate so: „Ich bin gern draußen, wenn ich Sport treibe. Die Natur ist ein wichtiger Teil dieses Sportes. Das Fahren ist ganz verschieden auf den einzelnen° Strecken. Aber am besten gefällt mir, wie schnell man fahren kann. Wenn man zuerst den Berg langsam hinauffährt° und dann endlich schnell hinunterfährt°, das ist schon ein tolles Gefühl°."

Jetzt ist Renate Mitglied in einem Mountainbike-Klub. Dreimal in der Woche treffen sich die Jugendlichen und trainieren zusammen. Das macht viel Spaß und macht die Motivation größer.

Ab und zu muss man sich auch einmal ausruhen.

Außerdem lernen die Klubmitglieder, wie man ein
Rad repariert und wie man Unfälle vermeiden kann. Renate meint: „Dieser Teil
meines Trainings ist fast so wichtig wie das Fahren selbst. Ich möchte alles über
mein Rad wissen. Wenn ich Probleme mit dem Rad bekomme, bin ich oft allein.
Dann ist es gut, wenn ich weiß, wie ich mir selbst helfen kann. Und Sicherheit° ist
in meinem Sport sehr wichtig, weil wir auf steilen Strecken oft sehr schnell fahren.
Und deshalb fahre ich auch immer mit einem Helm." Für den nächsten Sommer hat
Renate große Pläne: sie will an ihrem ersten Rennen teilnehmen. Sie ist etwas
nervös, aber sie hat ja noch Zeit zum Trainieren.

(*besorgt* worried; *gefährlich* dangerous, treacherous; *einzeln* single, individual; *hinauffahren* to
ride uphill; *hinunterfahren* to ride downhill; *das Gefühl* feeling; *die Sicherheit* safety)

20. *Was ist die richtige Reihenfolge?* **Der Anfang steht schon da.**

___ 1. Renate hat zum 13. Geburtstag ein Mountainbike bekommen.

___ 2. Sie trainiert im Klub dreimal in der Woche.

___ 3. Renates Bruder hat eine Zeitschrift für Mountainbikes nach Hause gebracht.

_a_ 4. Im Sommer hat Renate oft nicht gewußt, was sie tun soll.

___ 5. Nächsten Sommer will Renate ihr erstes Rennen fahren.

___ 6. Renates Eltern waren zuerst etwas besorgt.

___ 7. Mountainbiking hat Renate sofort fasziniert.

___ 8. Renate wurde Mitglied in einem Mountainbike-Klub.

Extra! Extra!

Kinder

Bettina Wegner (1947–)

Bettina Wegner lebte als Kind in der früheren DDR. Als Songwriter wurde sie durch ihre LP „Sind so kleine Hände" berühmt. In vielen ihrer Lieder singt sie über Frieden und Freiheit.

Über den Text

Dieser Text ist eigentlich ein Lied. In Liedern wird der Refrain immer wieder gesungen, damit klar wird, was in diesem Text besonders wichtig ist. Nicht immer, aber oft, wie zum Beispiel in Bettina Wegners Text, gibt es auch einen Reim, der mit dem Rhythmus der Musik zusammenarbeitet.

Vor dem Lesen

1. Look at the first line of each stanza. What vocabulary do you recognize and what aspects of childhood does this vocabulary stress?

2. Look at the repeated refrain in each of the stanzas, *Darf man nie...*, and decide in which way the information there is related to the first line of the stanza.

Sind so kleine Hände

winz'ge Finger dran.

Darf man nie drauf schlagen

die zerbrechen dann.

Sind so kleine Füße

mit so kleinen Zeh'n.

Darf man nie drauf treten

könn' sie sonst nicht gehn.

Sind so kleine Ohren

scharf, und ihr erlaubt.

Darf man nie zerbrüllen

werden davon taub.

Sind so schöne Münder

sprechen alles aus.

Darf man nie verbieten

kommt sonst nichts mehr raus.

Sind so klare Augen

die noch alles sehn.

Darf man nie verbinden

könn' sie nichts verstehn.

Sind so kleine Seelen

offen und ganz frei.

Darf man niemals quälen

gehn kaputt dabei.

Ist so'n kleines Rückgrat

sieht man fast noch nicht.

Darf man niemals beugen

weil es sonst zerbricht.

Grade, klare Menschen

wär'n ein schönes Ziel.

Leute ohne Rückgrat

hab'n wir schon zu viel.

Nach dem Lesen

1. Bettina Wegner hat ihr Lied klar strukturiert. Sie singt zuerst über konkrete Aspekte, aber dann wird der Text immer abstrakter. Zuerst erklärt sie, wie der Körper verletzt wird und dann spricht sie über die Konsequenzen, die das für die Psyche haben kann. Warum benutzt sie diese Sequenz?

2. Was ist die zentrale Metapher dieses Textes? Wie erklärt Bettina Wegner sie?

Endspiel

1. Gehen Sie in die Bibliothek oder benutzen Sie einen Computer, um weitere Informationen über das elfte Jahrhundert zu finden! Schreiben Sie einen kurzen Bericht mit den Informationen, die Sie finden! Ein interessantes Thema wäre zum Beispiel der 1. Kreuzzug.

2. In diesem Kapitel haben Sie über Mountainbiking gelesen. Wissen Sie noch, wie Ihr erstes Fahrrad ausgesehen hat und wie Sie zum ersten Mal gefahren sind? Schreiben Sie darüber!

3. Recyling ist heutzutage eine sehr wichtige Aktion. Was machen Sie für die Umwelt? Was versuchen Sie zur Müllvermeidung und zum Recycling zu tun? Machen Ihre Familie und Ihre Freunde aktiv mit?

4. Arbeiten Sie in Gruppen von vier Leuten! Sie bieten den Nachbarn Ihre Hilfe beim Aufräumen des Kellers an. Zwei von Ihnen sind die Nachbarn und zwei sind die Helfer. Beim Aufräumen finden Sie eine alte Gitarre, ein kaputtes Fahrrad, einen Tisch für Tischtennis, einen Tennisschläger, ein altes Klavier, alte Schuhe, viele alte Flaschen, eine Luftmatratze, Verpackungsmaterialien, Schaumstoff, Flaschen für Waschpulver, alte Plastiktaschen, einen Karton voll Becher und andere Sachen. Diskutieren Sie, was Sie mit den verschiedenen Sachen tun und machen Sie zusammen einen Entsorgungsplan *(plan of action for getting rid of the garbage)*!

5. Stellen Sie sich vor, Sie sind eine Blechdose in einem Gelben Sack! Erzählen Sie Ihre Lebensgeschichte! Was ist passiert, bevor Sie in den Gelben Sack kamen? Was wird jetzt mit Ihnen passieren?

Vokabeln

abgeben (*gibt ab, gab ab, abgegeben*) to give up, relinquish
abgepackt prepackaged
die **Alufolie** aluminum foil
anders different
anschreiben (*schrieb an, angeschrieben*) to buy on credit, charge
arglos unsuspecting
aushalten (*hält aus, hielt aus, ausgehalten*) to tolerate
auswechseln to change
bereithalten (*hält bereit, hielt bereit, bereit gehalten*) to have in store, have ready
beruhigen to calm down
bescheiden modest
besorgt worried
der **Betrag,-̈e** amount
die **Bio-Tonne,-n** garbage for composting
bitten: um etwas bitten to ask for something
die **Blechdose,-n** tin can
die **Brücke,-n** bridge
damals back then, at that time
deutschsprachig German-speaking
der **Durchschnitt** average *im Durchschnitt* on the average
die **Einwegflasche,-n** nonreturnable bottle
einzeln single, individual
einziehen (*zog ein, ist eingezogen*) to move in
entführen to abduct
enthaupten to behead
sich **erholen** to recuperate, recover
der **Erzbischof,-̈e** archbishop
das **Gebäude,-** building
gefährlich dangerous, treacherous
das **Gefühl,-e** feeling
der **Gepäckträger,-** baggage carrier
das **Grab,-̈er** grave
das **Großmünster** Grand Cathedral

hassen to hate
das **Heilige Land** Holy Land
heiraten to marry
hinauffahren (*fährt hinauf, fuhr hinauf, ist hinaufgefahren*) to ride uphill
hinunterfahren (*fährt hinunter, fuhr hinunter, ist hinuntergefahren*) to ride downhill
das **Jahrhundert,-e** century
die **Jahrtausendwende,-n** turn of the millennium
die **Kette,-n** chain
das **Kloster,-̈** cloister, monastery
der **Knabe,-n** boy
der **Kreuzzug,-̈e** Crusade
der **Küchenabfall,-̈e** kitchen garbage
das **Mietshaus,-̈er** apartment building
das **Mittelalter** Middle Ages
der **Müllberg,-e** mountain of garbage
der **Müllmann,-̈er** sanitation worker
die **Müllvermeidung** waste avoidance
der **Papst,-̈e** pope
die **Pfandflasche,-n** bottle with deposit
platt flat
raustragen (*trägt raus, trug raus, rausgetragen*) to take outside
regieren to rule
reinwerfen (*wirft rein, warf rein, reingeworfen*) to throw into
religiös religious
die **Reparatur,-en** repair
retten to save
der **Römer,-** Roman
der **Ruderschlag,-̈e** oar stroke
der **Schaumstoff,-e** foam material
die **Sekunde,-n** second
die **Sicherheit** safety
sitzen lassen (*ließ sitzen, sitzen gelassen*) to leave in the lurch

töten to kill
die **Überraschung,-en** surprise
sich **umdrehen** to turn around
umringen to surround
die **Umwelt: Es lebe die Umwelt!** Long live the environment!
umweltbewusst environmentally aware
ungeschickt uncoordinated, clumsy
unterwegs on the move
verbogen bent
vergehen (*verging, ist vergangen*) to pass (time)
verkaufen to sell
die **Verkehrsregel,-n** traffic rule
das **Verpackungsmaterial,-ien** packing material
verrostet rusty
verschmutzen to pollute
versinken (*versank, ist versunken*) to sink (into)
die **Ware,-n** product, ware
weitergeben (*gibt weiter, gab weiter, weitergegeben*) to pass
wert sein to be worth
wiederverwerten to recycle
die **Wiederverwertung** recycling
das **Wirtschafts- und Kulturzentrum** economic and cultural center
der **Zeuge,-n** witness
zufrieden satisfied
das **Zuhause** home

der Kreuzzug

Spaß muss sein

In this chapter you will learn how to:

- make excuses
- exaggerate
- inquire about details
- interrupt
- tell jokes and anecdotes

Hoppe, hoppe, Reiter!°

Kali sitzt im Garten und spricht mit den Nachbarn. Frau Muschel und Herr Sever sitzen auf einer Bank. Kali sitzt auf dem Knie° von Frau Muschel. Sie hebt° ihr Knie ganz langsam und lässt es wieder runter, damit Kali auf dem Knie langsam rauf und runter° reiten kann. Dabei erzählen sich die drei Witze und Scherzfragen°.

Frau Muschel: Na, Kali, macht dir das Spaß? Hoppe, hoppe, Reiter! Wenn er fällt°, dann schreit er. Fällt er in den Graben°, fressen° ihn die Raben°.

Frau Muschel macht schneller und Kali fliegt rauf und runter.

Kali: Das macht Spaß, Frau Muschel. Sie sind ja echt guter Laune. Das gefällt mir besser als im Internet surfen. Rauf und runter. Schneller, los doch! Juchhe, ich kann fliegen.

Herr Sever:	Fällt er in den Sumpf°, macht der Reiter „plumps"°. Nun, junger Mann, pass auf, dass du nicht zu hoch in die Luft fliegst! Sonst tust du dir noch weh! Das würde die gute Weleda nicht gern sehen, wenn ihr Kali in den Sumpf fällt oder dass ein Rabe ihn frisst.
Kali:	Ach, Herr Sever! Spaß muss sein! Haben Sie denn nie Spaß gehabt? Als Junggeselle°?
Herr Sever:	Doch, ja. In der Tanzschule. Mit dem Tanzlehrer.
Frau Muschel:	Ja, und der Herr Sever hat getanzt und getanzt, als er jung war. „Tanzvergnügen mit Sever", sagten alle.
Kali:	Waren Sie seine Tanzpartnerin, Frau Muschel?
Herr Sever:	Aber nein, Kali. Da kannte ich Frau Muschel doch noch nicht.

Während Frau Muschel, Herr Sever und Kali in der Sonne sitzen und über die schönen Seiten des Lebens reden, sitzt Weleda in der Midgard und weiß nicht, was sie tun soll. Sie langweilt sich°. Spaß muss sein, denkt sie. Sie schickt ihren zahmen° Raben zu dem Baum°, der hinter der Bank steht, auf dem Kali und die Nachbarn sitzen. Der Rabe sitzt nun auf dem Baum und wartet auf Weledas Zeichen°. Dann weiß er, was er tun muss.

(*Hoppe, hoppe, Reiter!* children's rhyme; *das Knie* knee; *heben* to lift, raise; *rauf und runter* up and down; *die Scherzfrage* riddle; *fallen* to fall; *der Graben* ditch; *fressen* to eat, devour; *der Rabe* raven; *der Sumpf* swamp; *plumps* bump, thud; *der Junggeselle* bachelor; *sich langweilen* to be bored; *zahm* tame; *der Baum* tree; *das Zeichen* signal)

1. **Wer tut was?** Identifizieren Sie die Person oder die Personen, die...!

    1. auf der Bank sitzen
    2. Witze und Scherzfragen erzählen
    3. fliegen kann
    4. gern getanzt hat
    5. in der Sonne sitzen
    6. einen Vogel zu einem Baum schickt
    7. ein Zeichen gibt

Frau Muschel:	Wo ist denn Weleda heute? Ich habe sie seit Tagen nicht mehr gesehen.
Kali:	Ich glaube, sie arbeitet an ihrem neuen Buch. Sie hat sich vor ein paar Tagen mit anderen weisen Frauen und Männern getroffen und will jetzt etwas ganz Neues bringen. Sie liest wohl wieder die Bücher in der Midgard und findet kein Ende. Manchmal denke ich mir, dass sie eine Pause braucht.

Herr Sever:	Ja, ja, die gute Weleda. Sie braucht keine Pause. Sie braucht einen Schabernack°. Das fühle ich ganz klar. So, hier ist ein Witz für Sie, liebe Frau Muschel: Was trägt den Namen auf dem Rücken° und hat nie Rückenschmerzen?
Frau Muschel:	Ja, wie soll ich das denn wissen?
Kali:	Das Buch.
Herr Sever:	Sehr klug, mein lieber Karl! Sehr klug für einen jungen Mann!
Frau Muschel:	Und wer oder was hat keinen Anfang°, aber zwei Enden?
Kali:	Das ist mir Wurst°.
Herr Sever:	Sehr richtig, Karl. Zwei Enden hat die Wurst.
Frau Muschel:	Jetzt bin ich aber dran! Also, Herr Sever: Wer kennt denn seine Frau nicht?
Herr Sever:	Na, das ist mir zu schwer. Da komme ich nicht mit°.
Frau Muschel:	Sie wollen ja nur nicht, Sie alter Bücherwurm°!
Kali:	Aber Herr Sever, das ist doch klar! Wenn ich meine Frau nicht kennen würde, dann wäre ich ein Junggeselle, so wie Sie.
Herr Sever:	Na, junger Mann, mal nicht so frech°!

In diesem Moment hebt Frau Muschel ihr Knie etwas. Kali fliegt hoch in die Luft und fällt auf den Boden. Er schreit: „Ich falle in den Graben!" Da kommt plötzlich etwas Schnelles durch die Luft und Kali ist weg. Herr Sever schreit. Frau Muschel springt auf. Beide laufen hinter dem Raben her, der den kleinen Kobold hält. Aber der Rabe dreht in der Luft hoch über ihnen seine Kreise und ist hinter der Midgard nicht mehr zu sehen. Frau Muschel und Herr Sever laufen in die Midgard und rufen um° Hilfe. In der Anmeldung sitzt Kali neben Weleda und lacht so laut er kann. Weleda ist auch sehr zufrieden. Nur Frau Muschel und Herr Sever sehen nicht sehr glücklich aus.

Frau Muschel:	Weleda, tun Sie das nicht noch einmal! Wir hatten solche Angst. Das ist aber ein dummer° Streich°!
Kali:	Es ist fast wie im Gedicht°. Zum Glück hat der Rabe mich aber nicht gefressen.
Herr Sever:	Frau Weleda, das war ein schlechter Scherz°! Das tut weh!
Weleda:	Wann tut ein Scherz weh?
Kali:	Wenn man ihn mit „m" schreibt, wie in Rückenschmerzen, Zahnschmerzen, Halsschmerzen, Bauchschmerzen, Kopfschmerzen: der Schmerz°.
Frau Muschel:	Das waren genug Schmerzen — ich meine, Scherze — für einen Tag.
Herr Sever:	Kommen Sie, Frau Muschel! Lassen wir den Raben und seine Scherze hinter uns!

Die beiden gehen aus dem Zimmer. Bevor Herr Sever durch die Tür ist, stellt Kali noch schnell eine Frage.

Kali:	Warum sind Glatzköpfe so friedliche° Menschen, Frau Weleda?
Weleda:	Weil sie sich nicht in die Haare kriegen° können, Kali.

Herr Sever sagt nichts mehr. Nur sein Glatzkopf ist etwas rot geworden. Bei diesen Nachbarn langweilt er sich nicht. Er folgt Frau Muschel auf die Straße.

(*der Schabernack* prank, practical joke; *der Rücken* back, spine [book]; *der Anfang* beginning; *Das ist mir Wurst!* I couldn't care less!; *Da komme ich nicht mit.* That's beyond me.; *der Bücherwurm* bookworm; *frech* fresh, snotty; *rufen um* to call for; *dumm* dumb, stupid; *der Streich* prank; *das Gedicht* poem; *der Scherz* joke, jest; *der Schmerz* pain; *friedlich* peaceful; *sich in die Haare kriegen* to have a fight ([literally: to get into someone's hair])

2. *Was stimmt hier nicht?* Verbessern Sie den falschen Teil!

1. Weleda trifft sich jetzt mit weisen Frauen und Männern.
2. Ein Buch hat den Namen auf dem Bauch.
3. Frau Muschel ist ein Bücherwurm.
4. Herr Sever springt auf, als der Rabe mit Kali wegfliegt.
5. Frau Muschel und Herr Sever gehen in die Midgard.
6. Im Lesesaal sitzen Kali und Weleda.
7. Kali lacht, so viel er kann.
8. Frau Muschel und Herr Sever bleiben im Zimmer.

Sprache

Imperative

When you want to give commands in German, you use imperative forms. Since you can only give commands to people to whom you are speaking, there are command forms for *du, ihr, wir,* and *Sie.*

To form commands, use the stem of the infinitive and add the appropriate endings.

du geh	-
ihr geh	**t**
wir geh	**en**
Sie geh	**en**

When making commands, the pronouns *du* and *ihr* are deleted; *wir* and *Sie* appear in the command. Remember to use an exclamation mark at the end of an imperative sentence.

> *Geh ins Bett, Renate!* Go to bed, Renate!
> *Geht weg, Britta und Gisela!* Go away, Britta and Gisela!
> *Gehen wir heute Abend ins Kino!* Let's go to a movie tonight!
> *Gehen Sie bitte ins nächste Zimmer, Frau Schmidt!* Please go into the next room, Mrs. Schmidt!

Note: When using *du*-commands with verbs that change their stem vowel from *e* to *i* or *e* to *ie,* use the verb stem with the vowel change (*Lies! Gib! Sieh!*). Use *-e* on *du*-commands with verb stems that end in *-d, -t,* and *-ig* (*Entscheide! Beantworte! Entschuldige!*) or clusters of consonants (*Öffne! Trockne! Bade!*). The command forms for *sein* are irregular: *Sei ruhig! Seid pünktlich! Seien Sie bitte so nett!*

Trinkt etwas Wasser!

3. **Sagen Sie verschiedenen Leuten, was sie machen sollen!**

◆ Renate: ins Bett gehen!
   Geh ins Bett!

1. Margot und Sven: den Müll sortieren
2. Herr Müller: den Wagen wegfahren
3. Kinder: leise sein
4. Herr und Frau Yilmaz: öfter tanzen gehen
5. Katja: das Geschirr abtrocknen
6. wir: jetzt losgehen
7. Jens: den Staub wischen
8. Paul und Sabine: eure Zimmer aufräumen
9. Mutti: nicht so viel arbeiten
10. Frau Weiss: hereinkommen

4. *Ratschläge.* **Helfen Sie den folgenden Leuten mit ihren Problemen!**

◆ Frau Richter hat Kopfschmerzen, aber sie tut nichts dagegen.
   Nehmen Sie eine Tablette!

1. Rudi sieht immer fern, aber das ist nicht gut für seine Augen.
2. Peter will den Gelben Sack nicht raustragen, aber er ist heute dran.
3. Frau Müller hat Angst, weil Herr Straub immer so schnell fährt.
4. Sabine bekommt schlechte Noten in der Schule, denn sie macht nie ihre Hausaufgaben.
5. Martha und Monika lernen viel Deutsch, aber sie sprechen immer englisch.
6. Frau Maier sucht ein Geburtstagsgeschenk für ihren Freund, aber sie hat nicht viel Geld.
7. Frank spielt Golf, aber nicht gut.
8. Hans kommt immer zu spät, aber er will den Wecker nicht stellen.

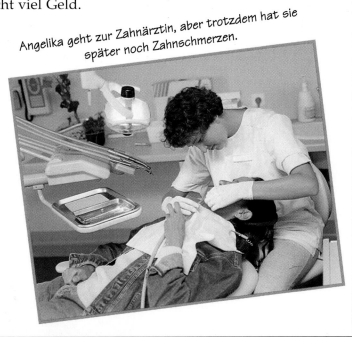

Angelika geht zur Zahnärztin, aber trotzdem hat sie später noch Zahnschmerzen.

Allerlei

Rockfestival Südpfalz

Jedes Jahr treffen sich in Herxheim Musikgruppen aus der Pfalz im südwestlichen Teil Deutschlands und spielen ihre Musik. Hunderte von Fans und Besuchern kommen, um die Bands zu hören und sehen. Es kostet nichts und die Bands spielen nur zum Spaß. Wenn keine Gruppe Geld bekommt, dann ist es allen recht°. Sie spielen, weil sie bekannt werden möchten und weil sie ihre CDs und ihre Musik vorstellen° möchten.

Wir interviewten verschiedene Leute von zwei Bands:

Sie spielen in der Band „Pfalzgraf".

Was für ein Musikinstrument spielt Jörg?

Jörg: Wenn ich an die ersten Jahre denke, muss ich lachen. Heute ist alles viel professioneller. Ich bin seit zehn Jahren in der Band „Pfalzgraf". Wir sind eine regionale Band und spielen auch oft in Frankreich. Das ist ja nur eine halbe Stunde von hier. Von den ersten Mitgliedern der Band ist außer mir keiner mehr da. Die anderen machten alle erst später mit. Mein Saxophon und ich sind gute Freunde. Saxophon ist echt cool. Welche Wünsche° und Hoffnungen° ich habe? Ich würde gern mal in Amerika spielen; dann könnte ich auch Woodstock besuchen. Ich möchte außer Saxophon auch Schlagzeug spielen, aber wir haben ja einen guten Schlagzeuger°, den Ralf. Und ich hoffe auf den großen Erfolg von unserer CD. Das sind so die Wünsche, mit denen ich lebe.

Ernesto: Ich spiele die Lead-Gitarre und singe. Ich bin seit zwei Jahren der Bandleader bei „Pfalzgraf". Wir haben jetzt unsere erste CD gemacht, von der wir hier viele Stücke spielen. Wir sind echt stolz auf die CD, ohne die wir nicht bekannt werden können. Wenn man seine eigene

Kapitel 4

CD hat, dann kann man den Leuten etwas zeigen und sie können unsere Musik mit nach Hause nehmen. Wir haben heute fünfzig CDs mitgebracht, von denen wir sechsunddreißig verkauft haben. Die anderen vierzehn werden bestimmt bis heute Abend weg sein. Ich wünsche mir, dass es so weiter geht.

Ernesto spielt die Lead-Gitarre und singt.

Maren: Ich habe früher mit der Gruppe „Pfalzgraf" gespielt. Aber dann gefielen mir die Songs immer weniger und ich habe vor zwei Jahren meine eigene Band angefangen. Die heißt „Maidensang". Wir spielen Folklore und Lieder aus der Pfalz. Ernesto hat meinen Platz in der Gruppe „Pfalzgraf" übernommen. Wenn ich sagen sollte, was man für eine erfolgreiche Gruppe braucht, würde ich sagen:

- Mach deine eigene Musik und spiele nichts von anderen Bands!
- Übe und spiele jeden Tag mehrere Stunden!
- Spiele drei Mal die Woche mit der Band!
- Mach deine eigene CD, so bald du kannst!
- Spiel so oft es geht vor Leuten!
- Versuche eine kleine Show anzubieten!
- Hab keine Angst vor großen Namen, denn alle machen Fehler!

Was hat Maren vor zwei Jahren angefangen?

Giovanni: Ich spiele gern mit Maren, weil sie tolle Arrangements macht: wie man das Lied bringt, die Bühnenshow° und so. Maren liebt die Folklore und ich auch. Sie ist die Bandleaderin, mit der ich am liebsten spiele. Wir sind jetzt drei Männer und Maren. Sie und Reggy singen. Bobby und ich spielen Gitarre und helfen mit den Arrangements. Wir hoffen auf gutes Wetter, denn es hat die letzten Tage geregnet. Also los! Wir sind dran.

Giovanni spielt gern mit Maren.

(*recht sein* to be okay with; *vorstellen* to introduce; *der Wunsch* wish; *die Hoffnung* hope; *der Schlagzeuger* drummer; *die Bühnenshow* staging)

Spaß muss sein

5. *Wer sagt das?* **Welche Person aus der Band spricht?**

1. Wir sind eine regionale Band und spielen auch oft in Frankreich.
2. Jetzt spiele ich mit der Gruppe „Maidensang" Folklore und Lieder aus der Pfalz.
3. Wir sind echt stolz auf die CD, ohne die wir nicht bekannt werden können.
4. Maren liebt die Folklore und ich auch.
5. Ich bin seit zehn Jahren in der Band.
6. Ich habe früher mit der Gruppe „Pfalzgraf" gespielt.
7. Ich spiele Gitarre und helfe mit den Arrangements.
8. Maren ist die Bandleaderin, mit der ich am liebsten spiele.
9. Mein Saxophon und ich sind gute Freunde.
10. Ich bin seit zwei Jahren der Bandleader bei Pfalzgraf.

6. *Richtig oder falsch?* **Verbessern Sie den falschen Teil!**

1. Es kostet viel, das Rockfestival Südpfalz zu hören.
2. Die Gruppen spielen, weil sie ihre CDs vorstellen möchten.
3. Jörg spielt Geige.
4. Jörg würde gern mal in England spielen.
5. Die Band „Pfalzgraf" hat heute vierzehn CDs verkauft.
6. Jörg singt in der Gruppe „Maidensang".
7. Seit zwei Jahren hat Maren ihre eigene Band.
8. Giovanni spielt gern mit Maren, weil sie tolle Arrangements macht.
9. In der Gruppe „Maidensang" sind vier Männer.
10. Die Gruppe „Maidensang" hofft auf gutes Wetter, weil es in den letzten Tagen geschneit hat.

Die Leute hören der Musikgruppe mit Interesse zu.

Kapitel 4

Du und ich

Streiche und ihre Konsequenzen

Er spielt den Streich weiter.

Mann! Das glaube ich aber nicht. Der treibt seinen Streich aber weit!

Jetzt kommen wir der Sache näher!

Winterzeit!? Im Juli?!

Ich glaube nicht, dass er es versteht.

Ja, ja ein Scherz wird leicht zum Schmerz!

Wir raten mal!

Wer weiß es? **Bilden Sie Gruppen mit vier Leuten und versuchen Sie, diese Scherzfragen zu lösen! Die Gruppe, die die meisten richtigen Antworten hat, gewinnt.**

1. Welcher Mann hat im Winter keine Kleidung, aber ist nicht kalt.
2. Wie fängt der Tag an und hört die Nacht auf?
3. Wer hört alles und sagt nichts?
4. Was liegt in der Mitte von Rom?
5. In welche Gläser kann man kein Spezi gießen?
6. Wie lange lebte Karl der Große?
7. Auf welche Frage kann man nie „ja" antworten?
8. Wer kommt am Abend, geht am Morgen, ist aber nicht zu sehen?
9. Was geht über das Wasser und wird nicht nass?
10. „Du bist meine Tochter, aber ich bin nicht deine Mutter." Wer sagt das?

Länder, Kantone und Provinzen

Tirol

Tirol ist eines der neun Bundesländer in Österreich. Es liegt im Westen Österreichs und grenzt im Norden an Deutschland und im Süden an Italien. Neben Wien ist Tirol eine der größten Attraktionen dieses Landes. Diese Provinz ist berühmt für ihre Hauptstadt Innsbruck und ihre schöne Landschaft: die hohen Berge und die Wälder und Wiesen, in denen alte Bauernhöfe stehen. Schon die

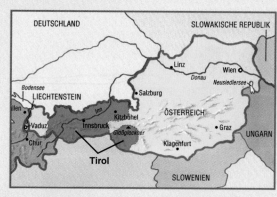

In Tirol gibt's hohe Berge, Wälder und Wiesen.

österreichischen Kaiser und ihre Familien fuhren nach Tirol, um Urlaub zu machen. Viele Menschen fahren heute nach Tirol, um sich in dieser schönen Gegend zu erholen. Im Winter kann man hier gut Sport treiben. Im Sommer kann man wandern, Rad fahren, Golf und Tennis spielen, reiten und schwimmen. Aus diesem Grund verdient° Tirol mehr Geld mit Touristen als jedes andere Bundesland Österreichs, mehr als Salzburg und Wien.

Die hohen Berge sind aber auch aus einem anderen Grund wichtig für Tirol. Die Berge und Flüsse produzieren Elektrizität, die die Tiroler nach Süddeutschland verkaufen.

Tirol ist auch berühmt für den Föhn°, einen warmen Wind aus dem Süden, den es hier oft gibt. Viele Leute haben Kopfschmerzen, wenn es Föhn gibt und manche Leute sind auch aggressiver als sonst. Das sieht man, wenn man an diesen Tagen Auto fährt.

Die Hauptstadt Tirols ist Innsbruck.

Tirol liegt in der Mitte Europas. Wichtige Straßen sind die Inntalautobahn, die den Westen Österreichs mit dem Osten verbindet, und die Brennerautobahn, die den Norden Europas über Tirol mit dem Süden verbindet. Lastwagen transportieren viele wichtige Waren auf diesen Straßen.

Die Brennerautobahn verbindet den Norden Europas mit dem Süden.

Über die Tiroler selbst gibt es viele Geschichten. Viele andere Österreicher denken, dass die Tiroler ihren eigenen Kopf haben. Das lässt sich zum Teil aus der Geschichte und der geographischen Lage° erklären. Als Napoleon am Anfang des 19. Jahrhunderts gegen die Tiroler kämpfte, verloren die Tiroler erst, nachdem sie lange gegen die französischen Soldaten gekämpft hatten. Und als Hitler im März 1938 mit deutschen Soldaten nach Österreich kam, gab es nur an einem Ort in Österreich Widerstand°: Hall in Tirol.

Trachten aus alter Zeit

(*verdienen* to earn; *der Föhn* foehn [warm, dry wind from mountains]; *die Lage* location; *der Widerstand* resistance)

7. Beantworten Sie diese Fragen!

1. An welche Länder grenzt Tirol?
2. Wie heißt die Hauptstadt Tirols?
3. Welche Sportarten kann man hier im Sommer treiben?
4. Wer kauft die Elektrizität, die Tirol produziert?
5. Was ist der Föhn?
6. Was verbindet die Inntalautobahn?
7. Wann kämpften die Tiroler gegen die Franzosen?
8. Wann kam Hitler mit deutschen Soldaten nach Österreich?

Von einem Ort zum andern

Die Mitfahrzentrale°

Wenn Sie kein Auto haben, aber trotzdem preiswert mit einem Auto von einem Ort zum andern wollen, dann rufen Sie die Mitfahrzentrale an. Das ist eine Firma, die Autofahrten für Leute organisiert. Die Mitfahrzentrale hilft Personen, die irgendwo hinfahren wollen, aber nicht allein. Sie hilft auch Leuten, die in die gleiche Stadt wollen und die mit anderen Personen mitfahren° möchten.

Mitfahrzentralen werden in Deutschland immer beliebter. Es gibt sie in vielen kleinen und großen Städten. Sie zeigen das heutige Denken der Leute. Anstatt allein in einem Auto eine lange Reise zu machen, fahren viele Leute lieber mit anderen Personen. Das spart° Geld, weil der Mitfahrer° nur für einen Teil des Benzins bezahlt. Und oft macht es auch mehr Spaß, nicht allein zu reisen. Man kann reden, Witze erzählen und Pausen machen. Und manchmal kann ein Mitfahrer für den Fahrer einen Teil der Strecke fahren. Es ist auch gut für die Umwelt, wenn die Leute nicht allein im Auto fahren.

Die Mitfahrzentrale organisiert Autofahrten für Leute.

Wenn man der Fahrer ist, muss man die Mitfahrzentrale über die Reise informieren. Die meisten Mitfahrzentralen nehmen Anmeldungen auch spät an°. Es ist natürlich besser, wenn man der Mitfahrzentrale die Zeit der Abreise schon Tage vorher gibt. Dann sind die Chancen größer, dass man Mitfahrer findet.

Die Mitfahrzentrale muss wissen, wie viele Leute mitfahren können, wohin die Reise geht, wann man fährt und ob man Raucher° oder Nichtraucher möchte. Außerdem möchte die

Mitfahrzentralen gibt es in allen großen Städ

Mitfahrzentrale wissen, ob der Fahrer auch Mitfahrer mitnehmen will, die nur einen Teil der Strecke fahren wollen.

Die Fahrer fragen bei der Mitfahrzentrale, ob sie Anmeldungen für ihre Strecke haben. Wenn man eine Mitfahrgelegenheit° findet, kann man einen Platz reservieren. Wenn man nicht sofort Glück hat, ruft die Mitfahrzentrale an, sobald sie etwas finden. Und was kostet das alles? Die Mitfahrer bezahlen der Mitfahrzentrale Geld für die Reise, und die Mitfahrzentrale gibt dem Fahrer einen Teil des Geldes.

Manche treffen sich vor einem Bahnhof.

Am Tag der Abreise treffen sich der Fahrer und die Mitfahrer bei der Mitfahrzentrale oder an Plätzen wie Bahnhöfen oder Busstationen. Dann kann die Reise beginnen!

(*die Mitfahrzentrale* ride share agency; *mitfahren* to share a ride; *sparen* to save; *der Mitfahrer* ride sharer; *annehmen* to accept; *der Raucher* smoker; *die Mitfahrgelegenheit* ride share opportunity)

Ruths Mitfahrgelegenheit

Mitfahrzentrale: Guten Tag! Wie kann ich Ihnen helfen?

Ruth: Guten Tag! Ich suche eine Mitfahrgelegenheit nach Essen.

Mitfahrzentrale: Ja, nach Essen. Wann möchten Sie fahren?

Ruth: Ich möchte am 20. Dezember fahren. Haben Sie eine Fahrt an diesem Tag?

Mitfahrzentrale: Ja, wir haben eine Fahrt am Morgen des 20. und am Abend des 20. Welche Zeit ist besser für Sie?

Ruth: Ich würde lieber am Abend fahren.

Mitfahrzentrale: Wissen Sie schon, wann Sie zurückfahren möchten?

Ich suche eine Mitfahrgelegenheit nach Essen.

Ruth: Ja, am 7. Januar. Hätten Sie etwas für diesen Tag?

Mitfahrzentrale: Nein, aber wenn ich etwas habe, rufe ich Sie an.

Ruth: Das wäre nett.

Mitfahrzentrale: Jetzt brauche ich Ihren Namen und Ihre Anschrift, damit ich Ihre Reise buchen kann.

Ruth:	Ruth Kessler. Meine Anschrift ist Goethestraße 24 und meine Telefonnummer ist 58 38 76. Ist das alles?
Mitfahrzentrale:	Gut. Die Fahrt nach Essen kostet 35 DM. Die Person, die am 20. nach Essen fährt, heißt Jörg Wiedemann. Seine Telefonnummer ist 34 28 56. Rufen Sie ihn an! Dann sagt er Ihnen, wo und wann Sie sich treffen wollen.
Ruth:	Und Sie rufen mich dann an, wenn Sie etwas für den 7. haben?
Mitfahrzentrale:	Ja, gern. Das machen wir.
Ruth:	Vielen Dank. Auf Wiederhören!
Mitfahrzentrale:	Auf Wiederhören und gute Reise!

Rollenspiel

Arbeiten Sie in einer Gruppe von vier Leuten. Eine Person ist der Fahrer / die Fahrerin und die anderen drei sind Mitfahrer. Eine Person will sehr oft Pausen machen. Eine andere Person fragt immer, wann Sie ankommen und wo Sie gerade sind. Die dritte Person muss zu einem Treffen und ist aber schon zu spät dran. Aus diesem Grund bittet sie den Fahrer / die Fahrerin, schneller zu fahren. Nun los! Und gute Fahrt!

Sprache

Verb/Preposition Combinations

In both German and English, verbs often work in combination with prepositions to create special meanings. These meanings and combinations often produce something that is not the sum of the parts. Take the English verb/preposition combination *to look through* and consider these combinations:

I looked through the window and saw...
I looked through your papers last night.
I looked right through her!

To look through means something very different in each of these sentences. If you change the preposition, you change the meaning. For example, *I looked out the window* is something very different than *I looked through the window*. In one sentence you are outside and in the other you are inside looking out. Or, if you say *I'm waiting for someone*, it is very different than saying *I'm waiting on someone*.

The same thing happens in German when verbs work together with prepositions. These verb/preposition combinations create special meanings. So far, you have learned these verb/preposition combinations that work with the accusative.

denken an	to think of
sich freuen auf	to look forward to
grenzen an	to border on
klopfen an	to knock at
sehen auf	to look upon
sich sorgen um	to be concerned about
sprechen über	to speak about
sich vorbereiten auf	to prepare for
warten auf	to wait for

Others you should add to your list are:

bitten um	to ask for, request
danken für	to thank for
sich erinnern an	to remember (about)
sich interessieren für	to be interested in
lachen über	to laugh about
schreiben über	to write about

Die Touristen freuen sich schon auf die Donaufahrt.

There are also verb/preposition combinations that work with the dative. Here are some of the most useful ones:

Verwandte und Bekannte nehmen an der Hochzeit teil.

arbeiten an	to work on
erzählen von	to tell about
helfen bei	to help with
sprechen mit	to speak with
suchen nach	to search for
teilnehmen an	to participate in
träumen von	to dream about

Since many verb/preposition combinations are idiomatic, you will have to learn what case goes after the preposition if it is not clearly an accusative or dative preposition.

8. *Angst vor der Prüfung!* **Ergänzen Sie die fehlenden Präpositionen!**

Ich bereite mich ___ eine große Prüfung vor und warte ___ meine Schulfreunde, die mir ___ der Vorbereitung helfen. Wir sprechen ___ die verschiedenen Themen und wir alle sorgen uns ___ die Prüfung. Jede Nacht träumen wir ___ Fragen, die die Prüfer stellen werden. In meinem schlimmsten Traum arbeite ich an einem Matheproblem, ___ das ich mich interessiere, aber ich kann mich nicht ___ die Lösung erinnern. Ein anderer Schulfreund erzählt ___ seinem Traum. Er sucht ___ einem Stück Papier, um seine Antwort aufzuschreiben und bittet eine Schülerin ___ eine Seite aus ihrem Heft. Sie gibt es ihm und er dankt ihr für das Papier. Aber er denkt nicht an die Zeit, die er mit der Schülerin spricht und die Prüfung ist vorbei! Er darf nicht mehr schreiben. Wir alle lachen ___ unsere Träume und freuen uns ___ die Zeit, wenn wir keine Prüfungen mehr schreiben müssen.

9. Beantworten Sie diese Fragen!

◆ Über wen lacht die Klasse? (der Lehrer)
Die Klasse lacht über den Lehrer.

1. Mit wem spricht Hannes jeden Morgen? (sein Vater)
2. Bei wem hilft Renate oft? (die Nachbarin)
3. An wen denkt Gisela am meisten? (ihr Freund)
4. Auf wen muss Roland oft warten? (seine Schulfreunde)
5. Über wen sprechen die Lehrer nicht gern? (schlechte Schüler)
6. Nach wem suchen wir? (die Katze)
7. Um wen sorgt sich eine Mutter? (ihre Kinder)
8. Für wen interessieren sich viele Schüler? (bekannte Popstars)

Mit wem spricht sie?

Sprichwort

Wer zuletzt lacht, lacht am besten.

(He who laughs last, laughs the longest.)

Thinks the slowest

Menschen und Mächte

Der Kaiser macht ein Fest

Steckbrief

Name:	Friedrich Barbarossa
Geburtstag:	im Jahr 1125
Todestag:	10. 6. 1190
Eltern:	Friedrich II. und Judith
Frau:	Beatrix von Burgund
Söhne:	Heinrich und Friedrich
Beruf:	Kaiser
Wichtigster Tag:	18. 6. 1155: Barbarossa wird Kaiser

Für das 12. Jahrhundert ist eine Person besonders wichtig: König Friedrich Barbarossa, der 1155 Kaiser wurde. Nachdem die deutschen Fürsten ihn 1152 zum König krönten, fuhr Friedrich nach Aachen, um dort drei Jahre später seine Krone° als Kaiser zu bekommen. Er wollte wie sein Idol Karl der Große in dieser Stadt Kaiser werden.

In seinem Reich hatte Friedrich viele Probleme. Manche seiner Fürsten wollten selbst mehr Macht haben. Manche dachten, dass der Kaiser weniger Einfluss haben sollte. Städte im Norden Italiens wollten, dass Friedrich nicht ihr Kaiser war. Und auch der Papst in Rom mochte Friedrichs Politik manchmal nicht. Aber Friedrich war ein sehr guter Politiker. Er löste viele seiner Probleme mit seinen Verwandten. Da er nicht überall sein konnte, versuchte er, dass seine Verwandten an diesen Orten wichtige Jobs hatten. Sie konnten ihm so bei seiner Politik helfen.

Da Friedrich ein großes Reich hatte, musste er mit seinen Fürsten in Kontakt bleiben. Es gab ja noch kein Telefon und Pferde waren manchmal zu langsam. So gab er große Feste und lud seine Ritter° und Fürsten ein. Alle kamen, denn wenn ein Kaiser eine Einladung schickt, kommt man natürlich. So konnte Friedrich mit seinen Gästen sprechen und kannte ihre Wünsche und Pläne. Und die Fürsten konnten sehen, wie viel Macht Friedrich hatte.

Fridericus primus Imp.

Friedrich Barbarossa

Mainz

Ein solches Fest gab es 1184 in Mainz am Rhein. Mainz war eine gute Stadt für so ein Treffen, weil es in der Mitte Deutschlands liegt und deshalb alle Leute leicht dorthin kommen konnten. Man glaubt, dass 40 000 bis 70 000 Leute auf diesem Fest waren. Die Gäste kamen aus Italien, Frankreich, Deutschland und Polen. Viele von ihnen waren Ritter. Sie waren gekommen, um Friedrich zu sehen, aber auch um an den Spielen auf dem Fest teilzunehmen°. Sie ritten auf Pferden und kämpften mit Schwertern°. Aber sie mussten auch zeigen, dass sie tanzen und Musik machen konnten. Sie sollten auch etwas über Literatur wissen, denn ein Ritter musste viele Dinge können. Nur Lesen und Schreiben waren nicht so wichtig. Schon ab 14 Jahren bereiteten sich die Jungen darauf vor, Ritter zu werden. Der Kaiser sagte, wer ein neuer Ritter war. Ritter waren wichtig für seine Politik. Auf dem großen Fest 1184 waren es seine beiden Söhne Friedrich und Heinrich, die der Kaiser zu Rittern machte.

Nicht nur reiche Leute und Ritter kamen zu so einem Fest, sondern auch viele ärmere Leute. Sie spielten Musik und tanzten, aßen und tranken. Zu essen gab es Fisch und Fleisch, Kartoffeln und natürlich auch Süßes. Sie sahen Jongleuren° zu, die bunte Keulen in die Luft warfen. Man konnte auch die reichen Leute in ihren schönen Kleidern ansehen.

Friedrich lebte lange. Die Menschen in dieser Zeit wurden im Durchschnitt 38 Jahre alt. Friedrich starb mit 65 Jahren. Es passierte auf dem dritten Kreuzzug. An einem heißen Tag nahm Friedrich ein Bad° in einem sehr kalten Fluss und starb.

(*die Krone* crown; *der Ritter* knight; *teilnehmen an* to participate in; *das Schwert* sword; *der Jongleur* juggler; *ein Bad nehmen* to take a bath)

In deutschen Burgen sieht man noch Sachen aus alten Zeiten.

10. Beantworten Sie die Fragen!

1. Wo bekam Friedrich Barbarossa seine Krone?
2. Wo liegt Mainz?
3. Wie viele Leute waren auf dem Fest in Mainz?
4. Aus welchen Ländern kamen die Gäste?
5. Was musste ein Ritter können?
6. Wer sagte, wer Ritter wurde?
7. Was aßen die Leute auf diesem Fest?
8. Wo starb Friedrich?

Sprache

Relative Pronouns after Prepositions

You have already learned how to use relative pronouns as subjects, direct objects, and indirect objects in relative clauses. Relative pronouns can also be used after prepositions.

Der Bus, auf den ich warte, kommt nicht. The bus for which I am waiting isn't coming.
Ist das die Lehrerin, von der wir gesprochen haben? Is that the teacher about whom we were speaking?

Note: The translation of these sentences sounds somewhat odd in English because English does not always require a relative pronoun, while they are mandatory in German.

11. *Was passt zusammen?* Kombinieren Sie!

1. Wann kommt der Bus?
2. Auf welche Frau wartest du?
3. Erinnerst du dich an den Mann?
4. Siehst du die Frau da?
5. Träumst du jede Nacht von deinem alten Freund?
6. Ist das die Familie?
7. Wo sind die Nachbarn?
8. Hast du deinen alten Lehrer gesehen?

a. Nein, von dem nicht.
b. Ja, er ist der Mann, über den ich nicht so gern spreche.
c. Ja, das ist die, an die ich so oft denke.
d. Ist sie nicht die, über die wir gestern gesprochen haben?
e. An den, der gestern hier war?
f. Auf die, die jeden Mittwoch mit meiner Mutter Kaffee trinkt.
g. Meinst du den, auf den ich schon 10 Minuten warte?
h. Meinst du die, bei denen ich so oft helfen muss?

12. **Wer kann das sein?** **Ergänzen Sie die Sätze!**

1. Das ist der Mann, auf ___ alle warten.
2. Das sind die Reiseleiterinnen, von ___ alle sprechen.
3. Das ist die Gruppe, über ___ alle diskutieren.
4. Das ist der Clown, über ___ alle lachen.
5. Das ist die Schauspielerin, von ___ alle träumen.
6. Das ist der nette Nachbar, bei ___ alle helfen.
7. Das sind die Probleme, an ___ alle denken.
8. Das ist die alte Oma, um ___ sich alle sorgen.

13. **Identifizieren Sie diese Wörter!** **Benutzen Sie Relativpronomen in Ihren Antworten!**

◆ das Wochenende
   Das sind zwei Tage, an denen man nicht in die Schule geht.

1. der Gelbe Sack
2. ein Fahrrad
3. ein Hobby
4. Hausaufgaben

5. ein Mechaniker
6. Tirol
7. die Mitfahrzentrale
8. eine Scherzfrage

Bei uns zu Hause

Pannen° im Haushalt

An manchen Tagen geht wirklich alles schief. Gestern hatte ich so einen Tag. Alles fing damit an, dass ich am Computer saß und versuchte, einen Aufsatz° auf Französisch zu schreiben. Ich sollte über meine letzten Ferien erzählen, aber ich konnte zu diesem Thema nichts schreiben — meine Familie ist in den Ferien zu Hause geblieben. Die Arbeit musste bis morgen fertig sein. Meine Französischlehrerin akzeptiert keine späten Arbeiten. Als ich nach zwei Stunden fast fertig war, wollte ich eine Pause machen und einen Kuchen backen. Am Abend sollten meine Freunde zu einer Party kommen und ein Kuchen würde ihnen sicher schmecken.

In der Küche stellte ich alle Dinge, die ich für meinen Kuchen brauchte, auf den Tisch. Als ich den Mixer benutzen wollte, konnte ich den Mixer nicht

Ich saß am Computer und versuchte, einen Aufsatz zu schreiben.

die Steckdose

anmachen°. Ich überprüfte die Steckdose°, das Kabel° und den Schalter am Mixer. Ich konnte aber nicht feststellen, warum der Mixer nicht funktionierte. Vielleicht war der Apparat° zu alt. Da ich aber wirklich einen Kuchen backen wollte, fuhr ich in die Stadt, um einen neuen Mixer zu kaufen.

Als ich dreißig Minuten später mit meinem neuen Mixer aus dem Kaufhaus kam, sah der Himmel° sehr schwarz aus. Ich beeilte mich, vor dem Gewitter° nach Hause zu kommen. In der Küche steckte ich gerade meinen neuen Mixer ein°, als im ganzen Haus der Strom° ausfiel°. Es fing an zu regnen. Da half mir also mein neuer Mixer gar nichts. Und dann dachte ich plötzlich an meinen Französischaufsatz. Natürlich hatte ich vergessen, den Text auf dem Computer zu speichern°. Mein Aufsatz war weg! Und meine Lehrerin würde nie glauben, was passiert war.

In der Abteilung für Haushaltsgeräte kaufte ich einen Mixer.

Ich konnte nichts anderes tun, als mit einer Kerze auf Strom und auf meine Freunde zu warten. Als das Gewitter zu Ende war und wir wieder Elektrizität hatten, kamen meine Freunde. Sie lachten über meine Pannen im Haushalt. Dann halfen sie mir, meinen Aufsatz zu schreiben. Den letzten Teil des Abends verbrachten wir in einem Café, wo ich endlich meinen Kuchen bekam.

Der Himmel sah sehr schwarz aus.

(*die Panne* mishap; *der Aufsatz* essay; *anmachen* to turn on; *die Steckdose* electrical outlet; *das Kabel* cable; *der Apparat* machine, appliance; *der Himmel* sky; *das Gewitter* thunderstorm; *einstecken* to plug in; *der Strom* electricity; *ausfallen* to go out; *speichern* to save onto a diskette)

Im Haushalt

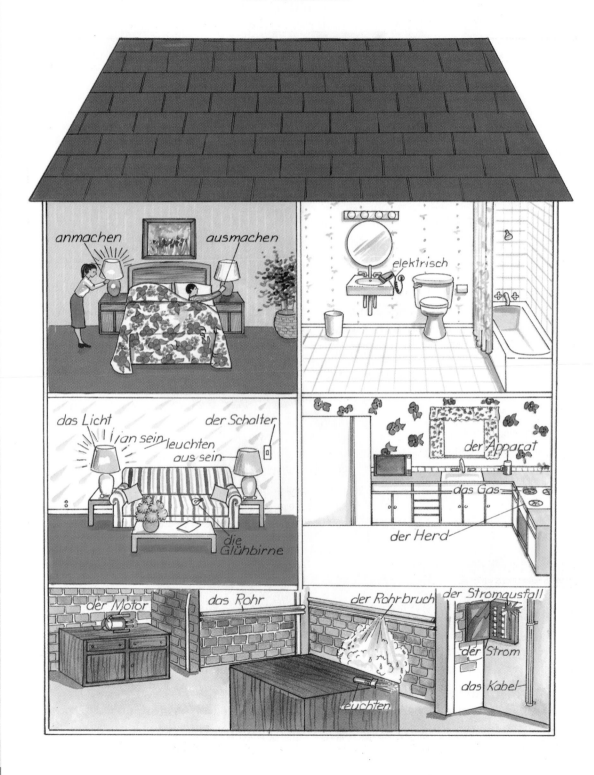

14. Wie passen die Dialogteile zusammen?

1. Die Glühbirne ist kaputt!
2. Ich glaube, der Herd funktioniert nicht.
3. Ich kann das Auto nicht starten.
4. Im ganzen Haus ist kein Licht!
5. Wir haben Wasser auf dem Boden im Badezimmer.
6. Kannst du den Fernseher anmachen?

a. Ach ja, ich habe vergessen, dir zu sagen, dass wir heute morgen kein Gas haben.
b. Vielleicht ist ein Rohr ganz locker oder verrostet.
c. Ach, deshalb konnte ich die Lampe nicht anmachen!
d. Nein, sicher ist wieder ein Kabel locker.
e. Ach nein! Haben wir schon wieder Probleme mit dem Motor?
f. Na so was, schon wieder Stromausfall!

15. Wovon spricht man hier?

1. Das ist, wenn etwas kaputt oder schief geht.
2. Das ist in einer Lampe und macht das Zimmer hell.
3. Das ist, wenn ein Rohr kaputt geht und das Wasser in die Wohnung fließt.
4. Das ist was man benutzt, um das Licht anzumachen und auszumachen.
5. Das ist das Gerät, auf dem man kocht.
6. Das ist, wenn es keinen Strom gibt.
7. Das ist, wo der Strom fließt.

Rollenspiel

Arbeiten Sie mit einer anderen Person! Eine Person spielt den Schüler/die Schülerin, der/die dem Lehrer/der Lehrerin erklärt, warum sie wegen einer Panne im Haushalt keine Hausaufgaben hat. Versuchen Sie, die andere Person mit Ihrer Erklärung zu überzeugen. Die zweite Person ist der Lehrer oder die Lehrerin. Sie wollen heute die Hausaufgaben haben. Glauben Sie dem Schüler/der Schülerin die Panne im Haushalt?

Sprache

If/Then Clauses, Present Tense

You have learned how to make polite requests and wishes using the subjunctive. You can also use the subjunctive to express unreal conditions—things which might be true under other circumstances, but that are not true now.

Wenn ich mehr Zeit hätte, (dann) würde ich meine Freunde öfter besuchen.
If I had more time, (then) I would visit my friends more often.
Wenn wir reich wären, (dann) würden wir oft reisen und weniger arbeiten.
If we were rich, (then) we would travel often and work less.

Spaß muss sein

As with polite requests, the present subjunctive forms of *werden - würde, haben - hätte* and *sein - wäre* work much the same way in German as "would" does in English. The *wenn*-clause ("if"-clause) uses *hätte* or *wäre* and the *dann*-clause (then-clause) *würde* plus the infinitive of the main verb. As always, *wenn* functions as a subordinating conjunction and pushes the verb to the end of the clause. Note that *dann* is often omitted. Remember that the *wenn*-clause = *hätte* or *wäre*; the *dann*-clause = *würde* plus infinitive. If *haben* or *sein* is the main verb in a *dann*-clause, you can simply use their subjunctive forms: *Wenn ich reich wäre, hätte ich auch Probleme.* If I were rich, I would also have problems.

16. *Wie wäre Ihr Leben, wenn Sie...?* **Schreiben Sie eine Antwort auf diese Frage!**

   ◆ jeden Tag zwölf Stunden im Bett wären (nicht so müde sein)
   ◆ Ich würde nicht so müde sein. (Ich wäre nicht so müde.)

   1. nicht in der Schule wären (mehr Freizeit haben)
   2. ein eigenes Haus hätten (viele Zimmer für Hobbys haben)
   3. einen Job hätten (jeden Tag arbeiten)
   4. eine bekannte Person wären (jeden Tag mit vielen Leuten sprechen)
   5. ein teures Auto hätten (viel Geld ausgeben)
   6. 10 000 Dollar hätten (viele Sachen kaufen)
   7. keine Freunde hätten (allein sein)
   8. jetzt in Deutschland lebten (sehr gut Deutsch sprechen)

17. **Kombinieren Sie!**

Wenn Sie	keine Arbeit	hättest		mehr zu Hause sein
Wenn sie	eine nette Person	wären		mir bei den Hausaufgaben helfen
Wenn er	viele Freunde	wärest	würden wir	oft zu Besuch kommen
Wenn ich	mehr Zeit	hätte	würden Sie	uns helfen
Wenn du	mehr Ruhe	hätten	würde er	Zeit zum Lesen haben
		wäre	würden sie	
			würde ich	

18. *Das Leben eines Millionärs.* **Beschreiben Sie einen typischen Tag, wenn Sie Millionär wären!**

Jonglieren°

Können Sie jonglieren? Jonglieren ist eine alte Kunst in Europa, eine Kunst aus dem Zirkus, aus dem Straßentheater und aus der alten Zeit. Diese Straßenkunst gab es schon vor tausend Jahren in Italien, Frankreich und in Deutschland. Dort, wo die alten Straßen sich trafen, gab es Märkte. Die Künstler° jonglierten, tanzten und zauberten° auf diesen Märkten und auch auf Hoffesten°. Das war früher. Das war die Kunst der kleinen Leute. Und heute?

Rupert Wagner jongliert seit zwei Jahren. Er zeigt heute seine Kunst in einer Vorstellung des Islamischen Klubs. Es ist seine erste Vorstellung, aber nervös ist er nicht. Dort sind Ruperts Lehrer, Frau und Herr Ehlad. Herr Ehlad kommt aus Ägypten und seine Frau kommt aus Ungarn°. Das Ehepaar° Ehlad hat sich in München kennen gelernt und eine Schule für Bauchtanz° und Jonglieren aufgemacht. Sie zeigen den jungen Leuten, wie man jongliert, wie man tanzt und wie man zaubert. Sie haben 31 Schülerinnen und Schüler. Sie machen jeden Monat eine Vorstellung.

Rupert hat schon in der Tanzschule etwas tanzen gelernt. Vor zwei Monaten hat er bei Frau Ehlad islamische Tänze gelernt, für die er sich besonders interessiert. Dann hat er angefangen, mit drei Bällen zu jonglieren. Danach hat Frau Ehlad ihm gezeigt, wie man mit einer Keule arbeitet, dann mit zwei und drei Keulen. Drei Keulen kann Rupert jetzt sehr sicher jonglieren. Sein Idol ist der Italiener Rastelli, der König der Jongleure. Der konnte zehn Bälle in der Luft halten, aber das war vor 70 Jahren. Jetzt kann Rupert schon vier Bälle jonglieren. Man kann auch mit Tellern, Tassen, Messern oder Keulen jonglieren.

Rupert jongliert mit Keulen.

Bei der Vorstellung jongliert Rupert zuerst mit einem Stab°. Die Zuschauer° denken, dass der Stab frei in der Luft hängt und von einer Hand zur anderen Hand wandert. Diesen Trick kann Rupert besonders gut. Mit seiner Tanzpartnerin tanzt er nicht nur. Die beiden jonglieren auch mit sechs Keulen. Am Ende sagt Frau Ehlad, dass er und seine Partnerin ihre erste Vorstellung sehr gut gemacht haben. Herr Ehlad freut sich über die tolle Vorstellung und sagt zu den Schülern und Schülerinnen: „Toll gemacht!°"

nchmal jongliert Rupert mit anderen Künstlern.

(*jonglieren* to juggle; *der Künstler* artist; *zaubern* to perform magic; *das Hoffest* royal festival; *Ungarn* Hungary; *das Ehepaar* married couple; *der Bauchtanz* belly dance; *der Stab* stick; *der Zuschauer* spectator; *Toll gemacht!* Great job!)

Spaß muss sein

19. Was passt am besten?

1. Wo die Straßen sich trafen,
2. Jonglieren ist eine alte Kunst,
3. Rupert hat heute seine erste Vorstellung,
4. Frau und Herr Ehlad sind gute Lehrer,
5. Rupert lernt islamische Tänze,
6. Weil er zehn Bälle in der Luft halten konnte,
7. Rupert kann mit Keulen jonglieren
8. Rupert und seine Partnerin tanzen nicht nur,
9. Rupert hat mit drei Bällen angefangen,
10. Frau Ehlad findet,

Frau Ehlad findet, dass Rupert gut jongliert hat.

   a. die viele Schüler und Schülerinnen haben.

   b. sondern jonglieren auch mit Keulen.

   c. für die er sich besonders interessiert.

   d. gab es Märkte.

   e. ist Rastelli Ruperts Idol.

   f. dass Rupert und seine Partnerin gut jongliert haben.

   g. und mit einem Stab.

   h. die es schon vor tausend Jahren gab.

   i. aber jetzt jongliert er schon vier Bälle.

   j. aber er ist nicht nervös.

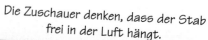

Die Zuschauer denken, dass der Stab frei in der Luft hängt.

20. *Ergänzen Sie die folgenden Sätze mit den richtigen Wörtern!* **Die Anfangsbuchstaben ergeben etwas, was Rupert für sein Hobby braucht.**

1. Jonglieren ist eine sehr alte ___.
2. Die Lehrer von Rupert heißen Herr und Frau ___.
3. Frau Ehlad kommt aus ___.
4. Ruperts Stab hängt frei in der ___.
5. Herr und Frau Ehlad sind ein ___.

Extra! Extra!

Der Stift

Heinrich Spoerl (1887–1955)

Heinrich Spoerl begann sein Leben in Düsseldorf, wo er auch als Rechtsanwalt arbeitete. In seiner Freizeit schrieb er humoristische Geschichten, vor allem über seine Schulzeit. Sein bekanntestes Buch „Die Feuerzangenbowle" wurde auch zu einem Film gemacht, den man heute in manchen Städten in Deutschland jeden Tag sehen kann, wie „The Rocky Horror Picture Show" in Großbritannien und den USA.

Über den Text

Dieser Text ist eine literarische Anekdote. Solche Texte sind meistens durch ihre Kürze und Form charakterisiert. Oft haben Anekdoten eine kleine Lehre und enden mit einer Art Pointe *(punch line)*.

Vor dem Lesen

1. The title of the story is *Der Stift*. This story is about a prank that schoolchildren play on their teacher. Speculate on what the joke in this story might be, based on the title, the drawing, and the fact that this is a school prank.

2. What are some typical pranks played at your school, and who are usually the victims?

 ine Türklinke hat zwei Teile, einen positiven und einen negativen Teil. Diese Teile stecken ineinander, der kleine wichtige Stift hält sie zusammen. Ohne den Stift fällt alles auseinander. Auch die Türklinke in der Obertertia ist nach diesem Prinzip konstruiert.

Als der Englischlehrer um zwölf Uhr in die Klasse kam und wie immer mit Energie die Tür hinter sich zumachte, hatte er den negativen Teil der Klinke in der Hand. Der positive Teil flog draußen auf den Korridor.

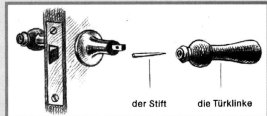

der Stift   die Türklinke

Mit dem negativen Teil kann man eine Tür nicht aufmachen. Die Tür hat dann nur ein viereckiges Loch. Der negative Teil auch.

Die Klasse hatte die Luft angehalten und nun war sie in großer Freude. Die Klasse wusste, was nun kam. Nämlich:

Erstens: Eine genaue Untersuchung, welcher Schüler den Stift herausgezogen hatte und zweitens: Technische Versuche, wie man die Tür ohne Klinke aufmachen konnte.

Spaß muss sein

Damit ging die Stunde vorbei.

Es kam aber nichts. Nicht „erstens" und nicht „zweitens". Professor Heimbach war ein viel zu kluger Lehrer, um mit seiner Klasse über kriminalistische Untersuchungen und technische Probleme zu sprechen. Er wusste, worauf die Jungen warteten und tat genau das Gegenteil.

„Wir werden hier schon einmal herauskommen", sagte er kurz. „Matthiesen, fang bitte an! Kapitel siebzehn, Linie zwei."

Matthiesen fing an und bekam eine Drei minus. Dann ging es weiter. Die Stunde war wie jede andere. Die Sache mit dem Stift war vergessen. Aber die Jungen waren doch etwas klüger. Wenigstens einer von ihnen. Plötzlich stand der lange Klostermann auf und sagte, er musste rausgehen.

„Wir gehen später alle."

Er musste aber trotzdem rausgehen.

„Setz dich auf deinen Platz!"

Der lange Klostermann stand immer noch. Er sagte, er hatte Pflaumenkuchen gegessen und so weiter.

Professor Heimbach stand vor einem Problem. Gegen Pflaumenkuchen kann man nichts machen. Aber wer will die Folgen auf sich nehmen? Der Professor ging zur Tür und machte einen Versuch mit der Türklinke. Er stocherte mit seinem Hausschlüssel in dem viereckigen Loch herum. Aber kein Schlüssel ließ sich hineinstecken.

„Gebt mir einmal eure Schlüssel her!"

Merkwürdig! Kein Schüler hatte einen Schlüssel. Sie suchten in ihren Hosentaschen und feixten. Der Pflaumenkuchenmann feixte auch. Professor Heimbach war Menschenkenner. Wer Pflaumenkuchen gegessen hat, der feixt nicht.

„Klostermann, ich kann dir nicht helfen. Setz dich ruhig wieder hin! Die Rechnung kannst du dem geben, der den Stift herausgenommen hat. Klebben, lass das Feixen sein und lies weiter!"

Also wieder nichts. Langsam, viel zu langsam wurde es ein Uhr. Dann schellte es. Die Schüler aus den anderen Klassen liefen auf die Straße. Aber die Obertertia konnte nicht gehen. Sie lag im dritten Stock am toten Ende eines langen Korridors.

Professor Heimbach machte mit dem Unterricht Schluss und blieb an seinem Pult sitzen. Die Jungen packten ihre Bücher ein.

„Wann können wir gehen?"

„Ich weiß es nicht, wir müssen warten."

Warten war nichts für die Jungen. Außerdem hatten sie Hunger. Der dicke Schrader hatte noch ein Butterbrot und kaute es laut. Die anderen Jungen kauten an ihren Federhaltern.

„Können wir nicht vielleicht unsere Hausarbeiten machen?"

„Nein! Erstens werden Hausarbeiten, wie der Name sagt, zu Hause gemacht. Und zweitens habt ihr fünf Stunden hinter euch und müsst eure junge Gesundheit schonen. Ruht euch aus. Meinetwegen könnt ihr schlafen."

Schlafen in den Bänken haben die Schüler genug versucht. Es ist wundervoll. Aber es geht nur, wenn es nicht erlaubt ist. Jetzt, wo es erlaubt war, machte es keine Freude und funktionierte nicht. Eine schreckliche Langeweile ging durch das Zimmer. Die Jungen versuchten zu schlafen. Der Professor hatte es besser: er korrigierte die Hefte für die nächste Stunde.

Kurz nach zwei Uhr kamen die Putzfrauen. Die Obertertia konnte nach Hause gehen. Und der lange Klostermann, der den Stift herausgenommen hatte und sehr stolz darauf war, bekam Klassenschläge.

Nach dem Lesen

1. Welche Elemente machen diese Geschichte lustig? Wer lacht zuerst und wer lacht am Ende?

2. Erfinden Sie eine neue Komplikation für die Schüler der Obertertia! Was wäre mit ihnen passiert, wenn zum Beispiel die Putzfrauen nicht gekommen wären?

Endspiel

1. Gehen Sie in die Bibliothek oder benutzen Sie einen Computer, um mehr Informationen über Friedrich Barbarossa zu finden! Schreiben Sie über ihn!

2. Sie haben über ein Bundesland in Österreich gelesen. Es gibt noch acht andere: das Burgenland, Kärnten, Niederösterreich, Oberösterreich, Salzburg, die Steiermark, Vorarlberg und Wien. Gehen Sie in die Bibliothek oder benutzen Sie einen Computer, um mehr über eines dieser Bundesländer zu lernen! Erzählen Sie den anderen Schülern und Schülerinnen, was Sie herausgefunden haben!

3. Erzählen Sie einen Witz oder ein Rätsel auf Deutsch!

4. Erzählen Sie von einem Streich oder einer Panne bei Ihnen zu Hause!

5. Haben Sie einen Lieblingsmusiker? Was wissen Sie über diese Person? Schreiben Sie einen Steckbrief mit den wichtigsten Informationen!

Bregenz (Vorarlberg)

Wien

Vokabeln

der **Anfang,-e** beginning
anmachen to turn on
annehmen *(nimmt an, nahm an, angenommen)* to accept
der **Apparat,-e** machine, appliance
der **Aufsatz,-e** essay
ausfallen *(fällt aus, fiel aus, ist ausgefallen)* to go out, break down, fail
das **Bad: ein Bad nehmen** bath: to take a bath
der **Bauchtanz,-e** belly dance
der **Baum,-e** tree
der **Bücherwurm,-er** bookworm
die **Bühnenshow,-s** staging
dumm dumb, stupid
das **Ehepaar,-e** married couple
einstecken to plug in
fallen *(fällt, fiel, ist gefallen)* to fall
der **Föhn** foehn (warm, dry wind from mountains)
frech fresh, snotty
fressen *(frisst, fraß, gefressen)* to eat, devour
friedlich peaceful
das **Gedicht,-e** poem
das **Gewitter,-** thunderstorm
der **Graben,-** ditch
heben *(hob, gehoben)* to lift, raise
der **Himmel** sky
das **Hoffest,-e** royal festival
die **Hoffnung,-en** hope
Hoppe, hoppe, Reiter! children's rhyme
der **Jongleur,-e** juggler
jonglieren to juggle
der **Junggeselle,-n** bachelor
das **Kabel,-** cable
das **Knie,-e** knee
kriegen: sich in die Haare kriegen to have a fight (lit: to get into someone's hair)
die **Krone,-n** crown
der **Künstler,-e** artist

die **Lage,-n** location
sich **langweilen** to be bored
mitfahren *(fährt mit, fuhr mit, ist mitgefahren)* to share a ride
der **Mitfahrer,-** ride sharer
die **Mitfahrgelegenheit,-en** ride share opportunity
die **Mitfahrzentrale,-n** ride share agency
mitkommen *(kam mit, ist mitgekommen)* to keep up, able to follow
Da komme ich nicht mit. That's beyond me.
die **Panne,-n** mishap
plumps bump, thud
der **Rabe,-n** raven
der **Raucher,-** smoker
rauf und runter up and down
recht sein to be okay with
der **Ritter,-** knight
der **Rücken,-** back, spine (book)
rufen um *(rief, gerufen)* to call for
der **Schabernack, -e** prank, practical joke
der **Scherz,-e** joke, jest

die **Scherzfrage,-n** riddle
der **Schlagzeuger,-** drummer, percussionist
der **Schmerz,-en** pain
das **Schwert,-er** sword
sparen to save
speichern to save onto a diskette
der **Stab,-e** stick
die **Steckdose,-n** electrical outlet
der **Streich,-e** prank
der **Strom** electricity, current
der **Sumpf,-e** swamp
teilnehmen an *(nimmt teil, nahm teil, teilgenommen)* to participate in
toll: Toll gemacht! Great job!
Ungarn Hungary
verdienen to earn
vorstellen to introduce
der **Widerstand,-e** resistance
der **Wunsch,-e** wish
die **Wurst,-e: Das ist mir Wurst!** I couldn't care less!
zahm tame
zaubern to perform magic
das **Zeichen,-** signal
der **Zuschauer,-** spectator

Die Ritter...

...haben in Burgen gelebt.

EINZIGER EINGANG
Zur Burg
BURGFÜHRUNG
GASTSTÄTTE RITTERSAAL

Kapitel 5

Österreich

In this chapter you will learn how to:

- give and ask for directions
- express and accept compliments
- ask for advice and information
- express preferences
- express politeness

Weleda und Kali

Weleda fährt zu den Berggeistern°

Kali sitzt auf Weledas Arm und sieht sich die vielen Bücher an, die Weleda in die Hand nimmt. Weleda studiert die Berggeister aus den Alpen und aus Böhmen°. Die Berggeister interessieren Weleda, weil sie Edelsteine° sammeln. Edelsteine haben viele Namen, zum Beispiel Diamanten, Rubine und Amethyste. Diese Edelsteine liegen in den Höhlen° der Berggeister, aber die Menschen können sie dort nicht finden. Nur weise Männer und Frauen dürfen die Berggeister besuchen und einen Edelstein holen. Weleda braucht einen Edelstein für ihre Zeitmaschine. Sie möchte gern weiter in die Zukunft reisen können. Die halbe Stunde, die sie jetzt nach vorn reisen kann, ist ihr nicht genug. Und dafür braucht sie einen größeren Edelstein, am besten einen Amethyst, mit dem sie ihre Zeitmaschine umrüsten° kann. Sie hofft, dass ein Berggeist ihr einen Amethyst geben wird.

Kali will gern mit, aber Weleda muss allein zu den Berggeistern gehen. Sie will um einen Edelstein bitten. Sie fährt mit ihrer Zeitmaschine zu einem Berg, in dem unten ein Volk von Berggeistern wohnt. Weleda läuft durch die dunklen Flure und Zimmer, bis sie in die Mitte des Berges kommt. Dort ist es hell, obwohl nur ein paar Kerzen und heiße Kohlen da sind. Weleda weiß nicht, woher das Licht kommt, denn die Berggeister haben doch keine Elektrizität. Da hört sie eine leise Stimme: „Wer will denn jetzt schon wieder etwas von uns?" Plötzlich steht ein Berggeist vor ihr. Er sieht nicht sehr freundlich aus.

Weleda: Guten Tag, Meister°! Sind Sie der Führer dieser Berggeister?

Berggeist: So ist es. Und wir sehen nicht gern so viele Besucher hier unten bei uns! Vor hundert Jahren war schon einmal ein weiser Mann hier. Dem haben wir auch nicht helfen können. Gehen Sie jetzt wieder, wir haben viel zu tun! Wir müssen Edelsteine sammeln.

Weleda: Das verstehe ich. Aber bevor ich gehe, sagen Sie mir doch bitte, warum es hier so hell ist? Das hätte ich bei den paar Kerzen und Kohlen nicht gedacht!

Plötzlich wird der Berggeist freundlicher. Weleda hat die richtigen Worte gefunden, so dass der saure kleine Führer freundlicher wird. Er hat dieses System mit Kerzen und Edelsteinen selbst gemacht! Er ist sehr stolz darauf.

Berggeist: Das war meine Idee. Ich stelle sechs Edelsteine um die Kerze und dann gibt sie sechs Mal so viel Licht! Das war die beste Erfindung° für hier unten. Sie hat unsere Arbeit viel leichter gemacht. Früher ist immer viel schief gegangen, wenn wir im Licht der Kerze gearbeitet haben. Jetzt finden wir größere und schönere Edelsteine. Sehen Sie hier, ein blauer Amethyst und ein roter Rubin. So schöne Steine fanden wir früher nicht.

Weleda: Ich gratuliere Ihnen zu Ihrem neuen Edelstein-Licht und ich muss sagen, dass Ihr Volk einen besonders klugen Führer hat. Ich wollte eigentlich um einen Stein bitten, einen Amethyst, den ich unbedingt brauche, aber wenn Sie jetzt arbeiten müssen...

Berggeist: Fragen Sie nur, ich bin Herr meiner Zeit! Wozu brauchen Sie den Amethyst denn?

Weleda: Ich habe gelesen, dass Amethyste gut sind, wenn man in die Zukunft sehen will. Ich möchte weiter in die Zukunft reisen können. Darum suche ich einen schönen blauen Amethyst.

Berggeist: So einfach ist das nicht! Wir dürfen die Edelsteine nicht einfach an jeden weitergeben, der danach fragt. Ich sage Ihnen, was Sie machen können. Hier ist ein Rätsel° mit drei Fragen. Wenn Sie die Antworten wissen, dann kommen Sie wieder und ich gebe Ihnen den Edelstein, den Sie brauchen.

(*der Berggeist* mountain spirit; *Böhmen* Bohemia; *der Edelstein* precious stone; *die Höhle* cave; *umrüsten* to reset; *der Meister* master; *die Erfindung* invention; *das Rätsel* riddle, puzzle)

1. Was passt hier am besten?

1. Die Edelsteine liegen
2. Weleda möchte gern
3. Weleda soll wieder gehen,
4. Der Berggeist hat das System
5. Die Erfindung macht
6. Beim Licht der Kerze ist früher
7. Weleda sagt, dass der Führer der Berggeister
8. Amethyste und Rubine gab es
9. Die Berggeister können nicht jedem
10. Der Berggeist gibt Weleda

a. in den Höhlen der Berggeister.
b. besonders klug ist.
c. mit Kerzen und Edelsteinen selbst erfunden.
d. oft viel schief gegangen.
e. weil die Berggeister viel zu tun haben.
f. ein Rätsel mit drei Fragen.
g. die Arbeit der Berggeister viel leichter.
h. weiter in die Zukunft sehen.
i. früher nicht.
j. Edelsteine schenken.

Der Berggeist schreibt im Licht der Edelsteine drei Fragen auf ein Stück Papier. Weleda muss diese Fragen richtig beantworten, wenn sie ihren neuen Edelstein vom Berggeist bekommen will. Sie dankt dem Berggeist und fährt mit ihrer Zeitmaschine zurück in die Midgard. Dort zeigt sie Kali das Papier mit den Fragen. Kali liest:

1. Gab es schon einmal einen König von Deutschland, Österreich, Ungarn und Böhmen?
2. Welche Frau hatte im 18. Jahrhundert viel Macht in Europa und ist heute noch auf Münzen zu sehen?
3. Was heißt „Tu felix Austria nube"?

1. Gab es schon einmal einen König von Deutschland, Österreich, Ungarn und Böhmen?

2. Welche Frau hatte im 18. Jahrhundert viel Macht in Europa und ist heute noch auf Münzen zu sehen?

3. Was heißt „Tu felix Austria nube"?

Kali lacht über das ganze Gesicht. Jetzt ist er in seinem Element. So ein paar Fragen beantworten? Kein Problem! Er geht in die Anmeldung und surft im Internet. Ein paar Minuten später hat Kali die Antworten für Weleda. Das hätte Tage lang gedauert, wenn man dies alles in den Büchern suchen müsste. Kali ist sehr stolz auf sich.

Kali: Kein Problem, da bin ich wieder! Kali kann alles, findet alles und hat nur ein Problem: Kali ist etwas zu bescheiden.

Weleda: Nun mal los, kleiner Mann!

Kali: Frage eins: 1438, der König Albrecht V. aus dem Hause Habsburg°. Dann die zweite Frage: die Frau war Maria Theresia, eine Frau aus dem Hause Habsburg. Seit 1751 ist sie auf dem Maria-Theresien-Taler° zu sehen, der heute noch in Teilen von Afrika und Ostasien als Geld beliebt ist. Die Österreicher waren sehr stolz auf diese Kaiserin. Und der Satz heißt „Du glückliches Österreich, heirate!" Verstehe ich leider nicht, aber das heißt es.

Weleda hat keine Zeit für lange Erklärungen°. Sie schreibt die drei Antworten auf das Papier und ist schon auf dem Weg zum Berggeist. Nach einer Stunde steht sie mit einem großen Amethyst vor Kali und lacht.

Weleda: Ich habe ihn! Hier ist mein neuer Edelstein. Kali, ich danke dir! Sieh doch, wie schön er ist!

Kali: Toller Stein, einfach klasse! Und was sagt nun die Zukunft? Was passiert morgen?

Weleda: Das kann ich noch nicht sagen, denn ich muss erst lernen, wie dieser Amethyst funktioniert. Aber eins weiß ich schon jetzt. In ein paar Minuten wirst du auch wissen, was „Tu felix Austria, nube!" heißt.

Kali: Ich weiß das schon: „Du glückliches Österreich, heirate!" Aber ich verstehe es doch nicht.

Weleda: Das hat mir der Berggeist in seinem netten tiroler° Dialekt erklärt. Es heißt, dass Österreich klein ist und in Europa immer gute Freunde braucht, um etwas zu tun. Man hat sich in Österreich mehr auf Diplomatie anstatt auf Krieg spezialisiert. Oft hat Österreich durch eine Heirat mehr Land bekommen oder konnte ein anderes Land regieren. Deshalb hat der Berggeist eine Frau aus einem Berg in Böhmen geheiratet, damit es auch bei den Berggeistern keine Probleme gibt.

(*aus dem Hause Habsburg* from the House of Hapsburg [Austrian dynasty]; *der Maria-Theresien-Taler* commemorative coin with Maria Theresa on it; *die Erklärung* explanation; *tiroler* Tyrolean)

2. **Ergänzen Sie die Sätze mit den fehlenden Verben aus der Liste!**

lachen	dauern	beantworten	funktionieren	danken
zeigen	passieren	lesen	finden	verstehen

1. Um ihren Edelstein von dem Berggeist zu bekommen, muss Weleda drei Fragen ___.
2. Weleda ___ dem Berggeist und fährt mit ihrer Zeitmaschine in die Midgard zurück.
3. Nachdem Weleda Kali die Fragen ___, ___ er sie.
4. Kali meint, es hätte Tage lang ___, die Antworten in Büchern zu ___.
5. Kali ___ nicht alle Antworten auf die Fragen.
6. Als Weleda ihren Amethyst hat, ___ sie.
7. Jetzt will Kali wissen, was morgen ___ .
8. Weleda kann das nicht sagen, weil sie erst lernen muss, wie der Edelstein ___ .

Allerlei

Wie höflich° sind die Leute?

Um° sich das Leben leichter zu machen, haben die Menschen Regeln, die sagen, was man in einer Situation tun darf und was man nicht tun soll. Diese Regeln machen klar, ob man ein kleines Geschenk oder Blumen zu einer Party mitbringen soll, ob man ein schwarzes Kleid auf einer Hochzeit tragen kann, wer zuerst „Guten Tag" oder „Grüß Gott" sagt und noch viele Dinge mehr. Manche Leute finden, dass diese Regeln das Leben leichter machen, andere aber sagen, dass sie nur Probleme machen. Wir haben in Salzburg verschiedene Leute gefragt, was sie von diesen Regeln halten.

Wolfgang Bauer, Mechaniker, 60 Jahre, erzählt: „Also ich denke, dass diese Regeln schon sehr gut sind. Ich finde es schade°, dass immer weniger Leute heute wissen, wie man sich richtig benimmt°. Das sehe ich zum Beispiel, wenn ich mit dem Bus fahre. Meine Mutter hat immer gesagt, dass ich aufstehen soll, wenn eine ältere Person keinen Sitzplatz hat. Die jungen Leute heute scheinen diese Regel nicht zu kennen. Und da muss man dann als alter Mensch stehen. Und auch wenn man den Bus verlassen will, hat man seine Probleme mit diesen jungen Leuten. Sie wollen als erste aus dem Bus aussteigen. Und dann muss man mit ihnen kämpfen, wenn man aus dem Bus will. Ich denke schon, dass die jungen Leute von heute weniger höflich sind."

Wolfgang Bauer

Sabine Feldengut

Sabine Feldengut, Schülerin, 17 Jahre, sieht die Sache etwas anders: „Viele dieser Regeln finde ich ganz gut. Wenn man mit Erwachsenen zu tun hat, dann weiß man, was sie von einem erwarten. Und oft hat man weniger Probleme, wenn man diesen Regeln folgt. Aber manche dieser Regeln finde ich etwas alt. Warum zum Beispiel soll der Mann immer der Frau die Tür aufmachen? Die Rolle der Frau heute ist nicht wie vor 50 Jahren. Viele Frauen arbeiten heute und machen auch viele andere Sachen selbst und Türen sind für sie heute wirklich kein Problem. Deshalb würde ich es gut finden, wenn man manche dieser Regeln vergessen würde, weil sie nicht mehr in die heutige Zeit passen."

(höflich polite; um in order to; schade too bad; sich benehmen to behave)

3. *Was stimmt hier nicht?* Verbessern Sie den falschen Teil!

1. Wolfgang Bauer findet, dass heute mehr Leute wissen, wie man sich gut benimmt.
2. Die jungen Leute wollen als erste in den Bus einsteigen.
3. Wolfgangs Vater sagte, dass er im Bus für alte Leute aufstehen soll.
4. Wolfgang Bauer kämpft mit dem Fahrer, um aus dem Bus auszusteigen.
5. Sabine findet es dumm, dass die Frauen den Männern die Türen aufmachen.
6. Sabine will viele Regeln vergessen.
7. Sabine findet, dass man mehr Probleme hat, wenn man Regeln benutzt.
8. Sabine findet die Regeln gut, wenn man mit Kindern zu tun hat.

Charlotte Melin, Professorin, 45 Jahre, hat interessante Ideen zu diesem Thema. Sie ist eine Amerikanerin, die seit fünfzehn Jahren in Salzburg lebt. Sie unterrichtet hier an der Universität Englisch. „Jetzt lebe ich schon lange in diesem Land. Die Österreicher sind ein charmantes Volk. Manche Sachen sind aber etwas seltsam°. Zum Beispiel küssen° manche Männer noch immer die Hand der Frau, wenn sie sie treffen. Und dann muss man hier in Österreich auch immer die Titel sagen, wenn man mit jemandem spricht. Manchmal sagt man dann also ‚Grüß Gott, Herr Professor Doktor Huber'. Und wenn man dann die Titel vergisst oder den falschen gebraucht, dann kann man mit manchen Leuten wirklich Probleme bekommen. Aber was ich am schwersten finde, sind die Regeln für ‚du' und ‚Sie'. Es gibt so viele dafür. Manche haben mit dem Alter° zu tun, manche mit Mann und Frau, manche mit dem Beruf. Ich bin mir nicht sicher, ob ich diese Regel einmal ganz verstehen werde. Oft denke ich, man muss hier geboren sein, um diese Regeln ganz richtig zu benutzen. Manchmal warte ich deshalb lieber bis mir der Österreicher oder die Österreicherin das ‚Du' anbietet. Denn es ist sehr peinlich°, wenn man beginnt ‚du' zu sagen und die andere Person das nicht will."

Charlotte Melin

(*seltsam* strange; *küssen* to kiss; *das Alter* age; *peinlich* embarrassing)

Die Österreicher sind ein charmantes Volk.

4. **Von wem spricht man hier?** Das ist die Person, die...

1. im Bus manchmal stehen muss.
2. denkt, dass die jungen Leute weniger höflich sind.
3. glaubt, dass die Rolle der Frau heute nicht mehr wie vor 50 Jahren ist.
4. die Regeln für „du" und „Sie" schwer findet.
5. zur Schule geht.
6. älter als die beiden anderen Personen ist.
7. aus den USA kommt.
8. denkt, dass manche Regeln nicht in die heutige Zeit passen.
9. meint, dass die Österreicher charmant sind.

5. **Welche Regeln kennen Sie?** Nennen Sie vier Situationen, in denen man solche Regeln benutzt!

6. **Können Sie die Wörter identifizieren?** Das ist/Das sind...

1. der Tag, an dem zwei Menschen sagen, dass sie ihr Leben zusammen verbringen wollen.
2. eine Person, die ein kaputtes Auto repariert.
3. Leute, die keine Kinder oder Jugendlichen mehr sind.
4. der Ort, wo Studenten studieren.
5. der Eingang zu einem Haus.
6. bestimmte Dinge, denen man folgen muss.
7. ein Verkehrsmittel, mit dem 30 oder mehr Touristen eine Reise machen.

7. **Was ist Ihre Meinung?** Lesen Sie die folgenden Meinungen und sagen Sie, ob Sie derselben oder einer anderen Meinung sind! Warum oder warum nicht?

1. Jugendliche sollen laute Musik auf der Straße spielen dürfen.
2. Erwachsene sollen nur „du" zu einander sagen.
3. Jugendliche unter achtzehn Jahren sollen kein Auto fahren.
4. Junge Leute sollen im Bus aufstehen und älteren Leuten ihren Sitzplatz anbieten.
5. Eltern sollen ihren Kindern Hausregeln geben.
6. Jugendliche sollen nicht heiraten dürfen, bis sie älter als achtzehn Jahre sind.

Das ist ein Verkehrsmittel, mit dem viele Leute mitfahren können.

Du und ich

Du oder Sie?

Rollenspiel

Arbeiten Sie in einer Gruppe mit drei anderen Leuten! Erzählen Sie von Situationen, als Sie oder eine andere Person nicht höflich waren oder als Ihnen etwas Peinliches passiert ist! Was haben Sie in dieser Situation gemacht? Was haben Sie machen sollen?

Sprache

Comparative and Superlative

When you use the comparative and superlative forms of adjectives and adverbs, you add suffixes to the positive, or base form. To form the comparative, add -er (schön - schöner-, schnell - schneller-). For the superlative, add -st to the base (schön - schönst-; schnell - schnellst-). These forms can precede a noun and modify it; they therefore need adjective endings. See the chart in the appendix of this book to review adjective endings.

Comparative of adjectives:

positive:	*Die freundliche Lehrerin unterrichtet Spanisch.* The friendly teacher teaches Spanish.
comparative:	*Die freundlich**er**e Lehrerin unterrichtet Mathe.* The friendlier teacher teaches math.
superlative:	*Die freundlich**st**e Lehrerin unterrichtet Deutsch.* The friendliest teacher teaches German.

When the adjectives or adverbs end in *d, s, ß, sch, st, t, x* or *z*, the superlative adds an *-e-* before the ending *-st* (*heiß - heißest-, charmant - charmantest-*). **Note exception:** *groß - größt-*.

Most one-syllable adjectives or adverbs with *a, o,* and *u* add an umlaut in the comparative and superlative. Occasionally, other adjectives and adverbs also take umlauts (*gesund - gesünder*).

| *groß* | *größer-* | *größt-* |
| *warm* | *wärmer-* | *wärmst-* |

As you have already learned, there are also adjectives and adverbs that have irregular forms. Here they are again for your review. These are the most important ones:

gern	*lieber*	*liebst-*
gut	*besser-*	*best-*
hoch	*höher-*	*höchst-*
nahe	*näher-*	*nächst-*
viel	*mehr*	*meist-*

Viele der besten Skiläuferinnen kommen aus Österreich.

Österreich

8. *Welche Endung ist richtig?* **Ergänzen Sie die Endungen!**

1. Ein schneller___ Mountainbike ist oft das besser__ Mountainbike.
2. Deutsche Autos sind oft die tollst___ Autos.
3. Die schönst___ Dinge im Leben sind nicht immer teuer.
4. Wenn ich ein kleiner___ Zimmer hätte, würde ich trotzdem die meist___ Sachen drin haben.
5. Wenn ich mit meiner ältest___ Schwester hier wäre, hätte ich keine Angst.
6. Möchten Sie den teurer___ oder den billiger___ Roller kaufen?
7. Wir brauchen eine länger___ Pause.
8. Ich habe wenig Geld und mache nur die wichtigst___ Reparaturen an meinem Motorrad.

9. *Man kann nicht alles haben!* **Ergänzen Sie die fehlenden Wörter! Benutzen Sie den Komparativ und vergessen Sie die Adjektivendungen nicht!**

◆ Ich möchte ___ Prüfungen haben, aber dafür ___ Hausaufgaben. (leicht, schwer)
Ich möchte leichtere Prüfungen haben, aber dafür schwerere Hausaufgaben.

1. Ich möchte ein ___ Zimmer haben und ein ___ Bett. (klein, groß)
2. Uwe möchte einen ___ Computer haben und dafür ein __ Fahrrad. (teuer, billig)
3. Jens und Barbara möchten einen ___ Urlaub haben, aber dafür einen ___ Job. (kurz, gut)
4. Renate möchte ___ Sachen essen und dafür ___ Zeit zum Kochen haben. (gesund, viel)
5. Hannes möchte ___ Hosen haben und ___ Hemden. (eng, weit)
6. Leute, die Recycling machen, möchten ___ Müllberge haben, aber dafür ___ Recycling. (niedrig, aktiv)
7. Ich möchte ___ Tage haben, aber dafür ___ Nächte. (warm, kühl)
8. Viele Musiker möchten ___ Arrangements haben, aber dafür ___ Musik. (einfach, schön)

Sind die schönsten Dinge im Leben unbedingt die teuersten?

10. *Ihre Meinung, bitte!* **Schreiben Sie, was Sie meinen und benutzen Sie den Superlativ dazu!**

◆ Welches Verkehrsmittel ist das schnellste: das Fahrrad, das Flugzeug, das Motorrad?
Das Flugzeug ist das schnellste Verkehrsmittel.

1. Welche Stadt ist die größte: Berlin, Wien, New York?
2. Welcher Platz ist der schönste zum Sitzen: eine Bank, der Rasen, ein Park?
3. Welche Person ist die älteste in einer Familie: der Vater, die Mutter, der Großvater?
4. Welche Sportart ist für Sie die beste: Laufen, Schwimmen, Fußball?
5. Welcher Tanz ist der einfachste? der Foxtrott, der Walzer, die Polka?
6. Welcher Apparat ist der wichtigste im Haushalt: der Staubsauger, der Rasenmäher, die Geschirrspülmaschine?
7. Welche Hausarbeit ist für Sie die schwerste: Bügeln, Wäsche waschen, Geschirr spülen?
8. Welche Kunst ist die älteste: das Jonglieren, das Straßentheater, das Singen?

Comparison of Adjectives and Adverbs

Adjectives and adverbs that appear after verbs of the sentence do not have adjective endings. When you compare them, add *-er* to the base form in the comparative and *-st* to the base form in the superlative. Notice that *am* precedes the superlative form, which ends in *-en*.

positive: *Die Englischlehrerin ist freundlich.* The English teacher is friendly.

comparative: *Die Französischlehrerin ist freundlicher als die Englischlehrerin.* The French teacher is friendlier than the English teacher.

superlative: *Die Biologielehrerin ist am freundlichsten.* The biology teacher is the friendliest.

When you compare two things that are equal, use *so...wie.*

Melanie ist so intelligent wie Ingrid. Melanie is as intelligent as Ingrid.
Das Rathaus ist so alt wie die Bibliothek. The city hall is as old as the library.

When you compare two unequal things, use the comparative form and *als.*

Rudolf ist glücklicher als Herr Schwarz. Rudolf is happier than Mr. Schwarz.
Frau Muschel ist jünger als Herr Sever. Mrs. Muschel is younger than Mr. Sever.

Das Kreuzfahrtschiff ist viel größer als das Segelschiff.

11. **Vergleichen Sie diese Gegenstände!**

◆ ein Witz / eine Scherzfrage / lustig
Ein Witz ist lustiger als eine Scherzfrage.

1. Deutschland / die Schweiz / groß
2. Literatur / Politik / interessant
3. eine nette Überraschung / eine Panne im Haushalt / schön
4. Seniorenpässe / Juniorenpässe / billig
5. im Internet surfen / eine Enzyklopädie lesen / schnell
6. ein Sessel / ein Stuhl / bequem
7. ein Kind / ein Erwachsener / jung
8. die Eisenbahn / die Mitfahrzentrale / sicher
9. im Park sitzen / in der Stadt herumfahren / ruhig
10. eine neue Kette fürs Fahrrad / eine verrostete Kette / leise

12. *Schöner, schneller, teurer!* Hier haben Sie Wortkreise mit Wörtern, die etwas miteinander zu tun haben. In Gruppen von vier Leuten versuchen Sie für jedes Wort in der Liste einen Vergleich zu machen!

◆ Stiefel sind schwerer als Tennisschuhe. Ein Tiroler Hut ist größer als Ohrringe.

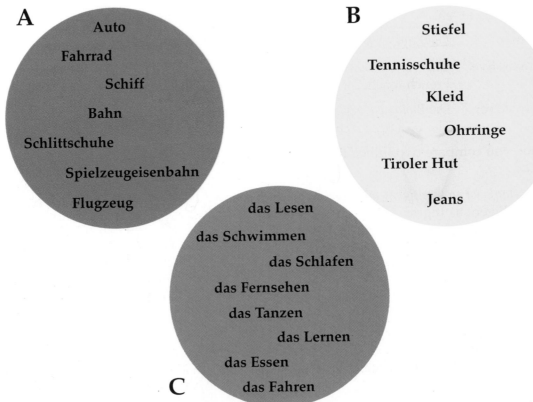

A
Auto
Fahrrad
Schiff
Bahn
Schlittschuhe
Spielzeugeisenbahn
Flugzeug

B
Stiefel
Tennisschuhe
Kleid
Ohrringe
Tiroler Hut
Jeans

C
das Lesen
das Schwimmen
das Schlafen
das Fernsehen
das Tanzen
das Lernen
das Essen
das Fahren

Expressing Preferences with Comparative and Superlative

The comparative and superlative will be helpful when you want to express your preferences for things or people. Following are a few expressions that will help you:

Ich finde...als...
Ich mag...gern, aber...lieber.
Ich habe...lieber als....
Ich habe...gern, aber...gefällt/gefallen mir besser.

Ich finde klassische Musik langweiliger als Rockmusik.
I find classical music more boring than rock music.

Ich arbeite bei Horten, aber ich möchte lieber mein eigenes Geschäft haben.
I work at Horten's, but I would prefer to have my own business.

Frau Dupont mag Trier gern, aber Albi gefällt ihr besser.
Mrs. Dupont likes Trier, but she prefers Albi (but she likes Albi more).

Herr Polasky hat Krakau lieber als Trier.
Mr. Polasky likes Cracow better than Trier.

Er arbeitet bei Horten, aber er möchte lieber sein eigenes Geschäft haben.

13. Kombinieren Sie!

Autofahren
Ich finde
Ich habe
Ich mag
Lesen
Samstag

besser als
so gern wie
so gut wie
lieber als
schöner als

den Winter
Deutsch
finde ich
gefällt mir
mag ich
meine Schule

den Sommer
Fahrradfahren
Fernsehen
Französisch
meinen Job
Sonntag
Skilaufen

Österreich

Länder, Kantone und Provinzen

Wien, Budapest und Prag

Wenn man etwas über Österreich lernen will, soll man nicht nur die Alpen, Salzburg, Tirol und Wien sehen. Man soll auch Prag, die Hauptstadt der Tschechischen Republik und Budapest, die Hauptstadt Ungarns, besuchen. Auch wenn diese beiden Städte heute nicht mehr zu Österreich gehören, spielten sie doch eine wichtige Rolle in der österreichischen Geschichte. Vor dem Ersten Weltkrieg (1914–1918) war Österreich ein großes Reich, zu dem auch andere Länder gehörten. Und zwei der wichtigsten Länder waren Ungarn und

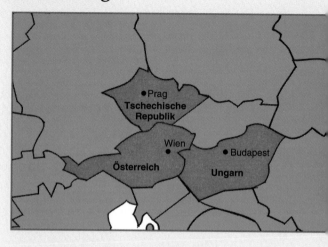

die Tschechische Republik, die zu dieser Zeit noch Böhmen hieß. Aus diesem Grund kann man auch heute noch in diesen Ländern Leute finden, die sehr gut Deutsch sprechen.

Philipp, Manuela und Anna sind in diese drei Städte gefahren. Das haben sie nach ihrer Reise gesagt.

Manuela

Manuela

Wien hat mir von den drei Städten am besten gefallen. Wenn man Kunst und Geschichte mag, dann ist Wien ein gutes Reiseziel. Wenn man lange genug sucht, kann man in Wien ein Gebäude aus fast jedem Jahrhundert finden.

Aber unsere interessantesten Nachmittage hatten Philipp, Anna und ich auf dem Zentralfriedhof. Wir sind bestimmt drei Stunden dort gewesen. Ich habe die Gräber von so berühmten Leuten wie Wolfgang Amadeus Mozart, Ludwig van Beethoven und Johann Strauß, dem König des Walzer, gesehen. Das war toll!

Nach einem langen Tag in der Stadt sind wir oft in ein Café gegangen. Wer nach Wien fährt, muss wenigstens ein Mal in ein Café gehen. Cafés haben

Wien hat Manuela am besten gefallen.

eine lange Tradition in Wien. Viele Leute gehen jeden Tag in ein Café. Sie bleiben oft viele Stunden dort. Sie lesen die Zeitung oder treffen sich mit Freunden. Außerdem gibt es dort guten Kaffee oder Kakao. Und natürlich habe ich Sachertorte gegessen.

14. Beantworten Sie diese Fragen!

1. Wem hat Wien am besten gefallen?
2. Wo haben die drei ihren interessantesten Nachmittag verbracht?
3. Was machen viele Leute jeden Tag in Wien?
4. Was hat Manuela im Café gegessen?

Anna

Ich mag Budapest von den drei Städten am liebsten. Wir sind von Wien mit einem Schiff auf der Donau nach Budapest gefahren. Das war so schön! In der Stadt gibt es sechs Brücken über die Donau. Wir haben eine lange Wanderung° zu allen diesen Brücken gemacht. Bei der vierten Brücke haben Philipp und Manuela zu maulen begonnen, aber ich wollte einfach alle diese Brücken sehen.

Oben auf einem kleinen Berg liegt die Fischerbastei.

Anna

Ich habe es nicht gewusst, aber Philipp hat mir erklärt, dass Budapest aus den zwei Teilen Buda und Pest besteht°. Die Donau fließt durch die Mitte der Stadt. Buda liegt oben auf einem kleinen Berg. Dort liegt auch die Fischerbastei°. Das ist eine alte Burg. Philipp und Manuela fanden sie ganz toll, aber ich interessiere mich nicht so für alte Gebäude.

Der zweite Teil der Stadt, Pest, liegt unten. In diesem Teil der Stadt gibt es viele Geschäfte und man kann dort gut einkaufen. Ich habe fast alle Andenken für meine Familie hier gekauft. Wenn ich nur mehr Geld gehabt hätte! Ich werde sicher noch einmal nach Budapest fahren.

(*die Wanderung* hike; *bestehen aus* to consist of; *die Fischerbastei* name of castle in Budapest)

15. Beantworten Sie diese Fragen!

1. Wie fahren die drei nach Budapest?
2. Wie heißen die beiden Teile von Budapest?
3. Was hat Anna in Pest gemacht?
4. Was interessiert Anna nicht?

Philipp

Ich fand Wien und Budapest auch ganz toll. Aber ich muss sagen, dass mir Prag noch besser gefallen hat. Prag ist kleiner als Wien und Budapest. Deshalb kann man leichter überall zu Fuß hinkommen. In der Altstadt gibt es auch noch mehr alte Häuser als in Wien. Was die modernen Architekten in Wien manchmal bauen, das finde ich hässlich. Das sieht man in Prag weniger, weil die Leute hier während der Zeit des Kommunismus kein Geld für so etwas hatten.

Philipp

Ein Ort in Prag, den man besuchen muss, ist der Wenzelsplatz°. Er liegt in der Mitte der Stadt. Anna, Manuela und ich haben hier eine lustige Pantomime gesehen. Am Abend waren wir auch auf dem Hradschin°, einer alten Burg auf einem kleinen Berg über Prag. Dort wohnt der Präsident der Tschechischen Republik. Von dort oben kann man die ganze Stadt sehen.

Vom Hradschin, einer alten Burg, hat man eine schöne Aussicht auf Prag.

Aber am besten hat mir der jüdische° Friedhof gefallen. Manche Leute denken, dass es komisch° ist, Friedhöfe zu besichtigen. Aber man kann da wirklich viel lernen. Prag hat einen der ältesten jüdischen Friedhöfe Europas. Es gibt dort lange Reihen alter Gräber. Man kann sehen, wie wichtig dieser Ort für Prag und die Kultur dieser Stadt ist.

(*der Wenzelsplatz* name of square in Prague; *der Hradschin* name of castle in Prague; *jüdisch* Jewish; *komisch* strange, funny)

16. Beantworten Sie diese Fragen!

1. Wie findet Philipp die Gebäude der modernen Architekten in Wien?
2. Was haben die drei auf dem Wenzelsplatz gesehen?
3. Was für einen Friedhof haben die drei in Prag besucht?
4. Wo waren die drei Freunde am Abend in Prag?

17. Von welcher Stadt ist hier die Rede? In dieser Stadt...

1. gibt es zwei Teile.
2. gibt es die Fischerbastei.
3. gibt es einen der größten jüdischen Friedhöfe Europas.
4. liegt das Grab Mozarts.
5. gibt es sechs Brücken über die Donau.
6. liegt der Wenzelsplatz.
7. haben Cafés eine lange Tradition.
8. wohnt der Präsident in einer Burg.

Von einem Ort zum andern

Wandern

Wenn man wandern hört, denkt man an Sonne, Berge, Kühe, Rucksack, Picknick und bequeme Schuhe. Österreich ist berühmt für Wege, auf denen man gut wandern kann. Wegen der Alpen kommen jedes Jahr viele Touristen nach Österreich, die auf die hohen Berge steigen.

Wandern macht viel Spaß.

Klagenfurt in Kärnten

Aber es gibt auch noch andere Arten von Wanderungen. Ein gutes Beispiel sind die Wanderungen, die man am Wörthersee machen kann. Klagenfurt ist die Hauptstadt Kärntens. Kärnten ist ein Bundesland Österreichs und grenzt an Italien und Slowenien. Dort kann man von einem Schloss zum andern wandern, mit dem Rad wandern, in der Altstadt von Klagenfurt wandern oder eine Wanderung für Kinder machen. Für jede dieser Wanderungen bekommt man eine Landkarte, die zeigt, wohin man geht und was man sieht.

Auf den Wanderungen von einem Schloss zum anderen können die Touristen 23 Schlösser und Klöster aus verschiedenen Jahrhunderten besuchen. In ihnen gibt es schöne Zimmer, Gärten und wertvolle° Kunst. So kann man viel über die Geschichte dieser Gegend lernen.

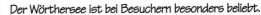
Der Wörthersee ist bei Besuchern besonders beliebt.

Österreich

Viele beginnen ihre Radtour am Rathaus.

Man kann auch mit dem Rad wandern, wenn man nicht zu Fuß gehen will. Man muss nicht das eigene Fahrrad mitbringen, sondern kann sich für wenig Geld ein Rad leihen und Radtouren machen. Eine Radtour, die man in Klagenfurt machen kann, ist die Picknicktour, auf der man gut draußen essen und auch schwimmen kann. Aber es gibt auch interessante Gebäude zu besichtigen: alte Kirchen, Schlösser und ein Museum. Wenn man keine Pause macht, dauert die Fahrt zwei Stunden, aber viele Leute nehmen sich mehr Zeit, um sich die schöne Umgebung anzusehen.

Man kann auch in der Altstadt wandern, wenn man etwas in Klagenfurt selbst machen will. In dieser Stadt gibt es viele interessante Teile. Am Anfang der Wanderung steht das Rathaus aus dem 17. Jahrhundert. Vor dem Rathaus liegt der Neue Platz in der Mitte der Stadt. Auf diesem Platz steht der Lindwurm° aus dem Jahr 1593, das Wahrzeichen der Stadt. Es gibt eine alte Geschichte, in der es heißt, dass der Lindwurm aus dem Wörthersee kam. Aber das ist erst der Anfang der Wanderung durch die Altstadt.

Für Kinder gibt es eine besondere Wanderung durch die Altstadt. Sie bekommen eine Landkarte, die einen Weg durch die Stadt beschreibt. Die Kinder müssen auf ihrem Weg durch die Stadt siebzehn Fragen beantworten. Das macht das Wandern noch interessanter. Und wenn man alle Antworten richtig hat, dann kann man einen schönen Preis gewinnen.

Der Lindwurm ist das Wahrzeichen Klagenfurts.

Sie sehen also: man braucht nicht unbedingt hohe Berge zum Wandern!

(*wertvoll* valuable; *der Lindwurm* name of a dragon)

Auskunft

Adrian und Elisabeth verbringen eine Woche in Klagenfurt. Heute wollen die beiden verschiedene Dinge tun. Sie wollen das Landesmuseum° besuchen und dann müssen sie auch noch Geschenke einkaufen. Da sie Klagenfurt nicht so gut kennen, gehen sie zur Information am Neuen Platz. Das ist ein Büro, das Touristen hilft.

Adrian und Elisabeth besprechen
ihre Pläne.

Angestellte:	Grüß Gott! Kann ich Ihnen helfen?
Adrian:	Grüß Gott! Ja, wir haben ein paar Fragen.
Angestellte:	Gern. Was möchten Sie wissen?
Elisabeth:	Wir haben viel über das Landesmuseum gehört. Können Sie uns sagen, wie wir dort hinkommen?
Angestellte:	Sehen Sie hier auf den Stadtplan! Sie gehen am besten auf der Burg-Gasse bis Sie zur Bahnhof-Straße kommen. Dort gehen Sie nach rechts diese Straße hinunter° bis zur Mießtaler-Straße. Das Landesmuseum ist gleich am Anfang der Mießtaler-Straße.
Elisabeth:	Vielen Dank. Können wir die Landkarte mitnehmen?
Angestellte:	Ja, bitte. Hier sind außerdem ein paar Prospekte° über Klagenfurt und Wanderungen, die man hier machen kann.
Adrian:	Vielen Dank. Dann wollten wir auch noch wissen, wo man hier gut einkaufen kann. Wir müssen Andenken für unsere Familie zu Hause kaufen.
Angestellte:	Da gehen Sie am besten in die Innenstadt. Dort gibt es so viele Geschäfte, dass Sie sicher etwas finden werden. Und da die Geschäfte alle nahe zusammen liegen, können Sie leicht alles zu Fuß machen. Kann ich sonst noch etwas für Sie tun?

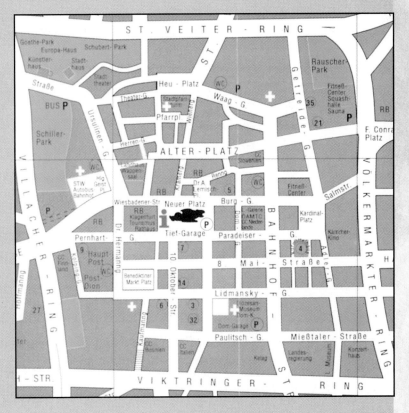

Elisabeth:	Nein. Vielen Dank! Sie haben uns sehr geholfen.
Angestellte:	Gut. Auf Wiedersehen und viel Spaß im Museum und beim Einkaufen!
Adrian und Elisabeth:	Auf Wiedersehen!

(*das Landesmuseum* museum for local artifacts; *hinunter* down; *der Prospekt* brochure)

Im Landesmuseum kann man sehen, wie die Einwohner früher gelebt hatten.

Rollenspiel

Erste Person: Sie arbeiten in einem Touristenbüro in Ihrer Stadt. Ein Tourist oder eine Touristin aus Österreich kommt und fragt, was man in Ihrer Gegend alles machen kann. Beschreiben Sie die wichtigsten Sehenswürdigkeiten in Ihrer Umgebung!

Zweite Person: Sie sind ein Tourist oder eine Touristin aus Österreich und machen in den USA Urlaub. Fragen Sie im Touristenbüro, was man hier am besten machen kann! Sie verbringen mehrere Tage in dieser Gegend. Versuchen Sie so viele Informationen wie möglich zu bekommen! Viel Spaß!

Sprache

If/Then Clauses, Past Tense

You have learned how to use the subjunctive to express unreal conditions—things that might be true under other circumstances, but that are not true now. These unreal conditions can also have occurred in the past and appear in the past subjunctive.

Wenn ich mehr Zeit gehabt hätte, (dann) hätte ich meine Freunde öfter besucht.
If I had had more time, (then) I would have visited my friends more often.

Wenn wir reich gewesen wären, (dann) wären wir mehr gereist.
If we had been rich, (then) we would have traveled more.

In the past subjunctive, use *hätte* or *wäre* plus the past participle of the verb in both the *wenn*-clause and the *dann*-clause.

Note: Although English uses "would" for both the present and past unreal conditions, German cannot use *würde* for past subjunctive sentences.

18. *Was hätten Uwe und Maythe anders machen sollen, damit die Reise nicht schief gegangen wäre?* **Schreiben Sie, was die beiden anders gemacht hätten, um die Reise zu retten! Seien Sie kreativ!**

◆ Wenn Uwe ein Reisebüro angerufen hätte,...
hätten sie die Reise für ihn geplant.

1. Wenn Maythe an eine Landkarte für die Reise gedacht hätte,...
2. Wenn Uwe einen Juniorenpass gekauft hätte,...
3. Wenn Maythe die Mitfahrzentrale angerufen hätte,...
4. Wenn Maythe und Uwe mit einer Wanderkarte gewandert wären,...
5. Wenn Uwe sich für die Reise interessiert hätte,...
6. Wenn Uwe ein Zimmer im Hotel reserviert hätte,...
7. Wenn Maythe in Wanderschuhen gelaufen wäre,...
8. Wenn Uwe Geld mitgebracht hätte,...

19. *Was wäre dann passiert?* **Schreiben Sie ganze Sätze!**

◆ ich / fahren / ins Ausland / ich / besuchen / Prag und Wien
Wenn ich ins Ausland gefahren wäre, hätte ich Prag und Wien besucht.

1. wir / studieren / Informatik / wir / bekommen / gute Jobs
2. Maythe / bleiben / zwei Wochen / wir / machen / Urlaub
3. ich / sein / nicht so ungeschickt / ich / fallen / nicht / vom Fahrrad
4. wir / kaufen / Einwegflaschen / wir / produzieren / weniger Müll
5. du / bügeln / dein Hemd / es / besser / aussehen
6. ihr / besuchen Prag / ihr / sehen / den Wenzelsplatz
7. ihr / verbringen / mehrere Tage / in Wien / ihr / Kaffee / trinken / im Café
8. meine Mutter / kennen lernen / nicht / meinen Vater / sie / sich heiraten / nicht

Wenn wir mehrere Tage in Wien verbracht hätten, hätten wir gern Schloss Schönbrunn etwas länger besichtigt.

Sprichwort

Tadeln ist leichter als besser machen.
(It's easier to criticize than to do it better yourself.)

Menschen und Mächte

Ein Dichter° im Mittelalter: Walther von der Vogelweide

Steckbrief	
Name:	Walther von der Vogelweide
Geburtstag:	um 1170
Eltern:	unbekannt
Geschwister:	unbekannt
Beruf:	Dichter
Todestag:	um 1230
Wichtigster Tag:	der Tag, an dem er vom Kaiser Land bekam

Das Mittelalter ist nicht nur eine Zeit der Kriege, Kaiser, Könige und Päpste, sondern auch der Kunst und der Literatur. Es gibt heute nicht sehr viele Texte aus

her walter võ der bogelweide

Walther von der Vogelweide

dieser Zeit, aber wenigstens ein paar der Dichter aus dieser Zeit sind bekannt. Deshalb weiß man auch ein wenig davon, wie Dichter im 13. Jahrhundert lebten und Geld verdienten.

Einer der berühmtesten Dichter aus dieser Zeit ist Walther von der Vogelweide. Walther schrieb Texte und Lieder über die Fragen und Sorgen° in seinem Jahrhundert. Wir wissen nicht viel über ihn als Mensch. Es ist nicht klar, wo er geboren wurde. Viele Leute glauben, dass es in Österreich war. Es gibt 20 Orte, die sagen, dass Walther dort geboren ist. Es ist auch eine Frage, wann sein Leben begann. Wahrscheinlich° war es zwischen 1160 und 1170.

Da er kein Ritter war, hatte er wenig Geld und musste mit seiner Dichtung° Geld verdienen. Auch wenn er mehr Bücher geschrieben hätte, hätte er nicht mehr Geld bekommen, weil wenige Leute zu dieser Zeit lesen konnten und man jedes Buch mit der Hand schrieb und kopierte. Er brauchte also eine Person, einen Fürsten oder König, der sich für seine Kunst interessieren würde und ihm genug Geld zum Leben geben würde.

Am Beginn des 13. Jahrhunderts lebte Walther in Wien. Dort arbeitete er für einen österreichischen Fürsten und lernte von einem Mann mit dem Namen Reinmar, der ihm zeigte, wie man gute Dichtungen und Lieder schreibt. Nach zehn Jahren verließ Walther Wien und wanderte von einem Fürsten zum nächsten. Auf den Schlössern las und sang er seine Dichtungen und bekam Essen, Trinken und ein Bett. Mehr und mehr Ritter lernten so seine Dichtungen kennen und konnten sie selbst singen, denn Musik war etwas, was die Ritter kennen sollten.

Auf den Schlössern las und sang Walther seine Dichtungen.

Walther lebte in einem sehr schweren Jahrhundert. Nach 1198 gab es in Deutschland zur gleichen Zeit zwei Kaiser, aber nur ein Reich und eine Krone. Die Menschen im Reich wollten, dass der Kaiser für sie sorgte. Aber die beiden Kaiser kämpften nur um die Krone und hatten deshalb keine Zeit für die Leute im Reich.

Auch Walther machte sich wegen dieser Politik Sorgen. Und er schrieb in seiner Dichtung über die beiden Kaiser und die Rolle des Papstes in der deutschen Politik. Erst als es ab 1212 wieder nur einen Kaiser gab, wurde das Leben für die Leute in Deutschland ruhiger. Auch Walthers Leben wurde anders. Er zog mit dem neuen Kaiser ins Heilige Land. Und endlich schenkte ihm der Kaiser Land, so dass er nicht mehr wandern musste. Er lebte bis zu seinem Tod (wahrscheinlich 1230 — man weiß nicht genau, wann er gestorben ist) in Würzburg, einer Stadt in Bayern. Walthers Dichtungen sind heute noch Zeugen seines Lebens und seiner Zeit.

> Ich saz ûf eime steine,
> und dahte bein mit beine:
> dar ûf satzt ich den ellenbogen:
> ich hete in mîne hant gesmogen
> daz kinne und ein mîn wange.

(*der Dichter* poet; *die Sorge* worry, concern; *wahrscheinlich* probably; *die Dichtung* poetry, literature)

20. *Was stimmt hier nicht?* **Verbessern Sie den falschen Teil!**

1. Wir kennen viele Texte aus dem Mittelalter.
2. Walther von der Vogelweide wurde in der Schweiz geboren.
3. Walther arbeitete für den deutschen König in Aachen.
4. Reinmar lernte in Wien Lieder und Dichtungen schreiben.
5. Ab 1198 gab es drei Kaiser in Deutschland.
6. Ab 1212 gab es wieder zwei Kaiser in Deutschland.
7. Walther zog mit dem neuen Kaiser nach Rom.
8. Walther bekam Geld vom neuen Kaiser.

21. *Bringen Sie die Sätze in die richtige Reihenfolge!* **Die erste Antwort steht schon da.**

1. _a_ Walther lebte in Wien.
2. ___ Nach zehn Jahren in Wien wanderte Walther von einem Ort zum andern.
3. ___ Walther bekam Land vom Kaiser.
4. ___ Walther lernte bei Reinmar gute Gedichte schreiben.
5. ___ Walther zog ins Heilige Land.
6. ___ Walther schrieb über die beiden Kaiser Deutschlands.
7. ___ Walther starb in Würzburg.

Bei uns zu Hause

Ich will mein eigenes Zimmer!

Jürgen ist nicht froh, dass er mit seinem jüngeren Bruder Frank ein Zimmer teilen°
muss. Er schreibt an eine Zeitschrift für Jugendliche, denn er braucht Rat.

Liebe Stafette,

ich schreibe euch, weil ich Hilfe brauche. Ich wohne mit meinem
Bruder in einem Zimmer. Ihr fragt euch jetzt, was daran so besonders
ist. Das passiert ja vielen Geschwistern, aber niemand hat einen
Bruder wie ich. Ganz bestimmt nicht! Es ist wirklich schwer, mit Frank
zu leben. Er ist laut, frech und unordentlich°! Dazu kommt noch, dass
wir uns ein sehr kleines Zimmer teilen. Wir haben nicht für viel mehr
Platz als für zwei Betten, einen Schrank, einen Schreibtisch, zwei
Stühle, einen Fernseher und einen Computer. Und Frank ist so
unordentlich. Das beginnt schon am Morgen. Er steht zu spät auf und
dann hat er keine Zeit, sein Bett zu machen. Wenn wir von der Schule
nach Hause kommen, möchte ich meine Hausaufgaben machen. Aber
Frank sieht sehr laut fern. Dann ist es sehr schwer für mich, meine
Arbeit zu machen. Oft sitze ich in der Küche, weil Frank so
rücksichtslos° ist. Am Abend, wenn ich endlich schlafen will, ist Frank
noch immer wach°, weil er jetzt plötzlich seine Hausaufgaben machen
muss. Aber bei Licht kann ich nicht gut schlafen.

Wie sieht Franks Bett aus?

Aber da gibt es noch mehr Probleme mit Frank. Er benutzt immer
meine Sachen. Und oft macht er sie kaputt oder er behält° sie. Das
ärgert mich° sehr. Manchmal isst er Pizza in unserem Zimmer und
dann lässt er den Teller viele Tage stehen und es stinkt. Wenn etwas auf den Boden
fällt, dann lässt er es dort liegen. Und dann klebt es! Und unter seinem Bett liegt
schmutzige Kleidung! Und ich glaube, dass er unser Zimmer noch nie sauber
gemacht hat. Immer muss ich das tun. Wenn er doch wenigstens einmal im Monat
putzen würde! Meine Eltern sagen, dass das unser Problem ist. Und Frank sagt,
dass das mein Problem ist. Er hat kein Problem mit unserem Zimmer. Hilfe! Was
soll ich tun?

(*teilen* to share; *unordentlich* messy; *rücksichtslos* inconsiderate; *wach* awake; *behalten* to keep;
ärgern to annoy)

Rollenspiel

Sie sind in der Redaktion von einer Jugendzeitschrift. Einmal im Monat haben Sie
ein Programm im Radio. Dort interviewen Sie die Leute, die mit den interessantesten
Problemen an Sie geschrieben haben. Heute ist Jürgen ein Gast. Eine Person ist
Jürgen und die andere Person ist der Interviewer oder die Interviewerin. Sprechen
Sie über Jürgens Probleme und mögliche Lösungen (*solutions*)!

Österreich

Mein Zimmer

die Decke

der Vorhang / die Gardine   das Fenster

die Ecke

das Regal

die Wand

die Uhr

die Lampe

der Computer

die Steckdose

der Fernseher   der CD-Spieler

die Tür

der Kassettenrekorder

die Treppe

der Boden

der Stuhl

die Bank

die Couch / das Sofa

der Teppich

der Tisch

der Sessel

zu Hause sein / wohnen

22. *Hier sind Bilder, auf denen Möbel* (furniture) *zu sehen sind.* In welchem Zimmer eines Hauses könnten sie sein?

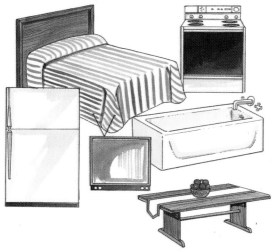

23. *Wo ist was?* Hier ist eine Liste mit Möbeln und anderen Sachen in einem Haus. Sagen Sie, wo sie in einem Zimmer sind: an der Wand, an der Decke oder auf dem Boden!

Bild	Poster	Lampe	Spiegel	Regal
Steckdose	Bett	Stuhl	Tisch	Teppich

24. *Was stimmt hier nicht?* Hier ist ein Zimmer, in dem sieben Sachen nicht am richtigen Ort sind. Suchen Sie sie und sagen Sie, was, daran falsch ist!

Sprache

Da-compounds

When you use pronouns after prepositions in German, the pronoun must refer to a person or animal.

> *Hast du den Hund gesehen? Nein, ich sorge mich aber um ihn.*
> Have you seen the dog? No, but I'm worried about him.
> *Telefonieren Sie heute mit Frau Schwarz? Ja, ich telefoniere mit ihr.*
> Are you calling Mrs. Schwarz today? Yes, I'm going to call her.

If the pronoun refers to a thing or abstract concept, German uses the preposition preceded by *da-* (or *dar-* for prepositions beginning with vowels: *auf, an, in,* and so forth). The prepositions *ohne, außer,* and *seit* cannot form *da*-compounds.

> *Wartet ihr auf den Bus? Ja, wir warten schon seit zehn Minuten darauf.*
> Are you waiting for the bus? Yes, we've been waiting for it for ten minutes.
> *Freust du dich auf das Wochenende? Ja, ich freue mich sehr darauf.*
> Are you looking forward to the weekend? Yes, I'm really looking forward to it.

Haben Andreas und Sabine lange gewartet, [bis?] Daniel das Essen gebracht hat? Nein, sie h[aben] nicht lange darauf gewartet.

You can also use *da*-compounds to introduce subordinate clauses when the verb in the main sentence requires a verb/preposition combination.

> *Ich schrieb darüber, was ich auf meiner Reise machte.* I wrote about what I did on my trip.

25. ***Sabine schreibt an die Jugendzeitschrift Stafette.*** **Lesen Sie den folgenden Text und beantworten Sie die Fragen dazu!**

> *Ich schreibe an euch, da ich mit niemandem darüber sprechen kann. Weil alle denken, mein Problem ist kindisch, schreibe ich an euch. Wenn ich fernsehe oder an etwas Schönes denke (kann auch traurig sein), kommen mir immer die Tränen. Manchmal kämpfe ich damit, so dass man es nicht sieht, aber die Tränen sind stärker als ich. Was soll ich nur tun?*

1. Worüber kann Sabine nicht sprechen?
2. Mit wem spricht Sabine über ihr Problem?
3. Woran denkt Sabine, wenn ihr die Tränen kommen?
4. Womit kämpft Sabine?

26. *Wenn es nur mein eigenes Zimmer wäre!* **Ergänzen Sie die richtigen Formen!**

daran   darauf   darunter   daneben   darüber   dazwischen

Wenn ich nur nicht mit meinem Bruder in einem Zimmer leben würde! Ich erinnere mich ___1___ , wie wir zum ersten Mal in dem Zimmer schliefen. Das Bett von Frank steht in der Ecke. ___2___ hatte er all seine Kleidung und ___3___ lagen ein alter Tennisschläger, seine Schuhe, Bücher, alte Dosen und mehr. Und das war nur der erste Tag! Mein Nachttisch war neben meinem Bett. Am zweiten Tag stellte er sein Radio und seinen Wecker ___4___. Am dritten Tag hing er seine Kleidung nicht in den Schrank, sondern warf sie ___5___ . Am vierten Tag war es noch schlimmer! Nichts war am richtigen Platz, sondern alles lag überall: seine Schulbücher auf dem Boden, seine Kleidung ___6___, seine Schuhe ___7___, und meine Sachen ___8___. Ach, wenn ich nur allein ein Zimmer hätte! Wenn ich wenigstens mit Frank ___9___ reden könnte, dass wir ein Problem haben.

Tag 1   Tag 2

Tag 3   Tag 4

27. *Schreiben Sie etwas darüber!* **Sehen Sie sich die Zeichnungen an and schreiben Sie zwei Sätze über jede Zeichnung!**

◆ Das Bild hängt an der Wand. Es hängt daran.

1.

2.

3.

4.

5.

6.

Was liegt alles im Zimmer herum?

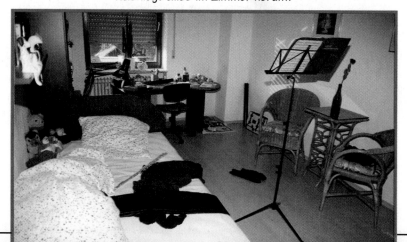

Beim Tanzen

Jeden Donnerstagabend kommen die Schüler und Schülerinnen aus der 10b des Akademischen Gymnasiums in Wien in die Tanzschule Wagner. Die Jugendlichen, die zwischen 15 und 16 Jahre alt sind, nehmen alle zusammen Tanzstunden. Da keiner von ihnen so richtig tanzen kann, machen sie eine Klasse für Anfänger°. Bis zum Abschlussball müssen die Teilnehmer des Tanzkurses° noch neun Mal zur Tanzschule kommen und die verschiedenen Tänze üben.

Stefan tanzt besonders mit Christina sehr gern.

Christina und Stefan gehören zur 10b. Stefan macht der Tanzkurs sehr viel Spaß. „Ich tanze einfach sehr gern, besonders mit Christina", sagt er. Christina sagt: „Als kleines Mädchen habe ich zu Hause mit meinen Eltern getanzt, nur so zum Spaß. Außerdem habe ich auch im Ballett getanzt. Deshalb habe ich fast keine Probleme mit den Tänzen hier in der Tanzschule. Und Stefan und ich sind ein gutes Paar, weil wir uns kennen." Aus diesen Gründen wollen Christina und Stefan nach dem Tanzkurs für Anfänger noch andere Tanzkurse machen.

Christinas Freundin Bettina hat auch keine Probleme mit den Tänzen. „Ich bin hier, weil ich mehr Tänze lernen möchte und sie richtig° tanzen will. Die Tänze in der Disko finde ich nicht so toll. Viele Tänzer sehen einfach so aus, als ob sie nicht wissen, was sie tun." Wenn Bettina jetzt mit ihrem Tanzpartner Martin in die Disko geht, ist es nicht mehr so langweilig, weil sie aus dem Tanzkurs mehr Schritte können. Martin sagt: „Ich bin hier, weil die anderen Leute aus der 10b hier sind. Ich wollte nicht auf einer Party am Tisch sitzen, während alle anderen einen Tanz nach dem anderen tanzen."

Heike und Robert sind das dritte Paar. Die beiden müssen oft über sich selbst lachen. Heike meint: „Manche Schritte, die wir lernen, sind einfach, aber manchmal ist etwas schwer für mich. Aber Herr und Frau Wagner, die den

Heike meint, dass manche Schritte einfach sind.

Tanzkurs geben, sind sehr nett und erklären mir immer wieder, wie ich es richtig mache." Und Robert sagt: „Ja, und ich habe Probleme mit dem Takt°. Ich muss sehr gut aufpassen, dass meine Schritte zur Musik passen. Und manchmal passiert es auch, dass Heike und ich mit einem anderen Paar zusammenstoßen°. Aber ich hoffe, dass das nicht mehr so oft passiert."

Sie müssen aufpassen, dass sie ihren Partnern folgen.

Am Ende der Tanzstunde sind die meisten Tänzer und Tänzerinnen etwas müde, aber nächsten Donnerstag sind sie bestimmt alle wieder da.

(*der Anfänger* beginner; *der Tanzkurs* dance class; *richtig* correct, proper; *der Takt* time, beat; *zusammenstoßen* to collide)

28. **Welches Wort fehlt hier? Setzen Sie die richtigen Wörter ein! Die Anfangsbuchstaben ergeben ein Wort aus dem Text.**

   1. Die Schüler und Schülerinnen aus der 10b gehen am Donnerstagabend in die ___ Wagner.
   2. Die Jugendlichen nehmen ___ zusammen Tanzstunden.
   3. Christine hat als kleines Mädchen ___ so zum Spaß getanzt.
   4. Die Schüler sind ___ 15 und 16 Jahren.
   5. Einmal die Woche ___ die Schüler und Schülerinnen zu Wagners.
   6. Bettina ___ Martin tanzen manchmal in der Disko.
   7. Da keiner so ___ tanzen kann, machen sie einen Kurs.
   8. Am nächsten Donnerstag ___ alle wieder in der Tanzschule.

29. **Etwas Persönliches! Wann haben Sie tanzen gelernt? War es in einem Tanzkurs, in der Schule oder bei Freunden? Mit welcher Person in diesem Text können Sie sich identifizieren?**

Sie lernen in einem Tanzkurs tanzen.

Extra! Extra!

Gedichte

Christian Morgenstern (1871–1914)

Christian Morgenstern

Morgenstern wurde in München geboren. Er war ein bekannter Lyriker und Journalist. Er experimentierte mit konkreter Poesie, aber seine Nonsensgedichte machten ihn am berühmtesten. Viele von diesen Texten konnte man erst nach seinem Tod im Jahr 1914 kaufen.

Über die Texte

Diese Gedichte sind einige der besten Beispiele für die Kunst Morgensterns und seinen Sinn für Humor. Da diese Texte für junge Leser geschrieben sind, benutzt Morgenstern einfache Reime und alltägliche Wörter. Seine Themen kommen aus dem Alltag und zeigen ganz normale Dinge in einem neuen Licht.

Über die Zeichnerin

Lisbeth Zwerger (1955–) wurde in Wien geboren, wo sie auch Kunst an der Hochschule für angewandte Kunst studierte. Sie illustriert vor allem Kinderbücher. Sie hat viele internationale Preise bekommen, unter anderen die Hans Christian Andersen Medaille. Sie illustriert Texte deutscher, englischer, amerikanischer und dänischer Autoren.

Vor dem Lesen

1. Poets work not only with rhyme patterns, but also with rhythm. Try reading the first five stanzas of *Klein Irmchen*, for example, and then describe how you feel. Can you hear Irmchen running?

2. *Die beiden Esel* is a wonderful example of *Lautmalerei* (painting with sounds). Notice how many long, dark vowels there are in the first two stanzas. What kind of feeling do they produce? Can you feel how heavy the donkeys are? What happens in the last stanza?

3. Lisbeth Zwerger's illustration of *Der Frühling kommt bald* is an outstanding example of how drawings and texts can work together. Even before reading Morgenstern's text, can you make some assumptions about what happens in the poem looking at Zwerger's illustrations?

4. The poem *Herr Löffel und Frau Gabel* contains dialog, even though Morgenstern has not indicated it specifically. Can you find other clues in the text that represent speech, such as punctuation and verbs, to identify the speakers and their statements?

KLEIN IRMCHEN

Spann dein kleines Schirmchen auf;
denn es möchte regnen drauf.

Denn es möchte regnen drauf,
halt nur fest den Schirmchen-Knauf.

Halt nur fest den Schirmchen-Knauf–
und jetzt lauf! 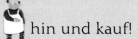 und jetzt lauf!

Und jetzt lauf! und jetzt lauf!
Lauf zum Kaufmann hin und kauf!

Lauf zum Kaufmann hin und sag:
Guten Tag! guten Tag!

Guten Tag, Herr Kaufmann Klein,
gib mir doch ein Stückchen Sonnenschein.

Gib mir doch ein Stückchen 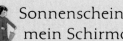 Sonnenschein;
denn ich will mein Schirmchen trocknen fein.

Denn ich will mein Schirmchen trocknen fein.
Und der Kaufmann geht ins Haus hinein.

Und der Kaufmann geht hinein ins Haus,
und er bringt ein Stückchen Sonne heraus.

Und er bringt ein Stückchen Sonne heraus.
Sieht es nicht wie gelber Honig aus?

Sieht es nicht wie gelber Honig schier?
Und er tut es sorgsam in Papier.

Und er tut es sorgsam in Papier.
Und dies Päckchen dann, das bringst du mir.

Und zu Haus,   da packen wir es aus –
sieht es nicht wie gelber Honig aus?

Und die Hälfte kriegst dann du,   mein Irmchen,
und die andere Hälfte kriegt das   Schirmchen.

Und jetzt spann dein Schirmchen auf –
und lauf! und lauf!

DIE BEIDEN ESEL

Ein finstrer Esel sprach einmal
zu seinem ehlichen Gemahl:

„Ich bin so dumm, du bist so dumm,
wir wollen sterben gehen, kumm!"

Doch wie es kommt so öfter eben:
Die beiden blieben fröhlich leben.

Österreich

DER FRÜHLING KOMMT BALD

Herr Winter
geh hinter,
der Frühling kommt bald!
Das Eis ist geschwommen,
die Blümlein sind kommen
und grün wird der Wald.

Herr Winter
geh hinter,
dein Reich ist vorbei.
Die Vöglein alle,
mit jubelndem Schalle,
verkünden den Mai!

HERR LÖFFEL UND FRAU GABEL

Herr Löffel und Frau Gabel,
die zankten sich einmal.
Der Löffel sprach zur Gabel:
Frau Gabel, halt den Schnabel,
du bist ja bloß aus Stahl!

Frau Gabel sprach zum Löffel:
Ihr seid ein großer Töffel
mit Eurem Gesicht aus Zinn,
und wenn ich Euch zerkratze
mit meiner Katzentatze,
so ist Eure Schönheit hin!

Das Messer lag daneben
und lachte: Gut gegeben!
Der Löffel aber fand:
Mit Herrn und Frau aus Eisen
ist nicht gut Kirschen speisen,
und küsste Frau Gabel galant — die Hand.

Nach dem Lesen

1. Lernen Sie ein Gedicht von Morgenstern und rezitieren Sie es für Ihre Klassenkameraden!

2. Schreiben Sie Ihr eigenes Nonsensgedicht! Hier ist ein möglicher Anfang: Zwei Teller saßen neben der Tasse...

Endspiel

1. Gehen Sie in die Bibliothek oder benutzen Sie einen Computer, um weitere Informationen über das Leben der Leute im 13. Jahrhundert zu finden! Schreiben Sie darüber!

2. In diesem Kapitel haben Sie über Wanderungen gelesen. Wissen Sie noch, wo Sie zum ersten Mal gewandert sind? Schreiben Sie darüber!

3. Gehen Sie in die Bibliothek oder benutzen Sie einen Computer, um weitere Informationen über die Städte Wien, Prag und Budapest zu finden! Schreiben Sie einen kurzen Bericht mit den Informationen, die Sie finden! In welche Stadt würden Sie am liebsten reisen und warum?

4. Sie haben in diesem Kapitel über höfliche Leute gelesen. Wie wäre das Leben, wenn es keine Regeln geben würde, die sagen, wie man sich benehmen soll? Beschreiben Sie einen Tag, an dem Sie tun können, was Sie wollen!

5. Sie müssen Ihren Computer mit anderen Leuten in der Familie teilen. Natürlich gibt es Streit! Versuchen Sie das Problem zu lösen!

6. Sie haben in diesem Kapitel über verschiedene Arten von Wanderungen gelesen. Erfinden Sie eine neue Wanderung und schreiben Sie eine Werbung für Ihre Wanderung!

7. Finden Sie eine Landkarte von Österreich vor 1918 und eine Landkarte von heute. Vergleichen Sie die beiden Länder. Was ist anders?

Die Hofburg findet man auf dem Heldenplatz in Wien.

Die Donau fließt durch Budapest.

Vokabeln

das **Alter** age
der **Anfänger,-** beginner
ärgern to annoy, make (somebody) angry
behalten *(behält, behielt, behalten)* to keep
sich **benehmen** *(benimmt, benahm, benommen)* to behave
der **Berggeist,-er** mountain spirit
bestehen aus *(bestand, bestanden)* to consist of
Böhmen Bohemia
der **Dichter,-** poet
die **Dichtung,-en** poetry, literature
der **Edelstein,-e** precious stone, gem
die **Erfindung,-en** invention
die **Erklärung,-en** explanation
die **Fischerbastei** name of castle in Budapest
das **Haus:** *aus dem Hause Habsburg* from the House of Hapsburg (Austrian dynasty)
hinunter down
höflich polite
die **Höhle,-n** cave
der **Hradschin** name of castle in Prague
jüdisch Jewish
komisch strange, funny
küssen to kiss
das **Landesmuseum,-en** museum for local artifacts
der **Lindwurm** name of a dragon (in Klagenfurt)
der **Maria-Theresien-Taler,-** commemorative coin with Maria Theresa on it
der **Meister,-** master
peinlich embarrassing
der **Prospekt,-e** brochure
das **Rätsel,-** riddle, puzzle
richtig correct, proper
rücksichtslos inconsiderate
schade too bad, a pity

seltsam weird, strange
die **Sorge,-n** worry, concern
der **Takt,-e** time, beat
der **Tanzkurs,-e** dance class
teilen to share
tiroler Tyrolean
um in order to
umrüsten to reset
unordentlich messy
wach awake

wahrscheinlich probably
die **Wanderung,-en** hike
der **Wenzelsplatz** name of square in Prague
wertvoll valuable
zusammenstoßen *(stößt zusammen, stieß zusammen, ist zusammengestoßen)* to collide

Im Landesmuseum sieht man noch heute die alten Möbel.

Am Ende des Tanzkurses gibt's einen Abschlussball

Kapitel **6**

Spuren der Geschichte

In this chapter you will learn how to:

- reminisce
- describe daily routines
- describe talents, abilities, temperament
- introduce yourself
- formulate decisions

Weleda und Kali

Kali bei den Piraten

Kali sitzt auf Weledas Knie und liest in einem Buch. Weleda sieht ihn an, wie er mit roten Ohren in sein Buch starrt° und Seite° um Seite mit den Augen verschlingt°. Er hört und sieht nichts anderes mehr als die Geschichten in diesem Roman.

Weleda: Was liest du denn da, Kali?

Kali: Nichts Besonderes.

Weleda: Und wie heißt dieses nichts Besonderes?

Kali: *Vitalienbrüder.*

Weleda: Und wovon handelt° *Vitalienbrüder*?

Kali: Störtebeker und so.

Weleda: Willst du mir nicht sagen, was in dem Buch passiert?

Kali: Ach, nichts Besonderes.

Weleda: Na, dann lies mal ruhig weiter und lass dich von mir nicht stören°, Herr Störtundmeckert.

Kali: Störtebeker. Störtebeker. Ist das so schwer?

Weleda hebt Kali und sein Buch hoch, setzt ihn auf den Rücken des Sessels und geht in die Anmeldung. Dort sieht sie sich die Stichwortkarten° an. In der Midgard ist noch nicht alles auf Computern, sondern es gibt viele Stichwortkarten über viele verschiedene Themen. Weleda sucht unter „V" eine Stichwortkarte für die Vitalienbrüder.

Vitalienbrüder

Die Vitalienbrüder waren eine Gruppe von 200 Männern, die ab 1387 mit dem schwedischen König in der Ostsee und Nordsee gegen Dänemark kämpften. 1395 war der Krieg zwischen Dänemark und Schweden zu Ende, aber die 200 Männer machten als Piraten weiter. Zu ihnen gehörten die heute noch bekannten Piraten Clas Störtebeker und Godeke Michels. Sie verloren ihre Macht in der Ostsee, weil die Schiffe der Hanse° stärker waren. Die Piraten fuhren in die Nordsee weiter und machten dort bis 1401 die Meere unsicher°. Sie kaperten° Schiffe und verkauften die Waren, die sie an Bord fanden: Hölzer, Glas, Werkzeuge, Honig und Wachs. Bier und Wein behielten sie für sich selbst. Die Menschen von den Schiffen verkauften sie als Sklaven°. Vom Geld und Gold bekam jeder Pirat den gleichen° Teil. Deshalb nannte man sie auf Friesisch „Likendeeler°".

Vitalienbrüder Forts°.

Die Piraten wurden zu einem großen Problem für Hamburg und die anderen Städte der Hanse. Bei der Insel Helgoland verloren Clas Störtebeker und Godeke Michels 1401 ihren letzten Kampf gegen die Hanse. Störtebeker und 150 seiner Piraten verloren 1402 auf dem „Grasbrook°" vor der Stadt Hamburg ihr Leben. Die Köpfe der toten Piraten kamen auf Zeltstangen an die Elbe, damit man zu Wasser und zu Lande° das Ende der Piraten erkennen konnte. In Friesland und Dänemark erzählten sich die Menschen seit dieser Zeit viele Geschichten mit Clas Störtebeker und dem dänischen Piraten Klaus Kniphof. Ab 1740 finden sich Geschichten über sie in Almanachen und auch in Büchern.

siehe auch: Störtebeker, Seeschlacht° Helgoland, Elb-Piraten, Hanse

---

(*starren* to stare; *die Seite* page; *verschlingen* to devour; *handeln von* to be about; *stören* to disturb; *die Stichwortkarte* index card; *die Hanse* Hanseatic League; *unsicher* unsafe; *kapern* to capture; *der Sklave* slave; *gleich* same, equal; *der Likendeeler* someone who treats everyone alike; *die Fortsetzung* [abbreviation: *Forts*] continuation; *der Grasbrook* place outside of Hamburg where executions took place; *zu Wasser und zu Lande* at sea and on land; *die Seeschlacht* sea battle)

1. Was passt zusammen?

1. Kali verschlingt
2. Weleda interessiert sich dafür,
3. In der Midgard ist nicht alles auf Computern,
4. Weleda liest auf den Stichwortkarten
5. Die Vitalienbrüder sind Leute,
6. Die Piraten machten
7. Im Jahr 1402 verloren Störtebeker und seine Piraten
8. Klaus Kniphof kam aus Dänemark

a. den Schiffsverkehr in der Nordsee unsicher.
b. die für den schwedischen König kämpften.
c. ein Buch über die Vitalienbrüder.
d. ihr Leben.
e. etwas über die Vitalienbrüder.
f. und war so bekannt wie Störtebeker und Michels.
g. sondern es gibt vieles auf Stichwortkarten.
h. was Kali liest.

Jetzt versteht Weleda ihren kleinen Freund. Die Geschichten über Piraten faszinieren ihn so sehr, dass er sonst nichts mehr hört und sieht. Da kommt Weleda eine tolle Idee. Wie wäre es, wenn Kali wirklich Piraten sehen könnte! Gedacht, getan! Kali und Weleda steigen in die Zeitmaschine und fahren zu dem Schiff des Piraten Godeke Michels.

> *Kali:* Weleda, sind wir schon da? Der Himmel, das Meer, dieses Schiff?
>
> *Weleda:* Schrei nicht so laut, sonst hört uns hier noch einer! Leise, da kommt ein Pirat.

Ein großer, starker Matrose° geht an den beiden vorbei. Er sieht sie nicht, denn Weleda und Kali waren nach der Zeitreise beide sehr klein. Beide sitzen auf einem dicken Seil°. Dort sind sie zwischen dem Segel° und dem Schiff und können alles gut sehen. Sie sehen, wie der Pirat sich aus dem Wasserfass° einen Becher Wasser nimmt und trinkt. Er ist drei Meter weit weg und Kali kann ihn aus dieser Entfernung riechen. Er sagt ganz leise zu Weleda:

> *Kali:* Mensch, wie der aber stinkt! Waschen sich die Piraten denn nie?
>
> *Weleda:* Man konnte zu dieser Zeit eben auf einem Schiff noch nicht duschen. Und Salzwasser ist zum Waschen schlecht.

Spuren der Geschichte

Ein junger Mann kommt nach oben und nimmt sich auch einen Becher Wasser. Er sieht sehr krank aus und spricht mit dem anderen Piraten. Er sagt, dass es ihm nicht gut geht, weil das Essen so schlecht ist. Immer nur hartes Brot und Wasser; das ganze Bier ist weg und es gibt kein Gemüse und kein Obst. Der erste Pirat sagt, dass es ein Hundeleben an Bord ist, aber dass es auch nicht schlechter ist als an Land, wenn man nichts hat: kein Haus, kein Brot, keine Arbeit und kein Geld. Der junge Pirat ist sehr grün im Gesicht und Kali macht das Gespräch° der zwei Piraten nicht viel Spaß.

> *Kali:* Hier ist ja nichts los, Frau Weleda. Den Piraten geht es nicht gut, es gibt keinen Kampf, was sollen wir hier? So habe ich mir diese Leute nicht vorgestellt! Ich will diese Leute nicht kennen lernen!
>
> *Weleda:* Ich dachte, du wolltest vielleicht mal sehen, wie die Piraten so lebten.
>
> *Kali:* Ja, das war eine tolle Idee. Aber jetzt will ich wieder in die Midgard und mein Buch lesen. Das sind doch nur Geschichten. Ich weiß ja, dass es wirklich anders war und dass es nur im Buch so spannend° ist. Die echten Piraten tun mir leid.
>
> *Weleda:* Ja, Kali, mir auch. Dann wollen wir wieder nach Hause zurückfahren.

(*der Matrose* sailor; *das Seil* rope; *das Segel* sail; *das Wasserfass* water barrel; *das Gespräch* conversation; *spannend* suspenseful)

2. *Was stimmt hier nicht?* **Verbessern Sie den falschen Teil!**

   1. Weleda ist fasziniert von Piratengeschichten.
   2. Weleda möchte, dass Kali Pirat wird.
   3. Weleda und Kali fahren zu dem Schiff von Clas Störtebeker.
   4. Kali kann von seinem Platz zwischen Segel und Schiff mit dem Matrosen sprechen.
   5. Das Essen auf dem Schiff ist besonders gut.
   6. Dem jungen Mann geht es schlecht, weil die See unruhig ist.
   7. Kali ist froh, die beiden Piraten sprechen zu hören.
   8. Als Kali auf dem Schiff war, kämpften ein paar Piraten.

Allerlei

Unsere Klasse

Regina hatte vor zwanzig Jahren von ihrer Freundin Heidi einen Brief bekommen. Beim Aufräumen in ihrem Zimmer hat sie ihn wieder gefunden und liest ihn jetzt mit Interesse. Regina war damals mit Heidi in der gleichen Klasse in einem Gymnasium in Bremen. Aber dann zog Regina mit ihren Eltern nach Köln. Die zwei Freundinnen schrieben sich oft und riefen sich auch manchmal an. Im Brief, den Regina jetzt in der Hand hat, hatte Heidi ein Bild von der Klasse geschickt und von den verschiedenen Freunden erzählt. Hier ist Heidis Brief.

Heidis Klasse vor zwanzig Jahren

Liebe Regina,

vielen Dank für Deinen lieben Brief. Du hast gefragt, wie es denn in unserer Klasse so geht? Hier ist das neuste Foto. Wir sehen noch nicht so anders aus, daß Du uns nicht mehr erkennst, oder? Manche Dinge haben sich schon verändert, seitdem du weg bist. Aysel ist unsere neue Klassensprecherin°. Das finde ich gut. Du weißt ja, wie klug und praktisch sie ist. Alle Schüler und Lehrer arbeiten gern mit ihr. Wir haben auch einen neuen Lehrer in Mathematik. Ich kann Dir nicht so viel von ihm erzählen, weil wir ihn ja erst seit zwei Monaten haben. Er heißt Herr Ernst. Ich finde ihn etwas langweilig, aber Mathe ist auch nicht mein Lieblingsfach. Außerdem trägt er sehr häßliche Krawatten.

Silvia hat heute nach Dir gefragt. Sie ist noch immer unsere Klassenbeste°. Sie ist so klug. Sie hilft mir in Latein. Ich hasse dieses Fach. Ich verstehe einfach nicht, warum ich diese Sprache lernen soll. Ich werde nie im Leben einen alten Römer treffen, der mich nach dem Weg fragt. Und da sagt man, daß uns die Schule auf das Leben vorbereiten soll. Aber zurück zu Silvia. Sie ist dieses Jahr auch sehr aktiv in der Schulzeitung. Das ist gut, denn die letzten paar Jahre war mit dieser Zeitung nicht so viel los. Ich bin sicher, daß sie es besser machen wird.

Oliver ist noch immer der Clown der Klasse. Manchmal ist er ja ganz lustig, aber meistens benimmt er sich einfach dumm. Er will immer im Mittelpunkt stehen, was mich und viele andere langsam ärgert. Wenn seine Streiche und Witze nur besser wären! Und er ist auch so ein Angeber°! In letzter Zeit jongliert er mit Sachen, die ihm nicht gehören. So hat er schon einige Dinge kaputt gemacht°. Gestern konnten wir gerade noch Aysels kleinen CD-Spieler retten, bevor Oliver ihn in die Luft warf. Stell Dir vor, er wäre auf den Boden gefallen! Vielleicht sollten wir Oliver ein paar Keulen kaufen?

Oliver sitzt dieses Jahr neben Julian. Der arme Julian! Es ist sicher schwer, auf den Unterricht aufzupassen°, wenn die Person neben Dir immer lacht und Witze macht. Wenigstens macht Julian dieses Jahr nicht mehr alles für alle. Erinnerst Du Dich noch daran, wie er letztes Jahr immer die Tafel geputzt hat, obwohl eine andere Person aus der Klasse dran war? Oder wenn er die Schultasche für andere Leute trug? Das war wirklich sehr peinlich!

Wir haben auch wieder eine Austauschschülerin° aus England. Sie heißt Linda. Ihr Deutsch ist sehr gut, sie kann fast alles verstehen. Sie wohnt bei Gudrun und ihrer Familie. Die beiden sind schon gute Freundinnen und haben viel Spaß zusammen.

Das hätte ich fast vergessen: wir haben auch einen neuen Schüler. Er heißt Herbert Thiel. Ich glaube, er fühlt sich allein. Fast niemand spricht mit ihm. Er sitzt auch ganz hinten in der Klasse. Ich habe mich heute mit ihm in der Pause unterhalten. Sein Lieblingsfach ist Deutsch. Er liest viel. Ich denke aber, daß er nett ist. Und er sieht gut aus! Ich habe ihn am Samstag zu meiner Party eingeladen, damit er mehr Leute aus der Klasse kennenlernt.

Jetzt muß ich aufhören°. Leider muß ich noch meine Hausaufgaben machen. Schreib mir bald! Viele Grüße auch vom Rest der Klasse.

Alles Liebe, Heidi

(*die Klassensprecherin* class representative; *die Klassenbeste* top of the class; *der Angeber* show-off; *kaputt machen* to break; *aufpassen* to pay attention; *die Austauschschülerin* exchange student; *aufhören* to stop)

3. *Von wem ist hier die Rede?* **Das ist die Person, die...**

1. klug und praktisch ist.
2. immer lacht und Witze macht.
3. gern Bücher liest.
4. einen Brief bekommt.
5. mit Sachen anderer Leute jongliert.
6. nicht gern Latein lernt.
7. Mathematik unterrichtet.
8. die Schultaschen für andere trägt.
9. dieses Jahr bei der Schulzeitung sehr aktiv ist.
10. aus England kommt.
11. am Samstag eine Party gibt.
12. immer im Mittelpunkt stehen will.

4. *Leute in Ihrer Klasse.* **Gibt es in Ihrer Klasse auch Leute wie Oliver, Julian, Linda und Silvia? Beschreiben Sie eine Person aus Ihrer Klasse!**

Du und ich

Das Klassentreffen

Rollenspiel

Machen Sie ein Klassentreffen mit den Leuten aus Ihrem Deutschkurs! Erzählen Sie einander, was in den letzten Jahren passiert ist und erinnern Sie sich auch an die Zeit, als Sie zusammen im Deutschkurs waren!

Sprichwort

Es steht ihr im Gesicht geschrieben.
(It's written all over her face.)

Sprache

Modals: Present Perfect

Modals use *haben* as their helping verb when forming the present perfect. Form the participles by adding *ge-* to the front and *-t* to the stem. Note that the participles of modals are all without umlauts.

dürfen: Bist du gestern Abend ins Kino gegangen? Nein, ich habe das nicht gedurft.
Did you go to the movies last night? No, I wasn't allowed to (go).

können: Wann hast du Klavier gelernt? Oh, das habe ich nie gekonnt.
When did you learn to play the piano? Oh, I've never been able to (do that).

mögen: Habt ihr gestern den Film gesehen? Ja, aber wir haben ihn nicht gemocht.
Did you see the movie yesterday? Yes, but we didn't like it.

müssen: Hans, hast du den Müll oft rausgetragen? Ja, das habe ich immer gemusst.
Hans, did you often carry out the garbage? Yes, I always had to (do it).

sollen: Martin, haben wir Mutti angerufen? Oh, haben wir das gesollt?
Martin, did we call Mother? Oh, were we supposed to?

wollen: Wir haben Christian eine Uhr geschenkt, aber er hat sie nicht gewollt.
We gave Christian a watch, but he didn't want it.

Hat die Beamtin das Paket gewogen? Ja, sie hat es gemusst.

5. ***Der Klassenclown.*** **Ergänzen Sie die fehlenden Wörter! Benutzen Sie Perfekt!**

Lehrerin: Oliver! Du hast schon wieder einen dummen Streich gemacht! Du weisst doch, das ___ du nicht ___ (dürfen)!

Oliver: Natürlich ___ ich es nicht ___ (dürfen), aber es macht Spaß!

Lehrerin: Oliver! Kannst du dich nicht einmal richtig benehmen?

Oliver: Das ___ ich nie ___ (können), Frau Braun.

Lehrerin: Das geht nicht! Wenn ich immer machen würde, was mir Spaß macht, wo wären wir dann?

Oliver: Ich weiß es nicht, Frau Braun. Aber wenn ich nie gemacht hätte, was ich nicht ___ (sollen) hätte, wo wäre ich?

Lehrerin: Du wärest beim Schuldirektor! Zu ihm sollst du! Nun, marsch!

Oliver: Aber, Frau Braun! Ich habe nur etwas Kleines, nichts Schlimmes gemacht. Nur ein bisschen jongliert. Ich ___ noch nie zum Direktor ___ (müssen).

Lehrerin: Aber jetzt!

Oliver: Bitte, Frau Braun! Ich werde so etwas nicht wieder machen. Letzte Woche, als Herr Schmidt in Mathe auf mich sauer war, saß ich eine Stunde auf dem Flur. Das ___ ich nicht ___ (mögen), aber so schlimm war es auch wieder nicht. Vielleicht gehe ich jetzt ein bisschen auf den Flur?

Lehrerin: Geh jetzt! Sonst werde ich ärgerlich.

Oliver: Oh, Frau Braun! Das ___ ich nicht ___ (wollen).

Modals: Double Infinitives

When you use modals in the present perfect, you use a special construction called the "double infinitive." That means the modal and what is called the "dependent infinitive" appear together in the infinitive at the end of the clause. In subordinate clauses, *haben* appears before the double infinitive.

Stefan hat seine Hausaufgaben gleich nach Klasse machen wollen.

> *Wir haben das Kind beruhigen müssen.* We had to calm the child.
> *Warum hast du das machen wollen?* Why did you want to do that?
> *Meine Mutter hat gesagt, dass sie das nie hat machen dürfen.* My mother said that she was never allowed to do that.

6. **Was haben Ihre Eltern als Kind alles machen müssen? Was haben sie gesagt?**

   ◆ Sie sind fünf Kilometer zur Schule gelaufen. (müssen)
   Sie haben gesagt, dass sie fünf Kilometer zur Schule haben laufen müssen.

   1. Sie haben nur einen Dollar fürs Kino bezahlt. (müssen)
   2. Sie sind immer früh ins Bett gegangen. (wollen)
   3. Sie haben ihre Zimmer immer gern aufgeräumt. (mögen)
   4. Sie haben immer nur gesund gegessen. (dürfen)
   5. Sie sind zu den Großeltern immer höflich gewesen. (müssen)
   6. Sie sind am Wochenende immer früh aufgestanden. (wollen)
   7. Meine Mutter hat immer gute Noten bekommen. (mögen)
   8. Mein Vater hat gar nicht mit Freunden telefoniert. (wollen)
   9. Meine Mutter hat ein Zimmer mit vier Geschwistern geteilt. (müssen)
   10. Ihre Eltern haben sich nie um sie gesorgt. (müssen)

Karin hat noch schnell ihre Wäsche waschen müssen.

Länder, Kantone und Provinzen

Die Hansestädte Hamburg und Bremen

Mit der E-Mail

Robert Zimmerman, ein Amerikaner und Student
des Schiffsbaus°, schreibt seinem Deutschlehrer
Curt Eckers in Chicago eine E-Mail. Robert
studiert dieses Jahr in Bremen an der Universität.
Sein Lehrer hat ihm vor der Reise bei seiner
Bewerbung° für die Universität sehr geholfen.
Jetzt will Robert ihm schreiben, wie es ihm geht
und was er von Bremen hält.

Robert schreibt seinem Deutschlehrer eine E-Mail.

Lieber Herr Eckers,

ich bin jetzt schon fast einen Monat in
Bremen. Es geht mir gut und mein
Deutsch wird auch immer besser. Am
Anfang war ich oft müde, weil man
viel Energie braucht, um eine
Fremdsprache° zu sprechen, aber jetzt
geht es schon besser. Deshalb schreibe
ich Ihnen heute auch auf Deutsch.

Ich möchte Ihnen noch einmal dafür danken, dass Sie mir von
diesem Programm in Bremen erzählt haben. Die Stadt gefällt mir
so gut! Ein Fluss, die Weser, verbindet die Stadt mit dem Meer.
Ich war so erstaunt, als ich hier ankam und sah, dass Bremen
nicht am Meer liegt. Dass so ein großer Hafen im Inland liegen
kann, hätte ich mir nie gedacht!

Ich habe jeden Tag Klassen an der Uni hier. Dort habe ich viele
nette Leute getroffen, mit denen ich am Abend und am
Wochenende etwas mache. In meiner Klasse habe ich viel über
die Geschichte Bremens gelernt.

Bremens Geschichte beginnt schon im 9. Jahrhundert, der
Zeit von Karl dem Großen. Aber da war Bremen wohl noch
etwas kleiner und weniger wichtig. Friedrich Barbarossa hat
Bremen dann zu einer freien Stadt gemacht. Das bedeutete
für Bremen, dass die Einwohner keine Steuern bezahlen

Viele Touristen besuchen die Bremer
Altstadt, besonders die Böttcherstraße.

mussten und auch nicht mit dem Kaiser in den Krieg ziehen mussten. Und wenn es in Bremen Probleme gab, dann sprachen die Führer der Stadt mit dem Kaiser direkt und mussten nicht zuerst einen Fürsten oder König fragen. Das nächste Thema ist die Hanse, weil wir über das 14. Jahrhundert in Bremen sprechen. Morgen schreibe ich Ihnen noch mehr. Viele Grüße!

Robert

(*der Schiffsbau* shipbuilding; *die Bewerbung* application; *die Fremdsprache* foreign language)

7. *Was stimmt hier nicht?* **Verbessern Sie den falschen Teil!**

1. Robert studiert an der Universität Bremen Deutsch.
2. Robert kommt aus Bremen.
3. Robert schreibt an seinen Französischlehrer.
4. Bremen liegt an einem See.
5. Robert hat viele nette Leute bei der Arbeit getroffen.
6. Wenn es in Bremen Probleme gab, sprachen die Leute mit dem Fürsten.

Und noch mehr

Wir bleiben aber nicht nur im Klassenzimmer, um etwas über Geschichte zu lernen. Am Freitag waren wir im Rathaus von Bremen. Ich finde, dass das Rathaus eines der schönsten Gebäude der Stadt ist. Die Stadt Bremen hat ihre eigene Regierung°. Der Grund dafür ist, dass sie auch heute noch eine freie Stadt ist und selbst entscheiden° kann, was gut für die Stadt ist. Bremen ist eine Stadt, aber auch ein Bundesland.

Rathaus in Bremen

Hafen in Hamburg

Und am Sonntag war ich in Hamburg. Ich habe dort einen neuen Freund besucht, der mir die Stadt zeigen wollte. Hamburg ist eine der größten Städte Deutschlands und wie Bremen ein Bundesland. Auch in dieser Stadt stehen Schiffe im Mittelpunkt, wahrscheinlich schon seit der Zeit der Hanse, in der auch Hamburg eine wichtige Rolle spielte. Hamburg ist der wichtigste Hafen Deutschlands. In Hamburg

Segelschiff im Bremer Hafen

kommen jeden Tag Waren aus aller Welt an. Wie Bremen liegt auch Hamburg an einem Fluss, an der Elbe. Aber trotzdem kann man in dieser Stadt viele moderne Firmen sehen, die zeigen, wie wichtig diese Stadt als Hafen ist. In Hamburg habe ich Schiffe aus aller Welt gesehen, die Waren von überall bringen.

Jetzt will ich Ihnen aber noch von meinem Lieblingsfach an der Universität erzählen. Es hat natürlich mit alten Schiffen zu tun. Man hat hier im Oktober 1962 ein altes Schiff aus dem 14. Jahrhundert gefunden. Es ist eine Hanse-Kogge°. Man hat bis jetzt nicht gewusst, wie so ein Schiff genau aussieht, weil die Leute damals ohne Pläne gearbeitet haben. Man hatte Informationen aus alten Texten und von Bildern, aber man hatte nicht genug genaue Informationen, um das Schiff zu bauen. Aber jetzt kann man das alte Schiff als Modell nehmen. Bremen will es zum Wahrzeichen der Stadt machen. Nachdem die Stadt genug Geld gesammelt hat, hat man mit dieser Aktion jetzt begonnen. Mit meiner Klasse kann ich daran teilnehmen. Wir benutzen alte Werkzeuge. So dauert die Arbeit länger, vielleicht sogar mehrere Jahre, aber dann ist es wie in der guten alten Zeit! Manchmal stelle ich mir vor, wie die Leute im Mittelalter so ein Schiff gebaut haben. Wie sie, machen wir die 10 000 Nägel°, die wir für das Schiff brauchen, mit der Hand. Sie können sich vorstellen, wie lange man dazu braucht.

Das ist alles für heute! Schreiben Sie mir bald! Ich freue mich immer über Ihre E-Mail.

Viele Grüße, Robert

(*die Regierung* government; *entscheiden* to decide; *die Hanse-Kogge* ship type of the Hanseatic League; *der Nagel* nail)

8. **Beantworten Sie diese Fragen!**

    1. Wo waren die Studenten am Freitag?
    2. Welche Stadt ist eine der größten Städte Deutschlands?
    3. Wo liegt Hamburg?
    4. Aus welchem Jahrhundert ist das Schiff, das man in Bremen gefunden hat?
    5. Was tut die Stadt Bremen mit diesem alten Schiff?
    6. Woran denkt Robert, wenn er an dem Schiff arbeitet?
    7. Wie macht man die Nägel für das Schiff?
    8. Worum bittet Robert Herrn Eckers am Ende?

9. *Wie ist das Leben in einem Hafen?* **Beschreiben Sie, was man an so einem Ort machen kann!**

Von einem Ort zum andern

Segeln° wie vor 100 Jahren

Heutzutage ist eine lange Reise auf einem Schiff sehr teuer geworden. Aber vor dem Zeitalter des Flugzeuges mussten Leute mit dem Schiff über die Meere fahren. Zum Beispiel fuhren Leute, die in früheren Jahrhunderten nach Amerika kamen, mit dem Schiff. Solche Reisen waren lang. Die meisten Leute haben heute nicht so viel Zeit und nicht so viel Geld, eine längere Reise mit dem Schiff zu machen. Nur im Urlaub benutzen sie Schiffe. Und manche Leute segeln als Hobby. Schiffe sind auch heute noch wichtig, weil sie Waren transportieren.

Man kann aber auch mit einem Schiff reisen, um etwas über sich zu lernen. Eine solche Aktion ist das Programm „Windjammer". Dieses Programm arbeitet mit Jugendlichen zwischen 16 und 21 Jahren und versucht, in jeder Gruppe Leute aus verschiedenen Ländern zu haben. Zu jeder Gruppe gehören bis zu drei Behinderte°.

Windjammer

Jugendliche im Alter von 16 bis 21 machen oft mit.

Jedes Jahr bewerben sich viele Jugendliche um° Plätze auf diesem Schiff. Man muss nichts über Schiffe oder das Meer wissen, um auf diesen Reisen mitfahren zu dürfen. Manchmal dauert eine Reise nur eine Woche, aber es gibt auch längere Reisen. Im Sommer fahren die Schiffe in die Ostsee und in die Nordsee. Im Winter fahren sie sogar ins Mittelmeer° oder in den Atlantik. Die Schiffe wie die „Nobile", die man für dieses Programm benutzt, können in die ganze Welt fahren.

Es gibt viele Gründe, warum dieses Programm für Jugendliche auf einem Segelschiff° stattfindet. Die Menschen auf einem Schiff müssen einander° helfen und voneinander lernen, weil keiner ohne den anderen leben kann. So verstehen sie, wie wichtig Teamwork ist. Zusammen lernen sie etwas über Segeln und Navigation, wie man ein Schiff putzt und wie man kocht. Wenn die Mannschaft nicht zusammenarbeitet, dann fährt das Schiff nicht oder es dauert etwas länger, bis das Segeln gut funktioniert. Das Erlebnis auf dem Schiff soll den Jugendlichen helfen, ein positives Bild von sich selbst zu bekommen. Das Programm „Windjammer" steht unter dem Motto „Lernen mit Hand und Auge", eine Idee vom amerikanischen „Outward Bound".

Als die Nobile zum ersten Mal zu See gefahren war, war keiner auf dem Segelschiff, der vorher ein Schiff wie sie gesegelt hatte; die Mannschaft brauchte zehn Tage, bis sie wusste, was sie zu tun hatte. Hier schreibt ein Teilnehmer über diese Reise auf der Nobile:

> Auf dem Weg ins Mittelmeer hatten wir wunderschöne Tage auf dem Meer. In der Nacht konnten wir die Sterne° sehen. Die Sonne schien während der ganzen Reise. Das Meer war so weit und wir waren ganz allein. Es gab nur die Natur, das Schiff und uns. Bevor wir im Hafen ankamen, machten wir auf einer kleinen Insel eine Pause. Dort schwammen wir und lagen in der Sonne. Dann fuhren wir in den Hafen, wo wir eine Party machten, um unsere Reise zu feiern. Am Ende haben wir einander unsere Anschriften gegeben, denn wir wollen uns alle wieder treffen!

(*segeln* to sail; *der Behinderte* handicapped person; *sich bewerben um* to apply for; *das Mittelmeer* Mediterranean Sea; *das Segelschiff* sailing ship; *einander* each other; *der Stern* star)

Willi bewirbt sich um eine Stelle°

Willi:	Guten Tag!
Interviewer:	Guten Tag! Sie sind sicher für ein Bewerbungsgespräch° hier.
Willi:	Stimmt!
Interviewer:	Setzen Sie sich bitte! Dann können wir gleich beginnen.
Willi:	Gut, vielen Dank.
Interviewer:	Sagen Sie mir bitte zuerst, wie Sie heißen und wie alt Sie sind.
Willi:	Ich heiße Willi Riezler und bin 18 Jahre alt.
Interviewer:	Sind Sie schon einmal mit einem Schiff gefahren?
Willi:	Ja, letztes Jahr waren meine Eltern und ich im Urlaub segeln. Wir sind von einer Insel Griechenlands zur anderen gefahren.
Interviewer:	Das ist gut, dann wissen Sie schon etwas über das Leben auf einem Segelschiff.

Willi kocht sehr gut.

Willi möchte mit einem größeren Schiff fahren.

Willi: Ja, mein Vater macht das ganz toll. Aber ich möchte mehr selbst machen können. Ich möchte auch gern mit einem größeren Schiff fahren, denn das Boot meiner Eltern ist sehr klein.

Interviewer: Da die Leute auf der Nobile eng miteinander arbeiten, möchte ich gern wissen, ob Sie schon einmal etwas mit einem Team gemacht haben.

Willi: Ja, ich spiele in einem Fußballteam. Deshalb weiß ich, wie wichtig es ist, dass man nicht alles selbst machen kann oder soll, sondern mit der Mannschaft zusammenarbeiten muss.

Interviewer: Interessant! Erzählen Sie mir etwas mehr von sich selbst!

Willi: Ich habe viel Geduld. Ich arbeite gern mit anderen Leuten und ich bin nicht faul. Es macht mir nichts aus°, wenn ich am Abend müde bin.

Interviewer: Gut! Gibt es eine Arbeit auf der Nobile, die Sie besonders interessiert?

Willi: Eigentlich nicht, ich möchte alles lernen. Aber ich koche sehr gut. Vielleicht kann ich das tun?

Interviewer: Ja, wir brauchen einen Koch. Ich lasse Sie morgen wissen, ob Sie mit uns fahren können. Haben Sie Fragen für mich?

Willi: Ja, wohin geht denn die Reise?

Interviewer:	Wir fahren dieses Mal in die Ostsee. Einer der Orte, den wir besuchen wollen, ist die alte Hansestadt Danzig. Interessiert Sie diese Gegend?
Willi:	Ja, sehr! Sie rufen mich also morgen an?
Interviewer:	Ja, ganz bestimmt. Ihre Telefonnummer habe ich schon. Auf Wiedersehen!
Willi:	Auf Wiedersehen!

(*die Stelle* position; *das Bewerbungsgespräch* job interview; *Es macht mir nichts aus.* I don't mind.)

Rollenspiel

Jetzt sind Sie an der Reihe! Arbeiten Sie mit einer anderen Person! Einer von Ihnen bewirbt sich um einen Ferienjob in einem Geschäft oder in einer Firma (entscheiden Sie zusammen, welches Geschäft oder welche Firma). Die zweite Person stellt die Fragen und entscheidet, ob sie der anderen Person den Job für den Sommer geben will. Viel Spaß und viel Glück!

Sprache

Modals: Narrative Past

Normally you use the narrative past for retelling a series of events, but many high-frequency verbs appear in the narrative past, even in conversational exchanges. The modals are in that group of high-frequency verbs, as well as *haben, sein, werden* and *wissen*.

Modals are irregular verbs, so you will need to learn their forms for the narrative past. Note that the narrative past forms do not have umlauts.

dürfen	*durfte*
können	*konnte*
mögen	*mochte*
müssen	*musste*
sollen	*sollte*
wollen	*wollte*

Here is *dürfen* as an example, but all the modals use the same endings for the narrative past.

ich	durf**te**	wir	durf**ten**
du	durf**test**	ihr	durf**tet**
er, sie, es	durf**te**	sie	durf**ten**
Sie (sg. & pl.)	durf**ten**		

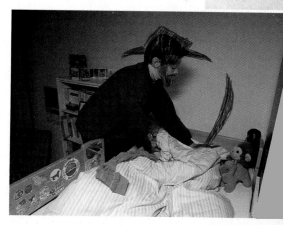

Aki musste noch sein Bett machen.

10. *Willi bewirbt sich um eine Stelle.* Sagen Sie, was diese Leute alles vor, während und nach dem Interview wollten!

◆ Willis Eltern / dass Willi einen Job hat
Willis Eltern wollten, dass Willi einen Job hat.

1. Willis Eltern / dass Willi etwas über das Segeln lernt
2. Willi / sich um eine Stelle auf dem Schiff bewerben
3. Viele Jugendliche / auch auf dem Segelschiff arbeiten
4. Zwei Schulfreunde, Marina und Jürgen, / sich mit Willi um eine Stelle bewerben
5. Die drei Schulfreunde / sich am Hafen treffen
6. Der Interviewer / wissen, wie sie heißen und welche Jobs sie haben wollten
7. Willi / fragen, was für Jobs es auf dem Schiff gibt
8. Marina / etwas über Navigation lernen
9. Die anderen Leute auf dem Schiff / die drei Schulfreunde kennen lernen
10. Marina, Jürgen und Willi / sich in ein paar Tagen entscheiden

11. *Schnitzeljagd! Welche Leute im Buch haben's gemacht?* Können Sie herausfinden, wer in diesem Buch diese Sachen gemacht hat? Wer die meisten Antworten am schnellsten findet, gewinnt!

◆ sich um eine Stelle auf einem Segelschiff bewerben wollen
Willi wollte sich um eine Stelle auf einem Segelschiff bewerben.

1. viele Gedichte schreiben sollen
2. den Berggeist um einen Edelstein bitten wollen
3. vom Schiff in den Fluss springen müssen
4. große Feste machen mögen
5. viele Keulen jonglieren können
6. viel im Internet surfen dürfen
7. Spielzeugeisenbahnen sammeln mögen
8. Heinrich I. die Steuern nicht bezahlen wollen

Menschen und Mächte

Die Hanse

1356 war ein sehr wichtiges Jahr in Deutschland, weil man in Lübeck die Hanse gründete°. Das war eine Gruppe von Kaufleuten° im Norden Deutschlands, die zusammenarbeiten wollten und ihre Handelsrechte° schützen wollten. Die Hanse war für den europäischen Handel° einer der wichtigsten Schritte, so wie heute die Europäische Union. Zur Hanse gehörten fast 200 Städte in vielen Teilen Deutschlands. Einige dieser Städte waren an der Nord- und Ostsee, wie zum Beispiel Lübeck und Danzig, während andere an Flüssen lagen, wie zum Beispiel Köln, Bremen, Dortmund und Hamburg. Lübeck führte den Bund°, in dem alle zusammen mächtiger° und sicherer° sein wollten.

In der Stadt Lübeck gründete man die Hanse.

Das Holstentor ist ein Wahrzeichen der Stadt Lübeck.

Die Handelsrouten° der Hanse verbanden den Westen mit dem Norden und Osten Europas und öffneten° einen Weg zum Mittelmeer im Süden. Deutschland wurde durch diese Aktion das geographische Zentrum des Handels in der ganzen Welt. Die Hanse war größer und existierte länger als jede andere Gruppe von Städten in der europäischen Geschichte.

Was musste eine Stadt tun, um Mitglied in der Hanse zu werden? Als Bremen zum Beispiel zur Hanse gehören wollte, musste die Stadt vieles versprechen. Als Mitglied der Hanse musste Bremen allen ausländischen° Kaufleuten die gleichen Rechte° wie den Kaufleuten aus Bremen geben. Außerdem musste die Stadt gegen Piraten kämpfen und an Kriegen der Hanse teilnehmen.

Warum war es wichtig, im 14. Jahrhundert die Hanse zu gründen? Es gab ganz andere Rechte im Mittelalter. Zum Beispiel, wenn die Waren vom Wagen oder Pferd auf den Boden fielen, dann durften die Leute, die in der Stadt wohnten, alles nehmen und behalten. Wenn ein Schiff in einem Gewitter an einem Strand landete, dann durften die Leute, denen der Strand gehörte, alles nehmen, was auf dem Strand lag. Die Waren waren dann für die Leute vom Schiff verloren. Diese Regeln

Segelschiffe kommen noch heute ab und zu zur Hansestadt Hamburg.

waren für Kaufleute sehr teuer und sie wollten dagegen kämpfen. Wenn das in Hansestädten passierte, konnten die Mitglieder ihre Waren behalten.

Die Hanse war auch für Kaufleute wichtig, weil sie etwas gegen die Piraten tat. Die Piraten aus dem Norden Europas machten das Meer gefährlich für den Handel. Ende des 14. Jahrhunderts lebten zwei der aktivsten Piraten, Clas Störtebeker und Godeke Michels. Die Hansestadt Hamburg entschied sich, mehrere Schiffe auf die Nordsee zu senden, um gegen die Piraten zu kämpfen. Im Jahr 1402 nahm man Störtebeker gefangen° und enthauptete ihn im Oktober in Hamburg. Das Gleiche passierte Godeke Michels zusammen mit 70 seiner Piraten. Als man im Jahr 1525 (auch in Hamburg) den dänischen Piraten Klaus Kniphof enthauptete, waren die Waren und die Menschen auf dem Meer für die Hansestädte wieder sicherer.

Auf ihren Fahrten benutzten die Kaufleute der Hanse ein Schiff, das sie selbst gebaut hatten. Es hieß die Hanse-Kogge und war ein großes Schiff, das 200 Tonnen oder 400 Menschen transportieren konnte. Es war besser als die Schiffe anderer Länder und half den Kaufleuten der Hanse noch mächtiger zu werden. Auf diesen Schiffen transportierten die Handelsleute viele verschiedene Waren: Holz für mehr Schiffe, Pelze°, Honig für Lebkuchen, Wachs für Kerzen in den Kirchen, Bier und Fisch.

Im 16. Jahrhundert kam das Ende der Hanse. Die Städte verloren an Macht, weil sich die Politik in Europa veränderte.

(*gründen* to found; *die Kaufleute* merchants; *das Handelsrecht* trading right; *der Handel* trade; *der Bund* alliance; *mächtig* powerful; *sicher* safe; *die Handelsroute* trade route; *öffnen* to open; *ausländisch* foreign; *das Recht* law, right; *gefangen nehmen* to capture; *der Pelz* fur)

12. Was passt hier zusammen?

1. Die Hanse war
2. Einige Städte der Hanse lagen am Meer,
3. Die Hanse war größer
4. Als Mitglied der Hanse
5. Wenn etwas auf den Boden fiel,
6. Die Piraten machten
7. Die Leute in Hamburg enthaupteten
8. Die Hanse gebrauchte ein Schiff,
9. Die Hanse transportierte
10. Im 16. Jahrhundert verlor

a. als jede andere Gruppe von Städten in der europäischen Geschichte.
b. musste eine Stadt viel versprechen.
c. behielten es die Menschen in der Stadt.
d. das Hanse-Kogge hieß.
e. für den europäischen Handel ein wichtiger Schritt.
f. das Meer gefährlich.
g. viele Piraten.
h. aber andere waren an Flüssen.
i. viele verschiedene Waren.
j. die Hanse an Einfluss.

Bei uns zu Hause

Das eigene Zimmer

Endlich ist es so weit! Jürgen bekommt heute sein eigenes Zimmer. Er muss nicht mehr mit Frank sein Zimmer teilen, weil die Eltern ihm ein Zimmer im Keller des Hauses gegeben haben. Und heute hilft die ganze Familie Jürgen, damit er morgen in sein neues Zimmer ziehen kann. Jürgens Vater, Herr Waldenberger, kennt ein Geschäft mit preiswerten Tapeten°, Pinseln°, Kleister° und Farben°. Die Familie will nicht nur Jürgens Zimmer tapezieren°, sondern auch den Flur und das Esszimmer. Die ganze Familie fährt ins Geschäft und sieht sich die Tapeten an. Sie diskutieren die Farben und sprechen darüber, welche Tapete in welches Zimmer passt. Im Flur soll die Tapete sehr hell sein, denn es ist sonst zu dunkel. Der Flur hat kein Fenster, weil er nur die Zimmer verbindet.

Herr Waldenberger sieht sich mit einem Angestellten verschiedene Tapeten an.

In diesem Geschäft gibt es alles, was man zum Tapezieren braucht.

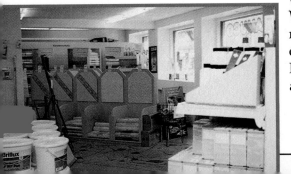

Jürgen kann entscheiden, welche Tapete er für sein Zimmer möchte. Am Ende nimmt er eine weiße Tapete, weil dann seine Poster an der Wand schön aussehen werden. Und wenn es ihm nicht mehr gefällt, dann kann er sein Zimmer mit einer anderen Farbe streichen°. Für das Esszimmer hat die Familie eine Grastapete° ausgesucht. Das Gras auf der Tapete ist sehr hell grün und braun. Diese Tapete ist sehr teuer, aber bei deutschen Familien auch sehr beliebt. Nachdem Herr Waldenberger für alles bezahlt hat, fährt die Familie nach Hause. Jetzt kann die Arbeit anfangen!

Der erste Schritt

Die ganze Familie steht an den Wänden und zieht die alte Tapete ab°. Danach wäscht die Familie die Wände°, denn sie müssen sauber sein, damit die neue Tapete gut hält.

Der zweite Schritt

Frau Waldenberger schneidet die Tapete in drei Meter lange Teile. Herr Waldenberger streicht mit dem dicken Pinsel Kleister auf die Tapete. Ohne Kleister würde die Tapete sofort von der Wand fallen.

Der dritte Schritt

Herr Waldenberger steht auf einer Leiter° und hält die Tapete oben. Frau Waldenberger klebt sie an die Wand. Das geht sehr langsam und die Arbeit ist nicht einfach.

Der vierte Schritt

Frau Waldenberger bittet die Kinder darum, die Tapete am Boden abzuschneiden°. Die Zimmer sind ja nur 2,70 Meter hoch. Da sind also ungefähr dreißig Zentimeter Tapete zu viel. Was sie von der Tapete nicht mehr brauchen, tun° sie in den Gelben Sack.

Nachdem die Familie mit dem Esszimmer, Jürgens Zimmer und dem Flur fertig ist, macht sie den Boden sauber und putzt die Fenster und Türen, weil dort Kleister ist, wo er nicht sein darf.

Am Abend sind die Zimmer fertig und alle sind stolz auf ihre gute Arbeit. Das Esszimmer sieht besonders gut aus. Die Grastapete ist klasse und sie gefällt allen am besten. Herr Waldenberger findet die Tapete im Flur auch sehr schön. Aber Frank findet, dass sein Zimmer im Keller am schönsten aussieht. Er kann gar nicht warten, bis der Kleister ganz trocken ist und er ein Zimmer für sich allein hat.

(*die Tapete* wallpaper; *der Pinsel* paintbrush; *der Kleister* wallpaper paste; *die Farbe* paint; *tapezieren* to wallpaper; *streichen* to paint; *die Grastapete* wallpaper with prairie grass woven into the surface; *abziehen* to pull off; *die Wand* wall; *die Leiter* ladder; *abschneiden* to cut off; *tun* to put)

13. **Was ist die richtige Reihenfolge? Benutzen Sie die Buchstaben „a" (zuerst) bis „g" (zuletzt)!**

   1. ___ Herr Waldenberger hält die Tapete oben.
   2. ___ Die Familie ist stolz auf ihre Arbeit.
   3. ___ Herr Waldenberger streicht Kleister auf die Tapete.
   4. ___ Alle machen sauber.
   5. ___ Frau Waldenberger klebt die Tapete an die Wand.
   6. ___ Jürgen und Frank schneiden die Tapete ab.
   7. ___ Waldenbergers ziehen die Tapete ab.
   8. ___ Herr Waldenberger steht auf der Leiter.

Reparaturen im Haus

das Dach decken

eine Tür einsetzen

der Handwerker

ein Fenster ersetzen

das Messer

die Schere

eine Leitung legen

der Nagel

der Hammer

einen Nagel in die Wand schlagen

die Leiter

einen Boden legen

den Flur tapezieren

das Zimmer streichen

Fliesen legen

der Pinsel

die Heizung einbauen

die Zange

den Keller ausbauen

die Werkzeuge

die Werkstatt aufräumen

die Säge

Spuren der Geschichte

14. *Ein altes Haus!* Herr Mieder hat ein altes Haus billig gekauft. Jetzt will er es reparieren und renovieren. Sehen Sie sich das Bild an und sagen Sie ihm, was er alles tun muss!

◆   Er muss den Zaun reparieren.

15. *Was macht man damit?* Das ist das Werkzeug, mit dem man...

1. Nägel in die Wand schlägt.
2. Farbe auf die Wände streicht.
3. Holz schneidet.
4. Papier und Tapete schneidet.
5. Nägel aus dem Holz holt.

16. Wie passen die Dialogteile zusammen?

1. Hast du dir wehgetan?

2. Welche Tapete gefällt dir am besten?

3. Ich glaube, wir brauchen neue Fenster.

4. Wir müssen das Dach decken.

5. In diesem alten Haus gibt es kein Wasser.

6. Nächsten Sommer sollten wir das Haus streichen.

a. Stimmt. Der Wind kommt immer ins Haus.

b. Ja, ich kann diese hässliche Farbe wirklich nicht mehr sehen.

c. Ja, gestern hat es schon wieder ins Haus geregnet.

d. Ja, ich habe mir mit dem Hammer auf den Finger geschlagen.

e. Ich finde die mit dem Gras besonders schön.

f. Dann können wir uns nicht duschen.

Sprache

Modals: Present Subjunctive

The modal verbs are important for expressing wishes in German. Like *würde*, the modals can work with another verb in the infinitive to form the present subjunctive. The forms are based on the narrative past of the modals, plus an umlaut for all verbs except *wollen* and *sollen*.

Wenn ich nur nicht das Geschirr spülen müsste! If only I didn't have to wash the dishes!

Wenn wir nur öfter ins Kino gehen dürften! If only we were allowed to go to the movies more often!

Infinitive	Narrative Past	Present Subjunctive
dürfen	durfte	dürfte
können	konnte	könnte
mögen	mochte	möchte
müssen	musste	müsste
sollen	sollte	sollte
wollen	wollte	wollte

Note: Modals that have an umlaut in the infinitive will also have an umlaut in the present subjunctive.

Wenn er nur die Autoteile besser kennen würde!

Spuren der Geschichte

17. *Wie könnte mein Leben schöner und noch besser sein?* **Was würden Sie sich wünschen?**

◆ zu einem Badeort gehen können
Wenn ich nur zu einem Badeort gehen könnte!

1. den ganzen Tag im Internet surfen dürfen
2. die Geige nicht üben müssen
3. lange schlafen können
4. zu jeder Zeit telefonieren können
5. weniger Hausarbeit machen müssen
6. meine Verwandten nicht so oft besuchen sollen
7. mit Freunden ausgehen dürfen
8. nicht so viel auf meine Geschwister aufpassen müssen

18. *Wie wären Sie als Eltern?* **Was dürften Ihre Kinder machen?**

◆ keine Hausaufgaben machen müssen
Wenn sie wollten, müssten sie keine Hausaufgaben machen.

1. jede Nacht erst um zwölf Uhr ins Bett gehen dürfen
2. zu jeder Zeit Freunde einladen können
3. den Rasen nicht mähen müssen
4. mehr Taschengeld bekommen können
5. jeden Tag Fastfood essen dürfen
6. unseren Wagen fahren können

Sprache

Modals: Past Subjunctive

For the past subjunctive with modals, you use *hätte* as the helping verb and the double infinitive construction.

> *Wenn ich mit Frank mehr Geduld gehabt hätte, hätten wir das Zimmer länger teilen können.*
> If I had had more patience with Frank, we could have shared the room longer.

19. *Hand-in-Hand.* **Frank und Jürgen überlegen ihre Entscheidung. Eine Person arbeitet auf dieser Seite, die andere auf Seite 370 im Anhang. Versuchen Sie herauszufinden, was Jürgen und Frank alles anders hätten machen sollen!**

◆ *Person 1:* Was sagt Jürgen über das Zimmer?
Person 2: Jürgen sagt, Frank hätte ordentlicher sein können.

	Jürgen sagt:	Frank sagt:
Was sagt Jürgen/Frank über das Zimmer?	Frank / ordentlicher sein können	
Was sagt Jürgen/Frank über die Hausaufgaben?		Jürgen / sie immer in der Küche machen können
Was sagt Jürgen/Frank über das Essen im Zimmer?	Frank / in der Küche essen sollen	
Was sagt Jürgen/Frank über den Lärm im Zimmer?	Frank / nicht so laute Musik spielen dürfen	
Wie hätte Frank/Jürgen sich verändern können?		Jürgen / nicht alles so eng sehen dürfen

Aktuelles

Aus alt mach neu!

Diese Geschichte beginnt mit einer Frage. Als Petras Klasse in Geschichte über die Museen in Bremen und Bremerhaven sprach, stellte Jana plötzlich die Frage: „Was passiert mit alten Sachen, die kaputt sind oder im Museum kaputt gehen?" Rainer sagte: „Man wirft sie auf die Müllberge."

Niemand lachte über diesen Scherz. Da die Lehrerin, Frau Vogt, und auch niemand anders das wusste, rief Frau Vogt nach der Schule die Museen in Bremen und Bremerhaven an und stellte Janas Frage. In Bremerhaven hatte Frau Vogt Glück. Herr Langbehn, der Direktor des Museums, lud sie und ihre Klasse zum Schifffahrtsmuseum ein. Er wollte ihnen am nächsten Montag die Werkstatt° zeigen, wo die alten Sachen aus dem Museum repariert und restauriert werden.

Endlich war es Montag und die Schüler und Frau Vogt trafen Herrn Langbehn am Eingang des Museums. Im ersten Zimmer, das Herr Langbehn ihnen zeigte, lernten die Jugendlichen Frau Modersohn kennen. Frau

Frau Modersohn näht alte Bücher wieder zusammen.

Modersohn arbeitet mit alten Büchern. Wenn sie kaputt gehen, näht sie sie wieder zusammen° oder macht einen neuen Einband° für sie, in den sie die Blätter° klebt.

(*die Werkstatt* workshop; *zusammennähen* to sew together; *der Einband* book cover; *das Blatt* sheet [of paper])

20. *Welches Wort passt hier?* Benutzen Sie das Imperfekt!

1. Jana ___ eine Frage.
2. Frau Vogt ___ viele Museen __.
3. Frau Vogt ___ in Bremerhaven Glück.
4. Herr Langbehn ___ Frau Vogt und die Jugendlichen ___.
5. Frau Vogt und ihre Klasse ___ den Direktor am Eingang.
6. Frau Modersohn ___ die alten Bücher ___.
7. Frau Modersohn ___ die Blätter in einen neuen Einband.

Herr Schmidt baut Modelle für das Museum.

Später trafen die Schüler Herrn Schmidt. Er baut Modelle für das Museum. Er zeigte ihnen das Schiff aus der Zeit des Zweiten Weltkrieges, an dem er gerade arbeitete. Karsten fragte Herrn Schmidt, was ihm am besten an seiner Arbeit gefällt. Herr Schmidt sagte: „Ich mag es, dass ich mit verschiedenen Materialien arbeiten kann. Ich benutze Holz, Metall, Plastik und Glas und ich mache alle Teile für die Modelle selbst. Das kann sehr schwer sein, weil ich manchmal keine Pläne habe. Dann arbeite ich nach einem Bild. Ich muss mir dann vorstellen, wie die Leute früher gedacht haben, wenn ich die einzelnen Teile baue und verbinde. Auf einem Bild kann man nicht alles sehen. Manchmal dauert es Monate oder Jahre, bis mein Modell so wie das Bild aussieht. Modelbau ist aber nicht nur mein Beruf, sondern auch mein Hobby. Zu Hause baue ich am liebsten Modelle von alten Schiffen."

Was für Materialien benutzt Herr Schmidt beim Modellbau?

Die letzte Person, mit der die Klasse sprach, war Herr Hardenberg. Er arbeitete mit alten Bildern. Die Jugendlichen waren erstaunt, wie viele Farben Herr Hardenberg hatte. Herr Hardenberg erklärte: „Bilder lassen sich gut restaurieren. Die Bilder, die ihr hier seht, werden aber bald wieder im Museum zu sehen sein. Ihr habt ja schon meine vielen Farben gesehen. Manche Farben muss ich selbst machen, weil es sie heute nicht mehr gibt. Das funktioniert oft sehr gut, auch wenn ich nicht genau das gleiche Material wie früher benutze."

Herr Hardenberg restauriert alte Bilder.

Bernd fragte Herrn Hardenberg, warum er hier im Museum arbeitete. Herr Hardenberg sagte: „Als Junge hatte ich zwei Hobbys: Malerei und Chemie. In meiner Arbeit hier kann ich diese beiden Interessen gut verbinden. Ich arbeite mit Farben und ich muss wie in der Chemie wissen, mit welchen Materialien ich es zu tun habe."

Die Jugendlichen waren dann am Ende ihres Besuches. Sie sagten auf Wiedersehen zu Herrn Langbehn und dankten ihm für die Informationen. Als sie aus dem Museum kamen, sagte Rainer: „Hoffentlich hat Jana bald wieder so eine interessante Frage, dann können wir wieder einen Schulausflug machen!"

21. **Wovon spricht man hier?**

   1. Die Leute gehen dorthin, weil sie alte Dinge sehen möchten.
   2. Das ist der Mann, der sagt, was im Museum passieren soll.
   3. Das ist eine Reise, die ein Lehrer und die Schüler zusammen machen.
   4. Das ist etwas, worin man lesen kann.
   5. Das ist das, was man von einer Sache oder Person zeichnet.
   6. Das ist ein großes Transportmittel, das über das Meer fährt.
   7. Das ist etwas, was man in der Freizeit macht.

22. *Was möchten Sie von Herrn Langbehn und seinem Museum wissen?* **Stellen Sie ihm ein paar Fragen!**

Spuren der Geschichte

Sprache

wann and *ob*

Wann (when) and *ob* (if) are both subordinating conjunctions that introduce questions. *Wann* introduces information questions in subordinate clauses.

> *Wann kommt der Zug? - Wissen Sie, wann der Zug kommt?*

When you use a yes/no question in a subordinate clause, you use *ob*.

> *Kommt der Zug um zehn? - Wissen Sie, ob der Zug um zehn kommt?*

23. ***Wann* oder *ob*? Ergänzen Sie das richtige Wort! Lesen Sie beide Teile, bevor Sie sich entscheiden!**

   1. Weißt du, ___ Kai das Bewerbungsgespräch hat? Er hat es am Donnerstag.
   2. Weißt du, ___ er Angst davor hat? Ja, ich glaube schon.
   3. Weißt du, ___ er hören wird, ob er die Stelle bekommen hat? Nächste Woche.
   4. Weißt du, ___ er sich bald entscheiden muss, wohin er reisen will? Ja, in zwei Wochen, meinte er.
   5. Weißt du, ___ er eine Party danach macht? Ja, und er lädt uns alle ein.
   6. Weißt du, ___ die Party ist? Ich glaube um sieben.

24. ***Hast du gehört?* Sie sind auf dem Klassentreffen, aber es ist sehr laut und Sie können nicht gut hören.**

   ◆ Wann haben Heidi und Herbert geheiratet?
     Ich weiß nicht, wann sie geheiratet haben.

   1. Hat Regina geheiratet?
   2. Ist Oliver noch ein Angeber?
   3. Wann hat Julian seine Stelle bekommen?
   4. Wann ist Silvia Rechtsanwältin geworden?
   5. Haben Heidi und Herbert schon Kinder?
   6. Wann fährt Linda wieder nach England?
   7. Kommt Herr Ernst zum Klassentreffen?
   8. Wann treffen wir uns wieder?

Er weiß nicht, wann seine Freundin aus dem Geschäft wieder herauskommt.

Extra! Extra!

Der Erlkönig

Johann Wolfgang von Goethe (1749–1832)

Johann Wolfgang von Goethe ist berühmt als einer der wichtigsten
Dichter der deutschen Sprache. Er war ein Universalgenie, da er sich
für alles und jedes interessierte. Er schrieb Gedichte, Romane,
Dramen, philosophische und naturwissenschaftliche Texte. Sein
berühmtestes Werk ist die Tragödie „Faust".

Über den Text

Das Gedicht „Der Erlkönig" ist eine Ballade — eine Gedichtsform,
in der oft geheimnisvolle oder mythische Personen oder Ereignisse
dargestellt werden. Anders als viele Gedichte, in denen oft nur
Atmosphäre und Stimmung beschrieben werden, erzählt eine Ballade
eine Geschichte. Der Erlkönig, das Thema dieses Gedichtes, war der
König der Elfen und wurde durch Goethes Gedicht in allen
deutschsprachigen Ländern bekannt.

Johann Wolfgang von Goethe

Vor dem Lesen

1. Goethe's poem uses tempo and rhythm in order to create mood. Read the first
   stanza aloud and explain how Goethe attempts to use an eerie atmosphere.
   What images does the rhythm conjure up for you?

2. There are four voices in the poem: the narrator, the father, the son and the
   Erlkönig. Goethe frames the poem with the narrator's statements. He also
   treats the *Erlkönig* differently by putting his dialog in quotation marks. Can
   you identify the other speakers and their statements? What mechanism does
   Goethe use to distinguish between the father's speech and the son's speech?

Wer reitet so spät durch Nacht und Wind?
Es ist der Vater mit seinem Kind;
Er hat den Knaben wohl im Arm,
Er fasst ihn sicher, er hält ihn warm. —

Mein Sohn, was birgst du so bang dein Gesicht? —
Siehst, Vater, du den Erlkönig nicht?
Den Erlkönig mit Kron und Schweif? —
Mein Sohn, es ist ein Nebelstreif. —

„Du liebes Kind, kommt geht mit mir!
Gar schöne Spiele spiel ich mit dir;
Manch bunte Blumen sind an dem Strand;
Meine Mutter hat manch gülden Gewand."

Mein Vater, mein Vater, und hörst du nicht,
Was Erlkönig mir leise verspricht? —
Sei ruhig, bleibe ruhig, mein Kind!
In dürren Blättern säuselt der Wind. —

„Willst, feiner Knabe, du mit mir gehn?
Meine Töchter sollen dich warten schön;
Meine Töchter führen den nächtlichen Reihn
Und wiegen und tanzen und singen dich ein."

Mein Vater, mein Vater, und siehst du nicht dort
Erlkönigs Töchter am düstern Ort? —
Mein Sohn, mein Sohn, ich seh es genau;
Es scheinen die alten Weiden so grau. —

„Ich liebe dich, mich reizt deine schöne Gestalt;
Und bist du nicht willig, so brauch ich Gewalt." —
Mein Vater, mein Vater, jetzt fasst er mich an!
Erlkönig hat mir ein Leids getan! —

Dem Vater grauset's, er reitet geschwind,
Er hält in Armen das ächzende Kind,
Erreicht den Hof mit Mühe und Not;
In seinen Armen das Kind war tot.

Nach dem Lesen

1. Was meinen Sie? Was ist passiert, bevor das Gedicht beginnt? Warum reiten der Vater und der Sohn so spät bei Nacht? Warum sieht der Sohn den Erlkönig, aber der Vater ihn nicht?

2. Fassen Sie in sechs Sätzen zusammen, was in der Ballade passiert!

3. Sie wissen schon, dass Rhythmus und Töne sehr wichtig für dieses Gedicht sind. Versuchen Sie die Atmosphäre des Gedichtes als Geräusche wiederzugeben! Sie brauchen ein Pferd, den Wind, Bäume, ein krankes Kind und vielleicht auch den Erlkönig.

Endspiel

1. Sie haben in diesem Kapitel über die Hanse im Mittelalter gelesen. Heute spielt die Europäische Union eine ähnliche Rolle in Europa. Gehen Sie in die Bibliothek oder benutzen Sie einen Computer, um mehr Informationen über dieses Thema zu finden!

2. Regina mag Latein und Mathematik nicht besonders gern. Was ist das Fach, das Ihnen nicht so gut gefällt? Warum? Erzählen Sie auch von dem Fach, das Sie am liebsten haben! Erklären Sie, was Sie an diesem Fach mögen!

3. Sie und ein Freund/eine Freundin planen eine Reise nach Deutschland. Ihr Freund/Ihre Freundin will in die Berge fahren. Sie aber wollen an die Nordsee oder die Ostsee. Erklären Sie ihm/ihr, warum er oder sie mit Ihnen ans Meer fahren soll! Sagen Sie, was man dort alles machen kann!

4. Sie haben gerade einen Brief von einem alten Freund aus der Schule bekommen. Diese Person möchte wissen, was aus Ihnen geworden ist. Beantworten Sie diesen Brief! Schreiben Sie etwas über sich selbst!

5. Arbeiten Sie mit einer anderen Person! Machen Sie ein Bewerbungsgespräch! Einer von Ihnen hat eine offene Stelle und sucht eine Person, die für ihn oder sie arbeiten will. Fragen Sie, was die Person kann. Sagen Sie der anderen Person am Ende, ob die andere Person die Stelle bekommt! Die andere Person sucht Arbeit. Sie wollen viel über die Stelle wissen. Entscheiden Sie sich am Ende, ob Sie die Stelle wollen!

6. Arbeiten Sie mit der ganzen Klasse! Sie sind auf einer Party, auf der Sie niemanden kennen. Aber Sie möchten gern neue Leute kennen lernen. Sprechen Sie mit mindestens vier Leuten! Stellen Sie sich vor, erzählen Sie was Sie gern machen und welchen Beruf Sie haben! Fragen Sie aber die anderen Leute auch, wie sie heißen und welche Berufe und Hobbys sie haben!

Vokabeln

abschneiden (*schnitt ab, abgeschnitten*) to cut off

abziehen (*zog ab, abgezogen*) to pull off

der **Angeber,-** bragger, show-off

aufhören to stop

aufpassen to pay attention

ausländisch foreign

ausmachen: Es macht mir nichts aus. I don't mind.

die **Austauschschülerin,-nen** exchange student

der **Behinderte,-n** handicapped person

sich **bewerben um** to apply for

die **Bewerbung,-en** application

das **Bewerbungsgespräch,-e** job interview

das **Blatt,̈-er** sheet (of paper), page

der **Bund,̈-e** alliance

einander each other

der **Einband,̈-e** book cover, binding

entscheiden (*entschied, entschieden*) to decide

die **Farbe,-n** paint

die **Fortsetzung,-en** continuation

die **Fremdsprache,-n** foreign language

gefangen nehmen (*nimmt gefangen, nahm gefangen, gefangen genommen*) to capture

das **Gespräch,-e** conversation

gleich same, equal

der **Grasbrook** place outside of Hamburg where executions took place

die **Grastapete,-n** wallpaper with prairie grass woven into the surface

gründen to found

der **Handel** trade

handeln von to be about, deal with

das **Handelsrecht,-e** trading right

die **Handelsroute,-n** trade route

die **Hanse** Hanseatic League

die **Hanse-Kogge,-n** ship type of the Hanseatic League

kapern to capture

kaputt machen to break, ruin

die **Kaufleute** (pl.) merchants

die **Klassenbeste,-n** top of the class

die **Klassensprecherin,-nen** class representative

der **Kleister,-** wallpaper paste

das **Land: zu Wasser und zu Lande** at sea and on land

die **Leiter,-n** ladder

der **Likendeeler** someone who treats everyone alike

mächtig powerful

der **Matrose,-n** sailor

das **Mittelmeer** Mediterranean Sea

der **Nagel,̈-** nail

öffnen to open

der **Pelz,-e** fur

der **Pinsel,-** paintbrush

das **Recht,-e** law, right

die **Regierung,-en** government

der **Schiffsbau** shipbuilding

die **Seeschlacht,-en** sea battle

das **Segel,-** sail

segeln to sail

das **Segelschiff,-e** sailing ship

das **Seil,-e** rope

die **Seite,-n** page

sicher safe

der **Sklave,-n** slave

spannend exciting, suspenseful

starren to stare

die **Stelle,-n** position

der **Stern,-e** star

die **Stichwortkarte,-n** index card

stören to disturb

streichen (*strich, gestrichen*) to paint

die **Tapete,-n** wallpaper

tapezieren to wallpaper

tun (*tut, tat, getan*) to put, place, do

unsicher unsafe

verschlingen (*verschlang, verschlungen*) to devour

die **Wand,̈-e** wall

das **Wasserfass,̈-er** water barrel

die **Werkstatt,-stätten** workshop

zusammennähen to sew together

Verschiedene Pinsel hängen an der Wand.

Was braucht man vor dem Tapezieren?

Kapitel 7

Generationen

In this chapter you will learn how to:

- describe family dynamics
- describe current situations
- describe past activities
- debate pros and cons
- complain

Weleda und Kali

Kali sucht seine Familie

An diesem dunklen, nassen Novemberabend ist es nicht besonders gemütlich° in der Midgard. Kali war gerade von einer kleinen Reise nach Timbuktu zurückgekommen und saß mit saurem Gesicht in der Anmeldung. Weleda kam aus ihrem Zimmer und sah den kleinen Kali auf dem Monitor sitzen. Sie war froh, ihn wiederzusehen und ging zu ihm.

Weleda: Hallo, Kali! Bist du wieder da? Ich dachte schon, ich sehe dich nicht mehr wieder, weil du so lange weg warst.

Kali: Tag, Frau Weleda! So geht das nicht weiter. Ich surfe wie ein Schwachkopf° durch die Gegend und hoffe jedes Mal, dass ich eine Spur von meinen Eltern finde. Dabei weiß ich ganz genau, dass die Chancen null sind. Die finde ich nicht mehr.

Weleda:	Ich wusste ja gar nicht, dass du deine Eltern suchst. Du hast doch immer gesagt, dass sie dich haben sitzen lassen. Deshalb habe ich geglaubt, du wärest froh, dass sie weg sind.
Kali:	Stimmt genau. Ich will sie nie mehr wieder sehen. Aber aus dem Grund kann ich ja trotzdem immer mal sehen, ob ich sie nicht irgendwo treffe. So ganz ohne Plan und aus Zufall°.
Weleda:	Was machst du denn, wenn du deine Eltern aus Zufall triffst?
Kali:	Dann frage ich sie, wer noch in meiner Familie ist, wo die anderen Verwandten sind und woher wir kommen.
Weleda:	Bist du denn sicher, dass sie etwas wissen? Vielleicht kennen sie ja deine Verwandten gar nicht. Vielleicht gibt es keine anderen Kobolde mehr, die zu deiner Familie gehören.
Kali:	Uns gibt es schon seit vielen Generationen, aber viele sind wir eben nicht mehr. Können wir nicht hier in der Midgard etwas über meine Familie und die anderen Kobolde erfahren? In den Büchern muss doch etwas stehen. Oder vielleicht wissen die Berggeister etwas. Oder der alte Herr Kühleborn. Der weiß doch sonst immer alles.

Das findet Weleda auch. Sie verspricht Kali, dass sie bei der nächsten Gelegenheit den alten Herrn Kühleborn fragen will. Der ist ein Wassergeist° und immer viel unterwegs. Es dauert ein paar Stunden, bis Weleda ihn gefunden hat. Kühleborn sitzt gerade am Ufer eines Flusses im Harz°. Er freut sich, Weleda wieder zu sehen und ist wie immer erstaunt, wie sie ihn hat finden können. Aber das ist Weledas Geheimnis°. Sie sagt nur, dass sie dem Fluss folgt, weil Kühleborn immer im Wasser bleibt. So hat sie ihn auch heute wieder gefunden. Als sie ihn nach den Kobolden fragt, erfährt sie, dass es nur noch ein paar gibt.

Kühleborn:	Von den Kobolden hört man heute nicht mehr viel. Es gibt nicht mehr als sieben oder acht Familien. Es werden von Generation zu Generation weniger, weil die Eltern ihre Kinder oft nicht mögen und einfach sitzen lassen. Viele Kobolde haben keinen Familiensinn°, könnte man sagen.
Weleda:	Ja, wissen Sie, Herr Kühleborn, ich habe den Karl Webber bei mir in der Midgard. Er hat es nie zugegeben, aber er vermisst° seine Familie. Jetzt suche ich die Koboldfamilie Webber.
Kühleborn:	Frau Weleda, da weiß ich etwas. Da habe ich schlechte Nachrichten für Karl Webber. Seine Eltern sind nicht mehr zu finden. Die anderen Kobolde haben mir erzählt, dass man die

Familie vor vielen Jahren zum letzten Mal am Nordpol gesehen hätte und dass es seitdem keine Spur mehr von ihr gegeben hätte. Aber sie sprachen auch von einer jungen Koboldin, die seit langer Zeit ihren kleinen Bruder sucht. Vielleicht hat der Karl eine große Schwester.

Weleda: Ich bin so froh, dass Sie so viel von den Kobolden wissen. Ich habe leider wenig Gelegenheit, mit den paar Familien zusammenzukommen und mich zu unterhalten. Ich werde dem Karl sagen, dass er vielleicht doch noch Verwandte hat. Wissen Sie, wie die Schwester hieß?

Kühleborn: So genau kann ich mich nicht erinnern, aber es klang wie° „Ria" oder „Pia" oder „Resa". Aber wer kann sich an solche Sachen schon so genau erinnern?

Weleda: Nun, halten Sie Ihre Ohren und Augen offen. Vielleicht hören Sie ja etwas von Kalis Familie oder seiner Schwester.

Weleda kommt wieder in die Midgard und will mit Kali reden. Sie hat traurige° Nachrichten und sie hat tolle Nachrichten für ihn. Er sitzt am Monitor und sieht sich die Informationen seiner neusten Internet-Suche° an. Er hat andere Koboldfamilien gefunden und hat in einem MUD° eine Koboldin getroffen, die auch ihre Familie sucht. Sie heißt Rieke. Sie hat auch keine Eltern mehr, aber sie sucht ihren Bruder, der immer so viele Fragen gestellt hat. Sie hat ihn nur ganz klein gesehen, weil ihre Eltern ihn haben sitzen lassen, als er ein Jahr alt wurde. Sie lebt jetzt in einer alternativen Buchhandlung° in Herdecke und findet die Generation ihrer Eltern einfach schrecklich. Die beiden jungen Kobolde wollen sich nächsten Freitag in der Westfalenhalle° treffen, denn da ist eine große Computerausstellung°. Leider kann Rieke nicht im Net surfen, aber eine der Verkäuferinnen will zur Computerausstellung fahren und da kann sie in der Handtasche im Auto mitfahren. Kali ist ganz froh, aber Weleda ist ein bisschen traurig, weil sie Kali von seiner Schwester erzählen wollte. Sie wollte ihm die Nachrichten von Herrn Kühleborn bringen. Jetzt hat Kali alles selbst entdeckt°. Und sie hat auch etwas Angst, dass Kali sie in der Midgard allein lassen wird. Und außerdem geht ihr das Wetter im November auf die Nerven°.

(*gemütlich* cozy; *der Schwachkopf* dummy; *der Zufall* coincidence; *der Wassergeist* water spirit; *der Harz* Harz region; *das Geheimnis* secret; *der Familiensinn* sense of family; *vermissen* to miss; *klingen wie* to sound like; *traurig* sad; *die Suche* search; *der MUD* Multi-User-Dungeon; *die Buchhandlung* bookstore; *die Westfalenhalle* sports arena and concert hall in Dortmund; *die Computerausstellung* computer exhibit; *entdecken* to discover; *auf die Nerven gehen* to get on somebody's nerves)

1. *Was stimmt hier nicht?* **Verbessern Sie den falschen Teil!**

    1. In der Midgard ist es im Dezember nicht so gemütlich.
    2. Kali sitzt mit einem frohen Gesicht in der Anmeldung.
    3. Herr Kühleborn ist ein Berggeist.
    4. Die Kobolde werden von Generation zu Generation mehr.
    5. Man hat Kalis Tante zum letzten Mal am Nordpol gesehen.
    6. Vielleicht hat Kali einen großen Bruder.
    7. Kali hat in einem Buch andere Koboldfamilien gefunden.
    8. Kalis Schwester lebt in der Westfalenhalle.
    9. Kali und seine Schwester wollen sich nächsten Donnerstag treffen.
    10. Weleda wollte Kali ein Geschenk von Herrn Kühleborn geben.

Allerlei

Probleme zwischen den Generationen

Probleme mit den Eltern? Welcher Jugendliche kennt sie nicht? Hier erzählen drei junge Leute davon.

Moni

Moni (18 Jahre): Die größten Probleme mit meinen Eltern haben mit meiner Kleidung zu tun. Besonders meine Mutter mag nicht, was ich trage°. Sie will, dass ich öfter ein Kleid oder einen Rock trage. Meine Hosen sind ihr zu weit und meine T-Shirts und Pullover sind ihr zu lang. Auch kritisiert sie immer, dass ich fast nur schwarze Kleidung trage. Sie möchte, dass ich rot oder blau trage. Aber schwarz ist einfach meine Lieblingsfarbe. Und wenn ich dann die bunten Kleider nicht anziehe, die sie mir kauft, dann ärgert sie sich. Aber ich kann nicht leiden, was sie schön findet.

Den größten Streit° aber hatten wir, als meine Freundin mir die Haare rosa gefärbt° hat. Da hat mein Vater sehr geschrien. Ich durfte zwei Wochen nicht mit meinen Freunden ausgehen und Taschengeld habe ich auch nicht bekommen. Ich wäre froh, wenn meine Eltern verstehen würden, dass ich selbst entscheiden will, was ich anziehe.

Roland (15 Jahre): Ich habe in letzter Zeit große Schwierigkeiten mit meinen Eltern. Alles fing damit an, dass ich meine Freunde Tobias und Michael kennen gelernt habe. Sie gehen mit mir in die Schule und wir spielen auch im gleichen Fußballteam. Sie sind meine Freunde, weil ich mit ihnen über alles reden kann. Sie verstehen mich. Aber meine Eltern mögen Tobias und Michael nicht. Sie sagen, dass die beiden einen schlechten Einfluss auf mich haben. Es stimmt ja, dass meine Noten in der Schule schlechter geworden sind, aber das hat nichts mit meinen Freunden zu tun. Ich interessiere mich einfach nicht mehr dafür, was wir in der Schule machen müssen. Vieles hat einfach nichts mit mir oder meinen Interessen zu tun. Ich verstehe nicht, was meine Eltern gegen meine Freunde haben, sie kennen sie ja gar nicht. Jetzt wollen sie mir verbieten°, dass ich mich mit ihnen treffe. Ich bin aber wirklich alt genug, mir meine eigenen Freunde auszusuchen.

Roland

Maria (17 Jahre): Ich habe immer wieder Probleme mit meinen Eltern, weil sie mich wie ein kleines Kind behandeln°. Ich darf nichts selbst entscheiden. Immer muss ich sie fragen, wenn ich etwas tun möchte. Und letztes Jahr haben sie mir nicht erlaubt°, mit meinen Freunden nach Italien zum Campen zu fahren. Das war ihnen zu gefährlich. Da musste ich dann zu Hause bleiben und etwas mit ihnen machen, während meine Freunde am Meer lagen. Außerdem streiten° wir uns in letzter Zeit oft, weil ich mit achtzehn den Führerschein machen möchte. Meine Eltern glauben, dass ich zu jung bin. Dabei haben sie den Führerschein gemacht, als sie in meinem Alter waren. Ich verstehe ja, dass sie sich um mich sorgen. Bestimmt spielt auch eine Rolle, dass ich keine Geschwister habe. Wenn meine Eltern mehr Kinder als mich hätten, dann hätten sie nicht so viel Zeit für mich. Ich möchte, dass meine Eltern mir mehr vertrauen° und dass sie mich öfter fragen, was ich möchte.

(*tragen* to wear; *der Streit* argument; *färben* to dye; *verbieten* to forbid; *behandeln* to treat; *sich erlauben* to allow; *sich streiten* to fight; *vertrauen* to trust)

Maria

2. *Wer ist das?* **Das ist die Person, die...**

1. gern Auto fahren möchte.
2. rosa Haare hat.
3. in der Schule nicht so gut ist.
4. gern mit Freunden ans Meer gefahren wäre.
5. keine Geschwister hat.
6. neue Freunde hat.
7. zwei Wochen kein Taschengeld bekommen hat.
8. gern lange Pullover trägt.
9. ihre Kleidung gern selbst kauft.

3. **Von welchem Verb im Text ist hier die Rede?**

| entscheiden | kritisieren | verbieten |
| sich streiten | vertrauen | sich sorgen |

1. Wenn man einer anderen Person sagt, was sie falsch macht.
2. Wenn man sauer ist und mit sehr lauter Stimme spricht.
3. Wenn man aussuchen kann, was man tun will.
4. Wenn man einer anderen Person sagt, was sie nicht tun kann.
5. Wenn man glaubt, dass die andere Person das Richtige tut.
6. Wenn man Angst um eine Person hat.

4. *Was sollen sie tun?* **Geben Sie Maria, Moni und Roland Rat, was sie wegen ihrer Probleme mit den Eltern tun können!**

Familienrat

Rollenspiel

Arbeiten Sie mit zwei anderen Personen! Wählen Sie ein Thema, über das Sie sich streiten können! Finden Sie aber am Ende einen Kompromiss!

Sprichwort

Was Hänschen nicht lernt, lernt Hans nimmermehr.

(You can't teach an old dog new tricks.)

Sprache

Wo-compounds

You have already learned how to use *da*-compounds. In order to ask questions with verb/preposition combinations, you will need to use *wo*-compounds. Like *da*-compounds, *wo*-compounds refer to inanimate objects, while questions about people and animals are formed with a preposition plus a pronoun combination.

Worauf warten Sie? Auf den Bus. What are you waiting for? For the bus.
Auf wen warten Sie? Auf meinen Sohn. Whom are you waiting for? For my son.

5. *Wissen Sie eine Lösung?* **Lesen Sie den folgenden Text und beantworten Sie die Fragen dazu!**

Julia H. (14 Jahre) schreibt an die Jugendzeitschrift Stafette:

Ich verstehe mich mit meinem 12jährigen Bruder überhaupt nicht. Immer gibt es Streit. Sobald wir uns sehen, fängt der Streit an. Aber er benimmt sich auch bei meinen Freundinnen oft so blöd — z.B. beleidigt er sie oder erzählt ihnen darüber, was ich über sie und die Schule gesagt habe. Ich schäme mich dann furchtbar darüber, dass er ihnen so etwas erzählt. In der Schule ist er besser als ich und sagt oft bei unseren Verwandten, wie viel besser er ist. Ich würde gern mal mit ihm darüber reden, aber er fängt dann nur blöd an zu schreien. Können Sie mir einen Tip geben, wie wir besser miteinander auskommen können?

1. Worüber schreibt diese Person?
2. Mit wem versteht sie sich nicht?
3. Bei wem benimmt sich ihr Bruder oft blöd?
4. Worüber erzählt er ihren Freundinnen?
5. Bei wem erzählt er, dass er besser in der Schule ist?
6. Worüber möchte sie mit ihm reden?

6. **Ergänzen Sie jeden Satz mit dem fehlenden *Wo*-Wort!**

1. ___ denkst du? An die Prüfung am Freitagnachmittag.
2. ___ interessierst du dich? Für die neuen Medien.
3. ___ hast du oft Probleme? Mit meinem alten Fahrrad.
4. ___ sorgst du dich? Um meinen nächsten Urlaub.
5. ___ lacht ihr? Über den Witz, den Hans gerade erzählt hat.
6. ___ suchst du? Nach einer Lösung für dieses Problem.
7. ___ nimmst du teil? An einer Wanderung in der Schweiz.
8. ___ bereitest du dich vor? Auf meinen Führerschein.
9. ___ grenzt euer Garten? An einen Wald.
10. ___ erinnerst du dich? An meine Jugend.

7. *Beantworten Sie die Fragen für sich und diskutieren Sie Ihre Antworten mit einer anderen Person in der Klasse!* **Vergessen Sie nicht, dass Ihre Antworten keine Personen oder Tiere sein können!**

1. Worauf hoffen Sie?
2. Womit haben Sie die meisten Probleme?
3. Worauf freuen Sie sich am meisten?
4. Worüber müssen Sie oft schreiben?
5. Wovon träumen Sie manchmal?
6. Wofür interessieren Sie sich im Sommer?
7. Woran nehmen Sie nicht gern teil?
8. Worum sorgen Sie sich?

Länder, Kantone und Provinzen

Nordrhein-Westfalen

Nordrhein-Westfalen ist die Antwort auf die Frage, in welchem Bundesland die meisten Deutschen leben. Hier wohnen auf engstem Raum° 18 Millionen Menschen. Fast jeder vierte Mensch also, der in Deutschland lebt, hat in diesem Bundesland sein Zuhause. Es liegt im Westen von Deutschland und grenzt an Belgien und die Niederlande im Westen, Niedersachsen im Norden und Nordosten, Hessen im Südosten und an Rheinland-Pfalz im Süden. Es liegt also ungefähr zwischen den Flüssen Rhein und Weser, Lippe und Sieg. Dieses Bundesland besteht aus zwei Teilen, dem Rheinland im Westen und Westfalen im Osten. Es ist sehr jung, wie die meisten deutschen Bundesländer, die nach dem Zweiten Weltkrieg gegründet wurden. Vor ein paar Jahren wurde Nordrhein-Westfalen 50 Jahre alt.

Was ist denn so besonders an diesem Land? Als Bundesland mit den meisten Menschen ist es auch das Land mit den größten Städten in einem Gebiet°, dem Ruhrgebiet. Und es ist das Land in Deutschland, in dem man früher Stahl° und Kohle produziert hatte. Es war also das industrielle Zentrum Deutschlands, wo es schon

Früher wurde im Ruhrgebiet Stahl und Kohle produziert.

sehr lange internationale Kulturen und Menschen aus vielen verschiedenen Ländern gibt. Vor neunzig Jahren kamen viele Leute aus Polen, und vor vierzig Jahren viele aus Italien und Jugoslawien. Aber von der Kohle ist nicht mehr viel da und Stahl aus dem Ruhrgebiet ist international zu teuer. Die alten Zechen°,

Die alten Zechen, in denen man früher Kohle gefunden hatte, benutzt man heute anders.

in denen man früher die Kohle gefunden hatte, benutzt man heute anders. In Duisburg, im Stadtteil Meiderich, beleuchtet° man sogar eine alte Zeche. Das sieht so interessant aus, dass viele Touristen kommen, um sie zu sehen.

(*der Raum* space; *das Gebiet* region; *der Stahl* steel; *die Zeche* coal mine; *beleuchten* to light up, illuminate)

8. *Was stimmt hier nicht?* **Verbessern Sie den falschen Teil!**

1. Hessen liegt südwestlich von Nordrhein-Westfalen.
2. Nordrhein-Westfalen liegt zwischen drei Flüssen.
3. Nordrhein-Westfalen wurde vor zwei Jahren gegründet.
4. Vor neunzig Jahren kamen viele Leute aus Italien nach Nordrhein-Westfalen.
5. Der Stadtteil Meiderich ist in der Stadt Düsseldorf.

Die Leute arbeiten heute in neuen Industrien. Informationsmedien und Computertechnologien sind heute in den Großstädten° und auch in den Firmen auf dem Land besonders wichtig. Vom Buchdruck° bis zum Desktop-Publishing gibt es viele Jobs in den Kommunikationstechnologien.

Informationsmedien sind heute besonders wichtig.

Wer Düsseldorf am Rhein besucht, der wird neben den 680 000 Einwohnern auch viele Firmen aus anderen Ländern finden, die in der Hauptstadt Nordrhein-Westfalens sitzen. Gleich neben Düsseldorf beginnt im Osten das Ruhrgebiet. Dort leben vier Millionen Menschen. Gelsenkirchen (320 000), Essen (650 000), Duisburg (430 000), Bochum (350 000) und Dortmund (620 000) sind Großstädte in dieser Gegend. Man fährt von einem Ende bis ans andere und denkt die ganze Zeit: „Mensch, hört diese Stadt denn nie auf?" Dabei fährt man durch viele kleinere Städte und von einer Großstadt in die nächste.

In den Städten von Nordrhein-Westfalen ist viel los, denn viele junge Leute leben hier. In Bochum gehen sie oft in die „Zeche". Es ist kein Zufall, dass dieses Zentrum für junge Leute „Zeche" heißt. Das Gebäude gehörte früher zu einer Zeche. Die „Zeche" ist ein Zentrum der Jugend und Kultur in Bochum, in dem viele Bands spielen, viele Theater ihre Kunst zeigen und wo auch sonst viele Künstler arbeiten. Einer von ihnen ist Herbert Grönemeyer, ein bekannter Musiker aus Nordrhein-Westfalen, der viel über die Geschichte des Landes und des Ruhrgebiets singt. Zwanzig Kilometer weiter im Osten, in Dortmund, gehen die jungen Leute gern in die Westfalenhalle, um dort Musik von internationalen Bands zu hören. Sie wird viel besucht, denn jeden Tag ist da etwas los.

Düsseldorf, eine große Stadt in Nordrhein-Westfalen

In den Städten Nordrhein-Westfalens gibt es trotz der Industrie und Wirtschaft viel Wald, schöne Wiesen und große Parks. In Dortmund zum Beispiel sind 53% der Stadt grün. Außerdem gibt es viele Flüsse und Seen, die als Handelsrouten benutzt werden. Duisburg zum Beispiel hat einen sehr großen Hafen. Der Hafen liegt so weit im Land, dass man über Flüsse zu ihm fährt. Er gehört zu den größten Häfen in Europa.

Köln am Rhein spielt auch eine sehr wichtige Rolle in Nordrhein-Westfalen. Von dort kann man mit dem Schiff nach Düsseldorf fahren und so eine Fahrt auf dem „Vater Rhein" genießen. Köln hat nicht nur den Kölner Dom, sondern ist auch wegen seines Karnevals bekannt. Die Stadt hat fast eine Million Einwohner, sehr viele Museen und eine tolle Altstadt.

Köln ist auch wegen seines Karnevals bekannt.

Fußball ist der größte Sport in Nordrhein-Westfalen. Ein paar Klubs spielen in der Bundesliga. Borussia Dortmund 09 und Schalke 04 aus Gelsenkirchen zum Beispiel waren schon ein paar Mal Deutscher Meister. 1904 gründete man den Klub Schalke; der Klub ist fünf Jahre älter als Dortmunds Fußballklub. Bochum und Essen spielen in der Zweiten Liga. Man kann sagen, dass die Menschen in diesem Bundesland Fußballfans sind. Jeden Samstag sehen sie sich die Spiele ihrer Klubs an. Das hat Tradition.

(*die Großstadt* metropolis, big city; *der Buchdruck* book printing)

Schalke 04 war schon ein paar Mal Deutscher Meister.

9. **Von welchem Ort ist hier die Rede?** Das ist die Stadt,...

1. die die Hauptstadt Nordrhein-Westfalens ist.
2. in der es ein berühmtes Zentrum für junge Leute gibt.
3. die einen großen Hafen hat.
4. in der es einen berühmten Dom gibt.
5. die außer Bochum in der Zweiten Liga spielt.
6. deren Fußballteam 1904 gegründet wurde.
7. wo eine berühmte Konzerthalle steht.
8. in der fast eine Million Einwohner leben.

Diese Stadt hat einen großen Hafen

10. **Was passt hier zusammen?**

1. In diesem Bundesland leben
2. Nordrhein-Westfalen besteht
3. Im Ruhrgebiet hat man früher
4. Die Leute arbeiten heute
5. In Düsseldorf findet man
6. In der „Zeche" arbeiten
7. In der Westfalenhalle ist
8. Duisburg ist
9. In Köln kann
10. Jeden Samstag sehen sich die Fußballfans

a. viele Firmen aus anderen Ländern.
b. Kohle und Stahl produziert.
c. viele Künstler.
d. die Spiele ihrer Klubs an.
e. die meisten Leute in Deutschland.
f. jeden Abend etwas los.
g. in neuen Industrien.
h. aus zwei Teilen.
i. ein Hafen im Land.
j. man auf dem Rhein fahren.

Sprache

Passive Voice, Present Tense

The passive voice means that the subject of the sentence is not doing the action of the verb, but rather the action of the verb is being done to the subject of the sentence. The passive shifts the focus in the sentence from the doer of the action to the receiver of the action. That is one reason the passive voice is often used to describe a process. English uses *is/are being* + past participle to form passive sentences. Take, for example, the following sentence:

A new house is being built on our street.

In this sentence it is not important who is doing the building, but rather that a house is being built.

To form the passive voice in German, you use forms of *werden* plus the past participle of the verb.

> *Das Auto wird gewaschen.* The car is being washed.
> *Die Bücher werden gelesen.* The books are being read.

Although passive sentences do not need to indicate who performs the action of the verb, some passive sentences include an "agent." When there is an agent in the sentence, German uses the preposition *von* before it. Remember that *von* is followed by the dative case.

> *Das Haus wird von meinen Nachbarn restauriert.* The house is being restored by my neighbors.

11. ***Planen Sie!*** **Was wird alles gemacht? Hier haben Sie drei Prozesse und verschiedene Sätze, die zu diesen Prozessen gehören. Bringen Sie die Sätze mit ihren Prozessen zusammen und schreiben Sie sie dann in der richtige Reihenfolge! Hier sind die drei Kategorien für Sie: (A) Party vorbereiten, (B) Aufsatz schreiben, (C) einen neuen Wagen suchen.**

1. Der beste Wagen wird gekauft.
2. Das Essen wird gekocht.
3. Der Tisch wird gedeckt.
4. Die Sätze werden noch einmal gelesen.
5. Die Autos werden angesehen.
6. Die Gäste werden eingeladen.
7. Die Anzeigen in der Zeitung werden überprüft.
8. Die Verkäufer werden angerufen.
9. Die Kerzen werden auf den Tisch gestellt.
10. Ein Plan wird gemacht.
11. Informationen werden gesammelt.
12. Die Arbeit wird geschrieben.

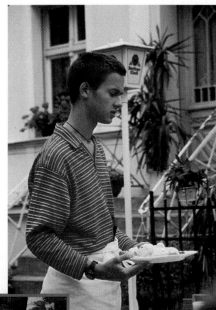

Das Essen wird gebracht.

Ein rotes Kleid wird anprobiert.

12. *Wie wird ein Zimmer tapeziert?* **Ergänzen Sie die Formen von** *werden* **und die Partizipien!**

abschneiden	abziehen	anstreichen	kaufen
kleben	machen	messen	schneiden
streichen	waschen	werfen	

◆ Am Anfang ___ die Tapete ___.
Am Anfang wird die Tapete gekauft.

1. Zuerst ___ ___, wie groß das Zimmer ist.
2. Die alte Tapete ___ von der Familie ___.
3. Die Wände ___ von den Kindern mit Wasser___.
4. Die Tapete ___ in drei Meter lange Teile ___.
5. Kleister ___ auf die Teile ___.
6. Die Tapete ___ an die Wand ___.
7. Danach ___ dreißig Zentimeter von der Tapete ___.
8. Diese Teile ___ in den Gelben Sack ___ .
9. Alles ___ sauber ___.
10. Am Ende ___ die Wände mit Farbe ___.

13. *Schreiben Sie jetzt, wie ein Prozess funktioniert!* **Es kann eine Idee aus der folgenden Liste ausgesucht werden, oder Sie können Ihre eigene Idee benutzen. Benutzen Sie das Passiv!**

ein Konzert mit der Band planen

ein Geburtstagsgeschenk kaufen

eine Reise vorbereiten

einen Streich spielen

ein Haus bauen

Von einem Ort zum andern

Die Straßenbahn

Da viele Leute in Städten von einem Ort zum andern müssen, gibt es viele Verkehrsmittel. Zum Beispiel kann man die Straßenbahn, die U-Bahn° oder den Bus nehmen. Die Straßenbahn ist eine Bahn, die durch die Straßen der Städte fährt. Am Morgen fahren die meisten Straßenbahnen alle fünf Minuten°. Sie halten an allen Haltestellen° an, damit Leute einsteigen und andere aussteigen können. Wer mit

Wer mit der Straßenbahn fahren möchte, braucht eine Fahrkarte.

der Straßenbahn und der U-Bahn fahren möchte, braucht eine Fahrkarte oder eine Mehrfahrtkarte° mit mehreren Fahrten zum besseren Preis. Diese Karten kauft man an einem Kiosk oder in der Zeitschriften- oder Buchhandlung. Eine kurze Fahrt in Berlin kostet zum Beispiel zwei Mark fünfzig. Eine lange Fahrt kann auch vier Mark kosten. Dann darf man auch mit den Bussen weiterfahren, wenn die Straßenbahn nicht dahinfährt, wohin man möchte. Straßenbahnen können sehr viele Menschen zur Arbeit fahren und wieder nach Hause bringen. Diese Leute kaufen nicht jeden Tag eine Fahrkarte. Sie haben eine Monatskarte° und fahren damit

Steigt er in den Bus ein oder aus?

einen ganzen Monat zu einem bestimmten Preis. Meistens kostet eine Monatskarte ungefähr 100 Mark. Die Kinder haben Schülerkarten° für ein ganzes Jahr und brauchen meistens nichts dafür zu bezahlen. Die Stadt bezahlt für sie, denn sie will die Schüler sicher in die Schulen bringen.

In Großstädten kann man auch mit der U-Bahn fahren.

Straßenbahnen gibt es in Berlin seit 1865, in Paris seit 1854 und in New York seit 1832. Das waren zuerst Straßenbahnen mit Pferden davor. Dann entwickelte° die deutsche Firma Siemens den ersten Elektromotor und benutzte ihn 1879 in Berlin in einer Straßenbahn. Seit dieser Zeit ist der Elektromotor die beste Lösung° für Straßenbahnen. Viele deutsche Großstädte haben Bahnen, die über und unter der Erde fahren. Es sind also Straßenbahnen und U-Bahnen. Das ist praktisch, denn U-Bahnen zu bauen ist besonders teuer. Da muss man viel Erde bewegen, bis man unter der Erde eine Straße für die Bahn gebaut hat. Straßenbahnen brauchen nur den Platz in der Mitte der Straßen, den Strom in der Oberleitung° und die Schienen° für die Räder°.

(*die U-Bahn* subway; *alle fünf Minuten* every five minutes; *die Haltestelle* stop; *die Mehrfahrtkarte* multiple-trip card; *die Monatskarte* monthly ticket; *die Schülerkarte* ticket for school-age children; *entwickeln* to develop; *die Lösung* solution; *die Oberleitung* overhead electric wire; *die Schiene* rail, track; *das Rad* wheel)

Eine Fahrkarte, bitte!

Dieter ist Student an der Uni in Bochum. Dies ist sein erstes Semester und er kennt die Stadt noch nicht so gut. Er will aber nicht mit dem Auto zur Uni fahren, denn Parken ist ein Problem. Deshalb kauft er heute Karten für die Straßenbahn an einem kleinen Kiosk in der Innenstadt.

Sie können die Karte in den Entwerter stecken.

Verkäufer: Tag! Was darf es denn sein?

Dieter: Guten Tag! Ich brauche Karten für die Straßenbahn.

Verkäufer: Möchten Sie einzelne Karten?

Dieter: Gibt es etwas anderes?

Verkäufer: Ja, Sie können auch eine Mehrfahrtkarte kaufen. Das ist praktischer und billiger für Sie, wenn Sie die Straßenbahn oft benutzen.

Dieter: Das wäre gut, weil ich bestimmt jeden Tag zur Uni fahren werde. Also, dann nehme ich eine Mehrfahrtkarte.

Verkäufer: Wie viele Fahrten hätten Sie denn gern? Es gibt Karten mit 10 Fahrten oder mit 15 Fahrten. Sie können die Karte dann in der Straßenbahn einfach in den Entwerter° stecken, wenn Sie die Bahn benutzen.

Dieter kauft Straßenbahnkarten an einem Kiosk.

Dieter: Ich nehme zuerst einmal eine mit 15 Fahrten. Das ist genug für die ersten Wochen. Ich wollte aber noch wissen, ob ich mit diesen Karten auch die U-Bahn und den Bus benutzen kann, weil die Straßenbahn nicht bis vor mein Haus fährt.

Verkäufer: Ja, natürlich. Sie können damit alle drei Verkehrsmittel benutzen.

Dieter: Wie viel bekommen Sie von mir?

Verkäufer: Das macht 25 DM.

Dieter: Hier bitte.

Verkäufer: Stimmt genau. Vielen Dank.

Dieter: Danke. Wiedersehen!

Verkäufer: Wiedersehen! Schönen Tag noch!

(*der Entwerter* ticket validator)

Rollenspiel

Arbeiten Sie mit einer anderen Person! Einer von Ihnen ist Tourist / Touristin in München. Sie brauchen nur eine Fahrkarte für eine Fahrt zum Deutschen Museum. Gehen Sie zu einer Buchhandlung und entscheiden Sie, welche Karte Sie kaufen wollen. Die zweite Person arbeitet in einer Buchhandlung. Verkaufen Sie dem Touristen / der Touristin eine Fahrkarte zum Museum! Erklären Sie ihm / ihr auch, dass es eine Mehrfahrtkarte oder eine Tageskarte für Touristen gibt und sie eigentlich für ihn / sie ganz praktisch wäre!

Sprache

Modals with the Passive, Present Tense

When you use the passive voice, you can also use modals to express when things should, must, and can happen.

> *Wann wird der Müll abgeholt? Er soll Montagvormittag abgeholt werden.* When is the garbage getting picked up? It's supposed to get picked up on Monday morning.

Modals in passive sentences move *werden* to the end of the sentence in its infinitive form. You will have to make the modal forms match the subject.

14. *Hand-in-Hand.* **Besuch kommt! Die Familie muss das Haus in Ordnung bringen und sie hat nur zwei Tage. Was muss alles an den beiden Tagen passieren? Eine Person arbeitet auf dieser Seite, die andere auf Seite 370 im Anhang.**

   ◆ *Person 1:* Was passiert am Freitag im Bad?
   Person 2: Der Spiegel muss geputzt werden.

Was passiert im/in der ...?	Bad	Kinderzimmer	Wohnzimmer	Küche	Garten
am Freitag	den Spiegel putzen	das Spielzeug aufräumen	staubsaugen		
am Samstag-vormittag	die Badewanne sauber machen		Staub wischen		Stühle hinstellen
am Samstag-nachmittag		die Betten machen			Gäste begrüßen

15. Beantworten Sie die Fragen!

◆ Wann wird die neue Brücke gebaut? (im Januar / sollen)
Die neue Brücke soll im Januar gebaut werden.

1. Wo werden die Piraten enthauptet? (auf dem Grasbrook / sollen)
2. Wo wird das Fest des Kaisers gefeiert? (in Mainz / sollen)
3. Wann wird die älteste Kirche der Stadt restauriert? (diesen Sommer / müssen)
4. Wann werden wir von der Party abgeholt? (um elf / müssen)
5. Wann werden die Zimmer angestrichen? (am Montag / können)
6. Von wem wird der Computer benutzt? (von allen / dürfen)
7. Wann werden die Noten gegeben? (nach der Prüfung / sollen)
8. Wann werden die Kassetten gespielt? (erst nach dem Abendessen / dürfen)

16.
Was muss gemacht werden? Es ist das Ende des Schuljahres. Was muss im Klassenzimmer passieren, bevor die Schüler alle für den Sommer nach Hause gehen? Schreiben Sie, was alles passieren muss! Benutzen Sie das Passiv!

Menschen und Mächte

Gutenberg und der Buchdruck

Steckbrief

Name:	Johannes Gutenberg
Geburtstag:	um 1397 in Mainz
Todestag:	1468 in Mainz
Ehefrau:	unbekannt
Kinder:	unbekannt
Beruf:	Geschäftsmann, Goldschmied°, Erfinder° des Buchdrucks
Wichtigster Tag:	der Tag, an dem er das erste Buch druckte°

De A. Theuet, Liure V I.   514
IEAN GVTTEMBERG, INVENTEVR
de l'Imprimerie   Chapitre 97.

Johannes Gutenberg

Für uns ist es heutzutage ganz normal, dass wir preiswert Bücher kaufen können und dass auf unseren Computer-Monitoren schöne Buchstaben° erscheinen. All das ist möglich, weil der deutsche

Goldschmied und Geschäftsmann Johannes Gutenberg die erste Buchpresse° erfand°. Damit hatte Gutenberg einen großen Einfluss auf die Geschichte des Buches und auf die modernen Informationsmedien.

Seit dem 12. Jahrhundert machte man Papier in Deutschland, eine Kunst, die über Arabien aus China nach Europa gekommen war. Man konnte bis zum 15. Jahrhundert aber noch keine Texte oder Bücher drucken. Alles, was man las, musste von Menschen mit der Hand geschrieben werden. Die meisten Texte waren für die Kirche. Mönche° schrieben diese Texte den ganzen Tag lang, was sehr lange dauerte. Im 15. Jahrhundert aber fing das Leben der Menschen an, sich sehr zu verändern. Jetzt schrieben nicht mehr nur Mönche, sondern auch andere Leute, die in ihrem Beruf nichts anderes taten als schreiben. Diese Leute konnten aber nicht schnell genug schreiben, um alles zu schreiben, was man für den Handel und zum Lesen brauchte.

Er drückt das Papier gegen die Buchstaben.

Gutenberg war ein Geschäftsmann — er wollte viele Texte schneller produzieren, um Geld zu verdienen. Man brauchte in seiner Zeit einfach viel mehr Sachen zum Lesen. Einige Leute hatten in den Schulen Lesen und Schreiben gelernt und wollten etwas zu lesen haben. Andere, die mit der Hanse und dem Handel zu tun hatten, brauchten viele Dokumente dafür. Gutenberg wollte das Problem lösen; er verband die Technik seiner Zeit für Textilproduktion, Papiermachen und Weinpressen und baute daraus die Buchpresse. Gutenbergs Erfindung waren bewegliche° Buchstaben. Um einen Text zu drucken, brachte man Buchstaben aus Metall in eine Reihe, rollte Farbe über die Buchstaben und drückte das Papier gegen die Buchstaben. Innerhalb von 30 Jahren wurden immer mehr Texte in Europa gedruckt, was dafür sorgte, dass die europäischen Länder mehr Kontakt miteinander hatten. Die Renaissance konnte beginnen. Mit seiner Erfindung schuf° Gutenberg das moderne „Information Age".

Die Gutenberg Bibel im Gutenberg-Museum in Mainz

Weil Gutenbergs Zeit noch sehr religiös war, war sein wichtigstes Buch die Bibel auf Latein. Gutenberg druckte 300 „Gutenberg Bibeln", — das erste Buch, das mit einer Maschine produziert wurde und die erste Massenproduktion eines Textes — aber sie waren für die meisten Leute noch viel zu teuer. Eine Bibel kostete etwa so viel Geld, wie eine normale Person in drei Jahren verdiente.

Trotz seines Erfolgs hatte Gutenberg kein großes Glück. Er passte nicht gut auf sein Geld auf und verlor sein ganzes Geschäft. Seine Technik wurde bekannt und andere Leute bekamen das Geld für die Bibel, die Gutenberg gedruckt hatte.

Die Technik, die Gutenberg für den Buchdruck entwickelte, veränderte sich fast gar nicht bis in das 19. Jahrhundert. Dann kamen viele neue Erfindungen: „Linotype", eine mechanische Methode zu drucken, und die Schreibmaschine°. Im 20. Jahrhundert kamen die Kopiermaschine, die billig viele Kopien von einem Text machen kann, und der Computer, der Desktop-Publishing und Word-Processing für jeden möglich macht. Und jetzt gibt es auch noch das Internet. Alle diese Methoden zu drucken wurden durch die Erfindung Johannes Gutenbergs von vor 500 Jahren möglich.

(*der Goldschmied* goldsmith; *der Erfinder* inventor; *drucken* to print; *der Buchstabe* letter [of the alphabet]; *die Buchpresse* printing press; *erfinden* to invent; *der Mönch* monk; *beweglich* movable; *schaffen* to create; *die Schreibmaschine* typewriter)

17. **Bringen Sie die Sätze in die richtige Reihenfolge!**

1. ___ Die Buchpresse wird aus der Technik der Zeit entwickelt.
2. ___ Der Computer wird erfunden.
3. ___ Die Gutenberg Bibeln werden gedruckt.
4. ___ Die „Linotype" wird erfunden.
5. ___ Die Kopiermaschine wird erfunden.
6. ___ Viele Dokumente werden für den Handel gebraucht.
7. ___ Papier wird nach Europa gebracht.
8. ___ Texte werden mit der Hand geschrieben.

18. **Beantworten Sie die Fragen!**

1. Wie kam Papier nach Europa?
2. Was für Texte schrieben die Mönche den ganzen Tag lang?
3. Warum wollte Gutenberg die Buchpresse erfinden?
4. Woraus entwickelte Gutenberg die Buchpresse?
5. Wie lange dauerte es, bis der Buchdruck in Europa benutzt wurde?
6. Was war Gutenbergs wichtigstes Buch?
7. Warum hatte Gutenberg kein großes Glück?
8. Welche neuen Techniken im 19. und 20 Jahrhundert haben mit Gutenbergs Erfindung zu tun?

Bei uns zu Hause

Medien

Lieber Alex!

Hurra, heute haben wir ihn endlich bekommen, unseren Computer! Und da wollte ich dir gleich eine E-Mail schicken. Nicht nur ich habe mich schon auf diesen Tag gefreut, sondern meine ganze Familie. Meine Großeltern, meine Mutter, mein Vater, meine Schwester Hanna und ich haben seit

Wochen über nichts Anderes gesprochen. Ich schreibe dir aus der Wohnung meiner Großeltern, weil der Computer bei ihnen steht. Sie haben mehr Platz. Ich glaube auch, dass mein Großvater gern mit dem Computer spielt, vor allem Schach. Es ist gut, dass wir nicht nur Disketten benutzen können, sondern auch CD-ROM haben. Außerdem surft mein Großvater gern das Internet, weil er viel Zeitung liest und da hat er auf dem Computer eine große Auswahl. Unser Drucker° ist noch nicht da, aber er soll nächste Woche kommen. Leider kann er keine Farben drucken.

Peters Schwester benutzt den Computer sehr oft.

Sonst hat unser Computer einfach alles. Wir haben einen großen Farbmonitor und viel Speicherraum°, weil wir alle zusammen den Computer benutzen. Und das sind doch sechs Leute. Dass wir auch ein Modem haben, kannst du dir ja vorstellen, sonst könnte ich dir ja nicht E-Mail schreiben. Unsere Tastatur° ist ganz modern. Sie ist so gebaut, dass man lange schreiben kann und die Hände nicht wehtun. Du musst dir den Computer ganz bestimmt ansehen, wenn du nächste Woche kommst.

Ach ja, du wolltest ja auch noch wissen, was du uns mitbringen kannst. Wir hören alle gern Musik, aber du musst dich entscheiden, in welcher Form du die Musik mitbringen willst. Meine Eltern haben sehr viele Schallplatten, von den Rolling Stones bis zu den Beatles. Manche sind schon sehr alt und klingen nicht mehr so gut. Aber mein Vater sagt, dass er keine davon wegwerfen° würde, weil die Schallplatten ihn an seine Zeit als Hippie erinnern.

Du kennst ja schon meine Kassetten. Ich finde sie praktisch, weil ich sie überall in meinem Walkman mitnehmen kann. Du kannst auch deine CDs wieder mitnehmen. Ich habe sie schon alle aufgenommen.

Meine Schwester Hanna hat einen CD-Spieler. Sie hat aber keine so gute Musik. Sie hört fast nur klassische Musik. Sie lacht auch über die Schallplatten meiner Eltern. Sie meint, dass sie den Lärm, den die Schallplatten machen, nicht aushalten könnte.

Für Omas Grammophon findest du bestimmt keine Platten mehr! Man muss an der Seite an einer Kurbel° drehen, damit es zu spielen beginnt. Oma erzählt ganz gern, dass ihre Mutter es mit dem ersten Geld, das sie verdient hat, gekauft hat. Die Geschichte erzählt sie so oft, sogar du kennst sie bestimmt schon!

Was hat Peter schon aufgenommen?

Du siehst also, dass du viel Auswahl hast. Schreib mir noch, wann wir dich vom Bahnhof abholen sollen. Bis bald! Peter

(*der Drucker* printer; *der Speicherraum* storage capacity; *die Tastatur* keyboard; *wegwerfen* to throw out; *die Kurbel* crank)

Nützliche Wörter und Ausdrücke

Medien und Technologien

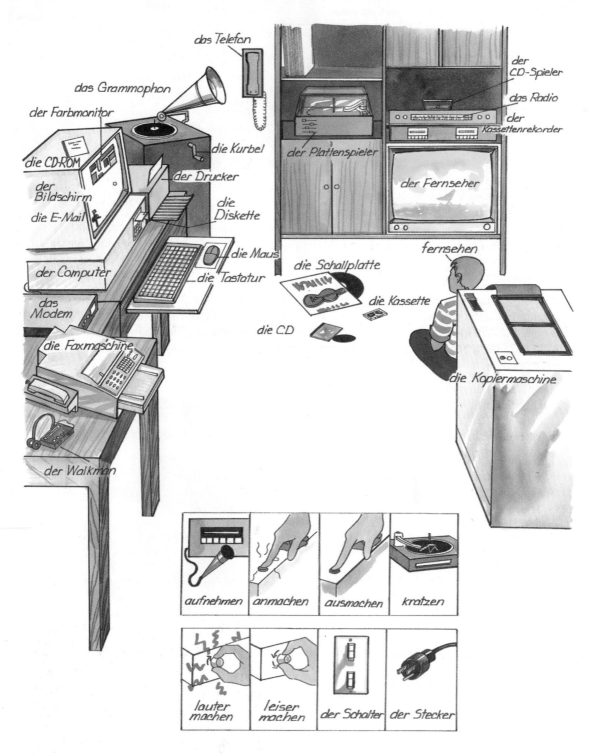

das Telefon

das Grammophon

der Farbmonitor

der CD-Spieler

das Radio

der Kassettenrekorder

die CD-ROM

die Kurbel

der Plattenspieler

der Drucker

der Bildschirm

die Diskette

die E-Mail

der Fernseher

die Maus

der Computer

die Tastatur

die Schallplatte

fernsehen

das Modem

die Kassette

die Faxmaschine

die CD

die Kopiermaschine

der Walkman

aufnehmen	anmachen	ausmachen	kratzen
lauter machen	leiser machen	der Schalter	der Stecker

19. Was passt zusammen?

1.	der Computer	a.	das Papier
2.	der Strom	b.	die Kurbel
3.	das Grammophon	c.	die Maus
4.	die Kopiermaschine	d.	die Buchstaben
5.	der Fernseher	e.	die Nachrichten
6.	der Walkman	f.	die Kassette
7.	die Tastatur	g.	der Stecker

Früher waren Schallplatten sehr beliebt.

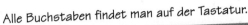

Alle Buchstaben findet man auf der Tastatur.

20. *Wovon ist hier die Rede?* Identifizieren Sie das Gerät (equipment)! Das ist...

1. ein schwarzes rundes Ding, auf dem Musik ist.
2. ein kleines Gerät, mit dem man beim Gehen oder Laufen Musik hören kann.
3. ein Gerät, das klingelt und mit dem man mit einer Person sprechen kann, die weit weg ist.
4. ein Gerät, in dem man Filme sehen kann.
5. ein kleines Ding aus Plastik, auf dem man Information für den Computer speichern kann.
6. ein Gerät, in das man ein Blatt Papier legt und viele Papiere produziert.
7. die ältere Form des Plattenspielers.
8. die Post, die man auf dem Computer bekommt.

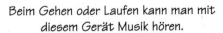

Beim Gehen oder Laufen kann man mit diesem Gerät Musik hören.

Sprache

Infinitive Clauses with *zu* and *um...zu*

German has a kind of dependent clause that uses an infinitive form of the verb. These clauses are like clauses in English in which "to" appears in front of the verb. An infinitive clause must have the same subject as the main clause; that means the same person or thing needs to be doing both actions.

German uses *zu* in front of the verb in these clauses, or between the separable prefix and the main verb.

Er fragt den Polizisten, um genaue Auskunft zu bekommen.

> *Es wäre schön, lange im Bett zu bleiben.* It would be nice to stay in bed a long time.
> *Es ist langweilig, ein Zimmer aufzuräumen.* It is boring to straighten up a room.

German also uses *um* (in order to) to introduce infinitive clauses. Clauses with *um...zu* explain why a person is doing a certain action.

> *Er kaufte die Farbe, um das Zimmer anzustreichen.* He bought the paint in order to paint the room.
> *Weleda setzte sich hin, um sich einen neuen Streich auszudenken.* Weleda sat down in order to think up a new prank.

Es ist wichtig, das Thema gut zu verstehen.

21. ***Ergänzen Sie die Sätze!*** **Benutzen Sie *zu*!**

Gisela: Ich habe doch keine Zeit, ___ (mich mit dir streiten). Warum versuchst du immer, ___ (einen Streit anfangen)? Es ist jetzt genug.

Frank: Das ist aber kein Grund, ___ (mit mir schimpfen)! Beruhige dich!

Gisela: Wie kann ich mich beruhigen, wenn du dich so furchtbar benimmst? Es wäre schön, ___ (endlich etwas Ruhe haben).

Frank: Ruhe haben? Ha! Ich habe keine Lust, ___ (noch weiter darüber reden). Sieh zu, dass du früh ins Bett kommst, wenn du Ruhe brauchst!

Gisela: Das würde ich ja tun, wenn du versprechen würdest, ___ (mich nicht stören).

Frank: Ich verspreche, ___ (aufhören). Es wäre unfair, ___ (weitermachen).

22. *Warum hat sich Renate das Mountainbike gewünscht?* Formulieren Sie Gründe, um die Fragen zu beantworten und benutzen Sie *um ... zu!*

◆ Warum hat sich Renate das Mountainbike gewünscht? Sie wollte am schnellsten fahren.
Um am schnellsten zu fahren.

1. Warum kauften Renates Eltern das Fahrrad? Sie wollten Renate glücklich machen.
2. Warum trainierte Renate jeden Tag? Sie wollte gut fahren.
3. Warum fuhr Renate in einem Team? Sie wollte mit anderen fahren.
4. Warum trug Renate einen Helm? Sie wollte sich nicht wehtun.
5. Warum fuhr Renate den Berg so schnell hinunter? Sie wollte ein tolles Gefühl haben.
6. Warum las Renate die Mountainbike-Zeitschrift? Sie wollte sich darüber informieren.
7. Warum wurde Renate Mitglied in dem Mountainbike-Klub? Sie wollte andere Jugendliche treffen.
8. Warum reparierte Renate ihr Rad so oft? Sie wollte Unfälle vermeiden.

23. *Kombinieren Sie!* Benutzen Sie *zu*-Sätze!

Das ist kein Grund,
Es ist unhöflich,
Es wäre langweilig,
Es wäre schön,
Ich habe keine Lust,
Wir versprechen,

mit mir
mit offenem Mund
kein Wort davon
heute Nachmittag
ohne dich
ganz allein

tanzen gehen
schimpfen
spazieren gehen
essen
sagen
ins Konzert gehen

Aktuelles

An der Pommesbude°

Die Kartoffel veränderte das Essen in Europa sehr, als sie aus Südamerika nach Europa kam. Das ist nun etwa 500 Jahre her. Im Jahr 1520 brachte der spanische Ritter Pizarro die ersten Kartoffeln von den Inkas in Südamerika nach Spanien. Seit dieser Zeit wurde die Kartoffel in Europa immer beliebter. In Deutschland gehört sie neben Brot und Kohl° zum einfachen Essen der kleinen Leute. Aus Frankreich kam dann eine besonders fette Kartoffelspeise°. Die Kartoffeln werden lang geschnitten und in Fett° geworfen. Nach etwa fünf Minuten werden die Pommes frites aus dem

Pommesbuden gibt es überall.

heißen Fett genommen und mit Salz gegessen oder auch mit Ketchup und Mayonnaise darauf.

In Deutschland gibt es kleine Geschäfte, die an den Ecken der Straßen Pommes frites, Bratwürste und Limonade, Cola oder Bier verkaufen. Nicht selten sind es auch alte Verkaufswagen°, die man auch Pommesbuden nennt. Die Pommesbude ist die deutsche Antwort auf Fastfood. Die Pommes (wie man sie kurz nennt) sind immer schnell gemacht und werden oft mit einer Bratwurst gegessen. Oft stehen viele Leute vor der Pommesbude und warten, bis sie etwas

Woher kamen die Kartoffeln vor vielen Jahren?

Was essen die Deutschen gern?

bestellen können. Dann kann man dieses Gespräch hören:

Verkäuferin: Was darf's sein?

Käufer: Pommes mit Majo und eine Currywurst°.

Verkäuferin: Scharf° oder normal?

Käufer: Es darf ruhig etwas schärfer sein!

Verkäuferin: Was auf die Pommes?

Käufer: Nur Majo.

Pommes frites sind lang geschnittene Kartoffeln.

Die Verkäuferin tut jetzt etwas mehr Curry auf die Bratwurst. Sie legt die Pommes und die Bratwurst auf einen Teller, und tut die Mayonnaise auf die Pommes frites.

Verkäuferin: Und zum Trinken?

Käufer: Nichts, danke.

Verkäuferin: Das macht dann sechs Mark.

Der Käufer bezahlt und isst seine Pommes frites mit Mayonnaise und die Bratwurst mit Curry direkt an der Pommesbude. Oft verkaufen die Pommesbuden auch Frikadellen°. Sie werden mit Senf° und einem Brötchen gegessen und kosten meistens eine Mark weniger als Pommes mit Bratwurst. Eine Cola kostet etwa zwei Mark. Viele Leute trinken auch gern ein Bier zum Essen. Das kostet nur eine Mark achtzig. Die Pommesbuden gibt es besonders in Nordrhein-Westfalen, Niedersachsen und in Holland. Viele Deutsche finden, dass die holländischen Pommes die besten sind. Aber die Bratwürste müssen deutsche sein, denn die schmecken den meisten Leuten prima!

(*die Pommesbude* mobile fast-food stand that sells french fries and bratwurst; *der Kohl* cabbage; *die Kartoffelspeise* potato dish; *das Fett* fat; *der Verkaufswagen* mobile stand; *die Currywurst* curry sausage; *scharf* spicy, hot; *die Frikadelle* thick hamburger patty with spices; *der Senf* mustard)

24. **Ergänzen Sie die Sätze mit Wörtern aus dem Text!**

1. Die ___ kam vor 500 Jahren aus Südamerika nach Europa.

2. Die Pommes frites werden in heißem ___ gekocht.

3. Viele Leute tun auf ihre Pommes frites Ketchup oder ___.

4. Die Pommesbuden stehen oft an den ___ der Straße.

5. Manchmal muss man an der Pommesbude lange warten, bis man ___ kann.

6. Frikadellen werden mit ___ und Brötchen gegessen.

7. Viele Leute essen am liebsten die ____ Pommes.

8. Die Bratwürste aber kommen aus ___.

Auch ohne Ketchup schmecken die Pommes frites gut.

Extra! Extra!

Was kann ein Computer?

Über den Text

Dieser Text ist ein Infotext. Er versucht durch Text und Bilder, Informationen zu vermitteln. Solche Texte stellen komplexe Dinge und Prozesse anschaulich dar. Oft setzten sie sich mit neuen Entwicklungen auseinander, die schnell im Leben vieler Leute immer wichtiger werden.

Computer wandeln alle Informationen in elektronische Signale um. Diese werden verarbeitet und über Ausgabegeräte angezeigt. Ein Computer kann viele Dinge mit den Informationen tun, wenn er einer Liste von Anweisungen folgt. Diese Liste nennt man Programm. Es ist auf Diskette, CD-ROM oder der Festplatte gespeichert.

COMPUTER-GESCHICHTE

ENIAC, der erste elektronische Computer, entstand 1946 an der Universität Pennsylvania, USA. Er war so groß wie ein Einfamilienhaus, aber nicht besser als ein heutiger Taschenrechner.

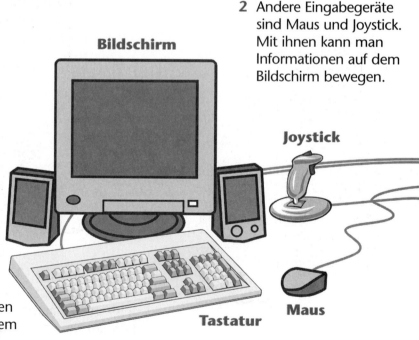

2 Andere Eingabegeräte sind Maus und Joystick. Mit ihnen kann man Informationen auf dem Bildschirm bewegen.

Bildschirm

Joystick

Maus

Tastatur

1 Das wichtigste Eingabegerät ist die Tastatur. Daten werden eingetippt und auf dem Bildschirm angezeigt.

Vor dem Lesen

1. When working with informational texts like this one, it is important to use all the visual clues the writers have provided. How many different formats for organizing information are used in this text? Consider using things like titles, boldface type, information boxes, icons and different fonts. How do these formats help you to find your way through the information?

2. What part of this text would you read first? Why would you choose to start there?

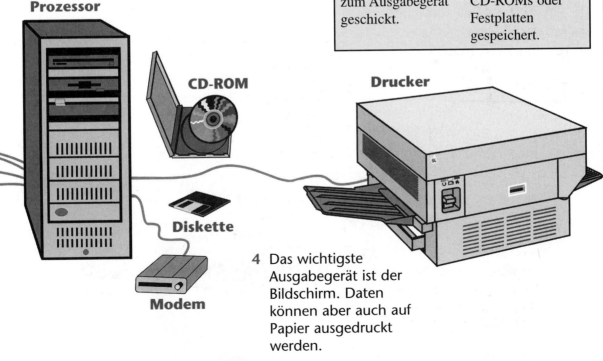

3 Mit einem Modem kann man Daten über Telefonleitungen schicken. Über ein Modem kann man mit dem Computer ins Internet.

MEHR ÜBER COMPUTER

Das Herz eines Computers ist der Prozessor (englisch abgekürzt CPU). Hier werden eingegebene Daten nach dem Programm verarbeitet und zum Ausgabegerät geschickt.

Jeder Computer hat einen Datenspeicher. Wenn man ihn ausschaltet, gehen diese Daten verloren, deshalb werden sie auf Disketten, CD-ROMs oder Festplatten gespeichert.

Prozessor

CD-ROM

Drucker

Diskette

Modem

4 Das wichtigste Ausgabegerät ist der Bildschirm. Daten können aber auch auf Papier ausgedruckt werden.

Nach dem Lesen

1. Nachdem Sie diesen Artikel gelesen haben, fassen Sie die Information in den einzelnen Teilen des Textes zusammen!

2. Computer entwickeln sich heutzutage immer weiter und schneller. Welche Elemente eines Computersystems wird es Ihrer Meinung nach in der Zukunft geben? Was wird man mit diesen neuen Elementen machen können?

3. Schreiben Sie Ihren eigenen Infotext über einen anderen Aspekt der Computertechnologie. Wie funktioniert zum Beispiel ein Modem?

Endspiel

1. Haben Sie auch Probleme mit Ihren Eltern oder Verwandten? Schreiben Sie darüber!

2. Sie bekommen Besuch von Verwandten und sie werden für die nächsten drei Wochen in Ihr Zimmer ziehen. Was muss alles gemacht werden?

3. Was meinen Sie? Was wird die neue Erfindung sein, die das Leben der Menschen verändern wird wie die Buchpresse von Gutenberg? Was werden die neuen Erfindungen der Zukunft sein? Diskutieren Sie!

4. Welches Fastfood essen Sie am liebsten? Wie oft und wo essen Sie Fastfood? Erzählen Sie!

5. Sie haben am Anfang des Kapitels von Kali und seiner Schwester gelesen. Was denken Sie, wird passieren! Machen Sie aus Ihren Ideen ein Rollenspiel! Einer von Ihnen spielt Kali und die zweite Person die Schwester Rieke.

6. Gehen Sie in die Bibliothek oder benutzen Sie einen Computer, um weitere Informationen über die Verbindung zwischen dem Buchdruck und der Renaissance zu finden! Schreiben Sie einen kurzen Bericht mit den Informationen, die Sie finden!

Seit dem ersten Buchdruck im 15. Jahrhundert...

...bis zur Herstellung von Speicher-Chips sind mehr als 500 Jahre vergangen.

Vokabeln

alle: alle fünf Minuten every five minutes
behandeln to treat
beleuchten to light up, illuminate
beweglich movable
der **Buchdruck** book printing
die **Buchhandlung,-en** bookstore
die **Buchpresse,-n** printing press
der **Buchstabe,-n** letter (of the alphabet)
die **Computerausstellung,-en** computer exhibit
die **Currywurst,-̈e** curry sausage
drucken to print
der **Drucker,-** printer
entdecken to discover
der **Entwerter,-** ticket validator
entwickeln to develop
erfinden (*erfand, erfunden*) to invent
der **Erfinder,-** inventor
erlauben to allow
der **Familiensinn** sense of family
färben to dye
das **Fett,-e** fat
die **Frikadelle, -n** thick hamburger patty with spices
das **Gebiet,-e** region
das **Geheimnis,-se** secret
gemütlich cosy
der **Goldschmied,-e** goldsmith
die **Großstadt,-̈e** metropolis, big city

die **Haltestelle,-n** stop
der **Harz** Harz region
die **Kartoffelspeise,-n** potato dish
klingen wie (*klang, geklungen*) to sound like
der **Kohl** cabbage
die **Kopiermaschine,-n** copy machine
die **Kurbel,-n** crank
die **Lösung,-en** solution
die **Mayonnaise** (or: *die Majo*) mayonnaise
die **Mehrfahrtkarte,-n** multiple-trip card
der **Mönch,-e** monk
die **Monatskarte,-n** monthly ticket
der **MUD** Multi-User-Dungeon
der **Nerv,-en** nerve *auf die Nerven gehen* to get on somebody's nerves
die **Oberleitung,-en** overhead electric wire
die **Pommesbude, -n** mobile fast-food stand that sells french fries and bratwurst
das **Rad,-̈er** wheel
der **Raum,-̈e** space, room
schaffen (*schuf, geschaffen*) to create
scharf spicy, hot
die **Schiene,-n** rail, track

die **Schreibmaschine,-n** typewriter
die **Schülerkarte,-n** ticket for school-age children
der **Schwachkopf,-̈e** dummy
der **Senf** mustard
der **Speicherraum** storage capacity
der **Stahl** steel
der **Streit,-e** argument
sich **streiten** (*stritt, gestritten*) to fight, argue
die **Suche,-n** search
die **Tastatur,-en** keyboard
tragen (*trägt, trug, getragen*) to wear
traurig sad
die **U-Bahn,-en** subway
verbieten (*verbat, verboten*) to forbid
der **Verkaufswagen,-** mobile stand
vermissen to miss
vertrauen to trust
der **Wassergeist,-er** water spirit
wegwerfen (*wirft weg, warf weg, weggeworfen*) to throw out
die **Westfalenhalle** sports arena and concert hall in Dortmund
die **Zeche, -n** coal mine
der **Zufall,-̈e** coincidence

Straßenbahnen brauchen den Strom für die Oberleitung und die Schienen für die Räder.

Am Berliner Alexanderplatz kann man mit der U-Bahn weiterfahren.

255

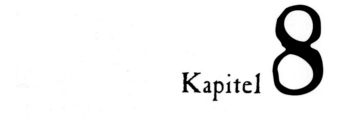

Kapitel **8**

Gesundes Leben

In this chapter you will learn how to:

- give advice
- make excuses
- describe a project
- ask for clarification
- describe a process

Weleda und Kali

Geschichten aus dem Harz

Kali und Herr Sever waren gute Freunde geworden. Herr Sever wusste immer so viel zu erzählen, wovon Kali noch nichts gehört hatte. Einmal erzählte er von den Geschichten der Städte und Länder, ein anderes Mal erzählte er von Heldinnen und Kaisern, von Königinnen und Rittern. Aber am liebsten hörte Kali sich die Geschichten von den Drachen und Rittern und die von den Hexen° und Berggeistern an. Heute sprechen die beiden über den Urlaub, den Frau Muschel und Herr Sever zusammen in Osterode im Harz verbracht haben. Dort sind sie im Urlaub in den Bergen gewandert. Das fanden die beiden ganz toll und sie wollen es nächstes Jahr wieder tun, denn etwas Sport im Urlaub finden sie gut.

Frau Muschel ist aber viel sportlicher als Herr Sever, denn er hat einen dicken Bauch und isst etwas zu gern Schokolade und Kuchen. Frau Muschel lebt da viel bewusster°, denn sie war immer sehr sportlich. Sie weiß, dass man jeden Tag etwas Sport treiben sollte. Sie interessiert sich auch sehr für Kräuter° und Heilkunde°. Das interessiert Herrn Sever auch, denn er trinkt gern Tee und benutzt Kräuter zum Kochen. Der dicke Bauch vom Herrn Sever kommt aber von den Gummibären. Er will aber keinen Essensplan mit weniger Kalorien sehen. Er sagt oft: „Man muss ja auch etwas vom Leben haben, weil man ja nur einmal lebt." Dann wird Frau Muschel schnell sauer, weil sie lieber etwas länger leben will als früh an einem kranken Herzen sterben. Diesen kleinen Konflikt müssen die beiden noch öfter diskutieren, denn Herr Sever zählt° einfach keine Kalorien. Und er denkt, sein dicker Bauch ist ein Muskel°.

(*die Hexe* witch; *bewusst* aware, conscious; *das Kraut* herb; *die Heilkunde* healing art; *zählen* to count; *der Muskel* muscle)

1. Was passt hier?

1. Kali und Herr Sever sind	a. Geschichten von Drachen und Rittern an.
2. Kali hört sich am liebsten	b. weil er so gern Gummibären isst.
3. Herr Sever und Frau Muschel verbrachten	c. gute Freunde geworden.
4. Frau Muschel lebt	d. als an einem kranken Herzen sterben.
5. Frau Muschel interessiert sich	e. ihren Urlaub in Osterode.
6. Herr Sever hat einen dicken Bauch,	f. sein Bauch ist ein Muskel.
7. Frau Muschel will lieber länger leben	g. bewusster als Herr Sever.
8. Herr Sever denkt,	h. für Kräuter und Heilkunde.

Kali sitzt neben Herrn Sever und hört sich an, was Herr Sever erzählt.

Herr Sever: Weißt du, Kali, die Frau Muschel hat ja recht. Die vielen Gummibären und die Schokolade sind ungesund. Aber man muss ja auch etwas vom Leben haben, denn man lebt ja nur einmal. Und im Urlaub habe ich zehn Kilo abgenommen, weil ich nur gesund gegessen habe. Eine Woche gab es nur Tee und Kräuter, einen Apfel und etwas Fleisch. Das war gut für meinen größten Muskel, meinen Bauch. Du siehst es ja selbst, dass er viel kleiner geworden ist. Ich wollte dir aber nicht von meinem Bauch erzählen, sondern vom Blocksberg° im Harz. Auf diesen Berg sind Frau Muschel und ich gewandert. Über den Blocksberg und die Gegend, in der er liegt, gibt es viele Geschichten. Nach den Geschichten sollen hier früher einmal Hexen gelebt haben. Wir haben aber keine gesehen. Abends im Gasthof haben uns die Leute aber die alten Geschichten erzählt. Die Hexen sind einfach ein Teil der Geschichte des Harzes.

Kali: Was tun denn die Hexen da? Sind das nicht böse°, hässliche, alte Frauen? Ich denke, die sind nur daran interessiert, es den Leuten schwer zu machen und ihnen Streiche zu spielen.

Herr Sever: Also Kali, in den Geschichten, die wir heute hören, sind die Hexen oft alte, hässliche Frauen. Das ist aber falsch. Bis zum 15. Jahrhundert sprach keiner von Hexen. Dann wurde aber die Medizin und das Studium der Medizin in Ingolstadt, Mainz und Leuwen erfunden, weil die Leute immer mehr über Kräuter, gesundes Leben und Krankheiten° lernten und in der „Anatomie" der Universität studierten.

Kali: Ja, ja, ich erinnere mich an unseren Ausflug nach Ingolstadt und an dieses Gebäude der Universität. Die hatten doch hinten auch einen Garten voller Kräuter, nicht? Da hat Frau Weleda doch ein paar Heilmittel° gefunden, woraus sie Hustensaft machen wollte.

Herr Sever: Hat sie auch. Sie kennt die Rezepte, denn sie ist ja eine weise Frau.

Kali: Und Hexen? Was ist mit denen?

Herr Sever: Ach ja, das wollte ich ja erzählen. Die Hexen waren einfach Kräuterfrauen° und Hebammen°, die in den Dörfern und Städten lebten und dort Leuten halfen. Als dann die Medizin als Wissenschaft stärker wurde, da wollten die Professoren die Frauen nicht mehr in dieser wichtigen Rolle akzeptieren, weil die Professoren die Konkurrenz° nicht wollten. Und so begann die Zeit der Inquisition und Hexenverbrennung°.

Kali: Wie kann man denn das machen? Die haben doch nichts getan, oder?

Herr Sever: Das waren dunkle Jahre, denn die Hebammen, die die Kinder zur Welt brachten und den Müttern bei der Geburt° halfen, ja also, die wurden jetzt verfolgt°. Und auch die Kräuterfrauen und viele Menschen, die die Natur kannten und mit natürlichen Heilmitteln den Menschen halfen.

Kali: Dann hat ja Frau Weleda Glück, dass sie heute lebt und nicht vor 500 Jahren! Man hätte sie als Hexe verfolgt.

Herr Sever: Ja, hat sie dir denn nie davon erzählt? Da musst du sie aber noch einmal fragen. Sie ist ein paar Mal in diese Zeit zurückgegangen und hat von der Inquisition erzählt.

Kali: Und warum gibt es von den Hexen heute noch viele Geschichten? So schön klingt das alles ja gerade nicht!

Herr Sever: Die Traditionen und Geschichten, die wir heute erzählen, nehmen es nicht so genau mit der Wahrheit°. Und wenn man heute das Wort Hexe hört, dann denkt man an den Karneval, an Masken und lustige Feste. Und solch ein Fest gibt es auf dem Blocksberg am 30. April, in der Walpurgisnacht. Aber wir waren im September da.

Kali: Dann müsst Ihr nächstes Jahr wieder fahren. Aber dieses Mal zur richtigen Zeit. Und vielleicht kann ich mitkommen.

(*der Blocksberg* highest mountain in Harz region, usually called "Brocken"; *böse* wicked, mad; *die Krankheit* illness, disease; *das Heilmittel* remedy; *die Kräuterfrau* woman who collects and sells herbs; *die Hebamme* midwife; *die Konkurrenz* competition; *die Hexenverbrennung* witch burning; *die Geburt* birth; *verfolgen* to persecute; *die Wahrheit* truth)

2. Was stimmt hier nicht?

1. Herr Sever meint, dass Schokolade gesund ist.
2. Herr Sever hat im Urlaub eine Woche lang nur Schokolade und Gummibären gegessen.
3. Herr Severs Bauch ist im Urlaub größer geworden.
4. Abends im Gasthof haben sie Hexen gehört.
5. Kali erinnert sich an seinen Ausflug nach Leuwen.
6. Weleda kennt Rezepte für Kräuter.
7. Die Hexen waren Professorinnen und Ärztinnen.
8. Weleda hat Kali schon von ihrer Zeit bei der Inquisition erzählt.

Allerlei

Stress vermeiden vor dem Abitur°

Weil Tina und ihre Freunde in zwei Monaten Abitur machen, reden sie fast alle vom Stress. Da Tina ein Thema für die Schülerzeitung sucht, entscheidet sie sich, verschiedene Leute zu interviewen und darüber zu schreiben. Dies konnte man dann am Ende in der Schülerzeitung „Fettnäpfchen" lesen.

Wer in der Schule kennt ihn nicht, den Stress? Immer mehr von uns haben öfter viele Termine°. Manchmal sind es schon so viele, dass sie wirklich nicht mehr in einen Tag passen. Da sind die Prüfungen in der Schule, Hausaufgaben, und dann soll man vielleicht auch noch Klavier üben, weil man morgen wieder einmal zum Klavierunterricht muss. Stress gibt es in vielen Situationen. Manchmal kann Stress auch positiv sein, weil man vielleicht unter Stress produktiv arbeitet. Aber man sollte nicht vergessen, dass zu viel Stress krank machen kann. Auf meinem Weg durch die Schule habe ich viele Schüler gefunden, denen es wie mir geht. Hier sind zwei Beispiele.

Sabine, eine Schülerin aus der 13a, hat mir erzählt, dass sie letztes Jahr mit Stress zu tun hatte, als sie hier in der Schule neu anfing.

Sabine

„Alles war anders als an meiner alten Schule. Und plötzlich hatte ich Angst, dass ich nicht gut genug sein würde. Und da habe ich dann ganz viel gelernt. Natürlich hatte ich keine Zeit, Freunde zu finden. Das war schlimm°! Ich habe mich oft allein gefühlt und es war niemand da, der mir helfen konnte. Ich war immer müde und hatte keine Energie, bis dann meine Mutter gemerkt hat, dass ich zu viel Stress habe. Sie hat mir sehr geholfen. Wir haben einen richtigen Plan für meinen Tag gemacht und darin ist auch Zeit für meine

Freizeit°. Damit ich mit den Hausaufgaben fertig werde, habe ich jetzt Nachhilfestunden. Inzwischen° habe ich auch schon Freunde in meiner neuen Klasse gefunden."

Sabine nimmt sich also jetzt Zeit für ihre Freizeit.

(*das Abitur* final exam for *Gymnasium; der Termin* deadline; *schlimm* bad; *die Freizeit* leisure time; *inzwischen* in the meantime)

3. **Beenden Sie die Sätze mit den passenden Wörtern aus dem Text!**

   1. Tina und ihre Freunde machen bald ihr ___.
   2. Tina schreibt einen Artikel für die ___.
   3. Dieses Mal schreibt sie über ___.
   4. Für die Schülerzeitung interviewt sie verschiedene ___.
   5. In der neuen Schule hatte Sabine keine ___.
   6. Sie war immer müde und hatte keine ___.
   7. Sabine plant jetzt auch ihre ___.
   8. Um mit der vielen Arbeit fertig zu werden, hat Sabine jetzt ____.

Christian aus der 13b schlägt eine andere Lösung für Stress vor. Für ihn begannen diese Probleme, nachdem sich seine Eltern scheiden ließen°. Er lebt jetzt bei seiner Mutter. Weil sie allein waren, wollte er ihr so viel Freude wie möglich machen. Christian erklärt:

"Ich wollte einfach alles sehr gut machen. In der Schule wollte ich der Beste sein. Ich habe mir sehr viele Sorgen gemacht°, um die Schule, meine Mutter und so. Ich konnte nicht mehr schlafen. Und obwohl ich viel gearbeitet habe, sind meine Noten in der Schule immer schlechter geworden. Dann bin ich krank geworden. Ich hatte eine Grippe°, die einfach nicht besser werden wollte. Da hat mein Arzt gemerkt, dass mit mir etwas nicht stimmt. Als ich ihm erzählt habe, dass ich mich immer nervös fühlte, hat er mir erklärt, dass ich Sport treiben soll. Ich habe angefangen, jeden Tag zu laufen oder Inline Skating zu machen. Es macht mir sehr viel Spaß. Auch wenn ich jetzt immer noch die gleichen Probleme habe, habe ich doch mehr Energie dafür."

Christian

Stress kann also auch wegen Beziehungen° zu anderen Personen entstehen°.

Unsere Schulärztin, Dr. Peters, sieht auch mehr Zeichen von Stress bei Schülern. Sie hört immer öfter von Schülern, dass ihnen schlecht ist, dass ihr Kopf wehtut, dass sie nicht genug schlafen oder schlecht träumen. Viele sind müde oder aber fühlen sich aggressiv. Ich wollte wissen, was man bei zu viel Stress tun kann.

Die Schulärztin sieht auch mehr
Zeichen von Stress bei Schülern.

„Wichtig ist, dass man seinen Tag plant. Man braucht Zeit für
die Arbeit, aber es muss auch noch Zeit für Hobbys bleiben.
Oft hilft es schon, wenn man nicht alles am gleichen Tag
machen will. Schlafen Sie genug! Machen Sie nur eine Sache,
nicht alles auf einmal! Versuchen Sie sich besser zu
konzentrieren! Dann sind Sie schneller mit der ersten Sache
fertig und können das nächste Projekt anfangen. Und
manchmal hilft es auch schon, wenn Sie Ruhe haben. Also kein
Radio, Fernsehen, keinen Computer, Walkman und so weiter
hören oder sehen, wenn Sie sich konzentrieren müssen!
Außerdem ist es wichtig, dass Sie sich so richtig bewegen oder
Sport treiben. Am besten wäre es, wenn Sie das mindestens°
einmal am Tag machen würden. Das ist gut für den Körper
und bringt Sie auf andere Ideen."

Nach diesem guten Rat sei noch gesagt, dass die dreizehnte Klasse in nächster Zeit
sicher viel Stress hat. Aber jetzt wissen wir ja, was wir tun können. Und Freizeit ist
wichtig! Also Achtung, dass der Stress nicht die Jugend ruiniert. Es reicht schon,
wenn das später passiert.

(*sich scheiden lassen* to divorce; *sich Sorgen machen* to worry; *die Grippe* flu; *die Beziehung*
relationship; *entstehen* to develop; *mindestens* at least)

4. *Richtig oder falsch?* **Wenn falsch, verbessern Sie den falschen Teil!**

   1. Christian lebt bei seinem Vater.
   2. Christians Noten in der Schule wurden immer besser.
   3. Christians Arzt meint, dass er Sport treiben sollte.
   4. Nach dem Sport hat er mehr Energie.
   5. Dr. Peters ist Zahnärztin.
   6. Dr. Peters sieht viele Schüler, die Stress haben.
   7. Dr. Peters meint, man sollte sich mindestens einmal in der Woche
      richtig bewegen.
   8. Bei Stress ist es gut, wenn es viel Ruhe gibt.

5. *Welches Wort aus dem Text ist das?* **Lesen Sie die Definitionen und
   schreiben Sie dann, welches Wort aus dem Text beschrieben wird!**

   1. Wenn man zu viel Arbeit und zu wenig Zeit hat.
   2. Eine Zeitung, die von Schülern geplant und gemacht wird.
   3. Die Zeit, in der man nicht arbeitet, sondern tut, was man will.
   4. Eine Stunde nach der Schule, in der einem Schüler noch einmal alles
      erklärt wird.
   5. Was der Schüler am Ende einer Klasse oder nach einer Prüfung
      bekommt.

Du und ich

Nichts als Ausreden!

Rollenspiel

Spielen Sie Rollen! Arbeiten Sie mit einer anderen Person! Die erste Person will gerade die Schokolade essen, die sie letzte Woche zum Geburtstag bekommen hat. Sie freut sich wirklich auf die Schokolade nach einem Tag voller Stress. Und außerdem ist es ihre Lieblingsschokolade. Aber die Schokolade ist weg, weil die zweite Person sie gegessen hat. Die erste Person fragt die zweite Person, warum sie das getan hat. Als die zweite Person merkt, dass die erste Person nicht sehr froh ist, dass die Schokolade weg ist, erfindet sie gute Ausreden.

Sprichwort

Gesundheit schätzt man erst, wenn man sie verloren hat.

(You appreciate your health only when it's gone.)

Sprache

Passive Voice, Narrative Past

In the last chapter you learned how to use the passive voice in the present tense. You can also use the passive in the narrative past. This is a form you will encounter often in reading.

To form the narrative past of the passive, use *werden* in the narrative past plus the past participle of the main verb.

ich	*wurde gefragt*	wir	*wurden gefragt*
du	*wurdest gefragt*	ihr	*wurdet gefragt*
er, sie, es	*wurde gefragt*	sie	*wurden gefragt*
Sie (sg. and pl.)	*wurden gefragt*		

Wurden Sie nicht gefragt? Weren't you asked?

Das Haus wurde in drei Monaten gebaut. The house was built in three months.

Die Dialoge wurden vorher gut geübt.

Die Videoserie wurde von vielen Teilnehmern vorbereitet.

6. *Hand-in-Hand.* **Hier ist eine Tabelle mit wichtigen Ereignissen und Daten aller Kapitel. Versuchen Sie die Tabelle mit einer anderen Person fertig zu machen! Zwei Daten fehlen ganz. Sie müssen sie selbst im Text finden. Eine Person arbeitet auf dieser Seite, die andere auf Seite 371 in Anhang. Viel Spaß!**

◆ *Person 1:* Wann wurde die erste Bibel gedruckt?
◆ *Person 2:* Die erste Bibel wurde 1456 von Gutenberg gedruckt.

Wann wurde...?	Wann?	Von wem?
die erste Bibel gedruckt	1456	Gutenberg
Karl der Große zum Kaiser gekrönt		Papst
die Hanse gegründet		
Clas Störtebeker gefangen genommen	1400	Seeleute
der erste Elektromotor gebaut		Siemens
Heinrich IV. gerettet		
Friedrich Barbarossas Fest gefeiert	1184	viele Leute und Ritter
die Kartoffel nach Europa gebracht		
Klaus Kniephof enthauptet	1525	Leute in Hamburg
die Hanse-Kogge in Bremen gefunden		
die Schreibmaschine erfunden	1864	Peter Mitterhofer

7. *Die Geschichte des Aspirins.* **Beantworten Sie diese Fragen! Sie brauchen nicht jedes Wort zu verstehen, aber ein Wort würde Ihnen helfen: „herstellen" heißt „produzieren" oder „machen".**

Aspirin, oder besser die Acetylsalicylsäure, war die erste Medizin, die durch Synthese im Labor hergestellt werden konnte. Das Mittel wurde 1853 von dem Franzosen Charles Gerhardt von der Universität Montpellier entdeckt, aber keine praktische Anwendung konnte gefunden werden. 1893 wurde das Mittel von Felix Hoffmann, einem Chemiker bei Bayer, wiederentdeckt. 1899 wurde das Mittel im Labor der Firma Bayer hergestellt und unter dem Namen „Aspirin" verkauft. Nach dem Ersten Weltkrieg wurde die Marke „Aspirin" an die Gewinner Frankreich, England und die USA abgegeben. Deshalb gibt es in Amerika „Aspirin" oder „Bayer Aspirin".

Aspirin kann man beim Apotheker bekommen

Wo ist die Apotheke?

1. Von wem wurde Acetylsalicylsäure entdeckt?
2. Wie konnte Aspirin im Labor hergestellt werden?
3. Von wem wurde das Mittel wiederentdeckt?
4. In welchem Labor wurde „Aspirin" zuerst hergestellt?
5. Wann kam „Aspirin" nach Frankreich, England und den USA?
6. Unter welchem Namen wird die Medizin in Amerika verkauft?

8. *Wann wurden verschiedene Medikamente entdeckt, erfunden, isoliert?* **Schreiben Sie diese Sätze und dann wissen Sie es! Benutzen Sie Imperfekt im Passiv!**

◆ Aspirin / 1853 / Charles Gerhardt / entdecken
  Aspirin wurde 1853 von Charles Gerhardt entdeckt.

1. Das Insulin / 1921 / Paulesco / entdecken
2. Vitamine (pl.) / 1910 / Funk / isolieren
3. Das Penizillin / 1928 / Sir Alexander Fleming / entdecken
4. Das Kokain / 1844 / Merck / isolieren
5. Die Endorphine (pl.) / 1975 / J. Jughes / entdecken
6. Tabletten (pl.) / 1850 / Miahle / erfinden
7. Die Anti-Baby Pille / 1954 / Gregory Pincus und John Rock / erfinden
8. Das Morphin / 1804 / Derosne, Sequin und Sertürner / isolieren

Länder, Kantone und Provinzen

Der Harz

Der Harz liegt genau in der Mitte von Deutschland und auch von Europa. Deshalb gingen schon vor tausend Jahren Handelsrouten von Norden nach Süden und von Osten nach Westen durch dieses Gebiet. In den Zechen fanden die Arbeiter Silber° und Kohle. Das Holz der Wälder haben viele Holzschnitzer° für Figuren von Kobolden und Hexen genommen. Es gibt viele Geschichten darüber, denn die Kobolde und Berggeister kommen aus dem Harz. Dort sollen die Hexen jedes Jahr auf einem Berg, dem Brocken, zusammenkommen. Hans Christian Andersen, Johann Wolfgang von Goethe, Novalis, Heinrich Heine, alle diese Dichter kamen in den Harz und ließen sich von den wilden Bergen, den Wäldern und den vielen kleinen Zechen inspirieren. Heinrich Heine schrieb vor 160 Jahren einen Text „Die Harzreise" über diese Gegend. Die Geschichten über den Harz zeigen uns, was die Dichter über die Kobolde, Hexen und die schöne Landschaft gedacht haben.

Sie möchten jetzt aber endlich wissen, was der Harz denn ist? Der Harz ist ein Gebiet mit vielen Wäldern, Bergen, Flüssen und Seen, das zwischen den Städten Osterode am Harz im Westen und Hettstadt im Osten, von Quedlinburg im Norden bis Sangerhausen im Süden liegt. Von 1948 bis 1989 lag der größte Teil des Harzes in der DDR, aber heute sind die beiden Teile wieder vereinigt.

Wer gern in den Harz fährt, möchten Sie wissen? Das sind Touristen, die gern Urlaub in einer schönen Landschaft machen wollen. Andere Leute kommen, um die Kurorte zu besuchen. In den vielen Bädern°, die es im Harz gibt, kann man vieles für die Gesundheit tun. In Bad Gandersheim gibt es ein Moorheilbad°. Bad Harzberg hat salzhaltige° Quellen°. Und Bad Lauterbach ist

Der Harz ist ein Gebiet mit vielen Wäldern, Bergen, Flüssen und Seen.

Im Harz gibt's viele Heilbäder.

seit 1803 ein Kneipp-Heilbad°. Das Wasser im Harz ist also besonders frisch und gut für die Leute. Viele Menschen mit kranken Atemwegen° kommen auch in den Harz, weil die Luft hier so gut ist. Bad Sachsa, zum Beispiel, ist einer von vielen heilklimatischen° Kurorten im Harz.

(*das Silber* silver; *der Holzschnitzer* wood carver; *das Bad* spa; *das Moorheilbad* spa specializing in mud packs; *salzhaltig* salty; *die Quelle* well, spring; *das Kneipp-Heilbad* spa using Sebastian Kneipp's treatments; *der Atemweg* respiratory tract; *heilklimatisch* climate conducive to healing)

9. **Wovon/Von wem ist hier die Rede?**

1. Sie fuhren in den Harz, um sich inspirieren zu lassen.
2. Diese Stadt liegt im Westen des Harzes.
3. Es lag 41 Jahre in der DDR.
4. Sie fahren in den Harz, um die schöne Landschaft zu sehen.
5. Der Ort hat salzhaltige Quellen.
6. Es ist ein heilklimatischer Kurort.

Es gibt viele Legenden über den Harz. Besonders bekannt sind die Walpurgisnacht und die Hexenfeste. Die Walpurgisnacht ist die Nacht vom 30. April zum 1. Mai. Da treffen sich in den Städten des Harzes die Menschen und feiern große Feste. Nach der Legende sollen sich alle Hexen auf dem Brocken treffen. Dann brennt° dort ein großes Feuer und alle Hexen singen, feiern und tanzen, bis der Morgen kommt.

Die Walpurgisnacht wird im Harz noch heute gefeiert.

Die Hexen nennen den Brocken den Blocksberg. Er ist der höchste Berg und 1 142 Meter hoch. Der Nachbarberg heißt Wurmberg und ist um 171 Meter niedriger. Die Hexen üben in der Walpurgisnacht das Besenreiten° vom Wurmberg zum Blocksberg und zurück. Die jungen Hexen müssen zeigen, was sie können. Eine Hexe ist nur wert, Hexe genannt zu werden, wenn sie die Tests auf dem Blocksberg schafft. Die Kunst der Hexen gehört zu den Märchen° und Geschichten, die fast jeder Deutsche vom Harz und von seinen Bergen gehört hat. Es gibt auch viele neue Geschichten, wie zum Beispiel die von Bibi Blocksberg, einer jungen Hexe, die immer wieder Probleme mit den alten Hexen hat.

Ahmad spielt mit einem Vogel auf der Hand; die Puppe von Bibi Blocksberg hängt an der Tür.

Die Holzschnitzerin Walburga Mast arbeitet viel mit diesen Figuren aus der Welt der Harzgeschichten. Sie hat Vögel und Hexen gemacht und eine Puppe° von Bibi Blocksberg, der jungen Hexe. Diese Puppe hängt an der Tür, während ihr Mann, Ahmad Mast, mit einem Vogel auf der Hand spielt. Walburga und Ahmad wohnen jetzt in Quedlinburg. Diese Stadt ist berühmt für die 1 200 Fachwerkhäuser°, die dort in den letzten sechs Jahrhunderten gebaut wurden. Hier gab es schon immer Holzschnitzer, die mit dem Holz aus dem Harz gearbeitet haben. Der berühmteste deutsche Holzschnitzer war Tilman Riemenschneider aus Osterode im Harz. Er hat viele Stücke für die Kirchen geschnitzt° und ist bekannt, weil seine Figuren so lebendig° aussehen. Das war vor 500 Jahren. Heute ist diese Tradition immer noch lebendig, wie wir an Walburga und ihren Holzarbeiten sehen. Besonders gern macht sie Masken, die in der Walpurgisnacht gebraucht werden.

Tilman Riemenschneider hat viele Figuren geschnitzt.

(*brennen* to burn; *das Besenreiten* broomstick riding; *das Märchen* fairy tale; *die Puppe* puppet, doll; *das Fachwerkhaus* half-timber house; *schnitzen* to carve; *lebendig* lively)

10. *Richtig oder falsch?* **Wenn der Satz falsch ist, verbessern Sie den falschen Teil!**

1. Die Walpurgisnacht ist die Nacht vom 1. zum 2. Mai.
2. Nach der Legende treffen sich die Hexen in der Walpurgisnacht.
3. Der höchste Berg im Harz ist der Wurmberg.
4. In der Walpurgisnacht üben die Hexen das Springen von einem Berg zum anderen.
5. Walburga Mast ist eine Hexe, die bei der Walpurgisnacht mitmacht.
6. Walburga Mast lebt mit ihrem Mann in Quedlinburg.
7. Tilman Riemenschneider ist heute Holzschnitzer im Harz.
8. Die Tradition des Holzschnitzens ist noch lebendig im Harz.

11. *Was passt hier zusammen?* **Verbinden Sie die Teile!**

1. Viele Handelsrouten führten
2. Die Kobolde und die Berggeister kommen
3. Heinrich Heine schrieb
4. Zum Harz gehören
5. Viele Touristen machen
6. In der Walpurgisnacht feiern
7. Bibi Blocksberg hat Probleme
8. Der Mann der Holzschnitzerin spielt

a. über seine Reise im Harz.
b. die Hexen ein Fest.
c. mit den älteren Hexen.
d. viele Wälder, Berge, Flüsse und Seen.
e. in alter Zeit durch den Harz.
f. mit einem Vogel.
g. in der schönen Harzer Landschaft Urlaub.
h. aus dem Harz.

Sprache

Passive Voice with Modals, Narrative Past

In the last chapter you learned how to form the passive voice with modals in the present tense. When you describe processes that happened in the past, you will need to use the modals in the narrative past.

Neue Medikamente mussten entwickelt werden. New medicines had to be developed.
Letztes Jahr sollte unsere neue Schule gebaut werden. Last year our new school was supposed to be built.

In subordinate clauses, the modal will appear as the last element.

Er meinte, dass der alte Wagen repariert werden musste. He thought that the old car had to be repaired.

12. *Interview mit der Bürgermeisterin einer Bio-Stadt.* **Ergänzen Sie die Sätze mit Modalverben (im Imperfekt), Partizipien und *werden*! Ein paar Wörter werden Sie nicht kennen, aber im Kontext wird Ihnen bestimmt alles klar.**

◆ Wie ___ das ___ ___ (sollen / machen)?
Wie sollte das gemacht werden?

Interviewerin: Sehr geehrte Frau Bürgermeisterin, wie hat Ihre Stadt den ersten Preis als Bio-Stadt der Bundesrepublik gewonnen?

Frau Bürgermeisterin: Ah, das war gar nicht so schwer. Es ___ nur ___ ___ (müssen / diskutieren), was wir wollten und dann haben wir es gemacht.

Interviewerin: Und was wollten Sie eigentlich?

Frau Bürgermeisterin: Es ___ gesünder ___ ___ (müssen / leben)! Weniger Autos ___ ___ ___ (dürfen / fahren). Um das zu schaffen, ___ mehr mit dem Fahrrad ___ ___ (müssen / fahren). Und deshalb ___ neue Radwege ___ ___ (müssen / planen). So ___ etwas für die Umwelt ___ ___ (können / machen) und neue, moderne Verkehrsmittel wurden entwickelt, damit die Menschen schnell und bequem zur Arbeit kommen konnten. Und das haben wir geschafft!

Interviewerin: War das alles?

Frau Bürgermeisterin: Natürlich nicht. Dann musste etwas mit dem Müll passieren. Weniger Müll ___ ___ ___ (sollen / produzieren). Nur Mehrwegflaschen ___ ___ ___ (dürfen / verkaufen). Und in jeder Familie ___ eine Bio-Tonne ___ ___ (müssen / benutzen). Recyclen ___ freiwillig ___ ___ (sollen / machen). Aber manchmal musste die Stadt auch ein bisschen aufpassen, dass die Bürger auch alles wirklich machten!

Interviewerin: Und gibt es etwas Anderes, was Sie noch wollten?

Frau Bürgermeisterin: Ich wollte, dass die Bürger und Bürgerinnen unserer Stadt auf ihre Stadt stolz sind. Und dabei waren wir auch erfolgreich, weil jede Person in der Stadt an diesem Plan mitgearbeitet hat.

Interviewerin: Herzlichen Glückwunsch zu Ihrem großen Erfolg! Meinen die Bürger, dass weitere Phasen ___ ___ ___ (sollen / diskutieren)?

Frau Bürgermeisterin: Ja, selbstverständlich. Aber wir wollen erst diesen Erfolg genießen. Ich hoffe, Ihre Leser und Leserinnen bekommen selbst Ideen und machen auch so etwas in ihrer Stadt.

Interviewerin: Ja, das hoffe ich auch. Vielen Dank für das Gespräch!

Frau Bürgermeisterin: Bitte. Und auf Wiedersehen!

13. ***Eine Reise in den Harz!*** **Was musste vor der Abreise alles getan werden? Benutzen Sie Imperfekt!**

◆ Die Reise / planen
  Die Reise musste geplant werden.

1. Die Koffer / packen
2. Die Katze / bringen / zu den Nachbarn
3. Der Schlüssel / geben / der Tante
4. Ein Regenmantel / kaufen
5. Die Sonnenbrillen / finden
6. Ein Buch über den Harz / lesen
7. Die Fenster / zumachen
8. Das Auto / reparieren

Von einem Ort zum andern

Inline Skating

In deutschsprachigen Ländern wird Inline Skating immer beliebter. Dieser Sport begann 1980 in den USA. In Deutschland gibt es heute über zwei Millionen Menschen, die diesen Sport treiben und jedes Jahr werden es mehr. Viele Leute mögen diesen Sport, weil man schnell überall hinkommt. Für manche Leute sind Inline Skates also schon fast mehr wie ein Verkehrsmittel als etwas für die Freizeit. Außerdem ist Inline Skating gut für den Körper, besonders für die Beine, den Bauch und den Rücken.

Aber die Geschwindigkeit° macht auch Probleme. Viele Unfälle passieren, weil man zu schnell fährt. Oft passiert das Leuten, die gerade mit diesem Sport beginnen. Vor allem das Stoppen kann am Anfang schwierig° sein. In vielen Orten gibt es jetzt Kurse°, in denen man wichtige Elemente des Inline Skating lernen kann. Das ist besonders gut für Leute, die auch keinen ähnlichen° Sport können, wie zum Beispiel Schlittschuh laufen oder Skateboarding. In einem Kurs kann der Lehrer oder die Lehrerin erklären und zeigen, was wichtig ist.

Viele Leute mögen Inline Skating, weil man schnell überall hinkommt.

Außerdem kann man hier erfahren, welche Schuhe für Anfänger gut sind. Weil dieser Sport immer beliebter wird, gibt es auch immer mehr Waren für Inline Skating. Das macht es schwer, den richtigen Schuh für Anfänger zu finden. Die wichtigste Regel ist, dass der Schuh bequem sein muss. Er soll nicht zu groß oder zu klein sein. Man braucht aber auch noch Protektoren, bevor man fahren kann. Ein Helm ist besonders wichtig, aber auch die Knie, Ellenbogen° und Handgelenke° sollen geschützt werden.

Protektoren sind bei Inline Skating besonders wichtig.

Ein anderer Vorteil von Inline Skating ist, dass man mit diesen Schuhen auf Rädern überall hinkommt. Viele Leute fahren mit ihren Skates nicht nur in der Freizeit, sondern benutzen sie auch, um von einem Ort zum andern zu kommen. Wenn man mit den Skates in die Schule oder zur Arbeit fährt, hat man kein Problem, einen Parkplatz zu finden.

Am Anfang aber sollte man nicht auf der Straße oder dem Gehsteig° fahren. Da gibt es zu viele Leute und anderes, was für einen Inline Skater gefährlich sein könnte. Deshalb ist es besser, auf einem leeren Parkplatz oder in einem Skatepark zu üben, wo man viel Platz hat.

(*die Geschwindigkeit* speed; *schwierig* difficult; *der Kurs* course; *ähnlich* similar; *der Ellenbogen* elbow; *das Handgelenk* wrist; *der Gehsteig* sidewalk)

Frank Kramer erzählt

Wir haben mit Frank Kramer gesprochen, der in Innsbruck eine Schule für Inline Skating hat.

Mit wem spricht die Reporterin?

Reporterin: Herr Kramer, wie alt sind die meisten Ihrer Schüler und Schülerinnen?

Frank Kramer: Das ist schwer zu sagen. Die Leute in meinen Kursen sind vielleicht so zwischen 15 und 25 Jahre alt. Aber es kommen auch immer mehr ältere Leute, die sich für diesen Sport interessieren. Inline Skating ist eigentlich ein Sport für jedes Alter.

Reporterin: Was machen die Leute denn in Ihren Kursen?

Frank Kramer: Zuerst füllen sie einen Fragebogen aus, damit ich einige Informationen über sie habe. Zum Beispiel, wie lange sie schon fahren, ob sie sich beim Fahren schon einmal wehgetan haben, wo sie am liebsten fahren und so weiter.

Reporterin: Warum haben Sie mit Ihren Kursen angefangen?

Frank Kramer: Weil ich selbst sehr gern Inline Skating gemacht habe. Deshalb wollte ich das dann auch unterrichten. Außerdem finden mehr und mehr Leute, dass es gut ist, wenn man wenigstens am Anfang ein paar Klassen hat. Dann kann man schneller mehr und es lassen sich Unfälle vermeiden, die beim Inline Skating gefährlich sein können.

Reporterin: Welche Verletzungen° sehen Sie am öftesten?

Frank Kramer: Vor allem Verletzungen an den Knien, Händen und am Kopf.

Reporterin:	Können diese Unfälle vermieden werden?
Frank Kramer:	Oft nicht, aber man kann etwas tun, damit sie nicht so schlimm sind. Man sollte zum Beispiel immer Protektoren tragen. Und ich zeige meinen Schülern, wie man fallen kann und sich nicht sehr wehtut.
Reporterin:	Was ärgert Sie am meisten an manchen Inline Skatern?
Frank Kramer:	Dass sie so tun, als ob sie allein auf der Welt wären. Wie in jedem Sport muss man auch hier seine Grenzen° kennen, damit es für sich selbst und andere nicht gefährlich ist.
Reporterin:	Was empfehlen Sie einem Inline Skater, der gerade angefangen hat?
Frank Kramer:	Keine Angst und den Helm nicht vergessen!
Reporterin:	Vielen Dank für das Gespräch, Herr Kramer.
Frank Kramer:	Bitte.

(*die Verletzung* injury; *die Grenze* limit)

Rollenspiel

Arbeiten Sie in Gruppen! Einer von Ihnen bekommt den Fragebogen, den Frank Kramer benutzt. Stellen Sie den anderen Leuten in Ihrer Gruppe die Fragen über Inline Skating! Machen Sie sich Notizen über die Information, die Sie bekommen! Am Ende können Sie dann alle zusammen dem Rest der Klasse erzählen, was Ihre Gruppe über diesen Sport gesagt hat.

Fragebogen über Inline Skating

Wie viele Stunden Sport treiben Sie während der Woche?
[ ] Stunden

Wie viele Stunden fahren Sie Inline Skating während der Woche? (April–Oktober)
[ ] Stunden

Seit wann fahren Sie Inline?
[ ] Monate

Wie haben Sie etwas darüber erfahren?
○ Freunde
○ Bekannte
○ Schule
○ Medien
○ Straße
○ Urlaub
○ Sonstiges

Wie gut fahren Sie?
○ Anfänger
○ Fortgeschrittener
○ Profi

Wie viel haben Sie für Ihre Inline
Skates ausgegeben?

[   ]

Wie viel haben Sie für andere
Ausrüstung ausgegeben?

[   ]

Wo haben Sie Ihre Skates gekauft?
○ Sportgeschäft
○ Kaufhaus
○ Sonstiges

Hat man Ihnen beim Kauf Rat
gegeben?
○ Ja
○ Nein

Haben Sie die Skates vor dem Kauf
ausprobiert?
○ Ja
○ Nein

Wo fahren Sie am meisten?
○ Straße
○ Parkplatz
○ Schulhof
○ Skate-Park
○ Fußgängerzone
○ Sonstiges

Wie oft sind Sie bisher gefallen?
○ 0 mal
○ 1-4 mal
○ 5-10 mal
○ 11-20 mal
○ über 20 mal

Haben Sie sich dabei verletzt?
○ Ja
○ Nein

Falls ja, wo haben Sie sich verletzt?
○ Keine Verletzung
○ Finger
○ Arm
○ Fuß
○ Bein
○ Knie
○ Sonstiges

Wurde die Verletzung behandelt?
○ Ja
○ Nein

Falls ja, von wem wurde sie
behandelt?
○ Hausarzt
○ Krankenhaus
○ Familie
○ Orthopädie
○ Chirurg

Denken Sie über mögliche
Verletzungen nach?
○ Ja
○ Nein

Wie hoch meinen Sie ist das Risiko
einer Verletzung?
○ sehr hoch
○ hoch
○ weniger hoch
○ nicht hoch
○ gar nicht hoch

Sind Sie an einem Inline-Unterricht
interessiert?
○ Ja
○ Nein

Möchten Sie mehr Informationen?
○ Ja
○ Nein

Sprache

Relative Pronouns *was* and *wo*

So far you have learned how to use relative pronouns that refer back to specific nouns. To refer back to something that is indefinite (*alles, etwas, nichts, viel[es], wenig[es]*), or superlatives like *das Beste, das Schönste*, you use the relative pronoun *was*. This relative pronoun is also used to refer back to an entire clause.

Das ist etwas, was ich nie verstehen werde. That's something (that) I'll never understand.

Das war das Schönste, was ich im Leben gesehen habe. That was the most beautiful thing (that) I've seen in my life.

Sie würde gern mitgehen, was mich glücklich macht. She would like to go along, which makes me happy.

The relative pronoun *wo* can be used to refer to a place or location.

Das ist der Ort, wo ich deinen Vater kennen lernte. That's the place where I met your father.

Hier ist ein Platz, wo man sich ausruhen kann.

Die Information hat ihnen Auskunft gegeben, was man in Köln alles machen kann.

14. **Ergänzen Sie die Dialoge mit den Relativpronomen *was* oder *wo*!**

   1. Was ist das Schlimmste, ___ du erlebt hast?
      Oh, ich weiß nicht. Ich müsste mir überlegen, ___ das sein könnte.

   2. Weißt du etwas, ___ wir heute machen könnten?
      Wie wäre es mit dem Café, ___ wir uns das letzte Mal getroffen haben?

   3. Es gibt nichts, ___ ich heute machen will.
      Ich weiß doch viel, ___ dir Spaß machen würde.

   4. Sollen wir zu dem Haus fahren, ___ Fritz früher gewohnt hat?
      Warum sollten wir dahinfahren? Das wäre das Langweiligste, ___ wir machen könnten.

   5. Ist das Alles, ___ du haben willst?
      Ja, aber leider gibt es vieles, ___ ich nie bekommen werde.

15. *Abspecken* (dieting). Welches Relativpronomen wäre das Beste? Ergänzen Sie die Sätze! Hier müssen Sie alle Relativpronomen benutzen, nicht nur *was* und *wo*!

◆ Ich muss abspecken, ___. (mir / nicht / gefallen)
  Ich muss abspecken, was mir nicht gefällt.

1. Abspecken ist eine Aktion, ___. (viel Arbeit / machen)
2. Gesund essen ist aber etwas Gutes, ___. (Spass machen / können)
3. Zu viel Fett essen ist etwas, ___. (ich / versuchen / zu vermeiden)
4. Leider sind Pommes frites mein Lieblingsessen, ___. (nicht so gesund / sein)
5. Vielleicht kennst du ein Restaurant, ___. (wir / gesund / essen / können)
6. Ungesund ist auch die Currywurst, ___. (ich / immer / an der Pommesbude / bestellen)
7. Es gibt eine neue Pommesbude, ___. (wir / gern / kaufen / Pommes frites und Currywurst)
8. Morgen muss ich anfangen, gesünder zu essen, ___. (ich / nicht gern / wollen)

Menschen und Mächte

Paracelsus und die moderne Medizin

Steckbrief	
Name:	Paracelsus
Geburtstag:	11.11.(?) 1493 in Einsiedeln, Schweiz
Todestag:	24. 9. 1551 in Salzburg, Österreich
Ehefrau:	unbekannt
Kinder:	unbekannt
Beruf:	Arzt, Naturforscher°
Wichtigster Tag:	der Tag, an dem er die ersten Medikamente aus Mineralien isolierte

Paracelsus

Philippus Aureolus Paracelsus — sein wirklicher Name war Theophrastus Bombastus von Hohenheim — wurde ein Jahr nach Kolumbus' Schifffahrt° nach Amerika geboren. Von seinem Vater lernte er viel über Medizin, Alchemie und Heilkunde. Mit vierzehn zog er von zu Hause weg und ging von einem Ort zum andern. Von London ging er zum Balkan, von Italien nach Deutschland, von der Schweiz nach Österreich. Wahrscheinlich arbeitete er in vielen Städten als Chirurg°, denn dies war die Zeit vieler Kriege in Europa und es gab viele Verwundete°. Er war Arzt und Chirurg und arbeitete auch an Universitäten, aber er hatte nie einen richtigen, sicheren Job.

Erasmus von Rotterdam

Paracelsus lebte zur Zeit der Renaissance in Europa. Damals lebten auch andere große und berühmte Leute wie der Künstler und Naturforscher Leonardo da Vinci, der Astronom Nikolas Kopernikus, der Kirchenreformer° Martin Luther, und der Gelehrte° Eramus von Rotterdam. Wegen seiner revolutionären Ideen in der Medizin wurde Paracelsus oft der „Luther der Medizin" genannt.

Die Renaissance ist berühmt als der Anfang der modernen Zeit. Man hatte angefangen, das Wissen° der Griechen und der Römer wiederzuentdecken°. Texte in Latein und Griechisch über die Medizin und die Naturwissenschaften wurden ins Deutsche übersetzt°. In der Medizin waren die Wissenschaftler° aus Arabien besonders wichtig und ihre Texte wurden deshalb auch viel übersetzt. Für viele Wissenschaftler war diese Wiederentdeckung des alten Wissens so interessant wie die Entdeckung der Neuen Welt von Kolumbus.

Durch Gutenbergs Buchdruck konnten viele solcher Bücher in ganz Europa gedruckt werden und man fing so an, diese alten und neuen Ideen bekannt zu machen. Nachdem die ersten Buchdrucker zuerst die antiken° Bücher druckten, fingen sie dann mit den Büchern der neuen Wissenschaftler an. 1571, zum Beispiel, kam das erste deutsche Handbuch für Bauern auf den Markt; 1578 konnte man ein Buch von Adamus Lonicerus über Kräuter kaufen.

Paracelsus selbst schrieb über 200 Bücher, viele über die Probleme in der Medizin seiner Zeit. Eines seiner interessantesten Bücher war über die Krankheiten der Leute in den Zechen. Paracelsus' „Von der Bergsucht oder Bergkranckheiten drey Bücher" war also das erste Buch über eine Krankheit, die man von seinem Beruf bekommen konnte. Eines seiner berühmtesten Bücher, „Grosse Wundartzney" (1536) handelt von der Behandlung von Schießpulverwunden° — wahrscheinlich wusste Paracelsus so viel darüber, weil er so viele Verwundete aus den Kriegen seiner Zeit behandeln musste. Er schrieb auch über seelische° Krankheiten. Und in seinem Buch „Über die Medizin" schrieb er darüber, wie man gesund mit der Natur leben kann und muss. Er war also einer der ersten Öko-Ärzte°.

Paracelsus war so revolutionär wie Martin Luther. Luther hatte die lateinische Bibel ins Deutsche übersetzt, damit der normale Mensch sie lesen konnte. Er wollte auch die Kirche reformieren. Wie Luther schrieb Paracelsus seine Bücher auf Deutsch anstatt auf Latein. Das war etwas, was die anderen Ärzte in seiner Zeit gar nicht gut fanden. Sie dachten, dass Bücher über Medizin auf Latein geschrieben werden sollten. Dazu sprach Paracelsus noch in seinen Büchern gegen die Medizin der Griechen und Römer; wie Luther mit der Kirche wollte Paracelsus also die alte Medizin reformieren. Paracelsus war für die Idee, Mineralien und Metalle als Medikamente zu benutzen, während die alte Medizin fast nur Pflanzen° als Medizin benutzt hatte. Gegen Krankheiten gebrauchte er aber auch einfache, einheimische° Heilmittel, weil er glaubte, dass jedes Land seine eigenen Heilkräuter° hat, die am besten gegen die Krankheiten in dem Land funktionieren.

Paracelsus ist eigentlich auch der Begründer° der „Chemotherapie", weil er Mineralien und Metalle für die Medizin benutzte. Er ist auch Begründer der „Iatrochemie", der Chemie, wie man Medikamente herstellt. Paracelsus' Interesse an der Verbindung zwischen Chemie und Medizin hatte sich bis Mitte des 17. Jahrhunderts über ganz Europa verbreitet°. Noch 100 Jahre nach seinem Tod wurde über seine Texte gesprochen. Auch heute sind Wissenschaftler von seinen Ideen fasziniert und hielten deshalb zu seinem 500. Geburtstag (1993) eine Konferenz in Washington, D.C.

(*der Naturforscher* natural scientist; *die Schifffahrt* voyage; *der Chirurg* surgeon; *der Verwundete* wounded; *der Kirchenreformer* religious reformer; *der Gelehrte* scholar; *das Wissen* knowledge; *wiederentdecken* to rediscover; *übersetzen* to translate; *der Wissenschaftler* scientist; *antik* classical, ancient; *die Schießpulverwunde* gunpowder wound; *seelisch* psychological; *der Öko-Arzt* doctor working with natural methods; *die Pflanze* plant; *einheimisch* local, indigenous; *das Heilkraut* therapeutic herb; *der Begründer* founder; *sich verbreiten* to spread)

16. **Beantworten Sie diese Fragen!**

    1. Wann wurde Paracelsus geboren?
    2. Welche anderen berühmten Leute lebten zu derselben Zeit wie Paracelsus?
    3. Wofür ist die Renaissance berühmt?
    4. Worüber hat Paracelsus geschrieben?
    5. Warum war Paracelsus so revolutionär wie Martin Luther?
    6. Was wollte Paracelsus reformieren?
    7. Wovon ist Paracelsus der Begründer?
    8. Wie zeigt sich das Interesse der modernen Wissenschaftler für Paracelsus' Ideen?

17. **Ergänzen Sie die Sätze!**

    1. Von seinem Vater lernte Paracelsus viel über ___, ___ und ___.
    2. Paracelsus war ___ und ___ und arbeitete an vielen Universitäten.
    3. In der Renaissance entdeckte man das Wissen der ___ und ___ wieder.
    4. Texte auf ___ und ___ wurden ins Deutsche übersetzt.
    5. Paracelsus wollte ___ und ___ als Medikamente benutzen.

18. *Sie waren dabei!* Stellen Sie sich vor, Sie könnten Paracelsus etwas fragen! Formulieren Sie fünf Fragen! Sie könnten ihn zum Beispiel fragen, wie er auf seine Ideen gekommen ist, oder was er im Leben noch machen möchte.

Bei uns zu Hause

Gesunde Ernährung°

Lieber Dieter,

heute muss ich dir etwas von der Schule erzählen. Vor drei Wochen oder so habe ich dir doch über dieses Projekt geschrieben, das wir gerade in Biologie machen. Du weißt schon, das über gesundes Leben. Zuerst habe ich gedacht, dass dieses Projekt ganz langweilig ist. Wer will schon über das Essen reden?! Aber jetzt muss ich sagen, dass ich es immer interessanter finde.

Zuerst haben wir über Essen gesprochen. Wenn wir wollten, konnten wir unser Lieblingsessen mitbringen. Und das haben wir dann analysiert. Und da ich gern Fastfood esse, habe ich einen Hamburger mitgebracht. Jetzt weiß ich wenigstens, dass es das Fett ist, das so gut schmeckt. Außerdem haben wir auch noch Pommes frites, Pizza, Currywurst und Schokolade untersucht. Am meisten hat mich der Ketchup erstaunt. Hast du gewusst, wie viel Zucker in Ketchup ist?

Als Hausaufgabe mussten wir dann einen Aufsatz über unsere Essgewohnheiten schreiben, was wir an einem Tag so essen, was wir am liebsten essen und wann und wie oft wir essen. In der nächsten Stunde haben wir davon erzählt. Wir haben einen Vergleich zwischen unseren Essgewohnheiten gemacht. Manche von uns essen viel Obst und Gemüse, während andere nur Fastfood für Essen halten. Ich liege so in der Mitte, weil mein Vater immer will, dass ich mein Gemüse esse.

Ich sollte vielleicht auch mehr Milch trinken und Käse essen. Denn ich weiß jetzt, dass es fünf Nahrungsmittelgruppen° gibt. Man kann nicht von allen Gruppen gleich viel essen. Am meisten soll man Brot, Nudeln, und Reis essen. Die nächsten zwei Gruppen sind Obst und Gemüse, auch davon braucht der Körper viel. Von Fisch und Fleisch und Milch und Milchprodukten soll man schon weniger essen. Fette und Süßwaren sollte man am wenigsten essen. Das finde ich ganz dumm.

Nachdem unsere Biologielehrerin uns erklärt hat, was der Körper mit den verschiedenen Nahrungsmittelgruppen macht, schreiben wir jetzt Essenspläne für verschiedene Leute. Ich mache einen Plan für Hans und Franz und ihren Cousin Arnold, damit sie groß und stark werden. Wenn du willst kann ich auch einen Plan für dich machen. Wie wär's? Dann würde es keine Gummibären mehr geben! Schreib bald!

Manuel

(die Ernährung nutrition; die Nahrungsmittelgruppe food group)

Was isst Manuels Schulfreundin?

Von Obst braucht der Körper auch viel.

Gesundheit und Ernährung

gesund   die Krankheit   krank   fit   in Form sein

trainieren   der Körper   der Muskel   der Knochen   kräftig

stark   dünn   dick   fett   gesunde Ernährung

das Vitamin   Nahrungsmittelgruppe   bewusste Ernährung   sich ernähren   sich entspannen

das Fett   das Milchprodukt   die Diät   das Untergewicht   das Übergewicht

G e s u n d h e i t

19. Welches Adjektiv passt nicht zu diesem Wort?

1. Ernährung: fett, hoch, gesund, gut
2. Körper: stark, fit, niedrig, dünn
3. Essgewohnheit: gut, ruhig, deutsch, schlecht
4. Obst: böse, frisch, gesund, vitaminreich,
5. Fastfood: fett, schnell, arglos, ungesund

20. Welche Dialogteile gehören zusammen?

1. Hans, hast du heute schon gefrühstückt?

2. Ich laufe jeden Tag eine Stunde.

3. Ich habe nicht gewusst, dass du Vegetarierin bist.

4. Du siehst sehr gesund aus.

5. Ich möchte heute Fastfood essen.

a. Ist das nicht für deine Knie sehr schlecht?

b. Ja, ich esse bewusster und treibe mehr Sport.

c. Das ist aber nicht gut für dich; zu viel Fett und zu wenig Vitamine.

d. Nein, ich habe heute Morgen keinen Hunger.

e. Ich esse schon seit drei Jahren kein Fleisch mehr.

Was soll man zum Frühstück essen und trinken?

In welche Kategorie passen Käsesorten?

21. *Welche Wörter passen in diese Kategorien: Süßwaren, Fastfood, Gemüse/Obst, Milchprodukte?* **Ein Wort passt in zwei Kategorien.**

Schokolade	Currywurst	Pommes frites	Hamburger
Apfel	Tomate	Gummibären	Frikadelle
Salat	Käse	Blumenkohl	Joghurt
Milch	Zucker	Eis	

Sprache

The Genitive

The genitive is a case used to show possession in German. There are two ways of showing possession. One way is to add *-s* to a proper noun (*Uwes Kassettenrekorder, Maythes Bruder, Manuels Freunde*). Nouns that end with *-s, -ß, -x,* or *-z* add only an apostrophe (*Fritz' Pommes frites, Marx' Ideen, Kolumbus' Schifffahrt*).

Another way to form the genitive is to use special forms of definite and indefinite articles in front of the noun. This method is equivalent to English expressions with "of."

> *Das ist die Erfindung des Goldschmieds Gutenberg.* That is the invention of the goldsmith Gutenberg.

> *Das sind die neusten Ideen der Erfinder.* Those are the newest ideas of the inventors.

Generally, an *-es* is added to one-syllable masculine and neuter nouns, while an *-s* is added to masculine and neuter nouns with two or more syllables. No ending is added to feminine and plural nouns.

Note: When one-syllable masculine or neuter nouns are part of compound nouns, *-es* is often added (*Berggeist - Berggeistes*). For additional information, you may wish to refer to the chart in the back of this book.

If you want to ask questions about who owns an item, use the question word *wessen* (whose).

Sabine sitzt auf dem Pferd des Bauern.

> *Wessen Buch ist das? Das ist das Buch meines Biologielehrers.* Whose book is that? That's the book of my biology teacher.

22. *Wem gehört was?* **Beantworten Sie die Fragen!**

◆ Wem gehört der Diamant? (die Dame)
Das ist der Diamant der Dame.

1. Wem gehört die Tasche? (die Austauschschülerin)
2. Wem gehört die Sonnenbrille? (der Badegast)
3. Wem gehören die Keulen? (der Jongleur)
4. Wem gehört das Mountainbike? (die Österreicherin)
5. Wem gehört der Edelstein? (der Berggeist)
6. Wem gehört der Helm? (der Fahrer)
7. Wem gehören die Gräber? (die Römer)
8. Wem gehört die Krone? (der Kaiser)

Gesundes Leben

23. Wessen ist das?

◆ Weleda / Amethyst
   Weledas Amethyst

1. Hans / Haus
2. Rainer / Eimer
3. Heinz / Heilmittel
4. Harald / Hochzeit
5. Kai / Keule
6. Franz / Fehler
7. Dora / Drachen
8. Petra / Plan

Die Demonstration ist Andreas' Idee

Auf wessen Windschutzscheibe schreibt
Zehra?

24. Kombinieren Sie!

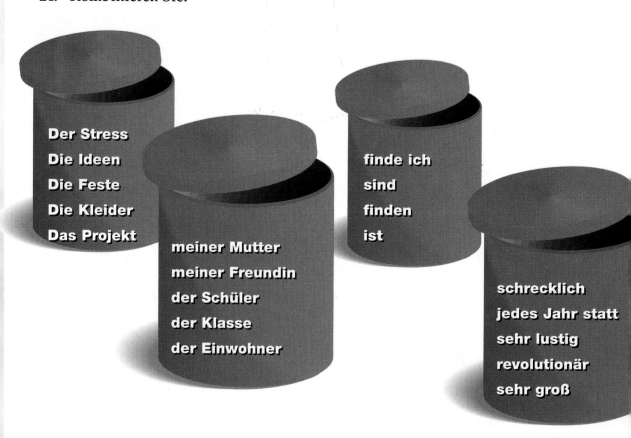

Der Stress
Die Ideen
Die Feste
Die Kleider
Das Projekt

meiner Mutter
meiner Freundin
der Schüler
der Klasse
der Einwohner

finde ich
sind
finden
ist

schrecklich
jedes Jahr statt
sehr lustig
revolutionär
sehr groß

Aktuelles

Rollstuhlbasketball

Siegfried Bayer spielt jeden Donnerstag Basketball. Zusammen mit seinem Freund Markus hat er vor vier Jahren ein Team gegründet. Siegfried erzählt, wie der Club gegründet wurde: „Vor meinem Unfall habe ich viel Sport getrieben. Ich bin viel Ski gelaufen und habe oft Tennis gespielt. Nach meinem Unfall war das nicht mehr möglich, weil ich seit dieser Zeit in einem Rollstuhl° sitze. Aber ich wollte trotzdem fit bleiben. An der Uni habe ich dann im Büro für Behinderte Studenten gearbeitet. Und da habe ich Markus getroffen. Er und ich haben uns sofort gut verstanden, weil wir beide große Basketballfans sind.

Eines Tages, als im Büro nicht so viel los war, haben wir dann auf dem Internet eine Seite über Rollstuhlbasketball gefunden. Wir waren ganz erstaunt, wie viele Teams es in Deutschland und Europa gibt. Die Web-Seite zeigte ein Team aus der Schweiz, das von sich selbst erzählt hat. Außerdem gab es auch viele Bilder von den Spielern. Das hat uns sehr gefallen. Wir wollten unbedingt mehr über diesen Sport wissen. Und so haben wir uns auf dem Internet und mit Büchern informiert, wie sich dieser Sport entwickelt hat.

Rollstuhlbasketball kommt eigentlich aus den USA. Dort haben behinderte Soldaten nach dem Koreakrieg° die ersten Teams gegründet. Damals waren die Spielfelder° kleiner und die Körbe° niedriger. Heute ist das aber anders. Rollstuhl- und NBA-Felder sind jetzt fast gleich. Da sind Markus und ich dann auf die Idee gekommen, unseren eigenen Club zu gründen. Wir haben mit allen unseren Freunden geredet und die haben es dann ihren Freunden erzählt und bald hatten wir genug Leute für ein Team. Viele sind wie Markus und ich von der Uni, aber manche sind Schüler und manche arbeiten auch schon. Alle wollten mehr Sport treiben, weil sie den ganzen Tag im Stuhl sitzen. Und das geht in einem Team oft leichter, weil dann Leute da sind, die einen motivieren.

Rollstuhlbasketball kommt
eigentlich aus den USA.

Am Anfang hatte ich Schwierigkeiten, weil ich den Rollstuhl lenken° und den Ball werfen oder fangen musste. Außerdem musste ich erst einmal wieder Muskeln aufbauen. Ich bin auch ein paar Mal umgefallen oder mit jemandem zusammengestoßen. Aber als ich die Bälle dann immer öfter in den Korb traf, war ich doch etwas stolz. Und jetzt könnte ich mir mein Leben ohne Basketball und das Team nicht mehr vorstellen. Wir haben übrigens das Team, über das wir am Anfang auf dem Internet gelesen haben, letzten Herbst kennen gelernt. Wir haben gegen sie verloren, aber wir treffen uns bald wieder und dann läuft die Sache hoffentlich anders."

(*der Rollstuhl* wheelchair; *der Koreakrieg* Korean War; *das Spielfeld* playing field, court; *der Korb* basket; *lenken* to steer)

25. *Was passiert wann?* Bringen Sie die Sätze in die richtige Reihenfolge!

___1. Markus und Siegfried gründen ein Basketballteam für Behinderte.

___2. Markus arbeitet an der Uni im Büro für Behinderte Studenten.

___3. Markus und Siegfried werden noch einmal gegen die Schweizer spielen.

___4. Markus und Siegfried finden auf dem Internet Information über Rollstuhlbasketball.

___5. Siegfried spielt Tennis und läuft Ski.

___6. Siegfried hat einen Unfall.

___7. Siegfried trifft immer mehr Bälle in den Korb.

___8. Siegfried und Markus erzählen allen ihren Freunden von ihrer Idee, einen Club zu gründen.

26. Wovon spricht man hier?

1. Das ist ein Sport, bei dem man Bälle in Körbe wirft.

2. Das ist ein Sport, bei dem man einen Schläger benutzt und einen kleinen Ball über das Netz schlägt.

3. Das sind Leute, die an der Universität studieren.

4. Das sind Seiten auf dem Internet, die für etwas Werbung machen.

5. Das ist ein Stuhl mit Rädern, den manche Behinderte benutzen.

6. Das ist eine Person, die an einem Krieg teilnimmt.

7. Das ist etwas, wo man versucht, den Ball hineinzuwerfen.

8. Das ist ein anderes Wort für Mannschaft.

Das ist ein Sport, bei dem Boris Becker viele Jahre Meister gewesen ist.

Das sind besondere Rollstühle, die man beim Sport benutzt.

Extra! Extra!

An den Rollstuhl gefesselt — Leben aus einer anderen Perspektive

Über den Autor

Dieser Text ist aus dem Internet. Bei solchen Texten weiß man oft nichts oder wenig über den Autor, weil jeder auf dem Internet schreiben kann. Wir wissen nur, dass Ivan Jung Dirk G. für die Zeitung „auspuff" interviewt hat.

Über den Text

In diesem Text wird die Geschichte von Dirk G. aus zwei Perspektiven erzählt. Zum Teil erzählt Dirk selbst von seinem Unfall und seinem Leben im Rollstuhl. Die zweite Perspektive des Textes ist die von Ivan Jung. Er hat Dirk besucht und ihn zu seinem Leben im Rollstuhl interviewt. Ein Erzähler spricht von der Hauptperson in der Geschichte und nicht von sich selbst.

Vor dem Lesen

1. The text can be divided into three major sections: the accident, life after the accident and Dirk's plans for the future. Before reading for details, scan the text to see if you can identify the start and end of each section.

2. A personal narrative voices an opinion or a perspective that is not necessarily held by everyone. Why do you think the author of the text decided to choose this technique?

Als Dirk im Sommer 1984 mit seinen Freunden beschloss, die Ferien an der Algarve zu verbringen, konnte er natürlich nicht ahnen, welch unglückliches Ende diese Reise für ihn nehmen würde. Gleich nach dem Frühstück gingen die Jugendlichen wie jeden Tag an den Strand. Nachdem sie die Strandmontur angelegt hatten, war es Dirk, der es besonders eilig hatte, sich im kühlen Nass des Atlantiks abzukühlen. Er nahm Anlauf und sprang der nächstbesten Welle entgegen. Doch statt den jugendlichen Erfrischungsdrang des damals Siebzehnjährigen zu erwidern, ließ sie ihn mit dem Kopf auf den sandigen Meeresboden aufstoßen. Die Folge war ein Bruch des fünften Halswirbels. Als Dirks Freunde bemerkten, dass etwas nicht zu stimmen schien, eilten sie zu ihm hin, fischten ihn aus dem Wasser und alarmierten Rettungskräfte.

Insgesamt verbrachte er zehn Monate im Hospital. Wie ging es nach zehn Monaten Krankenhaus weiter? — „Nach der Entlassung wohnte ich bei meinen Eltern, deren Wohnung provisorisch auf den Rollstuhl eingerichtet wurde. Nach Abschluss der höheren Handelsschule absolvierte ich eine kaufmännische Lehre."

Jetzt wohnt Dirk allein und besucht die Universität. Dirk muss sich über viele Dinge Gedanken machen: Wie komme ich zur Uni? Sind Hörsäle behindertengerecht? Kann ich meine Wohnung behalten? Vor zwei Jahren nahm er ein Studium der Betriebswirtschaft an der Fachhochschule in Wiesbaden auf. „Die bauen sich doch schon im Studium ihre Ellenbogengesellschaft auf. Mich hatten sie als einzigen Rollstuhlfahrer lediglich geduldet. Außerdem gab es in den Hörsälen keine Einrichtungen für Behinderte. Ich hatte nur Platz direkt neben der Tür und musste auf dem Schoß schreiben."

Nach vier Semestern wechselte er zum Fach Sozialwesen, wo die Voraussetzungen etwas günstiger sind. Es wird mehr an Tischen gearbeitet als Vorlesungen besucht. Doch auch hier ist ein reibungsloses Studium nicht möglich. Schuld daran ist die Unflexibilität der Fahrdienste. Fast ständig sind sie ausgebucht, sodass man seine Termine frühzeitig bekannt geben muss, um einen Platz zu bekommen. Stundenpläne werden aber kurzfristig geändert und praktische Übungen wie Rollenspiele spontan verabredet. Außerdem stehen Behinderten maximal zehn Fahrten pro Monat frei, also fünf Hin- und Rückfahrten. Doch Dirk lässt sich nicht bremsen: „Wenn die Barrieren in den Köpfen fallen, dann fallen auch Treppen."

Nach dem Lesen

1. In diesem Text gibt es immer wieder Passagen, in denen Dirks Gedanken und Ideen im Dialogstil wiedergegeben werden. Was für einen Effekt haben diese Teile des Textes auf den Leser?

2. Beschreiben Sie einen Tag, den Dirk an der Uni verbringt. Was muss er alles machen und wie lange dauert alles?

Endspiel

1. Gehen Sie in die Bibliothek oder benutzen Sie einen Computer, um mehr Information über Kurorte in Deutschland zu finden!

2. Sie haben in der Schülerzeitung über Stress gelesen. Schreiben Sie einen Leserbrief darüber, wann Sie Stress haben und was Sie dagegen tun!

3. Spielen Sie Rollen! Sie brauchen vier Leute. Eine Person hat gerade den Essensplan für Hans, Franz und Arnold gemacht und stellt ihn den drei Freunden jetzt vor. Die drei, die den neuen Plan machen sollen, sagen ihre Meinungen dazu. Wie finden die drei ihren Essensplan? Diskutieren Sie!

4. Sie wollen ein Sportteam gründen. Was muss alles getan werden, bevor Sie spielen können? Machen Sie einen Plan!

5. Gehen Sie in die Bibliothek oder benutzen Sie einen Computer, um mehr Information über Paracelsus zu finden! Diesen Text können Sie auch auf Englisch schreiben.

Vokabeln

abends evenings, in the evening

das **Abitur** final exam for *Gymnasium*

ähnlich similar

antik classical, ancient

der **Atemweg,-e** breathing passage, respiratory tract

das **Bad,-̈er** spa

der **Begründer,-** founder

das **Besenreiten** broomstick riding

bewusst aware, conscious

die **Beziehung,-en** relationship

der **Blocksberg** highest mountain in Harz region, usually called „Brocken"

böse mad, wicked, angry

brennen *(brannte, gebrannt)* to burn

der **Chirurg,-en** surgeon

einheimisch local, indigenous

der **Ellenbogen,-** elbow

entstehen *(entstand, ist entstanden)* to develop, come up

die **Ernährung** nutrition

das **Fachwerkhaus,-̈er** half-timber house

die **Freizeit** leisure time

die **Geburt,-en** birth

der **Gehsteig,-e** sidewalk

der **Gelehrte,-n** scholar

die **Geschwindigkeit,-en** speed

die **Grenze,-n** limit

die **Grippe,-n** flu

das **Handgelenk,-e** wrist

die **Hebamme,-n** midwife

heilklimatisch climate conducive to healing

das **Heilkraut,-̈er** therapeutic herb

die **Heilkunde** healing art

das **Heilmittel,-n** remedy

die **Hexe,-n** witch

die **Hexenverbrennung,-en** witch burning

der **Holzschnitzer,-** wood carver

inzwischen in the meantime

der **Kirchenreformer,-** religious reformer

das **Kneipp-Heilbad,-̈er** spa using Sebastian Kneipp's treatments

die **Konkurrenz** competition

der **Korb,-̈e** basket

der **Koreakrieg** Korean War

die **Krankheit,-en** sickness, disease

das **Kraut,-̈er** herb

die **Kräuterfrau,-en** woman who collects and sells herbs

der **Kurs,-e** course

lebendig lively

lenken to steer

das **Märchen,-** fairy tale

mindestens at least

das **Moorheilbad,-̈er** spa specializing in mud packs

der **Muskel,-n** muscle

die **Nahrungsmittelgruppe,-n** food group

der **Naturforscher,-** natural scientist

der **Öko-Arzt,-̈e** doctor working with natural methods

die **Pflanze,-n** plant

die **Puppe,-n** puppet, doll

die **Quelle,-n** well, spring

der **Rollstuhl,-̈e** wheelchair

salzhaltig salty

sich **scheiden lassen** *(lässt scheiden, ließ scheiden, scheiden lassen)* to divorce

die **Schießpulverwunde,-n** gunpowder wound

die **Schifffahrt,-en** voyage

schlimm bad, severe

schnitzen to carve

schwierig difficult

seelisch psychological

das **Silber** silver

die **Sorge,-n** worry
sich Sorgen machen to worry

das **Spielfeld,-er** playing field, court

der **Termin,-e** deadline, appointment

übersetzen to translate

sich **verbreiten** to spread

verfolgen to persecute

die **Verletzung,-en** injury

der **Verwundete,-n** wounded

die **Wahrheit,-en** truth

wiederentdecken to rediscover

die **Wiederentdeckung,-en** rediscovery

das **Wissen** knowledge

der **Wissenschaftler,-** scientist

zählen to count

Der Holzschnitzer Tilman Riemenschneider hat viele Stücke für die Kirche geschnitzt.

Kapitel **9**

Die Nachbarn
in Europa

In this chapter you will learn how to:

- describe landscapes
- express predictions
- express certainty or uncertainty
- express opinions
- develop and support an argument

Weleda und Kali

Familiensinn und andere Länder

Frau Muschel sitzt in der Anmeldung der Midgard und liest eine Zeitschrift. Sie heißt „Unsere Zukunft mit Europa". Weleda kommt in das Zimmer und spricht mit Frau Muschel. Frau Muschel hat die offene Zeitschrift vor sich liegen und sieht Weleda durch ihre Brille mit großen Augen an.

Weleda: Na, Frau Muschel? Lesen Sie etwas Interessantes? Es muss gut sein, weil ich schon zwei Mal versucht habe, mit Ihnen zu sprechen und Sie mich nicht gehört haben.

Frau Muschel: Frau Weleda, ich hatte schon so lange keine Zeit mehr zum Lesen. Ich hatte in letzter Zeit sehr viel Arbeit. Aber ich habe mich gestern Abend erst mit Herrn Sever über den Euro unterhalten. Und dann habe ich heute diesen Artikel in der Zeitschrift gefunden und da habe ich wohl alles um mich herum vergessen. Der Artikel handelt von den Nachbarländern Deutschlands und wie die Zukunft im vereinigten Europa wird. Sie sollten den Artikel wirklich auch einmal lesen.

Weleda: Ja, der Kali interessiert sich auch für dieses Thema. Jetzt, wo er mit seiner Schwester Rieke hier in der Midgard auf Besuch ist, können wir uns vielleicht einmal wieder so richtig unterhalten. Wo sind die beiden denn eigentlich? Ich habe sie heute noch gar nicht gesehen.

Frau Muschel: Ich glaube, ich habe sie im Nebenzimmer gehört.

Weleda: Ach, Sie haben recht, Frau Muschel. Jetzt kann ich auch etwas hören. Ich denke, die beiden kommen hier zu uns in die Anmeldung.

Kali und Rieke stehen vor der Tür zur Anmeldung. Ihr Gespräch ist so lebendig, dass sie Weleda und Frau Muschel gar nicht bemerken.

1. **Was passt zusammen?**

1. Frau Muschel liest	a. wo Kali und seine Schwester sind.
2. Weleda kommt	b. so dass sie die beiden Frauen nicht bemerken.
3. Weleda hat versucht,	c. ins Zimmer.
4. Der Artikel handelt von	d. die beiden im Nebenzimmer gehört.
5. Kali steht	e. der Zukunft im vereinigten Europa.
6. Weleda weiß nicht,	f. einen Artikel in der Anmeldung.
7. Frau Muschel hat	g. mit Frau Muschel zu sprechen.
8. Kali und Rieke sprechen so viel,	h. vor der Tür.

Kali: Warum können wir nicht noch länger in der Midgard bleiben?

Rieke: Warum denkst du denn nur immer an diese dumme Midgard? Die Welt ist so groß und weit und schön. Und endlich kann ich auch im Internet surfen und kann von einem Ort zum andern reisen, ohne in der Handtasche sitzen zu müssen.

Kali: Ich weiß wirklich nicht, warum das ein Problem sein soll. Wir sind noch nicht lange hier und fahren auch bald weiter. Wo willst du denn hin? Warum willst du dich so beeilen? Es ist doch ganz nett hier in der Midgard.

Rieke: Ja, du hast gut reden. Du kennst ja schon so viele Städte, Länder und Leute. Ich habe noch nicht viel gesehen, weil ich nicht im Internet surfen konnte. Jetzt hast du es mir gezeigt und ich will etwas sehen und erleben°. Ich will Europa erobern°! Straßburg will ich sehen und Paris, Rom und Krakau, Prag wäre toll, und Moskau, München und Berlin. Die Midgard ist doch langweilig. Da ist ja nichts los — nur ein paar alte Leute und diese Weleda, die immer an ihrer Zeitmaschine herumspielt.

Kali: Aber die Weleda ist doch so toll! Ich mag sie so!

Rieke: Jetzt denke bitte mal an mich! Ich bin ja Familie. Und das ist ja wohl wichtiger als deine Freunde, nicht?

Kali: Ich bin anderer Meinung. Aber wir kennen uns noch nicht so gut und Weleda versteht es sicher, dass ich mit meiner Schwester viel zu reden habe. Ich sage ihr, dass ich mit dir auf Reisen gehe, um dich und auch Europa kennen zu lernen. Sie versteht das bestimmt!

Weleda sieht Frau Muschel an und Frau Muschel sieht Weleda an und beide sind traurig. Sie freuen sich, dass Kali seine Schwester gefunden hat und dass die beiden zusammen etwas machen wollen. Aber sie wissen, dass Kali jetzt nicht mehr oft in der Midgard sein wird.

Frau Muschel: Diese Rieke, also ich weiß ja nicht, was ich von der denken soll!

Weleda: Sie ist noch jung und will noch viel machen. Ich bin mir sicher, dass alles gut wird.

Frau Muschel: Na, hoffen wir das Beste, Frau Weleda. Also wie die geredet hat, das hat mir nicht gefallen.

(*erleben* to experience; *erobern* to conquer)

2. Beantworten Sie diese Fragen!

1. Was kann Rieke im Internet machen?
2. Wer findet es ganz nett in der Midgard?
3. Welche Städte will Rieke besuchen?
4. Wer findet Familie wichtiger als Freunde?
5. Worüber freuen sich Weleda und Frau Muschel?
6. Was gefällt Frau Muschel nicht?

Allerlei

Kommt der Euro?

Jedes Jahr gibt es an der Schule von Julia ein Schülerforum. Dort diskutieren die Schüler und Lehrer Fragen der Zeit. Meistens laden sie Experten ein, die die Schüler und Lehrer über ein Thema informieren. Vor einigen Jahren haben die Schüler über die Wiedervereinigung° Deutschlands 1989 diskutiert und auch schon über die Europäische Union (EU). Als die neue europäische Währung, der Euro, viel in den Medien diskutiert wurde, wollten die Schüler auch über dieses Thema sprechen. Schon vor dem Schülerforum sammelten die Schüler und Lehrer in ihren Klassen Fragen, die sie zum Euro hatten. Am Tag der Diskussion stellte Julia die Leute vor und stellte auch die erste Frage.

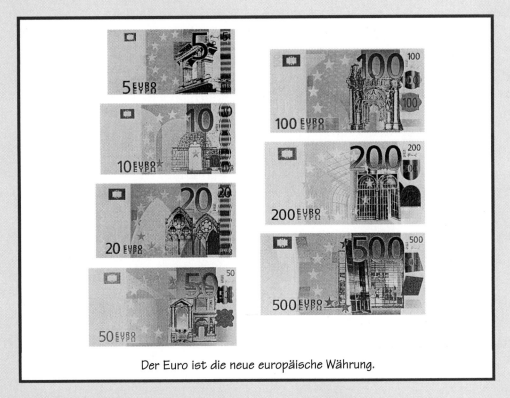

Der Euro ist die neue europäische Währung.

Julia: Guten Tag! Ich begrüße euch alle zu unserem Schülerforum dieses Jahr. Unsere Gäste sind Herr Lenz von der Sparkasse°. Neben ihm sitzt Frau Schilling. Sie ist eine Politikerin hier in der Stadt. Und unser dritter Gast ist Frau Lingenhöhl, eine Betriebswirtin°. Hier ist die erste Frage für unsere drei Gäste: „Wird der Euro kommen?"

Julia

Frau Lingenhöhl: Also ich muss sagen, dass ich gegen den Euro bin. Ich glaube auch nicht, dass der Euro kommen wird. Viele Länder wollen einfach ihre eigene Währung behalten. Und da viele Währungen eine lange Geschichte haben, finde ich es auch besser, wenn wir in Deutschland die DM behalten.

Julia: Herr Lenz, was ist Ihre Meinung zum Euro?

Herr Lenz: Als Direktor einer Sparkasse muss ich sagen, dass ich die Meinung von Frau Lingenhöhl nicht teile. Der Euro wird bestimmt kommen. Er ist wichtig für die EU, wenn sie wirtschaftlich° Erfolg haben will. Wann aber der Euro kommt, ist eine andere Frage.

Frau Lingenhöhl

Julia: Was sagen Sie dazu, Frau Schilling?

Frau Schilling: Ich glaube wie Herr Lenz, dass der Euro kommt. Aber ich denke nicht nur an die EU, sondern an jeden von uns. Es gibt diese Geschichte, in der eine Person in England eine Reise beginnt und in jedem Land Geld umtauscht°. Am Ende der Reise hat diese Person die Hälfte° ihres Geldes verloren, auch wenn sie sonst nichts kauft. Diese Person kauft nichts, isst nicht und wohnt nirgendwo°. Allein wegen des Umtauschens aber würde sie so viel Geld verlieren. Und diese Probleme gäbe es mit dem Euro nicht mehr. Deshalb glaube ich, dass wir alle den Euro brauchen.

Herr Lenz

Frau Schilling

(*die Wiedervereinigung* reunification; *die Sparkasse* local savings bank; *die Betriebswirtin* economist; *wirtschaftlich* economic; *umtauschen* to exchange; *die Hälfte* half; *nirgendwo* nowhere)

3. Was stimmt hier nicht? Verbessern Sie den falschen Teil!

1. Auf dem Schülerforum diskutieren die Schüler Fragen der Geschichte.
2. Heute diskutieren sie die Wiedervereinigung Deutschlands.
3. Herr Lenz arbeitet in der Politik.
4. Frau Lingenhöhl beantwortet die letzte Frage.
5. Der Euro ist wichtig für den wirtschaftlichen Erfolg Deutschlands.
6. Herr Lenz teilt die Meinung von Frau Lingenhöhl.

Brigitte

Julia:	Ich möchte hier auch Fragen von unseren Zuhörern° erlauben. Ja, bitte!
Brigitte:	Hallo, ich heiße Brigitte und bin eine Schülerin in der 11. Klasse hier. Ich möchte wissen, warum die Leute vor dem Euro Angst haben.
Frau Schilling:	Ich glaube, dass viele Leute einfach nicht genug über den Euro wissen. Und was man nicht so gut kennt, davor hat man oft Angst. Wenn die Leute sich über den Euro informieren, dann werden sie auch verstehen, wie viele Vorteile er ihnen bringen wird.
Herr Lenz:	Ich glaube auch, dass viele Leute Angst davor haben, dass ihr Leben anders wird. Und der Euro wird unser Leben verändern. Aber etwas Neues muss nicht unbedingt etwas Schlechtes sein. Deshalb glaube ich auch, dass die Leute mehr von dem Euro wissen sollten, bevor sie ja oder nein sagen.
Frau Lingenhöhl:	Ich sehe die Situation etwas anders als meine Kollegen. Ich finde, dass die Leute gute Gründe haben, den Euro nicht zu wollen. Es ist sicher, dass mit nur einer Währung in Europa die DM schwächer werden wird. Andere Währungen, die heute schwächer sind, werden stärker werden. Und die Deutschen und die DM bezahlen dafür.
Frau Schilling:	Ich finde, dass Sie die Frage etwas zu einfach verstehen, Frau Lingenhöhl. Auch mit dem Euro werden die Leute für ihr Geld genauso viel wie früher bekommen. Und in Zukunft werden die Länder in Europa nur dann wirtschaftlichen Erfolg haben, wenn jedes Land nicht nur an sich denkt. Das mag jetzt vielleicht noch gut gehen, aber in ein paar Jahren sieht das vielleicht ganz anders aus.
Julia:	Hier ist noch eine Frage! Bitte!

Die Nachbarn in Europa

Hans:	Mein Name ist Hans. Herr Lenz hat gesagt, er glaubt, dass der Euro kommt, dass er aber nicht sicher ist, wann das sein wird. Können Sie dazu noch mehr sagen? Und was meinen Frau Schilling und Frau Lingenhöhl dazu?

Hans

Frau Schilling:	Wenn alles gut geht, beginnt die Währungsunion° für die EU 1999. Und 2002 ist das letzte Jahr, in dem man DM benutzen kann. Das könnte etwas zu früh sein.
Frau Lingenhöhl:	Ich glaube nicht, dass der Euro kommt. Herr Lenz spricht von den Tagen, an denen vielleicht auch die Politiker in diesem Land verstehen werden, dass die meisten Deutschen dieses Geld nicht wollen.
Frau Schilling:	Ich bin anderer Meinung als Herr Lenz und auch Frau Lingenhöhl. Ich glaube, dass die Menschen 1999 für die neue Währung bereit sein werden. So wie Sie hier an der Schule werden immer mehr Leute über den Euro lernen und sich für ihn entscheiden.
Julia:	Damit sind wir am Ende unserer Zeit. Vielen Dank an unsere Experten und an alle, die gekommen sind und an der Diskussion teilgenommen haben. Noch einmal, vielen Dank!

(*der Zuhörer* listener; *die Währungsunion* currency consolidation)

4. **Wer sagt was?** Das ist die Person, die...

1. glaubt, dass der Euro für die europäische Wirtschaft wichtig ist.
2. glaubt, dass alle den Euro brauchen.
3. denkt, dass man mit dem Euro Geld spart.
4. wissen will, warum die Leute vor dem Euro Angst haben.
5. meint, dass die Währungen der Länder eine lange Geschichte haben.
6. denkt, dass man mehr über den Euro wissen muss, bevor man ja oder nein sagt.
7. glaubt, dass man Angst hat, wenn man etwas nicht kennt.
8. sagt, dass der Euro die DM schwächer macht.
9. erklärt, dass man mit dem Euro genauso viel kaufen kann wie mit der DM.
10. glaubt, dass die Länder in der Zukunft nicht nur an sich denken können.

5. Welche Wörter fehlen hier?

Währung   Schülerforum   Sparkasse   Meinung
Experten   Schüler   Situation   Person
Fragen   Angst   Erfolg   Euro

1. Viele Leute haben ____ vor der neuen Währung.
2. Die Lehrer und ___ diskutieren die europäische Währung.
3. Frau Schilling ist anderer ____ als Frau Lingenhöhl und Herr Lenz.
4. Julia begrüßt alle zu dem ____.
5. In England hat eine ___ die Reise begonnen und in jedem Land Geld umgetauscht.
6. Frau Lingenhöhl glaubt nicht, dass der ___ kommt.
7. Herr Lenz arbeitet bei einer ___.
8. ___ werden die Leute nur haben, wenn jedes Land nicht nur an sich denkt.
9. Man will den Euro, eine neue ___, in Europa einführen.
10. Frau Lingenhöhl sieht die ____ etwas anders als ihre Kollegen.
11. Die Schüler und Lehrer haben ____ zur Diskussion eingeladen.
12. Die Schüler stellen ein paar ___.

Sind alle Leute für die neue Währung?

Die Reporterin stellt ein paar Fragen.

Du und ich

Was? Schon wieder ein Schülerforum?!

Rollenspiel

Nehmen Sie eine der Ideen für das Schülerforum in „Du und ich" für dieses Rollenspiel! Einer von Ihnen leitet die Diskussion und drei von Ihnen sind die Experten. Der Rest der Klasse stellt Fragen und diskutiert. Viel Spaß!

Sprichwort

Ich gebe meinen Senf dazu.

(I put in my two cents' worth.)

Sprache

Uses of *werden*

Werden is an extremely important verb in German. In previous chapters you have been using *werden* to form the passive. The use requires *werden* (in present or narrative past) and a past participle.

Der Euro wird eingeführt. The Euro is being introduced.

Das Haus wurde gestrichen. The house was being painted.

You have also learned how to use *werden* to form the future tense. This use requires *werden* in the present tense and an infinitive.

Ich werde bald mit diesem Projekt fertig sein. I will soon be finished with this project.

Remember that the future tense is used in German only when there is no specific mention of when an event will occur. In cases where a time adverb is used, German usually prefers the present tense.

Ich fahre nächsten Sommer nach Österreich. I'll travel to Austria next summer.

Wir kommen am Dienstag. We'll come on Tuesday.

Finally, *werden* is used as what is called a "full verb." That means it is not used to indicate a voice (passive) or a tense (future), but as *to become*. Werden can be used in all the tenses as a full verb.

Ich werde immer müde, wenn ich zu viel arbeite. I always become (get) tired when I work too much.

Sie wurde Politikerin. She became a politician.

Bist du krank geworden? Did you become (get) sick?

Remember!

werden + infinitive = future (*Wir werden nächte Woche in die Ferien fahren.*)

werden + past participle = passive (*Wann wird das Essen gekocht?*)

werden alone = to become, get (*Bestimmt wird Monika Ärztin.*)

---

6. *Die Zukunft Europas!* **Wie wird das Leben mit dem Euro werden? Benutzen Sie das Futur!**

◆ Man / benutzen / keine DM
   Man wird keine DM benutzen.

1. Alle Europäer / brauchen / im Urlaub / nur eine Währung
2. Die DM / kommen / ins Museum
3. Europa / haben / wirtschaftlichen Erfolg
4. Die Geschäfte / zusammenarbeiten / leichter
5. Die Preise / werden / einfacher
6. Die Banken / umtauschen / alle DM in Euros
7. Die Leute / bekommen / neues Geld
8. Die Regierung / drucken / neue Euros

7. *Was wird auf einer Wanderung gemacht?* **Benutzen Sie Passiv!**

◆ eine Wanderkarte ansehen
Eine Wanderkarte wird angesehen.

1. Wege beschreiben
2. Vögel sehen
3. Kräuter sammeln
4. einen See suchen
5. Fotos machen
6. eine Höhle entdecken
7. ein Picknick essen
8. den Müll wegwerfen

Ein Stadtplan wird angesehen.

8. *Kevin erzählt Harry von seinem Urlaub im Herbst.* **Setzen Sie die richtige Form von *werden* ein! In dieser Übung brauchen Sie Passiv, Futur und *werden* als Vollverb.**

Also, wir ___ nach Italien ___ (fahren). Zuerst aber müssen wir noch unsere Koffer packen. Sie ___ mit dem Zug ___ (transportieren). Dann müssen wir sie nicht tragen. Wenn wir alles, was wir mitnehmen wollen, einpacken, dann ___ sie sicher schwer (werden). Sobald wir in Rom ankommen, gehen wir ins Hotel. Ein Zimmer ___ für uns ___ (vorbereiten). Unsere schweren Koffer ___ hoffentlich ins Zimmer ___ (bringen). Wir ___ in Rom viele alte Gebäude ___ (besichtigen). Wir __ auch viele Pizzas ___ (essen), was sicher noch mehr Spaß ___ ___ (machen). Ich ___ dir bestimmt auch eine Ansichtskarte ___ (schreiben)!

Kevin wird mit dem Zug nach Italien gefahren.

Auf dem Bahnsteig wird gewartet.

Länder, Kantone und Provinzen

Straßburg

Nach dem Schülerforum über den Euro gab der Geschichtslehrer der Klasse eine Hausaufgabe. Die Schüler mussten in die Bibliothek oder ins Netz gehen, um Informationen über die wichtigsten Städte für die Europäische Union, Brüssel und Straßburg, zu finden. Dann mussten sie in Gruppen von drei einen Aufsatz darüber schreiben. Hier sind die Notizen°, die Hans, Franz und Arnold über Straßburg gesammelt haben.

Straßburg ist der Sitz des Europäischen Parlaments.

Straßburg

Thema 1: Warum Straßburg wichtig für die EU ist

A. Sitz° des Europäischen Parlaments, das Parlament der Europäischen Union (626 Abgeordnete° aus allen Ländern der EU)

Mitglieder: alle Länder der EU: Österreich, Belgien, Dänemark, Deutschland, Finnland, Frankreich, Griechenland, Irland, Italien, Luxemburg, die Niederlande, Portugal, Spanien, Schweden und Großbritannien

Wie viele Abgeordnete sind im Europäischen Parlament?

B. Seit Ende des Zweiten Weltkrieges Sitz des Europarates°

39 Mitglieder: Albanien, Andorra, Belgien, Bulgarien, Dänemark, Deutschland, Estland, Finnland, Frankreich, Griechenland, Großbritannien, Irland, Island, Italien, Lettland, Liechtenstein, Litauen, Luxemburg, Malta,

---

Mazedonien, Moldavien, die Niederlande, Norwegen, Österreich, Polen, Portugal, Rumänien, Russland, San Marino, die Slowakei, Slowenien, Spanien, Schweden, die Schweiz, die Tschechische Republik, die Türkei, Ungarn, die Ukraine, Zypern

Aufgaben des Rates:

- den Frieden° und die Demokratie in Europa zu fördern°
- das europäische Kulturgut° zu erhalten°
- Menschenrechte° zu schützen
- Arbeit an sozialen Problemen wie Integration der Arbeiter aus nicht-EU-Ländern, Einfluss der neuen Technologien auf das Privatleben, Terrorismus, Drogenhandel°, Kriminalität

C. Sitz des europäischen Gerichtshofes° für Menschenrechte (Gerichtshof für den Europarat)

Aufgabe des Gerichtshofes:
Menschenrechte in allen Ländern der EU zu schützen

Mann!—Straßburg spielt eine große Rolle in der EU! Wusste ich ja nicht.

(*die Notiz* note; *der Sitz* seat; *der Abgeordnete* delegate; *der Europarat* Council of Europe; *der Frieden* peace; *fördern* to promote; *das Kulturgut* cultural heritage; *erhalten* to preserve; *das Menschenrecht* human right; *der Drogenhandel* drug traffic; *der Gerichtshof* court)

9. *Was meinen Sie?* **Hier haben Sie verschiedene Aktivitäten. Zu welcher Aufgabe des Europarates gehören sie: a. Frieden und Demokratie, b. das europäische Kulturgut, c. Menschenrechte oder d. Arbeit an sozialen Problemen?**

   1. Ein Krieg gegen ein anderes Land wird begonnen.
   2. Der Kölner Dom wird restauriert.
   3. Der Kokainhandel wird gestoppt.
   4. Die Rolle des Internets im modernen Leben wird untersucht.
   5. Jobs von türkischen Arbeitern in Dänemark werden diskutiert.
   6. Zeitungen werden in einem Land verboten.
   7. Gefährliche und revolutionäre Leute werden gefangen genommen.
   8. Ein Flugzeug wird entführt.
   9. Reporter werden in einem Krieg festgehalten.
   10. Bilder werden aus einem Museum in Prag gestohlen.

Thema 2: Die Geschichte Straßburgs und die Verbindung zu Deutschland

A. Liegt am Oberrhein° im Elsass

B. Vom römischen General Drusus als Fort gegründet — Teil der 50 Forts, die zwischen 12 und 16 v. Chr.° von den Römern am Rhein zwischen Holland und der Schweiz gebaut wurden.

Straßburg gehört heute zu Frankreich.

C. Lange Geschichte deutsch ↔ französisch

ab 842: Freistadt im Reich von den Enkelsöhnen° von Karl dem Großen → deutsch

1681: französische Soldaten erobern die Stadt; wird Hauptstadt vom Elsass → französisch

1871: Krieg zwischen Preußen und Frankreich → deutsch

1918: nach dem Ersten Weltkrieg zurück an Frankreich → französisch

1940: Nazis nehmen Straßburg: französisch durfte nicht gesprochen werden, das Barett durfte nicht getragen werden → wieder deutsch

1945: zurück an Frankreich

Kein Wunder, dass die Leute dort deutsch und französisch sprechen. Was für ein Hin und Her°!

(*der Oberrhein* Upper Rhine; *v. Chr. [vor Christus]* B.C.; *der Enkelsohn* grandson; *das Hin und Her* back and forth)

10. *Richtig oder falsch?* Wenn etwas falsch ist, verbessern Sie es!

1. Straßburg wurde von Deutschen gegründet.

2. Die Römer bauten Forts am Rhein.

3. Im Jahr 842 war Straßburg französisch.

4. Im Jahr 1681 eroberten deutsche Soldaten Straßburg.

5. Im Krieg zwischen Preußen und Frankreich kam Straßburg zurück an Frankreich.

6. Straßburg ist jetzt die Hauptstadt vom Elsass.

7. Die Leute in Straßburg sprechen heute nur französisch.

Thema 3: Wichtige Leute, die in Straßburg lebten

Gottfried von Straßburg. Dichter im Mittelalter. Schrieb (um 1200) eines der wichtigsten Werke des Mittelalters „Tristan", die Liebesgeschichte° von Tristan und Isolde.

Erwin de Steinbach. Einer der wichtigsten Architekten des Mittelalters. Verantwortlich für° die Verbreitung° der gotischen Architektur in Europa. Arbeitete 1275 an den Plänen für den Dom in Straßburg, eine lebenslange° Arbeit.

Johannes Gutenberg. Erfinder des Buchdrucks. Lebte von 1431 bis 1444 in Straßburg. Entwickelte wahrscheinlich 1440 hier die Buchpresse. Straßburg wird danach eine der wichtigsten Städte in Europa für den Buchdruck.

Johann Wolfgang von Goethe. Einer der wichtigsten Dichter der deutschen Sprache. Ging 1770 nach Straßburg, um sein Studium zu Ende zu bringen. War so begeistert von° Steinbachs Dom, dass er ihn fast jeden Tag besuchte und sogar ein Essay über die deutsche Architektur schrieb. Goethes Interesse an Erwin de Steinbach und dem Dom spielte eine wichtige Rolle in der Verbreitung des Respekts für gotische Architektur in Europa.

Albert Schweitzer. Arzt und Gewinner des Friedensnobelpreises° 1952. Schweitzer kam aus Kayersberg im Elsass. Er spielte Orgel° und gab viele Konzerte in Straßburg im Dom.

Goethe

Goethe war wirklich überall! Und Gutenberg in Straßburg?! Wahrscheinlich wollten alle dahin, weil es eine ganz tolle Stadt ist. Und so viel Geschichte.

Schweitzer

(*die Liebesgeschichte* love story; *verantwortlich für* responsible for; *die Verbreitung* spreading, dissemination; *lebenslang* lifelong; *begeistert von* enthusiastic about; *der Friedensnobelpreis* Nobel Peace Prize; *die Orgel* organ [musical instrument])

11. *Wer war das?* **Diese Person...**

1. arbeitete sein Leben lang an einem Projekt.
2. arbeitete für den Frieden.
3. lebte zur gleichen Zeit wie Walther von der Vogelweide.
4. druckte die ersten Bücher.
5. war von dem Dom in Straßburg begeistert.
6. machte Musik im Dom von Straßburg.
7. studierte in Straßburg.
8. machte eine wichtige Erfindung in Straßburg.
9. begeisterte Goethe mit seiner Arbeit.
10. schrieb ein berühmtes Werk über einen Mann und seine Liebe.

12. *Der Anfang eines Aufsatzes.* **Hier ist der Anfang von dem Aufsatz über Straßburg, den Hans, Franz und Arnold geschrieben haben. Schreiben Sie noch mindestens fünfzehn Sätze!**

Viele Leute wissen gar nicht, dass Straßburg eigentlich die Hauptstadt Europas ist, politisch gesehen. In Straßburg sitzen viele der wichtigsten Organisationen für die Politik der EU. Nach dem Zweiten Weltkrieg formte man in Straßburg den Europarat, um den Frieden und die Demokratie in Europa zu diskutieren und zu fördern. Seit der Zeit arbeitet der Rat, um Menschenrechte zu erhalten und um das europäische Kulturgut zu fördern. Außerdem arbeiten sie an sozialen Problemen wie an der Integration fremder Arbeiter, dem Einfluss der neuen Technologien auf das Privatleben, Terrorismus, Drogenhandel und Kriminalität. Heute hat die EU 39 Mitglieder...

Sprache

Word Order of Adverbials

When you include adverbials in a sentence, they occur in a special order. Consider this sentence in English: *I went shopping with my mother yesterday.* If, however, you said *With my mother I went yesterday shopping,* the sentence would sound very odd indeed. That is because we have word order rules that prescribe where elements go in a sentence. German also has word order rules for such elements. Unlike English, time elements come **before** place elements in German.

Ich fahre am Montag in die Stadt. I'm going downtown on Monday.

Wir treffen uns um neun vor dem Theater. Willst du mich dann dort treffen? We're meeting in front of the theater at nine. Do you want to meet me there then?

Notice that these adverbial elements are often more than one word and can be phrases with prepositions. If you have two time expressions (*um neun, am Dienstag*), the more general precedes the more specific.

Ich muss am Dienstag um neun arbeiten. I have to work at nine on Tuesday.

Es wäre schön, wenn ich diesen Monat jede Woche Urlaub hätte. It would be nice if I had vacation every week this month.

Andreas und Sabine besuchen Daniel am Mittag bei seiner Arbeit.

Frau Hoffmann sagt ihrer Tochter Sabine, dass sie heute Morgen ihr Zimmer aufräumen soll.

13. *Was? Wann? Wo?* **Bilden Sie Sätze mit den einzelnen Wörtern. Passen Sie auf! Sie müssen die Wörter in die richtige Reihenfolge bringen! Fangen Sie mit dem Subjekt des Satzes an!**

◆ um halb zwei / abfliegen / Familie Richter / nach Zürich
Familie Richter fliegt um halb zwei nach Zürich ab.

1. zu Hause / lernen / Katja / am Dienstagvormittag
2. abfahren / am Bahnhof / Hannes / um drei Uhr
3. Alex / im Schwimmbad / am Montag / sich ausruhen
4. in seinem Zimmer / jeden Tag / fernsehen / Kevin
5. im Internet / Patrick / sich informieren / einmal im Monat
6. bei ihrer Oma / jeden Sonntagnachmittag / sich langweilen / Martina
7. losfahren / Antje / auf ihrem Motorrad / am Abend
8. Sophie / im Konzert / singen / um 20 Uhr

Daniel hat sich an diesem Tag beim Fußballspiel verletzt.

Daniel, Zehra und Sabine wollen am Sonnabendvormittag zu einem Bauernhof fahren.

14. *Was machen Sie wann?* **Benutzen Sie die folgende Information und bilden Sie Sätze! Benutzen Sie verschiedene Zeitelemente!**

◆ mit dem Rad fahren
Ich fahre jeden Morgen um halb acht mit meinem Rad in die Schule.

1. sich mit Freunden treffen
2. Hausaufgaben machen
3. Sport treiben
4. in die Ferien fahren
5. Geburtstag feiern
6. ins Kino gehen
7. Freunde besuchen
8. etwas Geld verdienen

15. Kombinieren Sie!

Ich
Unser Nachbar
Frau Kumber
Du

heute
vor einer Woche
gestern
letztes Jahr

Blumen
eine Brille
meine Mutter
die Kinder

fahren
brauchen
suchen
einkaufen

in der Stadt
im Wohnzimmer
in der Schule
nach Berlin

Von einem Ort zum andern

Fliegen

In einem Lied heißt es, dass die Freiheit° über den Wolken° keine Grenzen kennt. Vielleicht wollten die Menschen deshalb schon immer fliegen können. Schon Leonardo da Vinci zeichnete° im 16. Jahrhundert Modelle von Hubschraubern. Und viele Leute kennen die Geschichte von Ikarus, der mit seinen Flügeln° zu nah an die Sonne kam und ins Meer fiel. Im Zeitalter der modernen Technik ist es auch immer mehr Leuten möglich, mit einem Flugzeug zu reisen. Mit dem Flugzeug lassen sich schnell lange Strecken fliegen. Die Leute können so ohne zu viele Probleme mehr von der Welt sehen. Und da die Autobahnen immer voller werden, mag es wirklich eine gute Idee sein, in die Luft zu gehen. Obwohl über Unfälle mit Flugzeugen viel in den Medien geschrieben und diskutiert wird, sind Flugzeuge im allgemeinen sicherer als jedes andere Verkehrsmittel.

Mit dem Flugzeug lassen sich schnell lange Strecken fliegen.

Nicht alle Leute reisen gern mit dem Flugzeug. Manchmal ist es schwierig, weil man im Flugzeug durch verschiedene Zeitzonen reist. Dann kann es sein, dass man am Morgen irgendwo ankommt, aber der Körper denkt, dass es Nacht ist. Man will schlafen, aber auch die neue Umgebung ansehen und Leute treffen. Es dauert meistens ein paar Tage, bis man sich an die neue Zeit gewöhnt° hat. Manche Leute finden das Fliegen ganz einfach langweilig, weil man nur sitzen, essen, trinken und schlafen kann. Die einzige° Unterhaltung ist oft ein Film oder die Person, die neben einem sitzt.

Manche Leute finden das Fliegen ganz einfach langweilig, weil man nur sitzen, essen, trinken und schlafen kann.

Wenn man am Flughafen aus dem Flugzeug aussteigt, ist die Reise aber noch nicht vorüber. Zuerst muss man durch die Passkontrolle°. In den deutschsprachigen Ländern gibt es meistens zwei Schalter: einen für die Leute, die aus den EU-Ländern kommen und dann einen Schalter für die Leute aus anderen Ländern. Nachdem man seinen Pass gezeigt hat, kann man das Gepäck abholen. Mit dem Gepäck muss man dann noch durch den Zoll°. Natürlich kann es sein, dass der Koffer oder die Tasche von einem Flughafen zum andern verloren gegangen ist°. Dann geht man zum Gepäckdienst°. Dort muss man ein Formular° ausfüllen, in dem man beschreibt, wie der Koffer aussieht. Meistens wird das Gepäck schnell gefunden. Dann wird es dem Fluggast nach Hause oder ins Hotel gebracht. Endlich ist es so weit. Man ist wirklich angekommen und kann die Leute treffen, die gekommen sind, um einen vom Flughafen abzuholen.

(*die Freiheit* freedom; *die Wolke* cloud; *zeichnen* to draw, sketch; *der Flügel* wing; *sich gewöhnen an* to get used to; *einzig* only; *die Passkontrolle* passport checkpoint; *der Zoll* customs; *verloren gehen* to get lost; *der Gepäckdienst* lost and found baggage service; *das Formular* form)

Beim Gepäckdienst

Angestellte: Guten Tag! Kann ich Ihnen helfen?

Fluggast: Guten Tag! Ich habe meinen Koffer verloren.

Angestellte: Ja, da sind Sie an der richtigen Stelle. Ich brauche einige Informationen von Ihnen. Wie heißen Sie?

Fluggast: Dieter Hildebrandt.

Angestellte: Woher sind Sie gekommen?

Fluggast: Ich komme direkt aus Frankfurt am Main.

Angestellte: Mit welcher Maschine?

Fluggast: Lufthansa, Flugnummer 32.

Angestellte: Wie sieht Ihr Koffer denn aus?

Fluggast: Mein Koffer ist braun, dunkelbraun und mittelgroß.

Wie sieht Ihr Koffer denn aus?

Angestellte: Steht Ihr Name auf dem Koffer?

Fluggast:	Nein, das habe ich ganz vergessen.
Angestellte:	Daran sollten Sie aber nächstes Mal denken, denn Ihr Name auf dem Koffer macht eine Suche viel leichter.
Fluggast:	Nach dieser Reise vergesse ich es bestimmt nicht wieder!
Angestellte:	Gut. Können Sie mir Ihre Anschrift in Berlin geben? Dann kann Ihr Koffer dorthin gebracht werden, wenn wir ihn finden. Und wenn es Probleme geben sollte, kann ich Sie dort anrufen.
Fluggast:	Meine Anschrift ist Rathenauplatz 2. Telefonnummer 56 78 64. Wie lange dauert es normalerweise, bis Sie Gepäck finden?
Angestellte:	Machen Sie sich keine Sorgen! Sie haben Ihren Koffer sicher heute Abend wieder.
Fluggast:	Hoffentlich! Sonst muss ich morgen erst einmal einkaufen gehen.
Angestellte:	Ich werde tun, was ich kann. Auf Wiedersehen!
Fluggast:	Gut. Auf Wiedersehen!

Rollenspiel

Jetzt sind Sie an der Reihe! Arbeiten Sie mit einer zweiten Person! Eine Person arbeitet im Flughafen im Gepäckdienst. Die zweite Person spielt einen Fluggast, der heute noch zu einer wichtigen Party muss. Leider ist die schöne, teure Kleidung für diese Party im Koffer, der verloren gegangen ist. Wie kann dieser Person geholfen werden?

Sprache

Passive Voice with the Subject *es*

So far, you have learned how to form passive sentences with grammatical subjects. There is also a special type of passive sentence that uses what is called an "impersonal subject," the pronoun *es* (it). You will encounter these passive sentences frequently on signs, in instructions and other impersonal situations. These passives are often equivalent to the English expressions "They say...." There is, of course, no real "they." The sentence simply means you heard this information somewhere. The same thing happens in impersonal passives in German. These types of passive use the singular pronoun *es, werden* and the past participle.

Es wird gesagt, dass es heute Abend regnet. They say it will rain tonight.

Es wurde erzählt, dass er krank ist. It was mentioned that he is ill.

These kinds of passive sentences are also used for impersonal sentences when an activity is stressed, but not the people doing it, as in these sentences:

Es wird heute Abend getanzt. There will be dancing tonight.

Es wird in letzter Zeit viel über gesundes Essen diskutiert. There has been a lot of discussing about healthy eating lately.

16. Was wird heute Abend auf der Party gemacht?

◆ ein Geheimnis erzählen
  Es wird heute Abend ein Geheimnis erzählt.

1. Musik hören
2. singen
3. Gitarre spielen
4. viel essen
5. Monopoly spielen
6. über Freunde und Bekannte diskutieren
7. ein Fotoalbum ansehen
8. spät nach Hause gehen

17. *Jetzt sind Sie an der Reihe!* **Was wird alles in der Schule gemacht? Hier sind ein paar Verben und Ausdrücke zur Auswahl. Schreiben Sie mindestens fünf Sätze!**

rennen   Streiche spielen   zeichnen

eine Fremdsprache sprechen   lernen

lachen   Pause machen

Freunde treffen   Prüfungen schreiben

lesen

rechnen   nach Hause fahren

Es wird eine Prüfung geschrieben.

Es wird Pause gemacht.

Die Nachbarn in Europa

Menschen und Mächte

Johannes Kepler und die Bewegung der Planeten

Steckbrief

Name:	Johannes Kepler
Geburtstag:	27. Dezember 1571 in Weil der Stadt, Deutschland
Todestag:	15. November 1630 in Regensburg, Deutschland
Ehefrauen:	Barbara Müller; Susanne Reuttinger
Kinder:	mit Barbara, drei Kinder; mit Susanne, sechs Kinder
Beruf:	Astronom
Wichtigster Tag:	der Tag, an dem er die Gesetze der Planetenbahnen° entdeckte

Johannes Kepler

Wissen Sie, wer den ersten Sciencefictionroman schrieb? Wer das Fernrohr° zu dem modernen Teleskop entwickelte? Wer den Einfluss des Mondes° auf die Meere entdeckte? Wer zeigte, wie sich die Planeten um die Sonne bewegen? All das tat der deutsche Astronom Johannes Kepler.

Johannes Keplers Leben war voll von Problemen. Er wurde mit sieben Monaten geboren und hatte als Kind viele Krankheiten. Als Erwachsener konnte er deshalb nur sehr schlecht sehen. Er verstand sich nicht gut mit seinen Eltern und wohnte einige Jahre bei seinen Großeltern. Außerdem war Kepler (wie Albert Einstein) schlecht in der Schule. Trotzdem studierte er. Nachdem Kepler an der Universität fertig war, wurde er Professor für Mathematik in Graz, in der österreichischen Provinz Steiermark. Es war aber die Zeit der Gegenreformation°. Im Jahr 1600 musste Kepler Graz verlassen, weil er evangelisch° war und die Stadt Graz katholisch werden sollte. Solche Probleme hatte Kepler sein ganzes Leben lang. Er verdiente als Astronom nicht genug Geld und musste deshalb oft Horoskope schreiben. Trotz der Probleme in seinem Leben machte Kepler viele wichtige Entdeckungen, die das Bild der Welt und unseres Planetensystems auf immer veränderten.

Mit der Renaissance kam das Interesse an antikem Wissen. Leute wie Erasmus von Rotterdam, Nikolaus Kopernikus, Albrecht Dürer und Tilman Riemenschneider hatten großen Einfluss auf das Zeitalter. Zu Keplers Zeit, 100 Jahre später, wollte man die Welt objektiv verstehen. Viele neue Entwicklungen hatten mit der Astronomie zu tun. Der griechische Astronom Ptolemäus hatte viele Jahrhunderte vorher gemeint, dass sich die Sonne um die Erde dreht. Das nannte man das geozentrische System. Während der Renaissance wollte Kopernikus 1543 zeigen, dass die Erde sich um die Sonne bewegt. Das nannte er das heliozentrische System. Zu Keplers Zeiten gab es zwei andere Astronomen, Galileo Galilei in Italien und Tycho Brahe in Prag, die Kopernikus' Ideen beweisen° wollten. In Italien entwickelte Galileo ein Fernrohr, um die Planeten, Sterne, und die Sonne klarer zu sehen. Tycho Brahe versuchte schon vor der Entwicklung des Teleskops das heliozentrische System zu beweisen.

Globus aus dem Jahr 1584

(*die Planetenbahn* planetary orbit; *das Fernrohr* [primitive] telescope; *der Mond* moon; *die Gegenreformation* Counter Reformation; *evangelisch* Protestant; *beweisen* to prove)

18. ***Von wem ist hier die Rede?*** **Das ist die Person, die...**

1. mit Kepler zuerst verheiratet war.
2. mit sieben Monaten geboren wurde.
3. wie Kepler schlecht in der Schule war.
4. in Graz an der Universität arbeitete.
5. glaubte, dass sich die Sonne um die Erde dreht.
6. glaubte, dass sich die Erde um die Sonne dreht.
7. in Italien als Astronom arbeitete.
8. versuchte, ohne Teleskop das heliozentrische System zu beweisen.

Weil er an der Universität so viel Talent als Mathematiker zeigte, wurde Kepler von Tycho Brahe eingeladen, mit ihm zusammenzuarbeiten. Brahe wollte, dass Kepler die Planetenbahn des Mars untersucht. Kepler sagte, er würde die Planetenbahn in neun Tagen entdecken, aber er brauchte dann neun Jahre dafür! Als Brahe starb, nahm Kepler Brahes Notizen und arbeitete weiter an den Planetenbahnen.

Kepler wurde Kaiserlicher Hofmathematiker in Prag.

Nach Brahes Tod° wurde Kepler Kaiserlicher Hofmathematiker° in Prag, die wichtigste Stelle für einen Mathematiker in ganz Europa. In dieser Zeit wurden viele wichtige Werke von Kepler gedruckt. Im Jahr 1604 verbreitete er in „Astronomia pars Optica" die moderne Erklärung, wie das Auge funktioniert. In seinem Buch „Dioptik" (1611) schrieb er mehr darüber und benutzte viele Begriffe° wie Linse und Prisma, die heute noch gebraucht werden. Im Jahr 1609 veröffentlichte° er das Buch „Astronomia Nova" („Die neue Astronomie"), in dem er die ersten zwei „Keplerschen Gesetze" beschrieb. Durch das zweite Gesetz konnte er erklären, welchen Einfluss der Mond auf die Fluten° im Meer hatte. Kepler entwickelte im ganzen drei Gesetze, die erklären, wie die Planetenbahnen elliptisch sind und wie die Planeten sich um die Sonne bewegen.

Als Kepler 1610 von Galileos Entdeckungen mit dem Fernrohr erfuhr, entwickelte er sein eigenes, das „Keplersche Fernrohr", das die Basis der modernen Teleskopen war. Durch seine frühere Arbeit mit dem Auge wusste er viel über Linsen. Er konnte eine Linse entwickeln, mit der man mehr Sachen größer sehen konnte. Mit seinem astronomischen Fernrohr entdeckte er vier Satelliten um den Planeten Jupiter. Andere Astronomen konnten wegen Keplers Fernrohr weiterarbeiten. Im Jahr 1611 entdeckte dann Galileo mit Hilfe vom Keplerschen Fernrohr Sonnenflecken°.

Wie Paracelsus' Entdeckungen wurden Keplers Ideen von vielen Wissenschaftlern seines Zeitalters nicht gern gesehen. Sie ignorierten sein zweites Gesetz fast 80 Jahre lang. Aus den Keplerschen Gesetzen der Planetenbewegung konnte aber Sir Isaac Newton 1687 sein Gesetz der Gravitation entwickeln.

(*der Tod* death; *der Kaiserliche Hofmathematiker* imperial court mathematician; *der Begriff* concept; *veröffentlichen* to publish; *die Flut* flood, tide; *der Sonnenfleck* sunspot)

19. **Von wem ist hier die Rede?** Wer...?

1. hatte großen Einfluss während der Renaissance
2. entwickelte die Idee des geozentrischen Systems
3. entwickelte die Idee des heliozentrischen Systems
4. war ein wichtiger Astronom in Italien
5. lud Kepler nach Prag ein
6. entdeckte die Sonnenflecken
7. entdeckte vier Satelliten um Jupiter
8. entwickelte das Gesetz der Gravitation

20. Bringen Sie die Sätze zusammen!

1. Durch Keplers Arbeit mit Linsen wurde
2. Keplers Leben war
3. Kepler musste 1600
4. Zu Keplers Zeit wollte man
5. Es war ein wichtiges Ziel der Wissenschaftler
6. Galileo Galilei und Tycho Brahe wollten
7. Kepler erklärte in seinen Büchern,
8. Kepler entwickelte das Fernrohr

a. die Welt objektiv verstehen können.
b. Graz verlassen.
c. zu dem modernen Teleskop.
d. nicht immer leicht.
e. wie sich die Planeten um die Sonne bewegen.
f. das heliozentrische System beweisen.
g. das Fernrohr weiterentwickelt.
h. zu verstehen, wie das Planetensystem funktioniert.

21. *Was meinen Sie?* Welche Leute und Wissenschaftler waren wichtig für Keplers Arbeit? Warum?

Bei uns zu Hause

Um uns herum

Liebe Yvonne!

Hier schicke ich dir endlich einen Brief über unseren Urlaub in Österreich. Vati und Edgar wollten in die Alpen, aber Mutti und ich wollten ans Wasser und in der Sonne liegen. So waren wir also dann in den Bergen und an einem See. Und das alles haben wir in Vorarlberg, dem westlichsten Bundesland Österreichs gemacht. Dort ist die Landschaft sehr schön. Wir waren zuerst in einem Gebiet, das Montafon heißt. Das ist ein sehr komischer Name, findest du nicht auch? Ein Mann im Hotel, Herr Geiger, hat mir erklärt, dass viele Namen im Montafon aus dem Rätoromanischen kommen und deshalb für uns heute so anders klingen. Interessant, was? Im Montafon gibt es viele hohe Berge. Und Vati und Edgar sind natürlich schon am ersten Tag losgegangen, um auf einen Gipfel° zu klettern°. Man kann hier gut wandern, aber man sieht auch immer mehr Leute beim Klettern.

Weil mein Vater und mein Bruder nach ihrer Wanderung am ersten Tag sehr müde waren (typisch!), sind wir am nächsten Tag zum Silvretta-Stausee° gefahren. Das war vielleicht toll!

Die Landschaft im westlichen Bundesland Österreichs ist sehr schön

Die Straße mit all ihren Kurven wäre sicher gut für Rennen. Als wir oben waren, sind wir dann zu Fuß zum Stausee gegangen. Das Wasser wird hier gesammelt und dann wird damit Strom gemacht. Von dort oben hat man eine wunderbare Aussicht°! Man kann so weit sehen. Was ich noch bei unserer Fahrt gesehen habe, waren kaputte Bäume. Auch hier gibt es Waldsterben°. Am Abend im Hotel habe ich dann Herrn Geiger danach gefragt. Er hat mir erklärt, dass das Waldsterben nicht nur von den Problemen mit der Umwelt kommt, sondern auch viel mit den Touristen zu tun hat. Wegen der Touristen werden Lifte° gebaut. Und für die Lifte werden Bäume gefällt°. Und dadurch gibt es Stellen im Wald, wo der Wind besser hin kann und dann wirft er Bäume um°. Und die Bäume werden immer weniger. Und das macht dann wieder Probleme mit den Lawinen°. Alles hängt also von einander ab. Wir müssen wirklich besser auf die Umwelt aufpassen. Jetzt aber genug von meinen Ideen über die Umwelt!

Den zweiten Teil unseres Urlaubs haben wir dann in Bregenz, der Hauptstadt Vorarlbergs verbracht. Es war gut, dass wir aus dem Montafon weggefahren sind, denn Edgar wollte unbedingt Drachenfliegen° lernen. Viele Leute machen das da, weil die Berge und die warmen Winde dafür gut sind. Aber meine arme Mutter wollte nicht, dass eines ihrer Kinder sich von einem Berg stürzt°, mit nur einem Drachen zum

Bregenz

Festhalten. Aber jetzt mehr über Bregenz. Diese Stadt liegt am Bodensee. Dort haben wir uns so richtig erholt. Wir sind geschwommen, Boot gefahren und haben in der Sonne gelegen. Sogar Edgar und Vati haben es toll gefunden, sich die Sonne auf den Bauch scheinen zu lassen. An manchen Teilen des Ufers kann man aber nicht schwimmen, weil dort Naturschutzgebiete° sind. Es gibt schöne und seltene Vögel hier in der Gegend. Deshalb waren wir auch manchmal wandern. Hier war alles viel flacher als im Montafon. Und obwohl es das Wandern leichter macht, war ich doch lieber im Wasser und am Strand.

Und wie war es bei dir im Urlaub? Schreib mir bald!

Alles Liebe, Bettina

(*der Gipfel* summit, peak; *klettern* to climb; *der Stausee* reservoir; *die Aussicht* view; *das Waldsterben* death of the forest as a result of pollution; *der Lift* ski lift; *fällen* to cut down [trees]; *umwerfen* to knock over; *die Lawine* avalanche; *das Drachenfliegen* hang gliding; *stürzen* to fall, plunge; *das Naturschutzgebiet* nature preserve)

Nützliche Wörter und Ausdrücke

Landschaften und Klima

das Gebirge

der Gipfel

steil

der Berg

das Tal

die Lawine

die Ebene
flach

der See

das Moor

der Sumpf

das Ufer

der Fluss

die Überschwemmung

das Meer

die Küste

der Wald

der Baum

das Waldsterben

das Klima

das Ozon

die Wüste

die Sonne

der Regen

der Schnee

die Hitze

warm

heiß

kalt

Die Nachbarn in Europa

22. *In jedem Satz fehlt ein Nomen!* **Ergänzen Sie die Sätze!**

Aussicht	Wiese	Wald	Gipfel
Insel	Ufer	Tal	Park

1. In der Stadt gibt es einen schönen ___ mit grünen Wiesen und einem See.
2. Auf der ___ stehen viele Blumen.
3. Bregenz liegt am ___ eines großen Sees.
4. Ein breites ___ liegt zwischen den Bergen.
5. Von einem hohen Berg hat man eine gute ___.
6. Eine ___ liegt im Meer.
7. Im ___ stehen viele Bäume.
8. Der ___ ist der höchste Teil eines Berges.

23. Was hat nichts mit Wasser zu tun?

1. der Fluss	4. der Sumpf	7. der Hafen
2. der Baum	5. der Stausee	8. der Rucksack
3. das Ufer	6. die Gegend	9. die Insel

Sprache

-ung Nouns from Verbs

If you add *-ung* to the base form of a verb, you create a feminine noun that means the outcome or product of the verbal action (*retten* - to save, *die Rettung* - salvation; *isolieren* - to isolate, *die Isolierung* - isolation). This kind of word formation is very useful to understand because it can expand your vocabulary immensely and improve your reading ability.

Note: Occasionally an additional consonant is added to the infinitive, as *hoffen - Hoffnung*.

24. *Was fehlt?* **Ergänzen Sie die fehlenden Formen und erraten Sie, was das Substantiv bedeutet!**

	Verb	*Substantiv*	*Was bedeutet das Substantiv?*
1.	___	Ernährung	nutrition
2.	scheiden	___	___
3.	verbreiten	___	___
4.	warnen	___	___
5.	___	Bewegung	___
6.	___	Erholung	___
7.	spezialisieren	___	___
8.	___	Gründung	___

25. Ergänzen Sie jeden Satz mit dem passenden Substantiv!

◆ Willi bewarb sich um eine Stelle. Das Interview für die ___ dauerte lange.
Bewerbung

1. Das Haus wurde restauriert. Sehen Sie sich mal die ___ an!
2. Wir wurden überrascht. Das war eine große ___ .
3. Wir wurden gestört. Es war eine dumme ___ .
4. Der Text wurde übersetzt. Es ist eine lange ___ .
5. Uns wurde es erklärt. Es war eine gute ___ .
6. Die Stadt wurde geplündert. Die Einwohner sprachen lange danach von der ___ .
7. Der Tisch wurde reserviert. Die ___ war für sieben Uhr.
8. Heinrich IV. wurde gerettet. Seine Mutter freute sich über seine ___ .

Zu einer gesunden Ernährung gehört auch Obst.

Eine Brücke ist eine Überquerung des Flusses.

26. Die DDR und die BRD. Wie viel wissen Sie über die jüngste Geschichte Deutschlands? Zeigen Sie mal! Benutzen Sie diese Verben als -ung Substantive, um die Geschichte zu erzählen. Das erste -ung Wort steht schon für Sie da.

| verfolgen | wiedervereinigen | teilen |
| erfahren | regieren | hoffen |

Die *Teilung* Deutschlands in die BRD und die DDR hatte viele Jahre lang Konsequenzen für die Politik in Europa und das Leben der Leute. Die Situation führte zu vielen unglücklichen Jahren, aber die Leute hatten ihre ___ nicht aufgegeben. Und sie hatten lange gehofft. Die ___ der Länder passierte 1989; die ___ politischer Gegner (*opponents*) hörte auf. Man konnte wieder gut schlafen und die Teilung in zwei Staaten hatte ein Ende. Viele Leute werden ihre ___ unter der DDR-___ nie vergessen.

Aktuelles

Das Neuste vom Neusten: Snakeboarding

Das Leben kann manchmal ganz viel Stress für Jugendliche bedeuten. Man muss viele Hausaufgaben machen, Prüfungen schreiben und mit Lehrern auskommen°. Für viele junge Leute kommt der Stress aber auch noch von Freunden. Da geht es oft vor allem um Konsum°. Manche Jugendlichen glauben, dass sie nur dann beliebt sein können, wenn sie die neusten und teuersten Sachen tragen oder haben. Auch die Freizeit wird davon beeinflusst. Da gibt es immer neue Hobbys, für die man dann teuere Ausrüstungen° braucht, wenn man beliebt sein will. Wenn man aber keine reichen° Eltern oder Verwandten hat, dann ist es nicht so leicht, immer etwas Neues zu haben.

Thomas erklärt, was er von dieser Art Schulstress hält.

„Ich habe auch schon meine Erfahrungen° damit gemacht. Seit letztem Monat gibt es bei uns an der Schule und auch in meiner Klasse eine Phase, wo plötzlich alle Snakeboards kaufen. Das ist der neuste Trend, noch neuer und toller als Skateboards. Wir sprechen vor und nach der Schule und in der Pause über nichts anderes mehr. Das Skateboard mit seinem einen Brett° ist plötzlich total out. Alle finden es jetzt viel besser, mit zwei Brettern, die in der Mitte verbunden sind, zu fahren. Da dieses Hobby noch neu ist, sind die Sachen, die man dafür braucht, auch noch sehr teuer. Ich habe das Brett von einem meiner Freunde benutzt und es hat mir gleich gut gefallen. Und natürlich will ich auch eines haben.

Als ich nach Hause kam und meine Eltern fragte, ob sie mir auch ein Snakeboard

Snakeboarding ist der neuste Trend.

browser

- Super tough nylon axles
- 470mm X-bar
- 62mm wheels
- PU-suspension

stiffy

- Aluminium axles
- 520mm X-bar
- 62mm wheels
- 9 ply maple wooden kick plates
- Abec-3 bearings

Vielleicht möchte Thomas das auch können?

kaufen, waren sie ganz sauer. Ich hatte erst vor einem Monat mein Skateboard bekommen, und jetzt wollte ich schon wieder etwas Neues. Meine Eltern waren nicht sehr davon beeindruckt°, dass alle in meiner Klasse ein Snakeboard haben. Meine Mutter hat mir erklärt, dass sie Skate- und Snakeboards als Problem sieht, weil viele Jugendliche in der Stadt rücksichtslos auf ihren Brettern herumrasen°. Besonders bei einem Sport in der Stadt muss man an seine Umwelt denken, meint sie. Unsere Nachbarin, Frau Tappert, hat mir auch nicht geholfen. Sie hat meiner Mutter erzählt, dass sie manchmal nicht weiß, ob sie nicht Protektoren tragen soll, wenn sie aus dem Haus geht. Es ist ihr schon oft passiert, dass ein Skateboarder fast in sie hineingefahren wäre. Dass ich ohne Snakeboard out bin, dass hat meine Eltern gar nicht gestört. Meine Mutter hat gesagt, dass ich mein Skateboard verkaufen könnte. Dafür bekomme ich aber jetzt bestimmt nicht viel Geld, weil ja alle ein Snakeboard wollen, und wer kauft da schon alte Skateboards? Jetzt muss ich bis zum Sommer warten. Dann kann ich das Snakeboard mit dem Geld bezahlen, dass ich selbst verdiene. Meinen Eltern macht es nichts aus, dass das noch lange dauert!"

(*auskommen mit* to get along with; *der Konsum* consumption; *die Ausrüstung* outfit; *reich* rich; *die Erfahrung* experience; *das Brett* board; *beeindruckt* impressed; *herumrasen* to speed around)

27. Was passiert zuerst?

___1. Thomas will ein Snakeboard.

___2. Thomas bekommt ein Skateboard.

___3. Thomas spricht mit seinen Eltern.

___4. Thomas verdient im Sommer viel Geld.

___5. Thomas fährt mit dem Snakeboard eines Freundes.

___6. Thomas' Eltern sind sauer.

___7. Thomas' Mutter erklärt ihm, warum sie gegen Snakeboarding ist.

___8. Thomas und seine Freunde sprechen nur noch über Snakeboards.

Extra! Extra!

Fair Play mit der Natur

Über den Text

Dieser Text ist eine Mischung aus Infotext und Appell. Das heißt der Text will seine Leser informieren und ihnen sagen, was sie in einer bestimmten Situation tun sollen.

Vor dem Lesen

1. Before you start reading think about the impact new sports might have on the environment. Which ones do you think are especially hard on the environment? Make a list of rules for athletes detailing things they should not do to the environment.

2. Since this text is somewhat challenging, start with the part of the text that is most accessible to you. In *Fair Play mit der Natur,* the lists might be a good starting point. On the basis of the lists, make some assumptions about what dangers sports pose to the environment.

Ein Bericht der Föderation der Natur- und Nationalparks Europas

Wie schön, mit einem Drachen durch die Luft zu schweben. Ganz toll, mit einem Kanu über das Wasser zu gleiten oder eine Radwanderung durch den Wald zu machen. Der Sport wird immer wichtiger in unserer freizeitorientierten Gesellschaft. Die Zahlen sprechen eine deutliche Sprache: Fast jeder dritte Bundesbürger treibt regelmäßig Sport. Nicht selten bringt der Sport Konflikte mit Umwelt- und Naturschutz. Und viele neuartige Sportarten wie Mountainbiking, Surfen oder Drachenfliegen können Natur und Landschaft stark beanspruchen.

Sport ist Mord — so wurde früher oft gesagt, aber inzwischen hat sich die Meinung verändert. Mit zunehmendem Wohlstand und vermehrter Freizeit treiben immer mehr Leute Sport. Das Gesundheitsbewusstsein ist in den letzten Jahren größer geworden. Man denkt mehr an gesündere Ernährung, sorgt sich um

Auch Mountainbiking kann Natur und Landschaft stark beanspruchen.

das Herz-Kreislauf-System und bewegt sich viel in der frischen Luft. Immer mehr junge, aber auch ältere Menschen werden aktiv. Nur wer über ökologische Auswirkungen seiner Freizeit- und Sportaktivitäten Bescheid weiß, kann sich richtig verhalten.

Immer mehr junge Menschen werden aktiv.

In den letzten Jahren kamen immer wieder neue Sportarten in Mode: Surfen, Freiklettern, Drachenfliegen, Skateboarding, River-Rafting, Mountainbike-Fahren. Der Kontakt mit der Natur ist bei diesen Sportarten so groß, dass sich falsches Verhalten negativ auswirkt. Sie wissen ja: Die Natur braucht uns Menschen nicht — wir aber die Natur, um unser Leben lebenswert zu erhalten. Pflanzen und Tiere werden es Ihnen danken, wenn Sie umweltbewusst Sport treiben.

River-Rafting ist heutzutage als Sportart sehr beliebt.

Was sind die Gefahren für die Natur und die Umwelt bei verschiedenen Sportarten? Die meisten Probleme haben mit den Pflanzen und mit den Tieren in den Sportgebieten zu tun. Wir geben hier zwei Beispiele:

Skisport

Das Problem bei Skisport ist hauptsächlich für Pflanzen. Die Natur brauchte Millionen von Jahren, um zum Beispiel die Alpen mit ihrer unendlichen Tier- und Pflanzenwelt zu formen. Heute ist in weiten Teilen der Gebirgswelt das natürliche Gleichgewicht gestört. Jeder, der seinen Urlaub in den Bergen plant, will dort unberührte Natur erleben und genießen. Aber das wollen Tausende andere auch. Der starke Tourismus in den Bergen führte dazu, dass empfindliche Ökosysteme gefährdet sind. Bergbahnen und Skipisten haben Schneisen in gewachsene Natur gepflügt. Viele Touristen

Der Skisport stört auch die Natur.

lassen ihren Müll einfach liegen. Die Vegetation reagiert ganz empfindlich, wenn sich weitere Störungen einstellen, beispielsweise das Abholzen der Bergwälder, um noch einen Lift oder eine Seilbahn zu bauen. Ohne die Wälder an den Berghängen gelangen die Schnee- und Geröll-Lawinen ungehindert ins Tal. Die Folgen: In den letzten Jahren ist die Lawinengefahr stark gestiegen, das Hochwasser im Frühling, wenn der Schnee schmilzt, ist gewaltiger, und Lebensraum von Pflanzen und Tieren wurde vernichtet. Und wenn Leute Ski laufen, wo kein Weg ist, machen sie oft die zarten Pflanzen und Bäume unter dem Schnee kaputt.

Wo kein Weg ist, machen Skiläufer oft die zarten Pflanzen und Bäume unter dem Schnee kaputt.

Um diese Probleme zu vermeiden, empfehlen wir die folgenden Regeln für Skifahrer:

1. Fahren Sie nur Ski bei geschlossener Schneedecke.

2. Halten Sie sich an markierte Loipen, Pisten oder bezeichnete Routen.

3. Vermeiden Sie Lärm. Die geplagten Tiere danken es Ihnen.

4. Unterlassen Sie Skilaufen bei Dämmerung und in der Nacht. Dann werden die Tiere nicht gestört.

5. Lassen Sie beim Skisport Ihren Hund zu Hause.

6. Nehmen Sie Ihren Müll mit nach Hause.

7. Fahren Sie zum Skisport mit öffentlichen Verkehrsmitteln.

Drachenfliegen

Heißluftballons, Segel- und Drachenfliegen sind beliebte Sportarten für Sportler, die umweltbewusst sein wollen. Es gibt bei diesen Sportarten keine Geruchs- oder Lärmbelästigung und die Leute, die diese Sportarten ausüben, verstehen sich als besonders umweltfreundlich. Aber ihr Sport kann die Tierwelt sehr unglücklich machen.

Mit einem Heißluftballon zu fahren macht viel Spaß.

Beim Drachenfliegen hängt die Umweltfreundlichkeit allein vom Flugverhalten des Piloten ab. Die Tierwelt ist auch dann beunruhigt, wenn dieser „fremde Vogel" geräuschlos durch die Luft gleitet. Das ist für viele Tiere so, als würde sich ein Raubvogel auf sie stürzen, noch dazu ein viel größerer. Für Greif- und Raubvögel sind Drachenflieger Konkurrenz. Die Vögel denken, sie müssten ihre Babys schützen und den fremden Vogel angreifen. Einige Vögel legen gar keine Eier, wenn sie gestört werden. Werden die Tiere auch den Winter über in der Ruhepause gestört, ist eine normale Eierproduktion im Frühling nicht mehr möglich.

Um diese Probleme zu vermeiden, empfehlen wir die folgenden Regeln für Drachenflieger:

Welche Sportart treiben diese Leute?

1. Fliegen Sie nicht zu niedrig. Lassen Sie genug Abstand vom Boden.

2. Besonders im Frühling und im Sommer sollen Sie Rücksicht auf junge Tiere nehmen.

3. Landen Sie nicht auf ungemähten Wiesen und nicht auf abgeernteten Feldern. Landen Sie nur auf den vorgesehenen Landeplätzen.

4. Legen Sie Ihren Drachen nicht im hohen Gras zusammen. Sonst zertreten Sie zu viele Pflanzen und können Tiere erschrecken, die dort wohnen.

Wir hoffen, Sie werden sich als sportbegeisterter Umweltschützer oder umweltbewusster Sportler das nächste Mal überlegen, wie Sie Ihren Sport noch umweltgerechter ausüben können. Kein Mensch möchte Ihnen Ihr Freizeitvergnügen nehmen, aber Rücksicht auf Tiere und Pflanzen, auf die erhaltenswerte Natur, kann uns allen schon viel helfen.

Nach dem Lesen

1. Machen Sie eine neue Liste mit Regeln für andere Sportarten, wie zum Beispiel Kanufahren und Mountainbiking.

5. In „Fair Play mit der Natur" wird der Einfluss von Sportarten auf die Natur beschrieben. Welche Konsequenzen haben Sportarten wie Skateboarding, die vor allem in der Stadt getrieben werden? Finden Sie diese Sportarten besser? Warum oder warum nicht?

3. Machen Sie ein Schülerforum in Ihrer Klasse über „Fair Play mit der Natur" und diskutieren Sie die Vor- und Nachteile dieser und anderer neuen Sportarten. Finden Sie einen Kompromiss zwischen Naturschutz und Fitness!

Endspiel

1. Gehen Sie in die Bibliothek oder benutzen Sie einen Computer, um weitere Informationen über Straßburg zu finden! Schreiben Sie eine kurze Beschreibung von dieser Stadt und erklären Sie, wie wichtig Straßburg für Europa ist!

2. Wo wohnen Sie? Beschreiben Sie die Landschaft um Sie herum!

3. Spielen Sie Rollen! Hier spielen zwei Leute. Der Gepäckdienst bringt Ihren Koffer, aber es ist nicht der richtige. Die eine Person erklärt, dass es der falsche Koffer ist. Die andere Person entschuldigt sich und versucht mehr Informationen zu bekommen, um den richtigen Koffer zu finden.

4. Haben Sie auch Stress wegen neuer Trends? Was für Trends gibt es in Ihrer Schule? Schreiben Sie darüber!

5. Stellen Sie sich vor, dass man in zehn Jahren auf dem Mars leben kann. Wie wird das Leben dort sein? Diskutieren Sie darüber!

Für viele bedeutet ein Flughafen viel Stress.

Sieht Ihre Landschaft so aus?

Vokabeln

der **Abgeordnete,-n** delegate
auskommen mit *(auskam, ist ausgekommen)* to get along with
die **Ausrüstung,-en** outfit, equipment
die **Aussicht,-en** view
beeindruckt impressed
begeistert von enthusiastic about
der **Begriff,-e** concept
die **Betriebswirtin,-nen** economist
beweisen *(bewies, bewiesen)* to prove
das **Brett,-er** board
das **Drachenfliegen** hang gliding
der **Drogenhandel** drug traffic
einzig only
der **Enkelsohn,⸚e** grandson
die **Erfahrung,-en** experience
erhalten *(erhält, erhielt, erhalten)* to preserve
erleben to experience
erobern to conquer
der **Europarat** Council of Europe
evangelisch Protestant
fällen to cut down (trees)
das **Fernrohr,-e** (primitive) telescope
der **Flügel,-** wing
die **Flut,-en** flood, tide
fördern to promote
das **Formular,-e** form
die **Freiheit** freedom
der **Frieden** peace
der **Friedensnobelpreis** Nobel Peace Prize
die **Gegenreformation** Counter Reformation
der **Gepäckdienst** lost and found baggage service
der **Gerichtshof,⸚e** court
sich **gewöhnen an** to get used to
der **Gipfel,-** summit, peak
die **Hälfte,-n** half
herumrasen to speed around
das **Hin und Her** back and forth

der **Kaiserliche Hofmathematiker,-** imperial court mathematician
klettern to climb
der **Konsum** consumption, consumerism
das **Kulturgut,⸚er** cultural heritage
die **Lawine,-n** avalanche
lebenslang lifelong
die **Liebesgeschichte,-n** love story
der **Lift,-e** ski lift
das **Menschenrecht,-e** human right
der **Mond,-e** moon
das **Naturschutzgebiet,-e** nature preserve
nirgendwo nowhere
die **Notiz,-en** note
der **Oberrhein** Upper Rhine
die **Orgel,-n** organ (musical instrument)
die **Passkontrolle,-n** passport checkpoint
die **Planetenbahn,-en** planetary orbit
reich rich
der **Sitz,-e** seat

der **Sonnenfleck,-en** sunspot
die **Sparkasse,-n** local savings bank
der **Stausee,-n** reservoir
stürzen to fall, plunge
der **Tod** death
umtauschen to exchange
umwerfen *(wirft um, warf um, umgeworfen)* to knock over
v. Chr. (vor Christus) B.C.
verantwortlich für responsible for
die **Verbreitung** spreading, dissemination
verloren gehen *(verloren ging, ist verloren gegangen)* to get lost
veröffentlichen to publish
die **Währungsunion,-en** currency consolidation
das **Waldsterben** death of the forest as a result of pollution
die **Wiedervereinigung** reunification
wirtschaftlich economic
die **Wolke,-n** cloud
zeichnen to draw, sketch
der **Zoll** customs
der **Zuhörer,-** listener

Die Leute werden ihre Drachen fliegen.

Kapitel 10

Beziehungen

In this chapter you will learn how to:

- propose solutions to problems
- express a range of emotions
- indicate knowledge or ignorance
- discuss contemporary technologies
- compare cultural trends over time

Kali reist ab°

Es war nun schon eine lange Zeit, dass Kali die Midgard sein Zuhause nannte. Er war immer sehr gern dort, weil er Weleda so gern hatte, die ihm so viel gezeigt und erklärt hatte. Er saß so gern mit Herrn Sever auf der Bank und sprach über alles und jeden. Dann kam oft Frau Muschel dazu und machte das Gespräch noch interessanter, weil sie auch so viel von der Geschichte wusste. Aber in letzter Zeit war Kali immer weniger in der Midgard gewesen, weil er seine Schwester besucht hatte. Er hatte ihr gezeigt, wie man im Internet surft. Er hatte mit ihr über die anderen Kobolde gesprochen. Rieke und er hatten beide gefunden, dass es nun Zeit wäre, andere Kobolde auf der Welt zu suchen und mit ihnen zu sprechen. Die beiden planten deshalb eine längere Reise an verschiedene Orte.

Kali und Rieke wollten am nächsten Tag los und beide würden lange unterwegs sein. Kali musste aber noch mit Weleda darüber sprechen. (Sie wusste ja noch nicht, dass er für lange Zeit weg wollte.) Wie so oft saß Weleda in der Anmeldung und las. Kali kam herein und sprach mit ihr.

Weleda: Da ist ja mein Kali! Ich habe dich so lange nicht mehr gesehen. Gefällt es dir nicht mehr bei mir in der Midgard?

Kali: Doch, doch, Frau Weleda. Rieke und ich sind aber noch so jung. Wir müssen etwas sehen und erleben. Aber ich sage ja immer, dass ich mich hier bei Ihnen in der Midgard sehr wohl gefühlt habe.

Weleda: Du sagst, dass du dich wohl gefühlt hast. Willst du denn abreisen? Willst du dein Zuhause nicht mehr in der Midgard haben? Haben wir etwas falsch gemacht? Wenn es ein Problem gibt, dann lass uns darüber sprechen und eine Lösung dafür finden.

Kali: Nein, Frau Weleda. Ich denke immer an die Midgard und an Sie als mein Zuhause. Aber die Kobolde gibt es doch auch noch. Jetzt, wo ich die Rieke gefunden habe, da dachten wir...wir dachten, wir sollten zusammen...Sie wissen schon...suchen und sehen, wo die anderen Kobolde sind. Das müssen Sie doch verstehen. Ich kann doch nicht immer hier sitzen bleiben und meine eigene Familie vergessen.

Weleda: Das heißt also, dass du wieder zu uns zurückkommst, ja?

Kali: Na klar, Frau Weleda! Ich bin ja auch nicht mehr so jung. Ich komme immer mal wieder hierher zurück und besuche den alten Herrn Sever, die gute Frau Muschel und Sie. Ist doch klar!

Weleda: Jung bist du schon noch, Kali. Ich muss sagen, dass ich nicht sehr glücklich bin, dass du weg willst. Aber ich weiß ja auch, dass man nur auf Reisen lernt, wie die Welt ist. Ich bin ja selbst durch alle Länder und durch alle Zeiten gereist. Ich habe die Kulturen der Menschen gesehen, ich habe mit ihnen gelebt und Freundschaften und Beziehungen zu ihnen gehabt. Ich bin natürlich begeistert, dass du jetzt auf Reisen gehen willst und die Welt besser kennen lernst. Ich bin aber auch traurig, weil ich dich sehr vermissen werde.

Kali: Frau Weleda, ich werde Sie nie im Stich lassen°! Ein paar Mal haben Sie mir helfen müssen, als ich in der Klemme saß. Jetzt will ich Sie nicht in der Klemme sitzen lassen.

Weleda: Das sind ja große Worte, Kali Webber. Was genau habt ihr denn vor? Vielleicht kann ich dir aus meinen Erfahrungen erzählen und bei eurem Plan helfen. Du weißt ja, dass der Herr Kühleborn viel weiß. Den könnten wir doch besuchen.

Kali: Ich muss auf meinen eigenen Füßen stehen lernen und meine eigenen Wege finden. Aber ich finde es toll, dass wir über unsere Pläne reden wollen. Also, passen Sie auf!

Kali erzählt, dass Rieke und er im Internet an jeden Ort der Welt reisen können. Er sagt, dass sie gestern noch über einen Satelliten von einer Web-Seite in Europa zur anderen nach Asien gesurft sind. Er braucht selber keine Ausrüstung, denn er benutzt die Computer der Leute, die mit dem Internet verbunden sind. Er erzählt, dass er natürlich nicht in die Zukunft reisen kann, wie Weleda, und auch nicht in die Vergangenheit. Aber er findet, dass er beim Surfen im Internet immer besser wird. Und Rieke auch. Er will auch seine eigene Geschichte finden. Die Geschichte seiner Familie und der Kobolde will er kennen lernen und erleben, weil er sich jetzt an Rieke gewöhnt hat und daran, dass ein anderer Kobold bei ihm ist. Er will auch noch den letzten Kobold finden, damit die Kobolde wieder einen Begriff von Familie und Verwandschaft entwickeln. Wenn das alles getan ist, dann will er wieder in die Midgard kommen und bei Weleda bleiben.

(*abreisen* to depart [on a journey]; *im Stich lassen* to abandon, desert)

1. *Was stimmt hier nicht?* **Verbessern Sie den falschen Teil!**

    1. In der letzten Zeit verbringt Kali immer mehr Zeit in der Midgard.
    2. Kali hat seinen Bruder gefunden.
    3. Kali will allein seine Familie suchen.
    4. Kali will die Welt kennen lernen und reist deshalb ab.
    5. Weleda hat ihr Wissen über die Welt aus Büchern.
    6. Kali ist vor einer Woche nach Asien gesurft.
    7. Kali findet, dass er beim Surfen immer schlechter wird.
    8. Wenn Kali alle Kobolde gefunden hat, will er bei den Familien wohnen.

Weleda sagte nur wenig, als Kali seine Pläne erklärte. Sie brauchte ihm nichts zu sagen, denn Kali wusste, was er wollte. Ein paar Stunden später traf sich Weleda mit Frau Muschel und Herrn Sever. Die drei redeten dann über die Abfahrt ihres Freundes.

Weleda: Guten Tag, Herr Sever! Wissen Sie schon, dass der Kali abreisen will?

Herr Sever: Na klar, Frau Weleda! Das habe ich mir schon gedacht. Der Kali muss jetzt seine Beziehungen zu anderen Kobolden und zu uns neu definieren. Bis jetzt war er begeistert und beeindruckt von allem, was er sah. Jetzt aber muss er selbst seine Freiheit benutzen und seine Geschichte finden.

Weleda: Ja, bin ich denn die einzige Person, die nichts davon wusste, dass der Kali weg will?

Herr Sever: Frau Weleda, der Kali wird Sie nie im Stich lassen! Und die Frau Muschel und mich auch nicht. Aber er muss sich jetzt frei fühlen und jeden Tag selbst für sich sorgen. Lassen Sie ihn gehen und er kommt bestimmt zurück. Sie wissen doch, dass man auf Reisen alles fürs Leben lernt. Das war bei mir so. Bei Ihnen war es so. Und bei der Frau Muschel ja auch. Am Ende wollen wir doch alle, dass Kali und Rieke neue Beziehungen zu anderen Leuten und Kobolden entwickeln. Dann hören wir auch wieder neue Geschichten aus der ganzen Welt und was die beiden erlebt haben.

Weleda: Ja, ja, Herr Sever. Das verstehe ich ja alles. Aber ich werde ihn sehr vermissen. Er soll ja auch seine Erfahrungen machen. Ich verstehe ja die Sache mit den Kobolden. Ich habe aber ein Gefühl, als wenn mir einer nach dem Herzen greift°.

Frau Muschel: Angst um den Kali habe ich auch. Und dann noch diese Rieke, auf die er jetzt aufpassen muss. Die hat ihn ganz verändert. Manchmal ist er schon fast wie ein Erwachsener. Na ja, wenn er nur nicht wieder so ungeschickt ist, wie am Anfang. Dann wird alles gut.

Weleda: Ich muss lernen, viel weiter in die Zukunft zu reisen. Dann wüsste ich, ob alles gut geht mit meinem kleinen Schüler und Freund.

(*greifen* to grab)

Beziehungen

2. *Was fehlt?* Ergänzen Sie die Sätze!

1. Kali erklärt Weleda seine ___.
2. Ein paar ___ später trifft sich Weleda mit Frau Muschel und Herrn Sever.
3. Sie sprechen über die ___ von Kali.
4. Herr Sever versteht, dass Kali seine ___ zu den anderen Kobolden definieren will.
5. Das ist wichtig für Kali, wenn er seine eigene ___ finden will.
6. Auf seiner Reise wird Kali fürs ___ lernen.
7. Kali soll seine eigenen ___ machen.
8. Frau Muschel hat ___ um Kali.

3. Was passt hier zusammen?

1. Weleda sagte nur wenig,
2. Herr Sever hat schon gedacht,
3. Kali muss
4. Kali wird Weleda
5. Herr Sever will
6. Weleda wird Kali
7. Weleda versteht
8. Frau Muschel findet Kali ist jetzt

  a. sehr vermissen.
  b. als Kali seine Pläne erklärte.
  c. neue Geschichten aus der ganzen Welt hören.
  d. nie im Stich lassen.
  e. seine Freiheit benutzen.
  f. dass Kali abreisen will.
  g. wie ein Erwachsener.
  h. die Sache mit den Kobolden.

Allerlei

Soziale Aktionen

Seit ungefähr drei Jahren hat Andreas kein Zuhause mehr.

Warum engagieren sich° manche Leute politisch? Warum arbeiten manche Leute, um etwas an ihrer Umwelt zu verändern? Was motiviert solche Menschen? Viele Leute fühlen sich verantwortlich dafür, was um sie passiert. Andere kennen jemanden, der mit einem Problem zu tun hat oder sie haben selbst dieses Problem. Und da ihnen sonst niemand hilft, helfen sie sich selbst.

Zu dieser letzten Gruppe gehört Andreas. Er ist ein junger Mann, der in Köln auf der Straße lebt. Er ist heute 20 Jahre alt und hat seit ungefähr drei Jahren kein Zuhause mehr. Als er 17 war, lief er von zu Hause weg. Bis dahin hatte er mit seiner Familie in einem kleinen Dorf in der Nähe von

Köln gelebt, bis sich seine Mutter und sein Vater hatten scheiden lassen. Mit dem neuen Freund der Mutter hatte Andreas immer Streit. Da hielt er es dann nicht mehr aus und lief weg. Bald hatte er kein Geld mehr und musste seine wenigen Sachen verkaufen. Deshalb musste er dann Leute auf der Straße um Geld bitten, wenn er essen wollte. Das war sehr schwer für ihn. Am schlimmsten aber war, dass

er sich allein fühlte. Er fühlte sich mit seinen Problemen isoliert, weil er niemanden hatte, dem er vertrauen konnte. Bis er dann Manfred, 30 Jahre, kennen lernte. Manfred war auch obdachlos°, aber anders als Andreas hatte er sich ein soziales Netz von Leuten schaffen können.

nfred gründete eine Zeitung über Obdachlose.

Manfred wollte aber auch etwas für Obdachlose unternehmen°. Deshalb gründete er die Zeitung „fiftyfifty". Das ist eine Zeitung, die von Obdachlosen über Obdachlose gemacht wird. Sie soll helfen, dass andere Leute von den Anliegen° dieser sozialen Gruppe erfahren. Außerdem gibt es in der Zeitung praktische Tips für Obdachlose. Zum Beispiel waren in der letzten Ausgabe° Werbungen, wo man sehr preiswert Kleidung einkaufen kann. Manchmal steht darin, wo es kostenloses Essen gibt. Die Zeitung macht auch größere Aktionen, um Geld für Obdachlose zu bekommen. Man kann Bücher oder Kalender zum Thema Obdachlose kaufen.

Andreas sagt, dass sein Leben jetzt anders ist, nachdem Manfred ihm die Telefonnummer von „fiftyfifty" gegeben hat. Seit dieser Zeit holt er jeden Monat seine Zeitungen ab und verkauft sie auf der Straße. Andreas verdient mit der Zeitung Geld, weil die Hälfte des Preises ihm gehört. Durch seine Arbeit für die Zeitung hat er aber auch Leute kennen gelernt, die die gleichen Probleme haben wie er und er kann mit Leuten diskutieren, die sich für seine Situation interessieren. Es gefällt ihm, dass er wieder irgendwo dazu gehört. Manchmal denkt er, dass „fiftyfifty" sein neues Zuhause ist. Er möchte, dass Obdachlose nicht einfach als Schmarotzer° gesehen werden, die nicht arbeiten wollen. Deshalb sollen sich die Leute durch „fiftyfifty" besser über das Leben von Obdachlosen informieren können. Er denkt, dass „fiftyfifty" so wichtig ist, wie das Geld, das die Obdachlosen bekommen. Mit dieser Zeitung können er und seine Freunde auf die Meinung der Leute Einfluss haben.

(*sich engagieren* to be active in social issues; *obdachlos* homeless; *unternehmen* to undertake, *das Anliegen* concern; *die Ausgabe* edition, issue; *der Schmarotzer* parasite)

4. Setzen Sie die Sätze in die richtige Reihenfolge!

1. ___ Andreas verkauft Zeitungen.
2. ___ Andreas lebt in der Nähe von Köln.
3. ___ Andreas läuft von zu Hause weg.
4. ___ Andreas verkauft seine Sachen.
5. ___ Andreas streitet sich mit dem Freund der Mutter.
6. ___ Andreas' Eltern lassen sich scheiden.
7. ___ Andreas bekommt von Manfred die Telefonnummer von „fiftyfifty".
8. ___ Andreas ist glücklich, dass er für „fiftyfifty" arbeitet.
9. ___ Andreas fühlt sich isoliert.
10. ___ Andreas lernt Manfred kennen.

5. Beantworten Sie die Fragen!

1. Wie alt ist Andreas?
2. Wie alt war Andreas, als er von zu Hause weglief?
3. Was tat Andreas, als er kein Geld mehr hatte?
4. Was war für Andreas am schlimmsten, als er auf der Straße lebte?
5. Warum gründete Manfred „fiftyfifty"?
6. Wie verdient Andreas Geld, seit er für „fiftyfifty" arbeitet?
7. Wo verkauft Andreas die Zeitung?
8. Was ist „fiftyfifty" für Andreas?

Viele Obdachlose wollen von anderen Menschen akzeptiert werden.

Obdachlose gewinnen wieder Kontakt zu anderen Menschen.

Du und ich

Meinungsumfrage in unserer Stadt

Rollenspiel

Sie arbeiten in Gruppen! Eine Person ist der Lehrer oder die Lehrerin, die anderen sind die Schüler. Das Schuljahr ist zu Ende. Sie planen mit Freunden das Abschlussfest. Sie haben viel Arbeit. Deshalb muss jeder von Ihnen den Lehrer oder die Lehrerin fragen, ob Sie morgen zwei Stunden frei haben können, um das Fest zu planen. Seien Sie freundlich und höflich!

Sprichwort

Wenn man ihm den kleinen Finger gibt, nimmt er die ganze Hand.

(Give him an inch and he'll take a mile.)

Sprache

Past Perfect

When you want to indicate that a past event is farther back in time than another past event, you use the past perfect. Past perfect provides a way to sequence events in the past.

The past perfect looks very much like the present perfect, except that you use the narrative past of *haben* (*hatte*) or *sein* (*war*). You will also need the past participle of the main verb.

Weil wir schon im November ein Haus in Stralsund gekauft hatten, konnten wir im Dezember nach Deutschland umziehen. Because we had already bought a house in Stralsund in November, we could move to Germany in December.

Bevor wir das teuerste Fahrrad kauften, hatten wir viele ausprobiert. Before we bought the most expensive bicycle, we had tried out several.

Nachdem wir telefoniert hatten, trafen wir uns um sieben in der Stadt. After we had talked on the phone, we met downtown at seven.

Because past perfect is used to sequence events, you cannot use this tense alone. The past perfect is generally used together with the narrative past.

6. *Mein Koffer ist verloren gegangen!* **Ergänzen Sie die Sätze!**

◆ Ich kaufte einen neuen Koffer, aber / ich / vergessen / meinen Namen darauf zu schreiben
Ich kaufte einen neuen Koffer, aber ich hatte vergessen, meinen Namen darauf zu schreiben.

1. Ich stand am Schalter und gab mein Gepäck ab, aber / ich / schon wieder / meinen Namen / nicht darauf schreiben

2. Die Angestellte nahm mein Gepäck, nachdem / sie / es / wiegen

3. Bevor ich zum Flugsteig ging, ich / eine Zeitschrift / kaufen

4. Ich wartete noch eine halbe Stunde, nachdem / ich / zum Flugsteig / gehen

5. Wir stiegen ins Flugzeug, sobald / die Flugbegleiter / alles / vorbereiten

6. Wir sahen einen Film, nachdem / wir / essen

7. Wir landeten schon um 13 Uhr, weil / die Winde / sehr gut / sein

8. Ich wollte mein Gepäck abholen, aber / sie / meinen Koffer / verlieren

9. Bevor ich zum Gepäckdienst ging, ich / denken / daran, dass ich / meinen Namen / nicht auf dem Koffer / haben

10. Beim Gepäckdienst sagte man mir, dass / man / ihn / in eine andere Stadt / schicken

Die meisten Leute, die mit dem Zug fahren, tragen ihr eigenes Gepäck. Dann geht es nicht verloren.

7. *Warum sah Marianne so traurig aus?* **Benutzen Sie die Ideen, um zu erklären, was Marianne für Erfahrungen gemacht hat!**

◆ Warum sah Marianne nervös aus?
Sie sah nervös aus, weil sie ihre Hausaufgaben zu Hause vergessen hatte.

die Matheprüfung bestehen
gestern Hausaufgaben nicht machen
ihr Freund sie zu einer Party einladen
sehr spät ins Bett gehen
einen schönen Tag haben
Streit mit ihrem Freund haben

1. Warum sah Marianne so traurig aus?
2. Warum sah Marianne zwei Stunden später so glücklich aus?
3. Warum sah Marianne am nächsten Morgen so müde aus?
4. Warum sah Marianne in der Schule unglücklich aus?
5. Warum sah Marianne nach der Schule froh aus?
6. Warum sah Marianne am Abend so zufrieden aus?

Warum sah Marianne nach der Schule so froh aus?

8. *Was musste zuerst passieren?* **Schreiben Sie, was vorher passiert war, bevor das andere passieren konnte.**

◆ Wir fuhren weg.
Wir waren ins Auto gestiegen.

◆ Heinz fuhr auf seinem Snakeboard.
Er war vorher darauf gestiegen.

1. Wir gingen ins Theater.
2. Laura spielte am Computer.
3. Maximilian und Vanessa trafen sich an der Pommesbude.
4. Lukas kaufte ein Snakeboard.
5. Sarah besuchte Daniel.
6. Tobias tapezierte sein Zimmer.
7. Lisa verbat Dominik, sie anzurufen.
8. Felix schrieb seinen Namen auf seinen Koffer.

Laura spielte am Computer.

Länder, Kantone und Provinzen

Die UNESCO Welterbestätten° in Deutschland

Ob die Pyramiden in Ägypten, die Ruinen der Akropolis in Athen, die Altstadt von Bamberg, der Tower von London oder der kanadische Nationalpark Wood Buffalo — solche menschlichen Kulturleistungen° und Naturphänomene sind einzigartig° und sollten geschützt werden. Das meint die UNESCO (United Nations Educational Scientific and Cultural Organization = Organisation der Vereinten Nationen für Erziehung, Wissenschaft und Kultur). Deshalb will sie diese Sachen, die einen „außergewöhnlich universellen Wert°" haben, erhalten und schützen.

Köln und der Dom

Seit der „Konvention zum Schutz des kulturellen und natürlichen Erbes° der Welt" im Jahr 1972 führt die UNESCO deshalb die Welterbeliste° mit wichtigen Plätzen und Naturlandschaften in der ganzen Welt.

Im Jahr 1996 hatte Deutschland 19 Stätten° auf der Welterbeliste. Die meisten sind Kulturerbestätten°, weil es in Deutschland viele historisch wichtige Stätten gibt. Viele dieser Orte kennen Sie schon aus diesem Buch: den Dom in Aachen, den Dom in Speyer, die Porta Nigra in Trier, den Dom in Köln, die Stadt Quedlinburg im Harz und die Innenstadt von der Hansestadt Lübeck. Es gibt noch viele andere, wie zum Beispiel die Altstadt von Bamberg, den Dom in

Dom in Speyer

Hildesheim mit dem Dom im Hintergrund

Hildesheim, die Kirche „Die Wies" in Bayern, die Würzburger Residenz und die Gärten und Parks von Sanssouci in Berlin. Diese Plätze und Gebäude kamen auf die Liste, weil sie in der Architektur, der Kunst oder der Technik besonders wichtig sind. Andere, wie zum Beispiel das Haus von Martin Luther, spielten eine große Rolle in der Entwicklung von Ideen. Und dann gibt es auch noch andere Stätten, wie zum Beispiel die Fossiliengrube° in Messel, die zu der Gruppe der Naturdenkmäler gehören.

Würzburger Residenz (Schloss Marienberg)

(*die Welterbestätte* world heritage site; *die Kulturleistung* cultural accomplishment; *einzigartig* unique; *der außergewöhnlich universelle Wert* exceptional universal value; *das Erbe* heritage; *die Welterbeliste* World Heritage List; *die Stätte* place, site; *die Kulturerbestätte* cultural heritage site; *die Fossiliengrube* fossil pit)

9. *Richtig oder falsch?* **Wenn falsch, verbessern Sie den falschen Teil!**

1. UNESCO meint, dass man Kulturleistungen und Naturphänomene schützen soll.
2. „Die Konvention zum Schutz des kulturellen und natürlichen Erbes der Welt" gibt es seit dem Jahr 1987.
3. 1996 gab es in Deutschland 19 Stätten auf der Liste.
4. Deutschland hat mehr Naturdenkmäler als Kulturerbestätten.
5. Eine Stätte muss in der Naturwissenschaft besonders wichtig sein, um auf die Liste zu kommen.

Weil es so viele verschiedene Stätten in Deutschland gibt, können wir nur einen kleinen Einblick° geben. Hier wird etwas aus dem Mittelalter, etwas aus der Natur, etwas aus der Architektur und Kunst und etwas aus der Welt der Technik vorgestellt.

Maulbronn (kam 1993 auf die Liste der Kulturdenkmäler): Dieses Kloster in der Nähe von Karlsruhe wurde in die Welterbeliste aufgenommen, weil es das besterhaltenste° mittelalterliche Kloster nördlich der Alpen ist. Elsässer Mönche hatten das Kloster im Jahr 1147 gegründet. Sie blieben 390 Jahre dort. Im Jahr 1556 machte man aus dem Gebäude eine Internatsschule°, wo der junge Astronom

Johannes Kepler, der romantische Dichter Friedrich Hölderlin und der Schriftsteller Hermann Hesse lernten. Die Kirche spielte eine große Rolle in der Verbreitung der gotischen Architektur in Nord- und Mitteleuropa. Das Wassersystem in Maulbronn ist auch eine besondere technische Leistung.

Fossiliengrube Messel (kam 1995 auf die Liste der Naturdenkmäler): In einer Grube° nicht weit von Darmstadt sind Fossilien, die über 49 Millionen Jahre alt sind. Die Fossilien sind aus dem Zeitalter des Eozäns° (vor 57 bis 36 Millionen Jahren), als sich die Säugetiere° stark entwickelten. Es gibt keine andere Stelle in der ganzen Welt mit so vielen einzigartigen Entdeckungen wie hier. Einer der interessantesten Entdeckungen aus der Grube heute ist ein Ameisenbär°. Das ist etwas ganz Besonderes, denn Ameisenbären gibt es heute nicht mehr in Europa. Jetzt fragen die Wissenschaftler: Gab es etwa noch vor 50 Millionen Jahren eine Verbindung zwischen Südamerika und Afrika? Die Grube in Messel ist auch ein gutes Beispiel dafür, wie wichtig die Welterbe-Aktion der UNESCO ist — Wissenschaftler erkannten die große Bedeutung der Grube, aber anstatt den Ort zu schützen und zu erhalten, wollte die Stadtregierung aus der Grube einen Müllberg machen! 1990 stoppten Bürger den Plan. Seit 20 Jahren arbeiten Wissenschaftler in der Grube und finden immer wieder wichtige Fossilien.

Das Bauhaus wurde in Dessau nach Plänen von Walter Gropius gebaut.

Bauhausstätten° in Weimar und Dessau (kamen 1996 auf die Liste der Kulturdenkmäler): Das Bauhaus war eine Schule für Kunst und Architektur, die sehr innovativ war. 1925/26 wurde in Dessau das Bauhausgebäude nach Plänen des bekannten Architekten Walter Gropius gebaut. Danach wurde die Schule berühmt wegen der vielen wichtigen internationalen Künstler und Maler, die dort zusammenarbeiteten, wie Paul Klee, Wassily Kandinsky, Lyonel Feininger, Oskar

In Weimar gibt's nicht nur die Baushausstätte, sondern auch das Nationaltheater mit dem Goethe-Schiller Denkmal.

Schlemmer und Laszlo Moholy-Nagy. Architekten und Künstler aus dem Bauhaus begannen die „Moderne Bewegung" und spielten dadurch eine große Rolle in der Entwicklung der Kunst und Architektur im 20. Jahrhundert.

Erzbergwerk° Rammelsberg und die Stadt Goslar (kamen 1992 auf die Liste der Kulturdenkmäler): Der Rammelsberg, eines der wichtigsten Erzbergwerke der Welt, hat die deutsche Geschichte stark beeinflusst. Hier hatte man vor tausend Jahren viel Silber gefunden. Das brachte wirtschaftliche und politische Macht. Es führte dazu, dass Goslar Kaiserstadt wurde. Über tausend Jahre existierte der Bergbau°, der hier auf die Wirtschaft und die soziale Entwicklung Goslars und der Region einen großen Einfluss hatte. Das

Die historische Stadt Goslar gehört auch zu den UNESCO Welterbestätten.

Erzbergwerk Rammelsberg ist der erste technische Ort in Deutschland, der auf die Welterbeliste kam. Die UNESCO sagte, es ist ein „Meisterstück menschlichen Erfindungsgeistes°," ein Denkmal der Arbeit, Technik und Industrie.

Deutschland hat viele andere Stätten auf der Liste und es werden immer mehr. Jedes Jahr gibt es weltweit° viele Bewerbungen für diese Liste, denn viele Länder wollen ihre Kultur- und Naturdenkmäler schützen und erhalten.

(*der Einblick* insight, glimpse; *besterhalten* best-preserved; *die Internatsschule* boarding school; *die Grube* pit; *das Eozän* Eocene period; *das Säugetier* mammal; *der Ameisenbär* anteater; *die Bauhausstätte* site of the *Bauhaus*; *das Erzbergwerk* ore mine; *der Bergbau* mining; *der Erfindungsgeist* ingenuity; *weltweit* worldwide)

10. *Wovon ist hier die Rede?* **Das ist der Ort...**

1. der eine Kaiserstadt war.
2. der in der Nähe von Darmstadt ist.
3. der in der Nähe von Karlsruhe ist.
4. wo es ein Gebäude von Walter Gropius gibt.
5. wo Kepler in die Schule ging.
6. wo man einen Müllberg haben wollte.
7. wo man Silber entdeckt hatte.
8. wo viele wichtige Maler, Künstler und Architekten des 19. und 20. Jahrhunderts arbeiteten.

11. *Was meinen Sie?* **Welche anderen Stätten in Deutschland, Österreich oder der Schweiz würden Sie für die Liste vorschlagen? Warum?**

Von einem Ort zum andern

Das Internet

Wer kennt es noch nicht, das Internet? Es ist das neuste und weitreichendste°
Informationsmedium dieses Jahrhunderts. Ganz anders als mit der Bahn oder mit
dem Auto rast man auf der Datenautobahn von einem Ort zum andern. Durch das
Internet kann man zu Orten, die man sonst im Leben nie erreicht° hätte. Und man
kann sich mit Leuten unterhalten, die in den entferntesten Ecken der Welt sitzen.
Mitte 1996 benutzten ungefähr 50 Millionen Menschen weltweit das Internet.

Das Internet ist dafür verantwortlich, dass sich ein ganz neues Vokabular entwickelt
hat. Viele der Wörter kommen aus dem Englischen, wie diese Liste zeigt:

Browser: Computerprogramme, die den Zugang zum World Wide Web
(WWW) ermöglichen

Chat: nettes Gespräch mit anderen Internet-Teilnehmern

E-Mail: Abkürzung für Electronic Mail (elektronische Post), die zwischen
einzelnen Computern, die über ein Netzwerk (z.B. das Internet) verbunden
sind, verschickt werden kann. Notwendig ist eine E-Mail-Adresse

File: Computerdatei

Intranet: Ein mit Hilfe der Internet-Technologie aufgebautes internes
Netzwerk, z.B. in Firmen

JAVA: Programmiersprache für das Internet

Modem: Gerät, das zwischen Computer und Telefonleitung geschaltet wird
und die Daten des Computers über die Telefonleitung schickt

Netiquette: Benimmregeln im Internet

Server: Rechner, auf dessen Dateien andere Computer zurückgreifen können

World Wide Web (WWW): Dienst, der mit einem benutzerfreundlichen
Bildschirmaufbau die Nutzung des Internets erleichtert

Für viele Leute macht das Internet es möglich, sich mit anderen Leuten zu
unterhalten. Alex Gsell, zum Beispiel, nimmt an vielen MUDs und Chats teil und
findet die Leute in seiner Usergroup viel netter als die Leute in der Schule. „Wir
haben gemeinsame Interessen und verstehen uns," meint er. „Man kann sich
unterhalten und hin- und herschreiben. Manchmal merke ich gar nicht, wie lange
ich vor dem Computer sitze. Bis meine Mutter dann sagt, dass sie telefonieren will.
Dann muss ich das Modem ausschalten°. Es wäre doch so schön, wenn wir eine
zweite Telefonleitung hätten!"

Für andere Leute ist das Internet auch eine Möglichkeit, sich die neusten Informationen zu holen und Recherchen° zu machen. Barbara Schmidt und Hannelore Jensen arbeiten an einem Buch über die moderne deutsche Kultur. Hannelore meint: „Wir hätten dieses Projekt ohne das Internet nie fertig machen können. Jeden Tag holen wir uns neue Informationen über die verschiedensten Themen: Sport, Politik, Kultur, die neusten Trends, einfach alles. Viele deutsche Städte haben auch ihre eigenen Homepages mit vielen Links zu anderen Informationen." Barbara sagt auch dazu: „Ja, das Internet hat unser Leben und unsere Arbeit bestimmt viel leichter gemacht. Und wir haben auch selbst viel gelernt."

„Wir hätten dieses Projekt ohne das Internet nie fertig machen können."

Für viele Leute ist das Internet einfach ein großes Spielzeug oder ein Einkaufszentrum im Cyberspace. Im Jahr 2000 dürften Waren und Dienstleistungen° im Wert° von ungefähr 250 Milliarden° Dollar über das Internet verkauft werden. Vielleicht ist das Wichtigste des Internets die Demokratisierung des Gedankenaustausches°. Jeder kann an jedem Gespräch und Chat teilnehmen, jeder kommt an die Informationen, die er sucht, jeder kann sich informieren. Das ist wahrscheinlich das, was für das 21. Jahrhundert noch wichtiger werden wird.

(*weitreichend* far-reaching; *erreichen* to reach; *ausschalten* to turn off; *die Recherche* research; *die Dienstleistung* service; *im Wert von* valued at; *die Milliarde* billion; *der Gedankenaustausch* exchange of ideas)

Surfen

Bärbel: Komm, Anne, jetzt wird gearbeitet! Wir müssen endlich mit unserer Hausaufgabe für morgen anfangen.

Anne: Ach ja, du wolltest mir zeigen, wie man das Netz benutzt. Wir müssen ja noch Informationen über Kulturerbestätten in den deutschsprachigen Ländern suchen. Sonst werden wir mit diesem Projekt nie fertig!

Bärbel: Also, du fängst damit an, dass du die Verbindung zum Server herstellst°. Dann nimmst du einen Browser. Lass uns den eingebauten° Browser nehmen. Manchmal versuche ich es mit dem deutschen Browser, aber dann habe ich oft nicht so gute Ergebnisse°.

Anne: O.k., was tippe ich ein?

Bärbel: Tipp mal „Weltkulturerbe Deutschland" und dann klick auf „do it"!

Anne:	Das dauert aber lange, bis etwas kommt!
Bärbel:	Nur etwas Geduld! Warte mal bis du siehst, was wir alles bekommen! In der Bibliothek hätte das mit Büchern alles viel länger gedauert.
Anne:	Da sieh mal: 19 Ergebnisse zu unserem Thema! Was machen wir jetzt?
Bärbel:	Fang einfach oben in der Liste an und klick zwei Mal auf einen Titel! Wahrscheinlich sind die ersten in der Liste die besten. Und wenn wir schon einmal da sind, können wir über die Links auch noch andere Web-Seiten besuchen.

Bärbel und Anne besprechen ihre
Hausaufgabe für morgen.

Anne:	Ich habe wirklich nicht gewusst, dass es so viele Informationen auf dem Netz gibt. Und die tollen Bilder! Können wir das drucken?
Bärbel:	Na klar! Du brauchst nur „print" zu suchen, darauf zu klicken und schon hast du es.
Anne:	Ja, vielleicht könnte das Internet auch unser Projekt schreiben.
Bärbel:	Leider ist es noch nicht so weit. Das müssen wir noch selbst machen.

(*herstellen* to create; *eingebaut* built-in; *das Ergebnis* result)

Rollenspiel

Arbeiten Sie mit einer anderen Person! Eine Person ist schon eine Stunde auf dem Netz und die andere Person wartet auf einen wichtigen Telefonanruf. Diskutieren Sie, wer jetzt das Telefon benutzen darf, die Person auf dem Netz oder die Person, die auf den Anruf wartet! Geben Sie Ihre Gründe dafür!

Sprache

Past Perfect with Modals

When you use modals in the past perfect, you use the double infinitive construction. Modals always use *hatte* as their helping verb to form the past perfect. Remember that the helping verb precedes the double infinitive in subordinate clauses.

Bevor wir essen konnten, hatten wir den Tisch abwischen müssen. Before we could eat we had to wipe off the table.

Ich wusste nicht, dass er dahin hatte fahren sollen. I didn't know he was supposed to drive there.

12. *Hand-in-Hand.* **Was hatte passieren müssen? Siegfried formte sein Rollstuhlbasketballteam, aber er musste vieles machen, damit alles gut ging. Diskutieren Sie mit einer anderen Person darüber, was hatte passieren müssen! Denken Sie daran, wo das Verb sein muss! Eine Person arbeitet auf dieser Seite, die andere auf Seite 371 im Anhang.**

◆ *Person 1:* Was hatte passieren müssen, bevor Siegfried seine Mannschaft formen konnte?

◆ *Person 2:* Er hatte viele Freunde überzeugen müssen.

bevor	
Siegfried konnte seine Mannschaft formen.	er: viele Freunde überzeugen müssen
Sie konnten ihr erstes Spiel spielen.	
Sie trainierten für das Spiel.	
Sie spielten das erste Spiel.	sie: ein Spielfeld suchen müssen
Das Spiel begann.	
Sie hatten viele Punkte.	sie: viele Körbe schießen müssen
Der Abend war vorbei.	die Spieler: ihren Sieg feiern wollen
Sie spielten gegen eine andere Mannschaft.	
Der Sommer kam.	Siegfried und die anderen: andere Teams kennen lernen wollen

13. *Schreiben Sie die Sätze nach dem Beispiel!* **Benutzen Sie die Informationen aus** *Hand-in-Hand!*

◆ Bevor Siegfried seine Mannschaft formen konnte, hatte er viele Freunde überzeugen müssen.

14. *Streit ums Putzen!* **Schreiben Sie die Sätze!**

1. Als Kind musste ich immer putzen, wenn / meine Schwester / nicht / wollen / sauber machen

2. Das fand ich unfair, weil / ich / auch nicht / wollen / arbeiten

3. Wir / müssen / wischen / den Tisch, bevor wir essen durften

4. Unsere Eltern wurden dann sauer, wenn / wir / wollen / uns ausdenken / eine Ausrede

5. Sie sagten dann, dass wir / unsere Arbeit / am Nachmittag / sollen / machen

6. Wenn / wir /unsere Arbeit / am Nachmittag / nicht / können / machen, dann mussten wir alles am nächsten Morgen vor der Schule machen

7. Es gab immer Streit, wenn / meine Schwester und ich / unsere Zimmer / nicht / putzen / wollen

8. Aber Streit gab es nur, wenn / meine Schwester und ich / keine guten Kinder / wollen / sein

Menschen und Mächte

Jahrhundertwenden°

Wenn ein Jahrhundert zu Ende geht, haben viele Leute das Gefühl, dass sich ihr Leben sehr verändern wird. Warum lässt sich schwer sagen, aber irgendwie hat eine Jahrhundertwende etwas Magisches. Viele Leute sprechen von einer Endzeitstimmung°. Für manche Leute bedeutet das neue Jahrhundert etwas Positives, weil etwas Neues beginnt. Andere Menschen haben Angst davor, was da kommt. Und für andere Leute geht bei jeder Jahrhundertwende die Welt unter°.

Das war auch am Ende des 19. Jahrhunderts so. In den 70er (siebziger) Jahren des 19. Jahrhunderts gab es einen großen wirtschaftlichen Boom. Deutschland wurde 1871 ein Reich. Industrie und Handel wurden schnell größer und stärker in dieser Zeit, weil Frankreich an Deutschland wegen eines verlorenen Krieges Geld bezahlen musste. So kam viel Geld nach Deutschland. Man nennt diese Zeit in Deutschland die Gründerzeit°, weil nicht nur das Zweite Deutsche Reich gegründet wurde, sondern auch viele neue Geschäfte und Firmen. Berlin wurde damals zu einem der wichtigsten Zentren der Industrie in der Welt.

Die Großstädte, besonders im Ruhrgebiet, sind früher noch wichtigere Industriestädte gewesen.

Die industrielle Großstadt mit ihren vielen Einwohnern ist das Symbol für diese Zeit. Mehr Leute denn je lebten in großen Städten mit viel Industrie. Oft zogen sie vom Land in die Industriestädte, um an diesem wirtschaftlichen Boom teilzunehmen. Deshalb wurden viele Hochhäuser° gebaut, um Platz für die vielen Menschen zu schaffen. Bald aber gab es Probleme in der Wirtschaft, die dazu führten, dass viele Leute ihre Arbeit verloren, aber keine Hilfe vom Staat bekamen. Diese sozialen Probleme motivierten die Menschen aber dazu, sich zu organisieren und für ihre Rechte zu kämpfen. Immer mehr Leute wollten Versicherungen°, die den Menschen in dieser unsicheren Zeit wenigstens etwas Stabilität bringen sollten. Wie heute wollten auch damals die Leute Versicherungen für Arbeit, Krankheit und Unfall.

Um die Jahrhundertwende machten Naturwissenschaften und Industrie große Fortschritte°. Zum Beispiel wurde Stahl weiterentwickelt. So konnten mehr Gleise gebaut

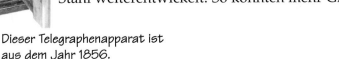

Dieser Telegraphenapparat ist aus dem Jahr 1856.

Beziehungen

Eines der ersten Fernsehgeräte der Welt von 1935.

werden und mehr Züge in mehr Städte fahren. Immer öfter konnte man Autos in den großen Städten sehen. Der Motor für Autos (1883) wurde immer besser gemacht. Im Jahr 1901 konnten Motoren in Flugzeuge eingebaut werden. Die neuen Informationsmedien wurden immer wichtiger. So wie wir heute vom Computer, vom Internet und von der E-Mail wissen, dass sie unser Leben auf immer verändern werden, so war es damals das Telefon (1861), der Film (1882) und das Radio (1902). Die Leute konnten und wollten mehr wissen. Die neuen Techniken schienen das Tempo des Lebens in dieser Zeit zu bestimmen°. Das Leben schien immer schneller und lauter zu werden.

Ein Fernsprecher (Telefon) aus dem Jahr 192[...]

Diese Elemente, die die Menschen am Ende des 19. Jahrhunderts erlebten, gibt es vor fast jeder Jahrhundertwende, auch vor dem 21. Jahrhundert. Wir kennen den wirtschaftlichen Boom, neuste Technologien, Angst, Vorfreude° und Unsicherheit° darüber, was das neue Zeitalter bringen wird.

(*die Jahrhundertwende* turn of the century; *die Endzeitstimmung* feeling that the end of the world has come; *untergehen* to come to an end; *die Gründerzeit* years of rapid industrial expansion in Germany [after 1871]; *das Hochhaus* highrise building; *die Versicherung* insurance; *der Fortschritt* advance; *bestimmen* to determine; *die Vorfreude* anticipation; *die Unsicherheit* insecurity)

Ein elektrischer Fernschreiber (Telex) aus dem Jahr 1928.

15. *Was stimmt hier nicht?* Verbessern Sie den falschen Teil!

1. Viele Leute denken, dass sich in der Mitte des Jahrhunderts alles verändert.
2. In den 90er Jahren des 19. Jahrhunderts gab es in Deutschland einen wirtschaftlichen Boom.
3. Frankreich bekam viel Geld von Deutschland.
4. München wurde in dieser Zeit ein Zentrum der Industrie.
5. Viele Leute zogen in dieser Zeit auf das Land.
6. In den Naturwissenschaften blieb alles genauso wie früher.
7. Weniger Gleise für die Eisenbahn wurden gebaut.
8. Die neuen Informationsmedien damals waren das Telefon, der Computer und das Radio.
9. Das Leben im 19. Jahrhundert schien langsamer und ruhiger zu sein.
10. Die Leute am Ende des 19. Jahrhunderts hatten eine andere Meinung als wir über Jahrhundertwenden.

16. Was passt hier zusammen?

1. Eine Jahrhundertwende hat
2. Industrie und Handel wurden
3. Die industrielle Großstadt ist
4. Viele Hochhäuser wurden gebaut,
5. Die Menschen kämpften
6. Die Leute wollten
7. Der bessere Stahl machte es möglich,
8. Wegen des Telefons, des Films und des Radios

a. schnell größer und stärker.
b. dass mehr Gleise gebaut werden konnten.
c. für ihre Rechte.
d. etwas Magisches.
e. das Symbol dieser Zeit.
f. Versicherungen für Arbeit und Krankheit.
g. konnten die Leute mehr erfahren.
h. um den vielen Menschen Wohnungen anzubieten.

17. *Was denken Sie über die Jahrhundertwende ins 21. Jahrhundert?* **Was, meinen Sie, wird in diesem Jahrhundert alles passieren? Hätten Sie gern am Ende des 19. Jahrhunderts gelebt? Warum oder warum nicht?**

Sprache

Subordinate Clauses with Question Words

You have learned many ways to introduce subordinate clauses: with subordinating conjunctions, with relative pronouns, and with *als, wenn* and *wann*. You can also introduce subordinate clauses with question words like *wer (wen, wem), wie, wie lange, was, wo,* and *warum.*

> *Ich weiß nicht, wo wir uns treffen.* I don't know where we are meeting.

> *Hast du gehört, wer die neue Klassensprecherin ist?* Have you heard who the new class representative is?

Remember that the conjugated verb appears at the end of the subordinate clause.

18. *Hast du gesagt...?* **Es ist sehr laut und Sie hören nicht so genau, was Ihre Freunde sagen. Fragen Sie noch einmal!**

◆ Wann kommt der Zug?
  Hast du gesagt, wann der Zug kommt?

1. Wie heißt der neue Schüler?
2. Wer soll heute Nachmittag vorbeikommen?
3. Wann haben wir die nächste Prüfung?
4. Was haben wir für Anita kaufen sollen?
5. Warum dürfen wir heute Abend nicht ins Kino?
6. Wem wollen wir am Wochenende helfen?
7. Wen will Aysel bitten, bei der Schülerzeitung zu helfen?
8. Wie lange müssen wir noch arbeiten?

19. Kombinieren Sie!

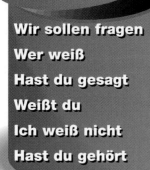

Wir sollen fragen	wo	die Party dauern soll
Wer weiß	wer	eingeladen wurde
Hast du gesagt	wie lange	die Party ist
Weißt du	wann	wir die Party feiern werden
Ich weiß nicht	wem	ich helfen kann
Hast du gehört	wen	wir zur Party mitnehmen müssen

Bei uns zu Hause

Soziale Beziehungen

Hier sind Auszüge° aus dem Tagebuch° von Laura Pühringer, die die verschiedenen Beziehungen beschreiben, die sie im Laufe° ihres Lebens mit anderen Personen hat und hatte. Damit spätere Generationen über ihr Leben lesen können (ihr Schreiben war früher nicht so klar), tippt sie jetzt diese Auszüge auf dem Computer.

15.6.1950

Liebes Tagebuch! Heute ist der erste Tag, an dem ich an dich schreibe. Ich habe dich heute zum zwölften Geburtstag bekommen. Wenn du wissen möchtest, wer ich bin: ich heiße Laura. Ich habe zwei sehr nette Eltern, die mir viel helfen und mich viel machen lassen. Da ist dann auch noch mein Bruder Simon. Er ist schon etwas weniger nett, aber ich darf mich einfach nicht immer ärgern, wenn er sich über mich lustig macht°. Das ist alles für heute, aber bald schreibe ich mehr.

Frau Pühringer mit einem Foto aus ihrer Jugendzeit.

7.11.1957

Liebes Tagebuch! Ich muss heute einfach mit jemandem darüber sprechen, wie sehr mir meine Eltern auf die Nerven gehen. Seit ich meinen Freund Markus habe, sind sie immer sauer. Nie kann ich etwas machen! Immer muss ich um halb 11 zu Hause sein! Sie verstehen einfach nicht, dass Partys zu dieser Zeit erst richtig losgehen. Wenn ich nur endlich erwachsen° wäre.

3.2.1968

Liebes Tagebuch! Ich hatte heute wirklich keinen guten Tag. Mein neuer Boss ist oft schlechter Laune. Man weiß nie, was er von einem will. Das kann von einem Tag auf den anderen anders sein. Ich bin froh, dass meine Freundin Tessa mit mir zusammenarbeitet. Ich kenne sie schon seit der Schule und sie hat mich noch nie im Stich gelassen. Es macht Spaß, mit ihr im Büro Probleme und Lösungen zu diskutieren. Ich denke, wir sollten wieder einmal was nach der Arbeit machen.

15.7.1973

Liebes Tagebuch! Heute habe ich meine Mutter besucht. Ich verstehe mich wieder besser mit ihr. Wenn wir darüber sprechen, wie viel und worüber ich mit ihr als Teenager gestritten habe, müssen wir heute beide lachen. Es gefällt ihr jetzt eigentlich schon ganz gut im Pensionistenheim°. Ich bin froh, dass sie unser Haus verkauft hat. Das war nicht leicht, aber es war einfach zu groß für sie allein. Und ich bin froh, dass immer jemand für sie da ist in ihrem neuen Zuhause, wenn etwas sein sollte. Und es hilft natürlich, dass Mutti und Frau Schnitzer so gute Freundinnen geworden sind. Die beiden verbringen all ihre Zeit zusammen. Ich hoffe nur, dass ich in Muttis Alter auch noch Freunde finden kann. Ich denke, ich werde die beiden zusammen zu Weihnachten einladen.

2.8.1984

Liebes Tagebuch! Du hast es meinem Sohn Christoph zu verdanken, dass ich heute an dich schreibe. Ich hatte schon vergessen, dass es dich gibt. Aber Christoph hat dich im Schlafzimmer in einem Schrank gefunden. Und er wollte unbedingt wissen, was für ein Buch das ist. Alles, was mit Büchern und Lesen zu tun hat, fasziniert ihn sehr, seit er selbst lesen lernt. Vielleicht sollte ich ihm dieses Tagebuch einfach schenken. Dann könnte er es später lesen. Und wenn mein Mann und ich zusammen etwas schreiben würden, dann wäre es noch interessanter für ihn. Dann würden unsere Familientraditionen auch nach unserem Tod noch weiterleben.

31.12.1999

Liebes Tagebuch, du bist jetzt schon fast 50 Jahre alt. Ich habe schon Jahre nicht mehr geschrieben. Aber heute wegen des wichtigen Datums will ich mir die Zeit nehmen, um meine Gedanken° über das neue Jahrhundert zu schreiben. Tessa hat mich gestern gefragt, ob ich etwas Neues von dem nächsten Jahrhundert erwarte. Ich bin mir nicht sicher. Endzeitstimmung habe ich eigentlich nicht. Mein einziger Vorsatz° ist nur, öfter in mein Tagebuch zu schreiben.

(*der Auszug* excerpt; *das Tagebuch* diary; *im Laufe* during the course of; *sich lustig machen über* to make fun of; *erwachsen* grown-up; *das Pensionistenheim* home for retirees; *der Gedanke* thought; *der Vorsatz* resolution)

20. *Auszüge Ihres Tagebuchs der nächsten 40 Jahre.* Schreiben Sie einen Auszug für jedes Jahrzehnt! Beschreiben Sie darin, was zu der Zeit in Ihrem Leben los sein könnte! Seien Sie so kreativ wie möglich!

Nützliche Wörter und Ausdrücke

Zwischenmenschliches

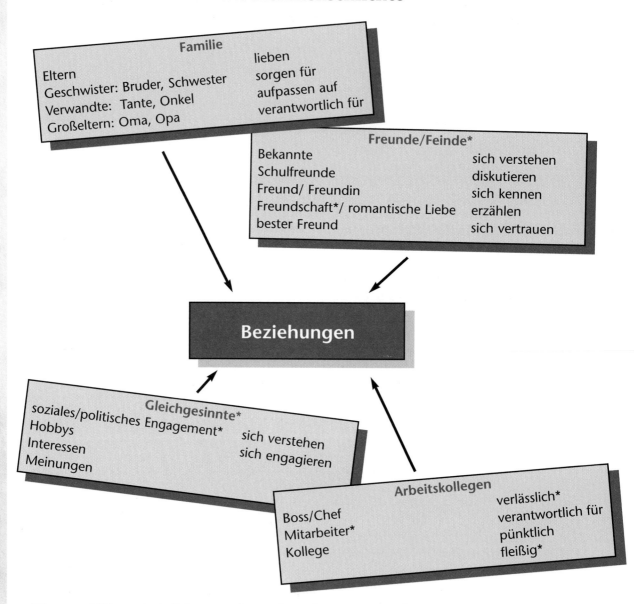

Familie

Eltern
Geschwister: Bruder, Schwester
Verwandte: Tante, Onkel
Großeltern: Oma, Opa

lieben
sorgen für
aufpassen auf
verantwortlich für

Freunde/Feinde*

Bekannte
Schulfreunde
Freund/ Freundin
Freundschaft*/ romantische Liebe
bester Freund

sich verstehen
diskutieren
sich kennen
erzählen
sich vertrauen

Beziehungen

Gleichgesinnte*

soziales/politisches Engagement*
Hobbys
Interessen
Meinungen

sich verstehen
sich engagieren

Arbeitskollegen

Boss/Chef
Mitarbeiter*
Kollege

verlässlich*
verantwortlich für
pünktlich
fleißig*

Ein paar Wörter (mit *) kennen Sie noch nicht. Hier sind ihre Bedeutungen. Können Sie raten, welche Definition zu welchem Wort gehört?

* Personen, die von anderen gehasst werden.
* Die Beziehung zu einem Freund oder einer Freundin.

* Eine Person, mit der man zusammenarbeitet.
* Man kann dieser Person vertrauen, dass sie ihre Arbeit tut.
* Wenn man gern, gut und viel arbeitet.
* Eine Person, die die gleichen Interessen hat oder ähnlich denkt.
* Wenn man etwas für seine Umgebung oder seine Umwelt tut. Wenn man die Welt besser machen will.

21. *Ergänzen Sie jeden Satz mit einem Wort, das sinnvoll ist!* **Sie müssen vielleicht auch die Pluralform des Wortes benutzen.**

| Beziehung | Bekannte | Freunde | Gleichgesinnte |
| Kollegen | Interessen | Verwandte | Chef |

1. Herr Wolter leitet die Firma. Er ist der ___.
2. Rainer kennt Maria schon lange und sie machen viel zusammen. Sie sind gute ___.
3. Hans kennt Frau Meier nicht so gut. Sie ist eine ___.
4. Du arbeitest in einer großen Firma und hast viele ___.
5. Als Teenager hatte ich viele ___, z.B. Sport, Schach spielen und Briefmarken sammeln.
6. Zu Weihnachten kommt immer die ganze Familie zusammen. Ich habe sehr viele ____.
7. Hans arbeitet für Greenpeace. Viele ____ arbeiten mit ihm.
8. Sie mögen sich. Sie haben eine gute _____.

22. *Schreiben Sie etwas über Ihre Familie, Freunde oder Verwandte!* **Benutzen Sie in Ihrer Beschreibung Vokabeln, die Sie gelernt haben! Ihre Beschreibung sollte auch Ihre Beziehungen zu den verschiedenen Personen erklären.**

Sprache

Past Participles as Adjectives

You have learned how to form past participles to create the present perfect and the past perfect tenses. Sometimes participles are also used as adjectives. They often correspond to English adjectives that end in *-ed*.

schnitzen - geschnitzt: Die geschnitzte Uhr war sehr schön. The carved clock was very pretty.

beleuchten - beleuchtet: An den beleuchteten Wänden hingen schöne Bilder. Lovely pictures hung on the illuminated walls.

As adjectives, these words must have adjective endings.

23. *Was passt?* **Bilden Sie zuerst das Partizip und dann vergessen Sie die Adjektivendungen nicht!**

◆ Die ___ Coladose kam in den Gelben Sack. (wegwerfen)
Die weggeworfene Coladose kam in den Gelben Sack.

1. Die ___ Demonstration von den Obdachlosen war sehr erfolgreich. (organisieren)

2. Der Jongleur jonglierte vor vielen ___ Leuten. (faszinieren)

3. Wir werfen den ___ Müll weg. (sortieren)

4. ___ Eltern und Lehrer stellen viele Fragen auf einem Schülerforum. (informieren)

5. Wegen Gutenbergs Buchpresse gab es die ersten ___ Bücher. (drucken)

6. Er reparierte die ___ Kette. (verrosten)

7. Romeo und Julia hatten eine ___ Liebe. (verbieten)

8. Jeder braucht eine ___ Person. (vertrauen)

Dr. Straub redet mit dem Reporter vom Fernsehen.

24. *Das Leben eines Reporters.* **Helfen Sie, die Geschichte des Reporters zu schreiben! Die erste Antwort steht schon für Sie da. Vergessen Sie nicht, die Adjektivendungen zu schreiben!**

Der Reporter musste früh aufstehen, um sein Hemd zu bügeln. Jetzt stand er da in seinem frisch <u>gebügelten</u> Hemd. Er hatte viel zu berichten. Heute wurden drei Piraten enthauptet, und er berichtet besonders gern von ___ Piraten! Sie hatten ein Dorf geplündert, aber ihr Schiff war danach gesunken. Der Reporter war im Dorf und sah die ___ Häuser und das ___ Schiff. Einige Leute hatten ein Kind vor den Piraten gerettet. Er interviewte das ___ Kind und fragte es, wie es war, von den Piraten entführt zu werden. Das Kind sagte, dass es sehr spannend gewesen war.

Nach dem Gespräch musste der Reporter dann in die Stadt, um das Rathaus zu sehen. Es wurde gerade restauriert. Das ___ Gebäude sah sehr schön aus. Bei der Restaurierung hatte man alte Ritter-Kleidung und alte Bücher von Walther von der Vogelweide entdeckt! (Stellen Sie sich vor!) Die ___ Sachen mussten ins Museum gebracht werden. Der Reporter ging auch schnell zum Museum. Im Museum wurden die Rittersachen schön blank poliert. Er machte ein Bild von den frisch ___ Sachen und wollte dann seinen Bericht für die Zeitung schreiben. Aber zuerst musste er seinen Film entwickeln. Mit dem ___ Film und seinen tollen Eindrücken konnte er bestimmt einen spannenden Bericht schreiben. Er hatte sich nie bei seiner Arbeit gelangweilt, denn ein ___ Reporter ist kein guter Reporter.

Studienprogramme°

Es gibt viele verschiedene Arten von Beziehungen: zwischen Familienmitgliedern, zwischen Freunden, Bekannten und Kollegen. Wie ist es aber, wenn man ins Ausland geht und eine ganz neue Gruppe von Menschen kennen lernt, die eine Fremdsprache sprechen, die fremde Traditionen haben, die in einer ganz fremden Kultur leben? Das machen Schüler und Schülerinnen, Studenten und Studentinnen, die ins Ausland fahren und an einem Studienprogramm teilnehmen. Warum lernt man denn eine Fremdsprache, wenn man die Kultur des Landes nicht erleben will?

Wir möchten hier ein Programm beschreiben, das schon seit 25 Jahren existiert. Es ist das Studienprogramm der St. Cloud State Universität in Minnesota mit der Stadt Ingolstadt in Bayern. Jedes Jahr fahren zwischen 15 und 20 junge Leute für ein Semester nach Deutschland. Alle haben vier Jahre oder länger Deutsch in der Schule oder an der Uni gelernt und wollen sehen, was sie können.

Nach jedem Programm treffen sich die Studenten, um eine Party zu machen und um ihre Erfahrungen zu besprechen. Hier erzählen einige Studenten von ihren Gefühlen vor und nach der Reise.

Heidi: Mann, ich hatte richtig Angst, bevor wir gefahren waren! Ich war nie im Leben geflogen, war noch nie von zu Hause weg gewesen. Ich wusste, dass ich meine Familie und meinen Freund sehr vermissen würde. Aber ich hatte so eine tolle Deutschlehrerin in der Schule und wollte unbedingt mein Deutsch verbessern. Fünf Monate sind doch nicht so lang, dachte ich mir. Am Ende hatte ich das Gefühl, als wenn die fünf Monate fünf Wochen gewesen wären! Ich habe so viel erlebt, gesehen, gemacht! Ich habe mich verändert und bin jetzt viel weltoffener° und selbstsicherer°, weil ich etwas gemacht habe, wovor ich Angst hatte. Und ich habe es gut geschafft! Jetzt habe ich einen tollen Job, weil ich sagen konnte, dass ich diese Auslandserfahrungen° machte.

Thomas: Ja, ich hatte ähnliche Erfahrungen wie Heidi. Ich werde den ersten Abend im Hotel Anker nicht vergessen. Alles war anders! Die Betten, die Türen, die Fenster, und, und, und! Wir mussten aber am nächsten Tag früh aufstehen, weil wir im Rathaus vom Oberbürgermeister° begrüßt werden

sollten. Die Lehrer haben wir auch getroffen. Ich hatte ein bisschen Panik, weil ich nicht so schnell alles verstehen und sagen konnte. Aber das hatte nicht lange gedauert und meine Gastfamilie° war so toll! Sie haben mir bei den Hausaufgaben geholfen und haben mich immer mitgenommen, wenn sie einen Ausflug° oder eine Reise gemacht haben. So brauchte ich selbst nicht viel Geld auszugeben und konnte trotzdem viel sehen.

Maggie: Tja, mein größtes Problem war auch schnell mitzukommen. Obwohl ich eine sehr gute Schülerin war und auch an der Uni viel Deutsch gelernt habe, hatte ich am Anfang das Gefühl, als wenn ich kein Deutsch konnte. Die Lehrer haben uns aber viel geholfen. Sie haben uns gezeigt, wie man sich verständigen° kann, auch wenn man nicht perfekt spricht oder schreibt. Und wie soll man perfekt werden, wenn man nicht übt und versucht? Das ist das Beste an so einem Programm — man muss ins Wasser springen und schwimmen! Am Anfang habe ich oft zu Hause angerufen und viel E-Mail an Leute in St. Cloud geschickt, weil ich Heimweh° hatte. Aber bald hatten wir deutsche Bekannte und irgendwie ist die Zeit dann sehr schnell vergangen. Als ich wieder nach Hause kam, hatte ich dann Heimweh nach Deutschland.

Pete: Ich will Deutschlehrer werden und ich muss die Kultur und die Sprache gut kennen. Was mich am meisten überraschte war die Beziehung zu meiner Gastfamilie. Wir haben so eine schöne Zeit zusammen verbracht und wir haben uns so gut verstanden. Wenn ich dieses Jahr heirate, kommt meine Gastfamilie zur Hochzeit. Letztes Jahr waren sie auch hier, weil eine frühere Gasttochter ein Baby bekommen hatte und die Gastfamilie bei der Taufe dabei war. Das sind Freundschaften° fürs Leben. Es ist meine zweite Familie, die immer für mich da ist. Das habe ich nicht gewusst, dass so etwas möglich ist, aber ich bin sehr glücklich darüber.

Zur Taufe gibt es...

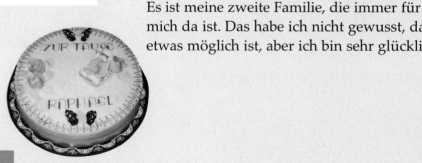

...einen Taufkuchen.

Beim Radio

Tina: Die Ausflüge haben mir am besten gefallen, denn wir haben Sachen gesehen, die der normale Mensch nicht zu sehen bekommt, auch nicht als Tourist. Ich studiere Journalismus und fand die Reise in die neuen Bundesländer toll, aber die Besuche beim Radiosender° und bei der Zeitung waren für mich am interessantesten. Auch der Besuch bei Audi, wo sie die Autos bauen, fand ich spitze. Ich habe vor, einen Zeitungsartikel für unsere Stadtzeitung darüber zu schreiben, und auch über Amy, eine andere Person aus unsere Gruppe. Sie machte am Ende des Programms ein Praktikum° bei Audi und hat jetzt Interviews bei Ford und Porsche. Wer hätt's gedacht? Amy in einem Porsche!? Sie fuhr sonst immer einen alten Chevy!

Fast alle Leute, die an einem Studienprogramm teilnehmen, kommen immer wieder auf das gleiche Thema zu sprechen: Beziehungen. Viele von ihnen finden in dieser Zeit viele Freunde. Da ist zuerst einmal die Gruppe, mit der man sich auf diese Reise macht und mit der man viele Abenteuer° erlebt. Und dann kommen noch die Leute dazu, die man während des Aufenthaltes° in Deutschland kennen lernt. Wie wichtig diese Beziehungen sind, kann man daran sehen, dass noch Jahre später die amerikanischen Studenten ihre Gastfamilien in Deutschland besuchen und dass auch die Gastfamilien in die USA reisen, um das Land ihrer Gäste kennen zu lernen.

(*das Studienprogramm* study abroad program; *weltoffen* open-minded; *selbstsicher* self-assured; *die Auslandserfahrung* study abroad experience; *der Oberbürgermeister* Lord Mayor; *die Gastfamilie* host family; *der Ausflug* excursion; *sich verständigen* to communicate; *das Heimweh* homesickness; *die Freundschaft* friendship; *der Radiosender* radio station; *das Praktikum* internship; *das Abenteuer* adventure; *der Aufenthalt* stay)

25. Wer sagt, dass er/sie...?

1. am Anfang oft zu Hause angerufen hatte
2. die Ausflüge am besten gefunden hat
3. die erste Nacht im Hotel nicht vergessen wird
4. die Gastfamilie als zweite Familie sieht
5. in der Zeit in Europa viel weltoffener geworden ist
6. in der Schule sehr gut war
7. dieses Jahr Besuch von der Gastfamilie bekommen wird
8. jetzt wegen der Auslandserfahrung einen tollen Job hat
9. nie im Leben geflogen war, bevor er/sie nach Deutschland reiste
10. viele Ausflüge und Reisen mit seiner/ihrer Gastfamilie machte

In dieser Gruppe hat jeder ein T-Shirt als Andenken bekommen.

Extra! Extra!

Das Märchen vom kleinen Herrn Moritz, der eine Glatze kriegte

Wolf Biermann

Wolf Biermann (1936–)

Wolf Biermann wurde 1936 in Hamburg geboren. Er zog 1953 in die DDR. Er ist ein bekannter Liedermacher, der die Verhältnisse in der DDR analysierte. 1974 musste er die DDR verlassen, weil die Regierung ihn zu kritisch fand. Viele Leute in Ost- und Westdeutschland protestierten dagegen, dass Biermann nicht mehr in der DDR leben durfte. Heute lebt er wieder in Hamburg.

Über den Text

Dieses Märchen ist ein Teil einer längeren Geschichte über die Figur des Herrn Moritz. Als Märchen erzählt es von fantastischen Ereignissen. Es ist auch ein sozialkritischer Text, der versucht, Probleme in der Gesellschaft zu diskutieren.

Vor dem Lesen

1. Some of the characteristics of fairy tales are their stock characters and clear gender roles. Do you think Biermann's socially critical fairy tale will contain similar type characters and roles? Why or why not?

2. This story takes place in Berlin, where the winters are often long, cold and gray. How do you imagine the climate affects people's moods? How might that serve as a starting point of a fairy tale?

Es war einmal ein kleiner älterer Herr, der hieß Herr Moritz und hatte sehr große Schuhe und einen schwarzen Mantel dazu und einen langen Regenschirmstock, und damit ging er oft spazieren.

Als nun der lange Winter kam, der längste Winter auf der Welt in Berlin, da wurden die Menschen allmählich böse. Und die Hunde bellten vor Wut über die Kälte schon gar nicht mehr, sondern zitterten nur noch und klapperten mit den Zähnen vor Kälte, und das sah auch sehr böse aus.

An einem solchen kalten Schneetag ging Herr Moritz mit seinem blauen Hut spazieren, und er dachte: „Wie böse die Menschen alle sind, es wird höchste Zeit, dass wieder Sommer wird und Blumen wachsen."

Und als er so durch die schimpfenden Leute in der Markthalle ging, wuchsen ihm ganz schnell und ganz viel Krokusse, Tulpen und Maiglöckchen und Rosen und Nelken, auch Löwenzahn und Margeriten auf dem Kopf. Er merkte es aber erst gar nicht, und dabei war schon längst sein Hut vom Kopf hochgegangen, weil die Blumen immer mehr wurden und auch immer länger.

Da blieb vor ihm eine Frau stehen und sagte: „Oh, Ihnen wachsen aber schöne Blumen auf dem Kopf!" „Mir Blumen auf dem Kopf!" sagte Herr Moritz, „so was gibt es gar nicht!" „Doch! Schauen Sie hier in das Schaufenster. Sie können sich darin spiegeln. Darf ich eine Blume abpflücken?"

Und Herr Moritz sah im Schaufensterspiegelbild, dass wirklich Blumen auf seinem Kopf wuchsen, bunte und große, vielerlei Art, und er sagte: „Aber bitte, wenn Sie eine wollen..."

„Ich möchte gerne eine kleine Rose", sagte die Frau und pflückte sich eine. „Und ich eine Nelke für meinen Bruder", sagte ein kleines Mädchen, und Herr Moritz bückte sich, damit das Mädchen ihm auf den Kopf langen konnte. Er brauchte sich aber nicht so sehr tief zu bücken, denn er war etwas kleiner als andere Männer. Und viele Leute kamen und brachen sich Blumen vom Kopf des kleinen Herrn Moritz, und es tat ihm nicht weh, und die Blumen wuchsen immer gleich nach, und es kribbelte so schön am Kopf, als ob ihn jemand freundlich streichelte, und Herr Moritz war froh, dass er den Leuten mitten im kalten Winter Blumen geben konnte. Immer mehr Menschen kamen zusammen und lachten und wunderten sich und brachen sich Blumen vom Kopf des kleinen Herrn Moritz und keiner, der eine Blume erwischt hatte, sagte an diesem Tag noch ein böses Wort.

Aber da kam auf einmal auch der Polizist Max Kunkel. Max Kunkel war schon seit zehn Jahren in der Markthalle als Markthallenpolizist tätig, aber so was hatte er noch nicht gesehen! Mann mit Blumen auf dem Kopf! Er drängelte sich durch die vielen lauten Menschen, und als er vor dem kleinen Herrn Moritz stand, schrie er: „Wo gibt's denn so was! Blumen auf dem Kopf, mein Herr! Zeigen Sie doch mal bitte sofort Ihren Personalausweis!"

Und der kleine Herr Moritz suchte und suchte und sagte verzweifelt: „Ich habe ihn doch immer bei mir gehabt, ich hab ihn doch in der Tasche gehabt!" Und je mehr er suchte, um so mehr verschwanden die Blumen auf seinem Kopf. „Aha", sagte der Polizist Max Kunkel. „Blumen auf dem Kopf haben Sie, aber keinen Ausweis in der Tasche!" Und Herr Moritz suchte ängstlicher seinen Ausweis und war ganz rot vor Verlegenheit, und je mehr er suchte — auch im Jackenfutter —, um so mehr schrumpften die Blumen zusammen, und der Hut ging allmählich wieder runter auf den Kopf!

In seiner Verzweiflung nahm Herr Moritz seinen Hut ab, und siehe da, unter dem Hut lag in der abgegriffenen Gummihülle der Personalausweis. Aber was noch!?

Die Haare waren alle weg! Kein Haar mehr auf dem Kopf hatte der kleine Herr Moritz. Er strich sich verlegen über den kahlen Kopf und setzte dann schnell den Hut drauf.

„Na, da ist ja der Ausweis", sagte der Polizist Max Kunkel freundlich, „und Blumen haben Sie ja wohl auch nicht mehr auf dem Kopf, wie?!"

„Nein...", sagte Herr Moritz und steckte schnell seinen Ausweis ein und lief, so schnell man auf den glatten Straßen laufen konnte, nach Hause. Dort stand er lange vor dem Spiegel und sagte zu sich: „Jetzt hast du eine Glatze, Herr Moritz!"

Nach dem Lesen

1. Zwei wichtige Elemente im Text sind die Blumen auf dem Kopf von Herrn Moritz und der Polizist. Beide sind Metaphern. Das ist ein Stilmittel, in dem eine Wort für etwas verwendet wird, was man normalerweise nicht sagt. Ein Beispiel wäre „Nerven aus Stahl". Für was stehen die Blumen und der Polizist? Welche Beziehung gibt es zwischen diesen beiden Metaphern?

2. Schreiben Sie die Geschichte neu! Verwenden Sie die Perspektive von einer dieser Personen: einer Person, die eine Blume von Herrn Moritz bekommt; dem Polizisten oder einer anderen Person auf dem Markt, die Blumen verkauft.

3. Dieser Text lässt sich gut in Bilder verwandeln. Zeichnen Sie die wichtigsten Szenen mit Herrn Moritz!

Endspiel

1. Gehen Sie in die Bibliothek oder benutzen Sie einen Computer und finden Sie mehr Informationen über die Welterbestätten in Deutschland, Österreich oder der Schweiz.

2. Schreiben Sie in Ihr Tagebuch. Heute ist der 31.12.1999. Was denken Sie über das nächste Jahrhundert?

3. Sie stehen vor der Jahrhundertwende in das 22. Jahrhundert! Sie treffen jemanden, der sich sehr für das 20. Jahrhundert interessiert. Erklären Sie ihm oder ihr, wie man in dieser Zeit gelebt hatte. Vergessen Sie nicht, das Plusquamperfekt *(past perfect)* zu benutzen!

4. Engagieren Sie sich sozial oder politisch? Wenn ja, warum? Wenn nein, warum nicht?

5. Wie hat das Internet Ihr Leben beeinflusst? Hat es für Sie Vorteile oder Nachteile gebracht? Schreiben Sie oder diskutieren Sie darüber!

6. Arbeiten Sie mit einem Partner/einer Partnerin! Eine Person ist ein Student/eine Studentin aus den USA, die dieses Jahr als Austauschstudent(in) in Österreich verbringt. Die zweite Person ist Teil der Gastfamilie. Lernen Sie sich kennen!

Vokabeln

das **Abenteuer,-** adventure
abreisen (*reiste ab, ist abgereist*) to depart (on a journey)
der **Ameisenbär,-en** anteater
das **Anliegen,-** issue, concern
der **Aufenthalt,-e** stay
der **Ausflug,¨e** excursion
die **Ausgabe,-n** edition, issue
die **Auslandserfahrung,-en** study abroad experience
ausschalten to turn off
der **Auszug,¨e** excerpt
die **Bauhausstätte,-n** site of the *Bauhaus*
der **Bergbau** mining
besterhalten best-preserved
bestimmen to determine
die **Dienstleistung,-en** service
der **Einblick** insight, glimpse
eingebaut built-in
einzigartig unique, one-of-a-kind
die **Endzeitstimmung,-en** feeling that the end of the world has come
sich **engagieren** to be active in social issues
das **Eozän** Eocene period
das **Erbe,-n** heritage, inheritance
der **Erfindungsgeist,-e** ingenuity
das **Ergebnis,-se** result
erreichen to reach
erwachsen grown-up
das **Erzbergwerk,-e** ore mine
der **Fortschritt,-e** progress, advance
die **Fossilie,-n** fossil
die **Fossiliengrube,-n** fossil pit
die **Freundschaft,-en** friendship
die **Gastfamilie,-n** host family
der **Gedanke,-n** thought
der **Gedankenaustausch** exchange of ideas
greifen (*griff, gegriffen*) to grab
die **Grube,-n** pit
die **Gründerzeit** years of rapid industrial expansion in Germany (after 1871)
das **Heimweh** homesickness
herstellen to create, bring about
das **Hochhaus,¨er** highrise building
die **Internatsschule,-n** boarding school
die **Jahrhundertwende,-n** turn of the century
die **Kulturerbestätte,-n** cultural heritage site
die **Kulturleistung,-en** cultural accomplishment
lassen: im Stich lassen to abandon, desert
der **Lauf: im Laufe** during the course of
sich **lustig machen über** to make fun of
die **Milliarde,-n** billion
obdachlos homeless
der **Oberbürgermeister,-** Lord Mayor
das **Pensionistenheim,-e** home for retirees
das **Praktikum,-ka** internship
der **Radiosender,-** radio station
die **Recherche,-n** research
das **Säugetier,-e** mammal

der **Schmarotzer,-** parasite
selbstsicher self-assured
die **Stätte,-n** place, site
das **Studienprogramm,-e** study abroad program
das **Tagebuch,¨er** diary
die **Unsicherheit,-en** insecurity
untergehen (*ging unter, ist untergegangen*) to perish, come to an end
unternehmen (*unternahm, unternommen*) to undertake, venture
die **Versicherung,-en** insurance
sich **verständigen** to communicate
die **Vorfreude,-n** anticipation
der **Vorsatz,¨e** resolution
weitreichend far-reaching
die **Welterbeliste,-n** World Heritage List
die **Welterbestätte,-n** world heritage site
weltoffen open-minded
weltweit around the world, worldwide
der **Wert,-e** value
der außergewöhnlich universelle Wert exceptional universal value
im Wert von valued at

Im Deutschen Museum (München) kann man alte und neue Flugzeuge bewundern, die man im Laufe des 20. Jahrhunderts gebaut hat.

Kapitel 1 *(page 12)*

◆ *Person 1:* Warum lebt Melanie Dupont in Trier?
◆ *Person 2:* Melanie Dupont lebt in Trier, weil sie hier Französisch unterrichtet.

	Melanie Dupont	Ingrid Schwarz	Rudolf Polasky
Warum lebt er/sie in Trier?	Sie unterrichtet hier Französisch.		Er kann hier mit Computern arbeiten.
Warum geht er/sie einkaufen?		Sie sucht ein Geburtstagsgeschenk für ihren Mann.	
Warum lernt er/sie Sprachen?			Sprachen sind wichtig.
Warum geht er/sie nach Hause?	Sie möchte fernsehen.	Sie ist müde.	

Kapitel 2 *(page 50)*

◆ *Person 1:* Was hat Frau Muschel am Donnertstag gemacht?
　 Person 2: Sie hat ein Buch gesucht.

◆ *Person 2:* Was hast du am Morgen gemacht?
　 Person 1: Ich habe gefrühstückt.

	Kali	Weleda	Frau Muschel	Herr und Frau Yilmaz	du
Was hat er/sie (haben sie) am Morgen gemacht?			ihre Haare kämmen	Radio hören	
Was hat er/sie (haben sie) am Donnerstag gemacht?	eine Spielzeugeisenbahn bauen		ein Buch suchen		
Was hat er/sie (haben sie) am Wochenende gemacht?		viel träumen	ein Bild malen		

Kapitel 3 *(page 94)*

◆ *Person 1:* Welcher Kobold ist in Spalte 2 Mitte?
Person 2: Das ist die Koboldin, die eine große Nase hat.

Spalte 1	Spalte 2	Spalte 3
	oben	
	Mitte	
	unten	

Kapitel 6 *(page 215)*

◆ *Person 1:* Was sagt Jürgen über sein Zimmer?
Person 2: Jürgen sagt, Frank hätte ordentlicher sein können.

	Jürgen sagt:	Frank sagt:
Was sagt Jürgen / Frank über das Zimmer?	Frank / ordentlicher sein können	Jürgen / nicht so oft aufräumen sollen
Was sagt Jürgen / Frank über die Hausaufgaben?	Frank / sie eher machen müssen	
Was sagt Jürgen / Frank über das Essen im Zimmer?		Jürgen / mitessen können
Was sagt Jürgen / Frank über den Lärm im Zimmer?		Jürgen / etwas in die Ohren stecken sollen
Wie hätte Frank / Jürgen sich verändern können?	Frank / rücksichtsvoller sein sollen	

Kapitel 7 *(page 241)*

◆ *Person 1:* Was passiert am Freitag im Bad?
Person 2: Der Spiegel muss geputzt werden.

Was passiert im/in der ...?	Bad	Kinderzimmer	Wohnzimmer	Küche	Garten
am Freitag	den Spiegel putzen			Lebensmittel in den Schrank tun	den Rasen mähen
am Samstag-vormittag		den Schreibtisch abräumen		einen Kuchen backen	
am Samstag-nachmittag	die Kinder baden		mehr Stühle holen	Essen kochen	

Kapitel 8 *(page 267)*

◆ *Person 1:* Wann wurde die erste Bibel gedruckt?
◆ *Person 2:* Die erste Bibel wurde 1456 von Gutenberg gedruckt.

Wann wurde...?	Wann?	Von wem?
die erste Bibel gedruckt	1456	Gutenberg
Karl der Große zum Kaiser gekrönt		Papst
die Hanse gegründet	1356	Kaufleute
Clas Störtebeker gefangen genommen		
der erste Elektromotor gebaut		Siemens
Heinrich IV. gerettet	1062	Graf Eckbert
Friedrich Barbarossas Fest gefeiert		
die Kartoffel nach Europa gebracht	1520	Pizarro
Klaus Kniephof enthauptet		
die Hanse-Kogge in Bremen gefunden	1962	Leute in Bremen
die Schreibmaschine erfunden		

Kapitel 10 *(page 352)*

◆ *Person 1:* Was hatte passieren müssen, bevor Siegfried seine
Mannschaft formen konnte?
◆ *Person 2:* Er hatte viele Freunde überzeugen müssen.

bevor	
Siegfried konnte seine Mannschaft formen.	er: viele Freunde überzeugen müssen
Sie konnten ihr erstes Spiel spielen.	sie: die Regeln lernen müssen
Sie trainierten für das Spiel.	Siegfried: einen Trainer finden müssen
Sie spielten das erste Spiel.	
Das Spiel begann.	die Spieler: sich konzentrieren sollen
Sie hatten viele Punkte.	
Der Abend war vorbei.	
Sie spielten gegen eine andere Mannschaft.	sie: mehr üben müssen
Der Sommer kam.	

Personal Pronouns

SINGULAR	Nominative	Accusative	Dative
1st person	ich	mich	mir
2nd person	du	dich	dir
3rd person	er	ihn	ihm
	sie	sie	ihr
	es	es	ihm

PLURAL	Nominative	Accusative	Dative
1st person	wir	uns	uns
2nd person	ihr	euch	euch
3rd person	sie	sie	ihnen
formal form (singular or plural)	Sie	Sie	Ihnen

Reflexive Pronouns

Singular		Accusative	Dative
1st person	(ich)	mich	mir
2nd person	(du)	dich	dir
3rd person	(er)	sich	sich
	(sie)		
	(es)		

Plural			
1st person	(wir)	uns	uns
2nd person	(ihr)	euch	euch
3rd person	(sie)	sich	sich
formal form (singular or plural)	(Sie)	sich	sich

Relative Pronouns

	Singular			Plural
	Masculine	Feminine	Neuter	
Nominative	der	die	das	die
Accusative	den	die	das	die
Dative	dem	der	dem	denen
Genitive	dessen	deren	dessen	deren

Demonstrative Pronouns

	Singular			Plural
	Masculine	Feminine	Neuter	
Nominative	der	die	das	die
Accusative	den	die	das	die
Dative	dem	der	dem	denen

Definite Article

	Singular			Plural
	Masculine	Feminine	Neuter	
Nominative	der	die	das	die
Accusative	den	die	das	die
Dative	dem	der	dem	den
Genitive	des	der	des	der

der-words

	Singular			Plural
	Masculine	**Feminine**	**Neuter**	
Nominative	dieser	diese	dieses	diese
Accusative	diesen	diese	dieses	diese
Dative	diesem	dieser	diesem	diesen
Genitive	dieses	dieser	dieses	dieser

Other *der*-words introduced are *welcher, jeder, solcher, mancher, derselbe*.

Question Words: *Wer? Was?*

Nominative	wer	was
Accusative	wen	was
Dative	wem	
Genitive	wessen	

Indefinite Article

	Singular			Plural
	Masculine	**Feminine**	**Neuter**	
Nominative	ein	eine	ein	keine
Accusative	einen	eine	ein	keine
Dative	einem	einer	einem	keinen
Genitive	eines	einer	eines	keiner

The word *kein* and the possessive adjectives (*mein, dein, sein, ihr, unser, euer, Ihr*) take the same endings as the indefinite article.

Adjectives after *der*-words

	Singular			Plural
	Masculine	**Feminine**	**Neuter**	
Nominative	-e	-e	-e	-en
Accusative	-en	-e	-e	-en
Dative	-en	-en	-en	-en
Genitive	-en	-en	-en	-en

	Singular			Plural
	Masculine	**Feminine**	**Neuter**	
Nominative	der alt*e* Film	die nett*e* Dame	das neu*e* Haus	die gut*en* Schüler
Accusative	den alt*en* Film	die nett*e* Dame	das neu*e* Haus	die gut*en* Schüler
Dative	dem alt*en* Film	der nett*en* Dame	dem neu*en* Haus	den gut*en* Schülern
Genitive	des alt*en* Filmes	der nett*en* Dame	des neu*en* Hauses	der gut*en* Schüler

The following words expressing quantity can be used only in the plural with their corresponding adjective endings for *der*-words: *alle, beide.*

Adjectives after *ein-words*

	Singular			Plural
	Masculine	**Feminine**	**Neuter**	
Nominative	-er	-e	-es	-en
Accusative	-en	-e	-es	-en
Dative	-en	-en	-en	-en
Genitive	-en	-en	-en	-en

	Singular			Plural
	Masculine	**Feminine**	**Neuter**	
Nominative	ein alt*er* Film	eine nett*e* Dame	ein neu*es* Haus	keine gut*en* Schüler
Accusative	einen alt*en* Film	eine nett*e* Dame	ein neu*es* Haus	keine gut*en* Schüler
Dative	einem alt*en* Film	einer nett*en* Dame	einem neu*en* Haus	keinen gut*en* Schülern
Genitive	eines alt*en* Filmes	einer nett*en* Dame	eines neu*en* Hauses	keiner gut*en* Schüler

The following words expressing quantity can be used only in the plural: *andere, ein paar, einige, viele, wenige.* Adjectives following these words take the ending *-e* (nominative, accusative) or *-en* (dative).

Adjective Endings for Adjectives Not Preceded by Articles

	Singular			Plural
	Masculine	**Feminine**	**Neuter**	
Nominative	alt*er* Freund	rot*e* Bluse	neu*es* Auto	klein*e* Kinder
Accusative	alt*en* Freund	rot*e* Bluse	neu*es* Auto	klein*e* Kinder
Dative	alt*em* Freund	rot*er* Bluse	neu*em* Auto	klein*en* Kindern
Genitive	alt*en* Freundes	rot*er* Bluse	neu*en* Autos	klein*er* Kinder

Comparison of Adjectives and Adverbs

Adjective/Adverb	schnell	warm	gut	hoch	gern
Comparative	schneller-	wärmer-	besser-	höher-	lieber
Superlative	schnellst-	wärmst-	best-	höchst-	liebst-

Plural of Nouns

	Singular	Plural
no change or add umlaut	das Zimmer die Mutter	die Zimmer die Mütter
add -n, -en, or -nen	die Ecke der Herr die Freundin	die Ecken die Herren die Freundinnen
add -e or ⁓e	der Tag die Stadt	die Tage die Städte
add ⁓er	das Buch das Fach	die Bücher die Fächer
add -s (adopted foreign words)	das Café das Büro	die Cafés die Büros

Prepositions

Dative	Accusative	Dative or Accusative	Genitive
aus	durch	an	anstatt
außer	für	auf	trotz
bei	gegen	hinter	während
mit	ohne	in	wegen
nach	um	neben	
seit		über	
von		unter	
zu		vor	
		zwischen	

Inverted Word Order

1. Formation of questions beginning with the verb
   Spielst du heute Fußball?

2. Formation of questions beginning with a question word
   Wohin gehen Sie heute Nachmittag?

3. Command forms
   Hab keine Angst!
   Lauft schnell!
   Passen Sie auf!
   Gehen wir!

4. Sentences beginning with a part other than the subject
   Am Sonntag fahren wir zu meiner Tante.

Word Order of Dative and Accusative Case (Objects and Pronouns)

Er gibt	dem Fluggast	eine Bordkarte.
Er gibt	ihm	eine Bordkarte.
Er gibt	sie	dem Fluggast.
Er gibt	sie	ihm.

Word Order When Using Conjunctions and Relative Pronouns

1. Coordinating conjunctions

   Ich möchte bleiben, aber ich habe keine Zeit.

2. Subordinating conjunctions

   Wir gehen ins Restaurant, weil wir Hunger haben.

   Weil wir Hunger haben, gehen wir ins Retsuarant.

3. Relative pronouns

   Die Frau, die ins Auto einsteigt, ist meine Mutter.

   Wer ist der Mann, den du getroffen hast?

Conjunctions

Coordinating	Subordinating	
aber	als	obgleich
denn	bevor	obwohl
oder	bis	seitdem
sondern	da	sobald
und	damit	solange
	dass	während
	ehe	weil
	nachdem	wenn
	ob	

Verbs Followed by Dative

antworten	to answer
folgen	to follow
gefallen	to like
gehören	to belong
glauben	to believe
gratulieren	to congratulate
helfen	to help
passen	to fit
schmecken	to taste

Gabi hilft ihrer Mutter
Ich gratuliere ihm zum Geburtstag.

The verb *glauben* may take either the dative or accusative case. If used with a person, the dative follows (*Ich glaube ihm.*) If used with an object, the accusative is used (*Ich glaube das nicht.*)

Verbs with Prepositions Followed by Accusative

bitten um	to ask for, request
danken für	to thank for
denken an	to think of
sich erinnern an	to remember (about)
sich freuen auf	to look forward to
grenzen an	to border on
sich interessieren für	to be interested in
klopfen an	to knock at
lachen über	to laugh about
schreiben über	to write about
sehen auf	to look upon
sich sorgen um	to be concerned about
sprechen über	to speak about
sich vorbereiten auf	to prepare for
warten auf	to wait for

Verbs with Prepositions Followed by Dative

arbeiten an	to work on
erzählen von	to tell about
helfen bei	to help with
sprechen mit	to speak with
suchen nach	to search for
teilnehmen an	to participate in
träumen von	to dream about

Regular Verb Forms — Present Tense

	gehen	finden	heißen	arbeiten
ich	gehe	finde	heiße	arbeite
du	gehst	findest	heißt	arbeitest
er, sie, es	geht	findet	heißt	arbeitet
wir	gehen	finden	heißen	arbeiten
ihr	geht	findet	heißt	arbeitet
sie, Sie	gehen	finden	heißen	arbeiten

Irregular Verb Forms — Present Tense

	haben	sein	wissen
ich	habe	bin	weiß
du	hast	bist	weißt
er, sie, es	hat	ist	weiß
wir	haben	sind	wissen
ihr	habt	seid	wisst
sie, Sie	haben	sind	wissen

Verbs with Stem Vowel Change —Present Tense

	ä to *a*	*e* to *i*	*e* to *ie*
ich	fahre	spreche	sehe
du	fährst	sprichst	siehst
er, sie, es	fährt	spricht	sieht
wir	fahren	sprechen	sehen
ihr	fahrt	sprecht	seht
sie, Sie	fahren	sprechen	sehen

Imperative/Command Forms

	gehen	warten	sein	haben
Familiar (singular)	Geh!	Warte!	Sei!	Hab!
Familiar (plural)	Geht!	Wartet!	Seid!	Habt!
Formal (singular/plural)	Gehen Sie!	Warten Sie!	Seien Sie!	Haben Sie!
***Wir*-form (Let's...)**	Gehen wir!	Warten wir!	Seien wir!	Haben wir!

Modal Auxiliaries

	dürfen	können	mögen	müssen	sollen	wollen
ich	darf	kann	mag	muss	soll	will
du	darfst	kannst	magst	musst	sollst	willst
er, sie, es	darf	kann	mag	muss	soll	will
wir	dürfen	können	mögen	müssen	sollen	wollen
ihr	dürft	könnt	mögt	müsst	sollt	wollt
sie, Sie	dürfen	können	mögen	müssen	sollen	wollen

The past (narrative past) and present perfect tense are as follows:

dürfen: durfte, gedurft
können: konnte, gekonnt
mögen: mochte, gemocht
müssen: musste, gemusst
sollen: sollte, gesollt
wollen: wollte, gewollt

present	Darfst du das machen?
past	Durftest du das machen?
present perfect	Hast du das machen dürfen?
past perfect	Hattest du das machen dürfen?

Future tense (*werden* + infinitive)

ich	werde
du	wirst
er, sie, es	wird
wir	werden
ihr	werdet
sie, Sie	werden

Sie werden bald abfahren.
Wirst du das Zimmer aufräumen?

Note: Besides the future tense, *werden* is also used with the passive voice (*Wann wird das Essen gekocht?*) and as a full verb (*Gisela wird Lehrerin.*)

Past Tense (Narrative Past Tense)

	Regular Verbs		Irregular Verbs				
	sagen	**arbeiten**	**kommen**	**gehen**	**fahren**	**haben**	**sein**
ich	sagte	arbeitete	kam	ging	fuhr	hatte	war
du	sagtest	arbeitetest	kamst	gingst	fuhrst	hattest	warst
er, sie, es	sagte	arbeitete	kam	ging	fuhr	hatte	war
wir	sagten	arbeiteten	kamen	gingen	fuhren	hatten	waren
ihr	sagtet	arbeitetet	kamt	gingt	fuhrt	hattet	wart
sie, Sie	sagten	arbeiteten	kamen	gingen	fuhren	hatten	waren

Present Perfect Tense

regular verbs: *haben* or *sein* + past participle (*ge* + 3rd person singular)
   Sie hat gefragt.
   Hast du etwas gesagt?
   Wohin ist Heike gereist?

irregular verbs: *haben* or *sein* + past participle
   Ich habe das Brot gegessen.
   Wir sind dorthin gefahren.

Past Perfect Tense

Past tense of *haben* or *sein* plus past participle

   Hattest du den Brief geholt?
   Wart ihr zu Hause gewesen?

Passive Voice

present	*Das Buch wird gelesen.*
past	*Das Buch wurde gelesen.*
present perfect	*Das Buch ist gelesen worden.*

When using modals, the passive in the present, past and present perfect is formed as follows:

Das Buch muss gelesen werden.
Das Buch musste gelesen werden.
Das Buch hat gelesen werden müssen.

Present Subjunctive II: Polite Requests and Wishes

	werden	haben	sein
ich	würde	hätte	wäre
du	würdest	hättest	wärest
er, sie, es	würde	hätte	wäre
wir	würden	hätten	wären
ihr	würdet	hättet	wäret
sie, Sie	würden	hätten	wären

Irregular Verbs

The following list contains all the irregular verbs used in *Deutsch Aktuell 1, 2* and *3*. Verbs with separable or inseparable prefixes are not included in this list if the basic verb form has already been introduced in the textbook (example: *kommen, ankommen*). Verbs with stem vowel changes as well as those constructed with a form of *sein* have also been indicated.

Infinitive	Stem Vowel Change	Past	Past Participle	Meaning
abbiegen		bog ab	ist abgebogen	to turn (to)
abziehen		zog ab	abgezogen	to pull off
anfangen	fängt an	fing an	angefangen	to begin, start
anspringen		sprang an	ist angesprungen	to start (motor)
anziehen		zog an	angezogen	to wear, put on
backen	bäckt (*also*: backt)	backte	gebacken	to bake
beginnen		begann	begonnen	to begin
bekommen		bekam	bekommen	to get, receive
beweisen		bewies	bewiesen	to prove
bitten		bat	gebeten	to ask
bleiben		blieb	ist geblieben	to stay, remain
brennen		brannte	gebrannt	to burn
bringen		brachte	gebracht	to bring
denken		dachte	gedacht	to think
dürfen	darf	durfte	gedurft	may, to be permitted to
einladen	lädt ein	lud ein	eingeladen	to invite
einziehen		zog ein	ist eingezogen	to move in
entscheiden		entschied	entschieden	to decide
entspringen		entsprang	entsprungen	to originate (river)
entstehen		entstand	ist entstanden	to develop, come up
erfahren	erfährt	erfuhr	erfahren	to learn from a person
essen	isst	aß	gegessen	to eat
fahren	fährt	fuhr	ist gefahren	to drive
fallen	fällt	fiel	ist gefallen	to fall
finden		fand	gefunden	to find
fliegen		flog	ist geflogen	to fly
fließen		floss	ist geflossen	to flow, run
fressen	frisst	fraß	gefressen	to eat, devour
geben	gibt	gab	gegeben	to give
gefallen	gefällt	gefiel	gefallen	to like
gehen		ging	ist gegangen	to go
genießen		genoss	genossen	to enjoy
gewinnen		gewann	gewonnen	to win
gießen		goss	gegossen	to water (flowers)
greifen		griff	gegriffen	to grab
haben	hat	hatte	gehabt	to have

Infinitive	Stem Vowel Change	Past	Past Participle	Meaning
halten	hält	hielt	gehalten	to hold
heben		hob	gehoben	to lift, raise
heißen		hieß	geheißen	to be called
helfen	hilft	half	geholfen	to help
kennen		kannte	gekannt	to know (person)
klingen		klang	geklungen	to sound
kommen		kam	ist gekommen	to come
lassen	lässt	lies	gelassen	to let, leave
laufen	läuft	lief	ist gelaufen	to run, walk
leiden		litt	gelitten	to tolerate, suffer
leihen		lieh	geliehen	to loan, lend
lesen	liest	las	gelesen	to read
liegen		lag	gelegen	to lie, be located
mögen	mag	mochte	gemocht	to like
nehmen	nimmt	nahm	genommen	to take
nennen		nannte	genannt	to name
reiten		ritt	ist geritten	to ride (horseback)
riechen		roch	gerochen	to smell
rufen		rief	gerufen	to call
schaffen		schuf	geschaffen	to create
scheinen		schien	geschienen	to shine
schieben		schob	geschoben	to push
schießen		schoss	geschossen	to shoot
schlagen	schlägt	schlug	geschlagen	to beat, hit
schneiden		schnitt	geschnitten	to cut
schreiben		schrieb	geschrieben	to write
schreien		schrie	geschrien	to scream
schwimmen		schwamm	ist geschwommen	to swim
sehen	sieht	sah	gesehen	to see
sein	ist	war	ist gewesen	to be
singen		sang	gesungen	to sing
sitzen		saß	gesessen	to sit
sprechen	spricht	sprach	gesprochen	to speak, talk
stehen		stand	gestanden	to stand
steigen		stieg	ist gestiegen	to climb
sterben	stirbt	starb	ist gestorben	to die
stinken		stank	gestunken	to stink
streichen		strich	gestrichen	to spread, paint
streiten		stritt	gestritten	to fight, argue
tragen	trägt	trug	getragen	to carry, wear
treffen	trifft	traf	getroffen	to meet
treiben		trieb	getrieben	to do (sports)
treten	tritt	trat	ist getreten	to pedal, kick
trinken		trank	getrunken	to drink

Infinitive	Stem Vowel Change	Past	Past Participle	Meaning
tun		tat	getan	to do, put, place
verbieten		verbat	verboten	to forbid
verbinden		verband	verbunden	to connect
vergessen	vergisst	vergaß	vergessen	to forget
vergehen		verging	ist vergangen	to pass (time)
verlieren		verlor	verloren	to lose
verlassen	verlässt	verließ	verlassen	to leave
verlieren		verlor	verloren	to lose
vermeiden		vermied	vermieden	to avoid
verschlingen		verschlang	verschlungen	to devour
verschreiben		verschrieb	verschrieben	to prescribe
versinken		versank	versunken	to sink (into)
versprechen	verspricht	versprach	versprochen	to promise
verstehen		verstand	verstanden	to understand
waschen	wäscht	wusch	gewaschen	to wash
werden	wird	wurde	ist geworden	to become, be
werfen	wirft	warf	geworfen	to throw
wiegen		wog	gewogen	to weigh
wissen	weiß	wusste	gewusst	to know
ziehen		zog	ist gezogen	to pull

All the words introduced in *Deutsch Aktuell 1 ,2* and *3* have been summarized in this section. The numbers following the meaning of individual words or phrases indicate the particular chapter in which they appear for the first time. For cases in which there is more than one meaning for a word or a phrase and it appeared in different chapters, both chapter numbers are listed. Words and expressions that were introduced in *Deutsch Aktuell 1* and *2* do not have a number after them. Words preceded by an asterisk (*) are cognates or easily recognizable words that were not listed in the chapter vocabulary of this textbook but are listed in this section for reference.

All nouns have been indicated with their respective articles and plural forms. Verbs with a stem vowel change, as well as past and present perfect forms of irregular verbs, are listed in the grammar summary as well as in this vocabulary section.

A

ab as of *2; ab und zu* once in a while
abbiegen *(bog ab, ist abgebogen)* to turn (to)
der **Abend,-e** evening; *am Abend* in the evening
das **Abendessen** supper, dinner
abends evenings, in the evening *8
das **Abenteuer,-** adventure *10
aber but; *aber nein* of course not
abfahren *(fährt ab, fuhr ab, ist abgefahren)* to depart, leave
die **Abfahrt,-en** departure *1
abfliegen *(flog ab, ist abgeflogen)* to take off (plane)
abgeben *(gibt ab, gab ab, abgegeben)* to pass (ball); to give up, relinquish *3
Abgemacht! Agreed!
der **Abgeordnete,-n** delegate *9
abgepackt prepackaged *3
abholen to pick up
das **Abitur** final exam for *Gymnasium 8
abnehmen *(nimmt ab, nahm ab, abgenommen)* to take off
abräumen to clear (table)
abreisen *(reiste ab, ist abgereist)* to depart (on a journey) *10
der **Abreisetag,-e** day of departure *1
der **Abschlussball,-e** final (graduation) ball

abschneiden *(schnitt ab, abgeschnitten)* to cut off *6
der **Absender,-** sender
abstellen to turn off
das **Abteil,-e** compartment
die **Abteilung,-en** department
abtrocknen to dry (dishes) *2
abziehen *(zog ab, abgezogen)* to pull off *6
acht eight
die **Achterbahn-en** roller coaster
die **Achtung** attention *2
achtzehn eighteen
achtzig eighty
*Afrika** Africa *5
*aggressiv** aggressive
*Ägypten** Egypt *4
ähnlich similar *8
*akademisch** academic *1
*die **Akropolis** Acropolis *10
die **Aktentasche,-n** briefcase
*die **Aktion,-en** initiative, action *3
aktiv active
akzeptieren to accept
*die **Alchemie** alchemy *8
der **Alkohol** alcohol
alle all; *vor allem* mainly; *alle fünf Minuten* every five minutes *7
allein alone
alles all, everything
allgemein general(ly)
der **Alltag,-e** everyday life
*der **Almanach,-e** almanac *6
*die **Alpen** Alps
als when
also then, so; *Also, los!* OK! Let's go!
alt old
das **Alter** age *5

*alternativ** alternative *7
*die **Alternativfamilie,-n** alternative family *3
die **Altstadt,-e** old town
*die **Alufolie** aluminum foil *3
der **Ameisenbär,-en** anteater *10
Amerika America
der **Amerikaner,-** American
*der **Amethyst,-e** amethyst *5
an at, on, to
*analysieren** to analyze *8
anbieten *(bot an, angeboten)* to offer
*das **Andenken,-** souvenir
andere others; *die anderen* the others
anders different *3
anfangen *(fängt an, fing an, angefangen)* to begin, start
der **Anfang,-e** beginning *4
der **Anfänger,-** beginner *5
der **Angeber,-** bragger, show-off *6
angeschwemmt washed ashore *2
der **Angestellte,-n** employee (male)
die **Angestellte,-n** employee (female)
die **Angst,-e** fear; *Keine Angst!* Don't worry! Don't be afraid!
anhaben *(hat an, hatte an, angehabt)* to have on, wear
anhalten *(hält an, hielt an, angehalten)* to stop
sich **anhören** to listen to
ankommen *(kam an, ist angekommen)* to arrive
die **Ankunft,-e** arrival *1
das **Anliegen,-** issue, concern *10

anmachen to turn on 4

die **Anmeldung** reception, registration

*die **Annalen** (pl.) annals 3

annehmen (*nimmt an, nahm an, angenommen*) to assume; to accept 4

anrufen (*rief an, angerufen*) to call up; *Ruf doch...an!* Why don't you call...!

anschreiben (*schrieb an, angeschrieben*) to buy on credit, charge 3

die **Anschrift,-en** address

sich **ansehen** (*sieht an, sah an, hat angesehen*) to look at

die **Ansichtskarte,-n** picture postcard

anspringen (*sprang an, ist angesprungen*) to start (motor)

anstatt instead of

sich **anstellen: Stell dich nicht so an!** Don't be so clumsy!

antik classical, ancient 8

die **Antwort,-en** answer

die **Anzeige,-n** ad 2

anziehen (*zog an, angezogen*) to wear, put on

der **Anzug,-̈e** suit

der **Apfel,-̈** apple

der **Apfelkuchen,-** apple cake

der **Apfelsaft** apple juice

die **Apfelsine,-n** orange

die **Apotheke,-n** pharmacy

der **Apotheker,-** pharmacist

der **Apparat,-e** machine, appliance 4

der **Appetit** appetite; *Guten Appetit!* Enjoy your meal!

der **April** April

* **Arabien** Arabia 7

die **Arbeit,-en** work, exam; *bei der Arbeit helfen* to help with the work

arbeiten to work

* der **Arbeiter,-** worker 1

* der **Architekt,-en** architect 3

* die **Architektur** architecture 9

* das **Archiv,-e** archive 3

ärgern to annoy, make (somebody) angry 5

arglos unsuspecting 3

arm poor

der **Arm,-e** arm

*das **Arrangement,-s** (musical) arrangement 4

der **Arzt,-̈e** physician, doctor (male)

die **Ärztin,-nen** physician, doctor (female)

das **Aspirin** aspirin

*der **Astronom,-en** astronomer 8

*die **Astronomie** astronomy 9

der **Atemweg,-e** breathing passage, respiratory tract 8

*der **Atlantik** Atlantic Ocean 6

*die **Attraktion,-en** attraction 3

auch also, too

auf on, at

aufbauen to pitch (tent), set up, construct

aufdringlich pushy, insistent

der **Aufenthalt,-e** stay 10

***auffressen** (*frisst auf, fraß auf, aufgefressen*) to eat up, devour

die **Aufgabe,-n** problem, exercise, assignment

aufgeben (*gibt auf, gab auf, aufgegeben*) to dispatch, send

aufhaben (*hat auf, hatte auf, aufgehabt*) to have homework to do

aufhören to stop 6

aufmachen to open

aufnehmen (*nimmt auf, nahm auf, aufgenommen*) to record

aufpassen to watch (out); to pay attention 6

aufräumen to clean up

der **Aufsatz,-̈e** essay 4

aufstehen (*stand auf, ist aufgestanden*) to get up

aufsteigen (*stieg auf, ist aufgestiegen*) to get on

aufwachen to wake up

das **Auge,-n** eye

der **August** August

aus from, out of

die **Ausbildung** education, training 1

der **Ausblick** view

ausbreiten to spread out

ausfallen (*fällt aus, fiel aus, ist ausgefallen*) to go out, break down, fail 4

der **Ausflug,-̈e** excursion 10

ausfüllen to fill out

die **Ausgabe,-n** edition, issue 10

der **Ausgang,-̈e** exit

ausgeben (*gibt aus, gab aus, ausgegeben*) to spend (money)

ausgerechnet of all things

aushalten (*hält aus, hielt aus, ausgehalten*) to tolerate 3

auskommen mit (*kam aus, ist ausgekommen*) to get along with 9

die **Auskunft,-̈e** information

das **Ausland** foreign country 1

*der **Ausländer,-** foreigner

die **Ausländerfeindlichkeit** hostility toward foreigners

ausländisch foreign 6

die **Auslandserfahrung,-en** study abroad experience 10

ausmachen: Es macht mir nichts aus. I don't mind. 6

auspacken to unpack

ausprobieren to try out

*die **Ausrede,-n** excuse 8

sich **ausruhen** to relax, rest

die **Ausrüstung,-en** outfit, equipment 9

ausschalten to turn off 10

aussehen (*sieht aus, sah aus, ausgesehen*) to look like

außer besides; except

außerdem besides

außergewöhnlich exceptional 10

außerhalb out of, outside

die **Aussicht,-en** view 9

aussteigen (*stieg aus, ist ausgestiegen*) to get off

sich **aussuchen** to select, choose, pick out

die **Austauschschülerin,-nen** exchange student 6

die **Auswahl** selection, choice

auswechseln to change 3

der **Auszug,-̈e** excerpt 10

das **Auto,-s** car

die **Autobahn,-en** German freeway

die **Autofirma,-firmen** automobile company

der **Automat,-en** automat

das **Autoteil,-e** automobile part

die **Autozeitschrift,-en** car magazine

der **Azubi,-s** apprentice

B

backen (*bäckt, backte, gebacken*) to bake

der **Bäcker,-** baker

die **Bäckerei,-en** bakery

das **Backgammon** backgammon

die **Backwaren** (pl.) baked goods

das **Bad,-̈er** bathroom; bath 4; spa 8; *ein Bad nehmen* to take a bath 4

der **Badegast,-̈e** tourist in seaside or beach resort 2

der **Badeort,-e** town by the sea 2

die **Badewanne,-n** bathtub

die **Bahn-Card,-s** discount and ID card for reduced train ticket

die **Bahn,-en** railroad, train 1

der **Bahnhof,-̈e** train station

bald soon

*der **Balkan** Balkan Peninsula 8

der **Balkon,-s** balcony

der **Ball,-̈e** ball

*das **Ballett** ballet class 5

die **Ballkontrolle** ball control

*der **Ballon,-s** balloon

die **Banane,-n** banana

die **Band,-s** band

die **Bank,-̈e** bench

die **Bank,-en** bank

*das **Barett** beret 9

****barock** baroque 1

*die **Basis** basis 9

der **Basketball,-̈e** basketball

der **Bass,-̈e** bass

basteln to do (handi)crafts

die **Batterie,-n** battery

der **Bauch,-̈e** stomach

die **Bauchschmerzen** (pl.) stomachache

der **Bauchtanz,-̈e** belly dance 4

bauen to build, construct

der **Bauer,-n** farmer 1

der **Bauernhof,-̈e** farm

die **Bauhausstätte,-n** site of the Bauhaus 10

der **Baum,-̈e** tree 4

***Bayern** Bavaria

***bayrisch** Bavarian

der **Beamte,-n** official, clerk (male)

***beantworten** to answer 5

der **Becher,-** mug

sich **bedanken** to thank

bedeuten to mean, signify

die **Bedeutung,-en** meaning

sich **bedienen** to help oneself; *Soll ich mich selbst bedienen?* Should I help myself?

bedrohen to threaten

sich **beeilen** to hurry

beeindruckt impressed 9

beeinflussen to influence 2

die **Beerdigung,-en** funeral 1

befestigen to fasten, secure

begeistert von enthusiastic about 9

beginnen (*begann, begonnen*) to begin

begleiten to accompany

der **Begriff,-e** concept 9

der **Begründer,-** founder 8

begrüßen to greet

behalten (*behält, behielt, behalten*) to keep 5

behandeln to treat 7

der **Behinderte,-n** handicapped person 6

bei at, near, by, with; *beim Park* near the park

beide both

beige beige

die **Beilage,-n** side dish

das **Bein,-e** leg

das **Beispiel,-e** example; *zum Beispiel* for example

bekannt well-known

bekannt geben (*gab bekannt, bekannt gegeben*) to announce

die **Bekannte,-n** friend, acquaintance (female)

der **Bekannte,-n** friend, acquaintance (male)

bekommen (*bekam, bekommen*) to get, receive

belegt covered; *belegte Brote* sandwiches

beleuchten to light up, illuminate 7

Belgien Belgium

beliebt popular; beloved 2

sich **benehmen** (*benimmt, benahm, benommen*) to behave 5

benutzen to use 2

das **Benzin** gas, fuel

bequem comfortable 1

bereit ready 2

bereithalten (*hält bereit, hielt bereit, bereit gehalten*) to have in store, have ready 3

der **Berg,-e** mountain

der **Bergbau** mining 10

der **Berggeist,-er** mountain spirit 5

der **Beruf,-e** profession, job 1

beruhigen to calm down 3

berühmt famous

bescheiden modest 3

beschreiben (*beschrieb, beschrieben*) to describe

das **Besenreiten** broomstick riding 8

besichtigen to visit, view

besonders special, especially; *nicht besonders* not especially

besorgt worried 3

besprechen (*bespricht, besprach, besprochen*) to discuss

besser better

die **Besserung** improvement; *Gute Besserung!* Get well!

best- best; *am besten* the best

bestehen (*bestand, bestanden*) to pass

bestehen aus (*bestand, bestanden*) to consist of 5

bestellen to order

besterhalten best-preserved 10

bestimmen to determine 10

bestimmt definitely, for sure

der **Besuch,-e** visit; *Sie kommt zu Besuch.* She comes to visit.

besuchen to visit

*der **Besucher,-** visitor
der **Betrag,-̈e** amount 3
die **Betriebswirtin,-nen** economist 9
das **Bett,-en** bed
betteln to beg
die **Bettwäsche** bed linen
bevor before
sich **bewegen** to move
beweglich movable 7
bewegungslos motionless
beweisen (bewies, bewiesen) to prove 9
sich **bewerben um** to apply for 6
die **Bewerbung,-en** application 6
das **Bewerbungsgespräch,-e** job interview 6
bewusst aware, conscious 8
bezahlen to pay
die **Beziehung,-en** relationship 8
*die **Bibel,-n** Bible 7
die **Bibliothek,-en** library 1
das **Bier,-e** beer
*das **Bierzelt,-e** beer tent
bieten (bot, geboten) to offer
das **Bild,-er** picture
das **Billard** billiards
billig cheap, inexpensive 2
die **Bio-Tonne,-n** garbage for composting 3
die **Biologie** biology
die **Birne,-n** pear
bis until; *Bis später!* See you later!
bitte please; *Ja, bitte?, Bitte schön?* May I help you?
bitten (bat, gebeten) to ask; *um etwas bitten* to ask for something 3
das **Blatt,-̈er** sheet (of paper), page 6
blau blue; *blau sein* to be intoxicated
die **Blechdose,-n** tin can 3
bleiben (blieb, ist geblieben) to stay, remain
bleifrei leadfree
der **Bleistift,-e** pencil
die **Blockflöte,-n** recorder
der **Blocksberg** highest mountain in Harz region, usually called „Brocken" 8

die **Blume,-n** flower
der **Blumenkohl** cauliflower 2
die **Bluse,-n** blouse
der **Blutdruck** blood pressure
der **Boden,-̈** floor 2
Böhmen Bohemia 5
die **Bohne,-n** bean
*der **Boom,-s** boom 10
das **Boot,-e** boat
*der **Bord,-e** board 6; *an Bord* on board 6
die **Bordkarte,-n** boarding pass
böse mad, angry, wicked 8
Bosnien-Herzegowina Bosnia-Herzegowina
*der **Boss,-e** boss 10
der **Braten** roast 2
die **Bratkartoffeln** (pl.) fried potatoes
die **Bratwurst,-̈e** bratwurst
brauchen to need
*die **Brauerei,-en** brewery
braun brown
breit wide 2
brennen (brannte, gebrannt) to burn 8
das **Brett,-er** board 9
das **Brettspiel,-e** board game
*die **Brezel,-n** pretzel
der **Brief,-e** letter
der **Briefkasten,-̈** mailbox
die **Briefmarke,-n** stamp
die **Briefträgerin,-nen** mail carrier
der **Briefumschlag,-̈e** envelope
bringen (brachte, gebracht) to bring; *Bringen Sie mir...* Bring me...
die **Brombeere,-n** blackberry
die **Broschüre,-n** brochure
das **Brot,-e** bread
das **Brötchen,-** hard roll
die **Brücke,-n** bridge 3
der **Bruder,-̈** brother
das **Buch,-̈er** book
der **Buchdruck** book printing 7
das **Bücherregal,-e** bookshelf
der **Bücherwurm,-̈er** book worm 4
die **Buchhandlung,-en** bookstore 7
die **Buchpresse,-n** printing press 7
der **Buchstabe,-n** letter (of the alphabet) 7

bügeln to iron 2
die **Bühnenshow,-s** staging 4
das **Bundesland,-̈er** federal state 1
die **Bundesliga** National League
der **Bund,-̈e** alliance 6
bunt colorful
die **Burg,-en** fortress, castle
das **Büro,-s** office
der **Bus,-se** bus
die **Butter** butter

C

das **Café,-s** café
campen to camp
der **Camper,-** camper
der **Campingplatz,-̈e** campground
die **Cartoonzeitschrift,-en** comic magazine
die **CD,-s** CD, compact disk
*die **CD-ROM,-s** CD-ROM 7
der **CD-Spieler,-** CD player
der **Champignon,-s** mushroom
die **Chance,-n** chance
charmant charming
die **Chemie** chemistry
China China
der **Chirurg,-en** surgeon 8
*der **Clip,-s** clip (video) 2
*der **Clown,-s** clown 6
die **Cola,-s** cola
der **Computer,-** computer
die **Computerausstellung,-en** computer exhibit 7
*das **Computernetz** computer network 2
der **Computerspezialist,-en** computer specialist
das **Computerspiel,-e** computer game
*die **Computertechnologie,-n** computer technology 7
*der **Container,-** dumpster, container 3
der **Cousin,-s** cousin (male)
die **Cousine,-n** cousin (female)
*das **Curry** curry spice 7
die **Currywurst,-̈e** curry sausage 7

D

da there; since (inasmuch as) *da drüben* over there; *Endlich ist der Tag da.* Finally, the day is here.

dabei sein to take part, be present

das **Dach,-̈er** roof

dafür for it

dahingehen *(ging dahin, ist dahingegangen)* to go there

damals back then, at that time 3

die **Dame,-n** lady

damit so that, in order that

der **Dampf,-̈e** steam 1

danach after (that), afterward(s)

Dänemark Denmark

*__dänisch__ Danish 6

danke thanks

danken to thank

dann then

darstellen to portray, depict

das the, that

dass that

*die **Datenautobahn,-en** information superhighway 10

dauern to take, last

davon about it, of it

die **DDR (Deutsche Demokratische Republik)** former East Germany

die **Decke,-n** blanket

decken to cover; *den Tisch decken* to set the table

*__definieren__ to define 10

dein your; *Dein(e)...* Your...

*die **Demokratie** democracy 9

*die **Demokratisierung** democratization 10

denken *(dachte, gedacht)* to think; *denken an* to think about

denn used for emphasis; because, for

der the

derselbe the same; *in derselben Straße* on the same street

deshalb therefore, that's why

*das **Desktop-Publishing** desktop publishing 7

*__desolat__ desolate 2

*das **Detail,-s** detail 1

deutsch German; *Sie spricht deutsch.* She speaks German.; *auf Deutsch* in German; *Deutscher Meister* National Champion of Germany

das **Deutsch** German (subject)

der **Deutsche,-n** German (male)

die **Deutsche,-n** German (female)

das **Deutsche Eck** name of place where Rhein and Mosel rivers join

Deutschland Germany

deutschsprachig German-speaking 3

der **Dezember** December

*der **Dialekt,-e** dialect 1

*der **Diamant,-en** diamond 5

dich you; *für dich* for you

der **Dichter,-** poet 5

die **Dichtung,-en** poetry, literature 5

die the

dienen to serve 1

der **Dienstag,-e** Tuesday

die **Dienstleistung,-en** service 10

dieser this

das **Ding,-e** thing 2

*der **Dinosaurier,-** dinosaur 1

*die **Diplomatie** diplomacy 5

dir (to) you

*der **Direktor,-en** director 6

*die **Diskette,-n** disk 7

der **Diskjockey,-s** disc jockey, DJ

die **Disko,-s** disco

*die **Diskussion,-en** discussion 9

*__diskutieren__ to discuss 2

doch used for emphasis; sure thing, oh yes

der **Doktor,-en** physician, doctor

*der **Dom,-e** cathedral

der **Donnerstag,-e** Thursday

das **Dorf,-̈er** village 1

dort there

dorthin (to) there

die **Dose,-n** can

der **Drachen,-** kite 2

das **Drachenfest,-e** kite flying festival 2

das **Drachenfliegen** hang gliding 9

dran sein to be one's turn; *Sie ist dran.* It's her turn.

draußen outside

drehen to turn

drei three

dreißig thirty

dreizehn thirteen

der **Drogenhandel** drug traffic 9

drucken to print 7

drücken to press, push 2

der **Drucker,-** printer 7

drunter und drüber: *Es geht drunter und drüber.* It's topsy-turvy.

du you (familiar singular); *Du, Steffie...* Say, Steffie...

dumm dumb, stupid 4

die **Düne,-n** dune 2

dunkel dark; *dunkelblau* dark blue

*__durch__ through

durchfallen *(fällt durch, fiel durch, ist durchgefallen)* to fail

durchkommen *(kam durch, ist durchgekommen)* to get through

der **Durchschnitt** average 3; *im Durchschnitt* on the average 3

dürfen *(darf, durfte, gedurft)* may, to be permitted to; *Was darf's sein?* May I help you?

der **Durst** thirst; *Durst haben* to be thirsty

sich **duschen** to shower, take a shower

E

eben even, level, flat

echt real(ly)

die **Ecke,-n** corner

der **Edelstein,-e** precious stone, gem 5

der **Effekt,-e** effect

egal: Mir ist's egal. Who cares!, That doesn't matter!

ehemalig former

das **Ehepaar,-e** married couple 4

eigen own; *Es hat seinen eigenen Kopf.* It has a mind of its own.

eigentlich actually

der **Eimer,-** bucket, pail 2

ein(e) a, an

einander each other 6

der **Einband,-̈e** book cover, binding 6

der **Einblick** insight, glimpse 10

eindrucksvoll impressive 1

einfach simple; one-way 1

*die **Einfahrt,-en** entrance

der **Einfluss,-̈e** influence; *Einfluss haben auf* to have influence on

*der **Eingang,-̈e** entrance

eingebaut built-in 10

einheimisch local, indigenous 8

die **Einheit** unity; *Tag der Einheit* Day of Unity

einige a few

sich **einigen** to agree 2

der **Einkauf,-̈e** purchase, shopping

einkaufen to shop; *einkaufen gehen* to go shopping

die **Einkaufsliste,-n** shopping list

die **Einkaufstasche,-n** shopping bag

der **Einkaufswagen,-** shopping cart

einladen *(lädt ein, lud ein, eingeladen)* to invite

die **Einladung,-en** invitation

einmal once; *noch einmal* once more; *einmal die Woche* once a week; *nicht einmal* not even

eins one

einstecken to plug in 4

einsteigen *(stieg ein, ist eingestiegen)* to get in, board

einstellen to adjust

***eintippen** to type in 10

eintönig monotonous, dull

der **Einwanderer,-** immigrant

die **Einwegflasche,-n** nonreturnable bottle 3

einwerfen *(wirft ein, warf ein, eingeworfen)* to mail (letter)

*der **Einwohner,-** inhabitant

einzeln single, individual 3

einziehen *(zog ein, ist eingezogen)* to move in 3

einzig only 9

einzigartig unique, one-of-a-kind 10

das **Eis** ice cream

das **Eiscafé,-s** ice cream parlor, café

das **Eishockey** ice hockey

der **Eistee** ice tea

die **Elbe** Elbe River

elegant elegant

der **Elektriker,-** electrician

die **Elektrizität** electricity

das **Elektrogerät,-e** electric appliance

*der **Elektromotor,-en** electric motor 7

der **Elektrotechniker,-** electrotechnician

*das **Element,-e** element 3

elf eleven

der **Ellenbogen,-** elbow 8

*elliptisch** elliptical 9

*das **Elsass** Alsace (province in France) 9

die **Eltern** (pl.) parents

die **Emission,-en** emission

der **Empfänger,-** recipient, addressee

empfehlen *(empfiehlt, empfahl, empfohlen)* to recommend

das **Ende** end; *am Ende* at the end; *zu Ende gehen* to come to an end

endlich finally; *Endlich ist der Tag da.* Finally, the day is here.

die **Endzeitstimmung,-en** feeling that the end of the world has come 10

die **Energie** energy

eng tight

sich **engagieren** to be active in social issues 10

England England

der **Engländer,-** Englishman

englisch English; *Er spricht englisch.* He speaks English.

das **Englisch** English (subject)

der **Enkelsohn,-̈e** grandson 9

entdecken to discover 7

*die **Entdeckung,-en** discovery 8

die **Ente,-n** duck

entfernt away, distant

*die **Entfernung,-en** distance; *die weiteste Entfernung* the farthest distance

entführen to abduct 3

enthaupten to behead 3

entlangfahren *(fährt entlang, fuhr entlang, ist entlanggefahren)* to drive along

entscheiden *(entschied, entschieden)* to decide 6

entschuldigen: Entschuldigen Sie! Excuse me!

die **Entschuldigung** excuse; *Entschuldigung!* Excuse me!

entsorgen to dispose of refuse 3

*entspringen** *(entsprang, ist entsprungen)* to originate (river)

entstehen *(entstand, ist entstanden)* to develop, come up 8

der **Entwerter,-** ticket validator 7

entwickeln to develop 7

*die **Enzyklopädie,-n** encyclopedia 1

das **Eozän** Eocene period 10

er he

*erbauen** to build, construct; *erbaut* built

das **Erbe,-n** heritage, inheritance 10

die **Erbse,-n** peas

die **Erdbeere,-n** strawberry

das **Erdbeereis** strawberry ice cream

*die **Erde** earth, ground

das **Erdgeschoss,-e** ground floor, first floor (in America)

die **Erdkunde** geography

die **Erdnussbutter** peanut butter

erfahren (*erfährt, erfuhr, erfahren*) to learn from a person, encounter 2

die **Erfahrung,-en** experience 9

erfinden (*erfand, erfunden*) to invent 7

der **Erfinder,-** inventor 7

die **Erfindung,-en** invention 5

der **Erfindungsgeist,-e** ingenuity 10

der **Erfolg,-e** success

erfolgreich successful

das **Ergebnis,-se** result 10

erhalten (*erhält, erhielt, erhalten*) to preserve 9

sich **erholen** to recuperate, recover 3

die **Erholung** relaxation, recuperation 2

sich **erinnern** to remember; *sich erinnern an* to remind of 1

*die **Erinnerung,-en** memory, remembrance

sich **erkälten** to catch a cold

erkennen (*erkannte, erkannt*) to recognize 2

erklären to explain

die **Erklärung,-en** explanation 5

erlauben to allow 7

erleben to experience 9

*das **Erlebnis,-se** experience

erledigen to take care of

die **Ernährung** nutrition 8

die **Ernte,-n** harvest 1

erobern to conquer 9

erreichen to reach 10

erschrocken scared, frightened

erst just, only; *erst morgen* not until tomorrow; *erst-* first

erstaunt surprised

ertrinken (*ertrank, ist ertrunken*) to drown 1

erwachsen grown-up 10

der **Erwachsene,-n** adult (male)

die **Erwachsene,-n** adult (female)

erwarten to expect, wait; *Ich kann es gar nicht erwarten.* I can hardly wait.

erzählen to tell; *erzählen von* to tell about

das **Erzbergwerk,-e** ore mine 10

der **Erzbischof,-̈e** archbishop 3

es it

essen (*isst, aß, gegesessen*) to eat

das **Essen,-** meal, food

*der **Essensplan,-̈e** dietary plan 8

die **Essgewohnheit,-en** eating habit 2

das **Esszimmer,-** dining room

etwas some, a little, something

euer your (familiar plural)

*der **Euro,-s** proposed currency of the European Union 9

*der **Europa** Europe

europäisch European

*die **Europäische Union** European Union 1

der **Europarat** Council of Europe 9

evangelisch Protestant 9

*die **existieren** to exist 6

*der **Experte,-n** expert 9

F

das **Fach,-̈er** (school) subject

das **Fachwerkhaus,-̈er** half-timber house 8

die **Fahne,-n** flag

fahren (*fährt, fuhr, ist gefahren*) to drive, go

der **Fahrer,-** driver

die **Fahrkarte,-n** ticket

der **Fahrlehrer,-** driving instructor

der **Fahrplan,-̈e** schedule

die **Fahrpraxis** driving experience

das **Fahrrad,-̈er** bicycle

die **Fahrschule,-n** driving school

der **Fahrschüler,-** student driver

der **Fahrstuhl,-̈e** elevator

die **Fahrstunde,-n** driving lesson

die **Fahrt,-en** trip

fallen (*fällt, fiel, ist gefallen*) to fall 4

fällen to cut down (trees) 9

der **Familiensinn** sense of family 7

der **Fan,-s** fan

die **Fanta** brand name of soda (orange-flavored)

die **Farbe,-n** color; paint 6

färben to dye 7

*der **Farbmonitor,-en** color monitor 7

fast almost

*** faszinieren** to fascinate 6

*** fasziniert** fascinated 3

faul lazy

der **Faulenzer,-** lazybones; *Du Faulenzer!* You lazybones!

der **Faulpelz** lazybones

der **Februar** February

fehlen to be missing; *Was fehlt dir?* What's the matter with you?

der **Fehler,-** mistake, error 2

feiern to celebrate

der **Feiertag,-e** holiday

das **Feld,-er** field 1

*der **Felsen,-** rock

das **Fenster,-** window

die **Ferien** (pl.) vacation; *in die Ferien fahren* to go on vacation

das **Fernrohr,-e** primitive telescope 9

fernsehen (*sieht fern, sah fern, ferngesehen*) to watch television

das **Fernsehen** television; *im Fernsehen* on television

der **Fernseher,-** TV, television set

das **Fernsehprogramm,-e** television program

fertig ready, finished

das **Fest,-e** festival; celebration 1

festhalten (*hält fest, hielt fest, festgehalten*) to hold on, grab 1

feststellen to find out, realize

das **Fett,-e** fat 7

das **Feuer,-** fire 2

das **Fieber** fever

das **Fieberthermometer,-** fever thermometer

*die **Figur,-en** figure 1

der **Film,-e** film, movie

finden (*fand, gefunden*) to find; *Wie findest du...?* What do you think of...?

der **Finger,-** finger

die **Fingertechnik** finger technique

die **Firma,-men** firm, company
der **Fisch,-e** fish
die **Fischerbastei** name of castle in Budapest 5
das **Fischfilet** fish fillet
die **Fischsemmel,-n** fish sandwich
  *__flach__ flat
die **Flasche,-n** bottle
das **Fleisch** meat
der **Fleischer,-** butcher
  fliegen *(flog, ist geflogen)* to fly
  __fließen__ (floss, ist geflossen) to flow, run
die **Flöte,-n** flute
der **Flug,-̈e** flight
der **Flugbegleiter,-** flight attendant
der **Flügel,-** wing 9
der **Fluggast,-̈e** flight passenger
der **Flughafen,-̈** airport
der **Flugschein,-e** flight ticket
der **Flugsteig,-e** gate (airport)
das **Flugzeug,-e** airplane
der **Flur,-e** hallway 1
*der **Fluss,-̈e** river
die **Flut,-en** flood, tide 9
der **Föhn** foehn (warm, dry wind from mountains) 4
  folgen to follow
*die **Folklore** folklore 4
  fördern to promote 9
die **Forelle,-n** trout
die **Form,-en** form, shape
das **Formular,-e** form 9
*das **Fort,-s** fort 9
der **Fortschritt,-e** progress, advance 10
die **Fortsetzung,-en** continuation 6
*die **Fossilie,-n** fossil 10
die **Fossiliengrube,-n** fossil pit 10
das **Foto,-s** photo
das **Fotoalbum, -alben** photo album
der **Fotograf,-en** photographer
  fotografieren to take pictures
der **Foxtrott** foxtrot
die **Frage,-n** question; *eine Frage stellen* to ask a question
der **Fragebogen,-** questionnaire
  fragen to ask; *fragen nach* to ask for

*der **Franken,-** franc (Swiss monetary unit)
  Frankreich France
der **Franzose,-n** Frenchman
die **Französin,-nen** Frenchwoman
  französisch French; *Sie spricht französisch.* She speaks French.
das **Französisch** French (subject)
die **Frau,-en** Mrs., woman; wife
  frech fresh, snotty 4
  frei free, available; *Ist hier noch frei?* Is there still room?, May I join you?
die **Freiheit** freedom 9
der **Freitag,-e** Friday
  freiwillig voluntary
die **Freizeit** leisure time 8
  fremd foreign; *Ich bin fremd hier.* I'm a stranger here.
die **Fremdsprache,-n** foreign language 6
  fressen *(frisst, fraß, gefressen)* to eat, devour 4
sich **freuen auf** to look forward to
der **Freund,-e** boyfriend
die **Freundin,-nen** girlfriend
  freundlich friendly
die **Freundschaft,-en** friendship 10
der **Frieden** peace 9
der **Friedensnobelpreis** Nobel Peace Prize 9
der **Friedhof,-̈e** cemetery 2
  friedlich peaceful 4
  friesisch Frisian 2
  *__Friesland__ Frisia (northwestern Germany) 6
die **Frikadelle, -n** thick hamburger patty with spices 7
  frisch fresh
der **Friseur,-e** hairstylist, barber
die **Friseuse,-n** beautician
  froh glad, happy
der **Fruchtsaft,-̈e** fruit juice
  früh early
der **Frühling,-e** spring
das **Frühstück** breakfast
  frühstücken to have breakfast
  fühlen to feel; *sich wohl fühlen* to feel well

  führen to lead
der **Führer,-** leader 2
der **Führerschein,-e** driver's license; *den Führerschein machen* to take driver's education
  fünf five
  fünfzehn fifteen
  fünfzig fifty
  *__funktionieren__ to function, work 1
  für for; *für dich* for you
  furchtbar terrible
*der **Fürst,-en** prince
*das **Fürstentum** principality
der **Fuß,-̈e** foot; *zu Fuß* on foot
der **Fußball,-̈e** soccer, soccer ball
*der **Fußballfan,-s** soccer fan 7
der **Fußballplatz,-̈e** soccer field
der **Fußballspieler,-** soccer player
  füttern to feed

G

die **Gabel,-n** fork
der **Gang,-̈e** gear
die **Gans,-̈e** goose
  ganz quite; *ganz toll* just great (terrific); whole; *die ganze Woche* the whole week
  gar nicht not at all, by no means
die **Garage,-n** garage
der **Garten,-̈** garden, yard
der **Gast,-̈e** guest
die **Gastfamilie,-n** host family 10
der **Gasthof,-̈e** restaurant, inn
*die **Gasttochter,-̈** guest daughter 10
  *__gebacken__ baked
das **Gebäude,-** building 3
  geben *(gibt, gab, gegeben)* to give; *Was gibt's?* What's up?; *es gibt* there is (are); *Um wie viel Uhr gibt's Abendessen?* When will we have supper?; *Was gibt es hier zu tun?* What is there to do here?
  gebrauchen to use, make use of
das **Gebiet,-e** region 7
  geboren born 1

die **Geburt,-en** birth 8
der **Geburtstag,-e** birthday
der **Geburtstagskuchen,-** birthday cake
der **Gedanke,-n** thought 10
der **Gedankenaustausch** exchange of ideas 10
das **Gedicht,-e** poem 4
die **Geduld** patience; *Nur Geduld!* Just be patient!
gefährlich dangerous, treacherous 3
gefallen *(gefällt, gefiel, gefallen)* to like; *Wie gefällt es dir...?* How do you like it...?
der **Gefallen** favor; *ihnen einen Gefallen tun* to do them a favor
gefangen nehmen *(nimmt gefangen, nahm gefangen, gefangen genommen)* to capture 6
das **Gefühl,-e** feeling 3
gegen about, around; against; *gegen vier Uhr* about four o'clock
Gegend,-en area
die **Gegenreformation** Counter Reformation 9
das **Gegenteil,-** opposite
gegründet founded
geheim secret; *in geheimer Mission* on a secret mission
das **Geheimnis,-se** secret 7
gehen *(ging, ist gegangen)* to go; *Wie geht's?, Wie geht es Ihnen?* How are you?; *das geht* that's possible, that's OK; *Wann geht's los?* When does it start?; *Gehen wir doch gleich!* Let's go right away!
gehören zu to belong to
der **Gehsteig,-e** sidewalk 8
die **Geige,-n** violin
*geizig stingy
gelb yellow
das **Geld** money
die **Gelegenheit,-en** opportunity 2
der **Gelehrte,-n** scholar 8
gemischt assorted, mixed; *ein gemischtes Eis* assorted ice cream

das **Gemüse** vegetable(s)
die **Gemüsesuppe,-n** vegetable soup
gemütlich cosy 7
genau exact(ly); *genauso...wie* just as
*der **General,-e** general 1
*die **Generation,-en** generation 2
das **Genie,-s** genius; *So ein Genie!* Such a genius!
genießen *(genoss, genossen)* to enjoy 2
genug enough
geöffnet open
*geographisch geographical 4
die **Geometrie** geometry
*geozentrisch geocentric 9
das **Gepäck** luggage, baggage
der **Gepäckdienst** lost and found baggage service 9
der **Gepäckträger,-** baggage carrier 3
geradeaus straight ahead
der **Gerichtshof,-e** court 9
*der **Germane,-n** Teuton (Germanic tribe) 2
gern gladly, with pleasure; *gern haben* to like; to like (to do)
das **Geschäft,-e** store, shop ; business 2
die **Geschäftsleute** (pl.) businesspeople 1
*der **Geschäftsmann,-er** businessman 7
das **Geschenk,-e** present, gift
die **Geschichte** history
die **Geschichte,-n** story
das **Geschirr** dishes
die **Geschirrspülmaschine,-n** dishwasher
die **Geschwindigkeit,-en** speed 8
die **Geschwister** (pl.) siblings 1
geschwollen swollen
das **Gesetz,-e** law
das **Gesicht,-er** face
das **Gespräch,-e** conversation 6
gestern yesterday
gesund healthy
die **Gesundheit** health
das **Getränk,-e** beverage
*der **Getränkekarton,-s** beverage container 3

die **Gewalt** violence
gewinnen *(gewann, gewonnen)* to win
*der **Gewinner,-** winner 9
das **Gewitter,-** thunderstorm 4
sich **gewöhnen an** to get used to 9
gießen *(goss, gegossen)* to water (flowers), pour
der **Gipfel,-** summit, peak 9
die **Gitarre,-n** guitar
das **Glas,-er** glass
der **Glatzkopf,-e** bald head
glauben to believe, think
gleich immediately, right away; same, equal 6; *gleich um die Ecke* right around the corner
gleichfalls likewise; *danke gleichfalls* the same to you
das **Gleis,-e** track
das **Glück** luck; *Glück haben* to be lucky
glücklich happy; *Ein glückliches Neues Jahr!* Happy New Year!
die **Glückwunschkarte,-n** greeting card
der **Gokart,-s** go-cart
das **Gold** gold
golden golden
der **Goldschmied,-e** goldsmith 7
das **Golf** golf
*gotisch Gothic
der **Graben,-** ditch 4
der **Grabstein,-e** gravestone 2
das **Grab,-er** grave 3
*die **Grammatik** grammar 3
*das **Grammophon,-e** grammophone 7
*das **Gras,-er** grass 6
der **Grasbrook** place outside of Hamburg where executions took place 6
die **Grastapete,-n** wallpaper with prairie grass woven into the surface 6
gratulieren to congratulate
grau gray
*die **Gravitation** gravity 9
greifen *(griff, gegriffen)* to grab 10

*die **Grenze,-n** border; limit 8; *an der Grenze zu* at the border with

  *grenzen an** to border on

*der **Grenzübergang,⁻e** border crossing

*der **Grieche,-n** Greek 8

  *Griechenland** Greece 1

  *Griechisch** Greek (language) 8

  grinsend grinning

die **Grippe,-n** flu 8

  groß big, large; *so groß wie* as big as

die **Großeltern** (pl.) grandparents

das **Großmünster** Grand Cathedral 3

die **Großmutter,⁻** grandmother

die **Großstadt,⁻e** metropolis, big city 7

der **Großvater,⁻** grandfather

die **Grube,-n** pit 10

  grün green

  gründen to found 6

die **Gründerzeit** years of rapid industrial expansion in Germany (after 1871) 10

der **Grund,⁻e** reason 2

die **Gruppe,-n** group

der **Gruß,⁻e** greeting; *Grüß dich!* Hi!, Hello!; *Viele Grüße an...* Best regards to...

die **Gulaschsuppe,-n** goulash soup

die **Gummibären** (pl.) gummy bears 8

die **Gurke,-n** cucumber

der **Gurkensalat** cucumber salad

  gut good, well, OK

die **Güte** goodness; *Du meine Güte!* Oh my goodness!

das **Gymnasium,-sien** secondary school, college preparatory school

H

das **Haar,-e** hair

  haben *(hat, hatte, gehabt)* to have

der **Hafen,⁻** harbor 2

  halb half

die **Halbzeit** halftime

die **Hälfte,-n** half 9

  Hallo! Hi!

der **Hals,⁻e** neck

die **Halsentzündung** throat infection

die **Halsschmerzen** (pl.) sore throat

  halten *(hält, hielt, gehalten)* to hold ; *halten von* to think of

die **Haltestelle,-n** stop 7

der **Hamburger,-** hamburger

die **Hand,⁻e** hand

die **Handbremse,-n** hand brake

der **Handel** trade 6

  handeln von to be about, deal with 6

das **Handelsrecht,-e** trading right 6

die **Handelsroute,-n** trade route 6

das **Handgelenk,-e** wrist 8

der **Handschuh,-e** glove

die **Handtasche,-n** purse

  hängen to hang

die **Hanse** Hanseatic League 6

die **Hanse-Kogge,-n** ship type of the Hanseatic League 6

  hart hard

der **Harz** Harz region 7

  hassen to hate 3

  hässlich ugly

*die **Hauptstadt,⁻e** capital (city)

das **Haus,⁻er** house; *zu Hause* at home; *nach Hause gehen* to go home; *aus dem Hause Habsburg* from the House of Hapsburg (Austrian dynasty) 5

*die **Hausarbeit** housework 2

die **Hausaufgabe,-n** homework

der **Haushalt,-e** household

die **Hausnummer,-n** house number

das **Haustier,-e** domestic animal, pet

die **Hebamme,-n** midwife 8

  heben *(hob, gehoben)* to lift, raise 4

das **Heft,-e** notebook

das **Heftpflaster,-** adhesive bandage

das **Heilige Land** Holy Land 3

  heilklimatisch climate conducive to healing 8

das **Heilkraut,⁻er** therapeutic herb 8

die **Heilkunde** healing art 8

das **Heilmittel,-n** remedy 8

die **Heimat,-en** home, homeland

der **Heimatlosenfriedhof,⁻e** cemetery for homeless, nameless people 2

die **Heimatstadt,⁻e** hometown 1

das **Heimweh** home sickness 10

  heiraten to marry 3

  heiß hot

  heißen *(hieß, geheißen)* to be called, named; to mean; *Wie heißt du?* What's your name?

der **Held,-en** hero

  helfen *(hilft, half, geholfen)* to help; *bei der Arbeit helfen* to help with the work

  *heliozentrisch** heliocentric 9

  hell light

der **Helm,-e** helmet

die **Helmpflicht** helmet law 2

das **Hemd,-en** shirt

der **Herbergsvater,⁻** youth hostel director

der **Herbst,-e** fall, autumn

der **Herd,-e** stove

  herkommen *(kam her, ist hergekommen)* to come here

der **Herr,-en** Mr., gentleman

  herrschen to rule 1

der **Herrscher,-** ruler 1

  herstellen to create, bring about 10

  herumfahren *(fährt herum, fuhr herum, ist herumgefahren)* to drive around

  herumkommen *(kam herum, ist herumgekommen)* to get around 2

  herumlaufen *(läuft herum, lief herum, ist herumgelaufen)* to walk/run around

  herumrasen to speed around 9

das **Herz,-en** heart 1

herzlich sincere, cordial; *Herzlichen Glückwunsch zum Geburtstag!* Happy birthday!

heute today; *heute Morgen* this morning; *heute Mittag* this noon; *heute Nachmittag* this afternoon; *heute Abend* this evening

heutig today's, contemporary

heutzutage today, nowadays

die **Hexe,-n** witch 8

die **Hexenverbrennung,-en** witch burning 8

hier here

hierher here; *hierher kommen* to come here

die **Hilfe,-n** help 1

der **Himmel** sky 4

Himmelfahrt Ascension Day

hin und zurück round-trip 1; *das Hin und Her* back and forth 9

hinauffahren (*fährt hinauf, fuhr hinauf, ist hinaufgefahren*) to ride uphill 3

hineingehen (*ging hinein, ist hineingegangen*) to go inside

hinfahren (*fährt hin, fuhr hin, ist hingefahren*) to drive there

hingehen (*ging hin, ist hinge-gangen*) to go there

hinkommen (*kam hin, ist hingekommen*) to get there

sich **hinsetzen** to sit down

hinten in the back

hinter behind; *hinter sich haben* to have behind oneself

hinunter down 5

hinunterfahren (*fährt hinunter, fuhr hinunter, ist hinuntergefahren*) to ride downhill 3

* der **Hippie,-s** hippie 7

der **Hit,-s** hit (song, tune)

das **Hobby,-s** hobby

hoch high

das **Hochhaus,-̈er** highrise building 10

die **Hochzeit,-en** wedding 1

hoffen to hope

hoffentlich hopefully

das **Hoffest,-e** royal festival 4

die **Hoffnung,-en** hope 4

höflich polite 5

die **Höhle,-n** cave 5

holen to get, fetch

Holland Holland

der **Holzschnitzer,-** wood carver 8

das **Holz,-̈er** wood 2

der **Honig** honey

Hoppe, hoppe, Reiter! children's rhyme 4

hören to hear, listen to; *Na hör mal!* Look here!, Now listen!

* das **Horoskop,-e** horoscope 9

die **Hose,-n** pants, slacks

der **Hradschin** name of castle in Prague 5

der **Hubschrauber,-** helicopter

das **Huhn,-̈er** chicken

der **Hund,-e** dog

* das **Hundeleben** dog's life 6

hundert hundred

der **Hunger** hunger; *Hunger haben* to be hungry

der **Hustenbonbon,-s** cough drop

der **Hustensaft,-̈e** cough syrup

I

ich I

die **Idee,-n** idea; *Gute Idee!* Good idea!

* das **Idol,-e** idol 4

* **ignorieren** to ignore 9

ihr you (familiar plural); her; their

Ihr your (formal singular and plural)

der **Imbiss,-e** snack (bar)

immer always

in in

* **Indien** India 3

* **indisch** Indian 3

* die **Industrie,-n** industry 7

* das **Industrieland,-̈er** industrialized nation 2

* **industriell** industrial 7

die **Informatik** computer science 1

* die **Information,-en** information 6

* das **Informationsmedium, -medien** information media 7

informativ informative

* **informieren** to inform; *sich informieren* to inform oneself 8

der **Ingenieur,-e** engineer

* der **Inka,-s** Inca 7

* das **Inland** inland 6

der **Inline Skate,-s** in-line skate 8

* das **Inline Skating** in-line skating 8

der **Innenspiegel,-** inside mirror

die **Innenstadt,-̈e** center of city, downtown

innerhalb within, inside

* die **Inquisition,-en** Inquisition 8

die **Insel,-n** island 1

* die **Inselgruppe,-n** group of islands 2

* sich **inspirieren lassen** to be inspired 8

* die **Integration,-en** integration 9

interessant interesting; *das Interessante* something interesting 2

das **Interesse,-n** interest

sich **interessieren** to be interested; *Das interessiert mich weniger.* That interests me less.

die **Internatsschule,-n** boarding school 10

* das **Internet** Internet 1

das **Interview,-s** interview

interviewen to interview

* das **Intranet** Intranet 3

* **investieren** to invest 1

inzwischen in the meantime 8

der **Iran** Iran

irgendwo somewhere

* **islamisch** Islamic 4

* **Island** Iceland 2

* **isolieren** to isolate 8

Italien Italy

der **Italiener,-** Italian

italienisch Italian; *Er spricht italienisch.* He speaks Italian.

J

ja yes
die **Jacke,-n** jacket
das **Jahr,-e** year
die **Jahreszeit,-en** season
das **Jahrhundert,-e** century 3
die **Jahrhundertwende,-n** turn of the century 10
die **Jahrtausendwende,-n** turn of the millennium 3
der **Januar** January
die **Jeans** (pl.) jeans
jeder every, each
der **Jeep,-s** jeep
jetzt now
*der **Job,-s** job 3
der **Jongleur,-e** juggler 4
jonglieren to juggle 4
*der **Journalismus** journalism 10
jubeln to cheer
jüdisch Jewish 5
die **Jugend** youth
die **Jugendherberge,-n** youth hostel
der **Jugendklub,-s** youth club
der **Jugendliche,-n** teenager, young person
die **Jugendmannschaft,-en** youth team
*Jugoslawien Yugoslavia 7
der **Juli** July
der **Junge,-n** boy
der **Junggeselle,-n** bachelor 4
der **Juni** June
*der **Jupiter** Jupiter 9

K

das **Kabel,-** cable 4
der **Kaffee** coffee
der **Kaiser,-** emperor 1
der **Kaiserliche Hofmathematiker,-** imperial court mathematician 9
das **Kaiserreich,-e** empire 1
der **Kakao** hot chocolate, cocoa
*der **Kalender,-** calendar 10
*die **Kalorie,-n** calorie 8
kalt cold; *die Kalte Platte* cold-cut platter

die **Kamera,-s** camera
sich **kämmen** to comb one's hair
kämpfen to fight
der **Kampf,-̈e** fight, battle 2
*kanadisch Canadian 10
*der **Kanal,-̈e** channel 2
das **Kaninchen,-** rabbit
*der **Kanton,-e** canton 1
kapern to capture 6
kaputt broken; *kaputt machen* to break, ruin 6
der **Karfreitag** Good Friday
*der **Karneval** carnival 7
die **Karotte,-n** carrot
der **Karpfen,-** carp
die **Karriere,-n** career
die **Karte,-n** ticket, card
die **Kartoffel,-n** potato
*der **Kartoffelsalat** potato salad
die **Kartoffelspeise,-n** potato dish 7
*der **Karton,-s** carton 2
*das **Karussell,-s** carousel, merry-go-round
der **Käse** cheese
das **Käsebrot,-e** cheese sandwich
die **Kasse,-n** cash register
die **Kassette,-n** cassette
der **Kassettenrekorder,-** cassette recorder
die **Kassiererin,-nen** cashier
*katholisch Catholic 3
die **Katze,-n** cat
kaufen to buy
das **Kaufhaus,-̈er** department store
die **Kaufleute** (pl.) merchants 6
der **Kavalier,-e** gentleman
kein no
der **Keks,-e** cookie
der **Keller,-** cellar, basement
der **Kellner,-** waiter, food server
die **Kellnerin,-en** waitress, food server
kennen (*kannte, gekannt*) to know (person, place); *kennen lernen* to get to know 1
die **Kerze,-n** candle 1
*der **Ketchup** ketchup 7
die **Kette,-n** chain 3
die **Keule,-n** club 2
das **Keyboard,-s** keyboard

*der **Kick-Starter,-** kick start 2
der **Kicker,-** moped 2
das **Kilo,-s** kilo
*der **Kilometer,-** kilometer
das **Kind,-er** child
das **Kinn,-e** chin
das **Kino,-s** movie theater, cinema
der **Kiosk,-e** kiosk
*die **Kirche,-n** church
der **Kirchenreformer,-** religious reformer 8
die **Kirsche,-n** cherry
klar clear; *Klar.* Of course.
die **Klarinette,-n** clarinet
klasse super, great, terrific
die **Klasse,-n** class; *die Zweite Klasse* second (economy) class (train)
die **Klassenbeste,-n** top of the class 6
die **Klassensprecherin,-nen** class representative 6
*das **Klassentreffen,-** class reunion 6
das **Klavier,-e** piano
der **Klavierunterricht** piano lessons
kleben to stick, paste, glue
das **Kleid,-er** dress
die **Kleidung** clothes, clothing
das **Kleidungsstück,-e** clothing item
der **Kleister,-** wallpaper paste 6
die **Klemme: in der Klemme sitzen** to have problems 1
*klettern to climb 9
klicken auf to click on 10
klingen wie (*klang, geklungen*) to sound like 7
die **Klippe,-n** cliff 2
klopfen to knock
das **Kloster,-̈** cloister, monastery 3
der **Klub,-s** club
klug smart, intelligent
der **Knabe,-n** boy 3
das **Kneipp-Heilbad,-̈er** spa using Sebastian Kneipp's treatments 8
das **Knie,-** knee 4
der **Knödel,-** dumpling
der **Knopf,-̈e** button 2

der **Kobold,-e** gremlin, imp 1
kochen to cook
der **Kocher,-** cooker
die **Köchin,-nen** cook (female)
der **Koffer,-** suitcase
der **Kofferraum,-e** trunk
der **Kohl** cabbage 7
die **Kohle,-n** coal 1
das **Kohlendioxyd** carbon dioxide
das **Kohlenmonoxyd** carbon monoxide
der **Kollege,-n** colleague
komisch strange, funny 5
kommen (*kam, ist gekommen*) to come; *zu Besuch kommen* to come to visit; *rüberkommen* to come over; *herkommen* to come here; *Komm mal her!* Come here!; *Komm doch zu uns.* Why don't you come to us?; *ankommen* to arrive
*die **Kommunikationstechnologie,-n** communication technology 7
*der **Kommunismus** communism 5
*der **Kompost** compost 3
das **Kompott** stewed fruit
*die **Konferenz,-en** conference 8
*der **Konflikt,-e** conflict 8
der **König,-e** king 1
die **Konkurrenz** competition 8
können (*kann, konnte, gekonnt*) can, to be able to
der **Konsum** consumption, consumerism 9
*der **Kontakt,-e** contact 3
*der **Kontrast,-e** contrast 1
*sich **konzentrieren** to concentrate 2
das **Konzert,-e** concert
koordiniert coordinated
der **Kopf,-e** head
*die **Kopfbedeckung,-en** headgear 2
die **Kopfschmerzen** (pl.) headache
***kopieren** to copy 5
die **Kopiermaschine,-n** copy machine 7

der **Korb,-e** basket 8
der **Koreakrieg** Korean War 8
der **Körper,-** body
körperlich physical; *körperlich behindert* physically handicapped
der **Körperteil,-e** part of body
kosten to cost
***kostenlos** free, without charge 3
krank sick, ill
der **Krankenpfleger,-** nurse (male)
die **Krankenschwester,-** nurse (female)
die **Krankheit,-en** sickness, disease 8
das **Kraut,-er** herb 8
die **Kräuterfrau,-en** woman who collects and sells herbs 8
die **Krawatte,-n** tie
die **Kreide** chalk
*der **Kreis,-e** circle
*das **Kreuz,-e** cross
der **Kreuzzug,-e** Crusade 3
*der **Krieg,-** war
kriegen: sich in die Haare kriegen to have a fight (lit: to get into someone's hair) 4
der **Krimi,-s** detective story, thriller
*die **Kriminalität** crime 9
***kritisieren** to criticize 7
die **Krone,-n** crown 4
krönen to crown 1
die **Küche,-n** kitchen
der **Kuchen,-** cake
der **Küchenabfall,-e** kitchen garbage 3
die **Kuh,-e** cow
kühl cool
der **Kühlschrank,-e** refrigerator
der **Kuli,-s** (ballpoint) pen
*die **Kultur,-en** culture 1
die **Kulturerbestätte,-n** cultural heritage site 10
das **Kulturgut,-er** cultural heritage 9
die **Kulturleistung,-en** cultural accomplishment 10
der **Künstler,-e** artist 4

die **Kunst,-e** art; *die schönen Künste* fine arts 2
die **Kurbel,-n** crank 7
der **Kurort,-e** resort, spa 2
der **Kurs,-e** course 8
*die **Kurve,-n** curve 9
kurz short
küssen to kiss 5

L

lächeln to smile
lachen to laugh
der **Laden,-** store, shop
die **Lage,-n** location 4
die **Lampe,-n** lamp
das **Land,-er** country; *auf dem Land* in the country; *zu Wasser und zu Lande* at sea and on land 6
***landen** to land 2
das **Landesmuseum,-en** museum for local artifacts 5
die **Landkarte,-n** map
die **Landschaft,-en** landscape, scenery 1
lang long; *zehn Tage lang* for ten days
lange long, long time
langsam slow
sich **langweilen** to be bored 4
langweilig boring
der **Lärm** noise
lassen (*lässt, ließ, gelassen*) to leave, let; *im Stich lassen* to abandon, desert 10
der **Lastwagen,-** truck
das **Latein** Latin
***lateinisch** Latin 1
der **Lauf: im Laufe** during the course of 10
laufen (*läuft, lief, ist gelaufen*) to run, go; *Ski laufen* to ski
die **Laune,-n** mood; *in schlechter Laune sein* to be in a bad mood
laut loud 1
die **Lawine,-n** avalanche 9
leben to live 1
*das **Leben** life
lebendig lively 8
lebenslang lifelong 9

die **Lebensmittel** (pl.) groceries
*der **Lebkuchen,-** gingerbread 6
das **Lebkuchenherz,-en**
    gingerbread heart
    lecker delicious
der **Leckerbissen,-** treat,
    delicacy
    leer empty
    legen to place, put, lay
*die **Legende,-n** legend 8
die **Lehre,-n** apprenticeship
der **Lehrer,-** teacher (male)
die **Lehrerin,-nen** (female)
    leicht easy
    leid: Es tut mir leid. I'm
    sorry.
    leiden *(litt, gelitten)* to
    tolerate, suffer 2
    leider unfortunately
    leihen *(lieh, geliehen)* to loan,
    lend
die **Leine,-n** rope, clothes line
    leise soft 1
sich **leisten** to afford
    leiten to lead 2
die **Leiter,-n** ladder 6
    lenken to steer 8
das **Lenkrad,-̈er** steering wheel
die **Lenkstange,-n** handlebar
    (bicycle)
    lernen to learn
    lesen *(liest, las, gelesen)* to
    read
*das **Lesezimmer,-** reading room 1
    letzt- last
der **Leuchtturm,-̈e** lighthouse 2
die **Leute** (pl.) people
das **Licht,-er** light 2

die **Liebe,-n** love 1; *Liebe(r)...*
    Dear... (letter)
    lieber rather; *Das ist mir
    lieber.* I prefer that.
die **Liebesgeschichte,-n** love
    story 9
das **Lieblingsessen,-** favorite
    meal
das **Lieblingsfach,-̈er** favorite
    (school) subject
das **Lieblingslied,-er** favorite
    song
    ***Liechtenstein** Liechtenstein

das **Lied,-er** song
    liegen *(lag, gelegen)* to be
    located, lie
der **Lift,-e** ski lift 9
die **Liga, Ligen** league
der **Likendeeler** someone who
    treats everyone alike 6
die **Limo,-s** lemonade, soft drink
die **Limonade,-n** lemonade, soft
    drink
der **Lindwurm** name of a dragon
    (Klagenfurt) 5
das **Lineal,-e** ruler
    links left; *auf der linken Seite*
    on the left side
*die **Linse,-n** lense 9
die **Lippe,-n** lip
*die **Literatur,-en** literature 1
    locker loose
*die **Lokomotive,-n** locomotive 1
    los: Da ist viel los. There is
    a lot going on.
    lösen to solve
    losfahren *(fährt los, fuhr los,
    ist losgefahren)* to leave,
    take off 1
    losgehen *(ging los, ist
    losgegangen)* to start; *Wann
    geht's los?* When does it
    start?
    loslassen *(lässt los, ließ los,
    losgelassen)* to let go 1
die **Lösung,-en** solution 7
*die **Luft,-̈e** air
die **Luftmatratze,-n** air mattress
die **Luftpost** airmail
die **Lust** pleasure, joy ; *Ich habe
    Lust...* I would like to...
    lustig funny, amusing; *sich
    lustig machen über* to make
    fun of 10
    Luxemburg Luxembourg

M

    machen to do, make; *Was
    machst du?* What are you
    doing?; *Mach schnell!*
    Hurry!; *Das macht nichts.*
    That doesn't matter.; *Das
    macht zusammen...* That
    comes to...; *sich lustig*

    machen über to make fun of
    someone 10
    mächtig powerful 6
die **Macht,-̈e** power, force 1
das **Mädchen,-** girl
*das **Magische** magical 10
    mähen to mow
der **Mai** May
    mal times; *Mal sehen...* Let's
    see...
das **Mal,-e** time(s); *das letzte Mal*
    the last time; *ein paar Mal* a
    few times
der **Maler,-** painter
*die **Malerei** painting 6
    man one, they, people, you
    manche some, a few
    manchmal sometimes
die **Mandeln-n** tonsil
der **Mann,-̈er** man; husband
die **Mannschaft,-en** team
der **Mantel,-̈** coat
das **Märchen,-** fairy tale 8
der **Märchenkönig,-e** fairy-tale
    king 1
der **Maria-Theresien-Taler,-**
    commemorative coin with
    Maria Theresa on it 5
die **Mark** mark (German
    monetary unit)
der **Markt,-̈e** market
die **Marmelade,-n** jam,
    marmalade
*der **Mars** Mars 9
der **März** March
die **Maske,-n** mask
*die **Massenproduktion,-en** mass
    production 7
*das **Material,-ien** material 1
die **Mathematik (Mathe)**
    mathematics (math); *das
    Mathebuch* math book; *die
    Mathestunde* math lesson,
    class
der **Matrose,-n** sailor 6
die **Mauer,-n** wall
    maulen to complain 1
die **Mayonnaise** (or: *die Majo*)
    mayonnaise 7
der **Mechaniker,-** mechanic
    *mechanisch** mechanical 7
*die **Medien** (pl.) media 1

das **Medikament,-e** medicine, drug

die **Medizin** medicine

das **Meer,-e** sea 2

mehr more; *nicht mehr* no more, no longer; *mehr...als* more than

die **Mehrfahrtkarte,-n** multiple-trip card 7

mein my

meinen to mean, think

meins mine

die **Meinung,-en** opinion

*die **Meinungsumfrage,-n** opinion poll 10

meist- most; *die meisten Schulfreunde* most of the school friends

meistens mostly

der **Meister,-** champion; master 5; *Deutscher Meister* National Champion of Germany

*das **Meisterstück,-e** masterpiece 10

der **Mensch,-en** person, human

das **Menschenrecht,-e** human right 9

messen (*misst, maß, gemessen*) to measure

das **Messer,-** knife

*das **Metall,-e** metal 6

*der **Meter,-** meter 6

*die **Methode,-n** method 7

der **Metzger,-** butcher

mich me

die **Midgard** home of people in Germanic mythology 1

sich **mieten** to rent

das **Mietshaus,-̈er** apartment building 3

das **Mikrophon,-e** microphone

der **Mikrowellenherd,-e** microwave oven

die **Milch** milk

*das **Milchprodukt,-e** dairy product 8

*das **Militärlager,-** military camp

die **Milliarde,-n** billion 10

*die **Million,-en** million

mindestens at least 8

*das **Mineral,-ien** mineral 8

das **Mineralwasser** mineral water

minus minus

die **Minute,-n** minute

mir (to) me

mit with

mitbringen (*brachte mit, mitgebracht*) to bring along

mitfahren (*fährt mit, fuhr mit, ist mitgefahren*) to share a ride 4

der **Mitfahrer,-** ride sharer 4

die **Mitfahrgelegenheit,-en** ride share opportunity 4

die **Mitfahrzentrale,-n** ride share agency 4

das **Mitglied,-er** member 1

die **Mitgliedskarte,-n** membership card

mitkommen (*kam mit, ist mitgekommen*) to come along; to keep up, able to follow; *Kommst du mit?* Are you coming along?; *Da komme ich nicht mit.* That's beyond me. 4

mitmachen to participate

mitnehmen (*nimmt mit, nahm mit, mitgenommen*) to take along

der **Mittag,-e** noon

*das **Mittagessen** lunch

die **Mitte** center, middle

das **Mittelalter** Middle Ages 3

das **Mittelmeer** Mediterranean Sea 6

*der **Mittelpunkt,-e** the center (of attraction)

der **Mittelwesten** Midwest

der **Mittwoch,-e** Wednesday

*der **Mixer,-** hand mixer 4

***mobil** mobile 2

möchten would like to; *Ich möchte zum Rockkonzert (gehen).* I would like to go to the rock concert.

die **Mode,-n** fashion

das **Modell,-e** model

der **Modellbau** model-building

die **Modelleisenbahn,-en** model train

*das **Modem,-s** modem 7

***modern** modern 8

modisch fashionable

mögen (*mag, mochte, gemocht*) to like

möglich possible

die **Möhre,-n** carrot

der **Moment,-e** moment; *Einen Moment, bitte.* Just a moment, please.

der **Monat,-e** month

die **Monatskarte,-n** monthly ticket 7

der **Mönch,-e** monk 7

der **Mond,-e** moon 9

der **Monitor,-en** monitor

der **Montag,-e** Monday

das **Moorheilbad,-̈er** spa specializing in mud packs 8

das **Moped,-s** moped

morgen tomorrow

der **Morgen** morning

***Moskau** Moscow 9

*die **Motivation,-en** motivation 3

***motivieren** to motivate 3

die **Motorhaube,-n** hood (of car)

das **Motorrad,-̈er** motorcycle

*das **Motto,-s** motto 6

*das **Mountainbike,-s** mountain bike 3

*das **Mountainbiking** mountain biking 3

*der **MUD** Multi-User-Dungeon 7

müde tired

der **Müll** trash, garbage

der **Müllberg,-e** mountain of garbage 3

der **Müllmann,-̈er** sanitation worker 3

die **Müllvermeidung** waste avoidance 3

der **Mund,-̈er** mouth

die **Münze,-n** coin

das **Museum,-seen** museum

die **Musik** music

der **Musiker,-** musician

*das **Musikfest,-e** music festival

das **Musikinstrument,-e** musical instrument

der **Musiklehrer,-** music teacher

der **Muskel,-n** muscle 8

müssen to have to, must

die **Mutter,-̈** mother

der **Muttertag** Mother's Day

die **Mutti,-s** mom

N

na well; *Na ja.* Oh well.
nach to, after; *nach Hause gehen* to go home
die Nachbarinsel,-n neighboring island 2
das Nachbarland,-̈er neighboring country
*der Nachbarsjunge,-n neighbor boy 3
nachdem after (having)
die Nachhilfestunde,-n private lesson, tutoring
der Nachmittag,-e afternoon; *Samstagnachmittag* Saturday afternoon
die Nachrichten (pl.) news
nachsehen *(sieht nacht, sah nach, nachgesehen)* to check
nächst- next; *das nächste Mal* the next time
die Nacht,-̈e night
der Nachtisch,-e dessert
der Nagel,-̈ nail 6
nah near
die Nähe nearness, proximity; *in der Nähe* nearby
die Nahrungsmittelgruppe,-n food group 8
der Name,-n name
die Nase,-n nose
nass wet
*die Nationalfahne,-n national flag
*die Natur,-en nature 2
*das Naturdenkmal,-̈er monument of nature 10
der Naturforscher,- natural scientist 8
natürlich of course, natural(ly)
*das Naturphänomen,-e natural phenomenon 10
das Naturschutzgebiet,-e nature preserve 9
die Naturwissenschaften (pl.) natural sciences
*die Navigation navigation 6
neben beside, next to
nebenbei besides that
negativ negative

nehmen *(nimmt, nahm, genommen)* to take
nein no
nennen *(nannte, genannt)* to name 1
*der Nerv,-en nerve 7; *auf die Nerven gehen* to get on somebody s nerves 7
nervös nervous
nett nice
das Netz,-e net
das Netzwerk,-e network 2
neu new
das Neujahr New Year
neun nine
neunzehn nineteen
neunzig ninety
nicht not; *nicht nur...sondern auch* not only...but also; *nicht einmal* not even
der Nichtraucher-Wagen,- nonsmoking car 1
nichts nothing
nie never 1
die Niederlande Netherlands
niedrig low
niemand nobody, no one
nirgendwo nowhere 9
nobel noble, feudalistic 1
noch still, yet; *noch einmal* once more
der Norden north
*der Nordpol North Pole 7
*die Nordsee North Sea
normal normal
normalerweise normally 1
*der Normanne,-n Norman 2
die Note,-n grade
die Notiz,-en note 9
der November November
*die Nudel-n noodle 8
die Nudelsuppe noodle soup
null zero
die Nummer,-n number
das Nummernschild,-er license plate
nur only

O

ob if, whether
obdachlos homeless 10

der Obdachlose,-n homeless person
oben top, up(stairs); *nach oben* to the top
der Oberbürgermeister,- Lord Mayor 10
die Oberleitung,-en overhead electric wire 7
der Oberrhein Upper Rhine 9
obgleich although
*objektiv objective(ly) 9
das Obst fruit(s)
obwohl although
oder or
offen open
*offiziell official
öffnen to open 6
oft often
*ohne without
das Ohr,-en ear
der Ohrring,-e earring
der Öko-Arzt,-̈e doctor working with natural methods 8
ökologisch ecological
*ökonomisch economical 1
der Oktober October
das Oktoberfest famous festival in Munich
der Ölstand oil level
die Oma,-s grandma
der Onkel,- uncle
der Opa,-s grandpa
orange orange
der Orangensaft orange juice
*die Ordnung,-en order; *in Ordnung bringen* to bring order to 2
die Organisation,-en organization
*organisieren to organize 4
die Orgel,-n organ (musical instrument) 9
originell original
der Ort,-e town, place
*Ostasien East Asia 5
der Osten east
Ostern Easter; *Frohe Ostern!* Happy Easter!
Österreich Austria
der Österreicher,- Austrian
*österreichisch Austrian 4

östlich eastern, east (of)
die **Ostsee** Baltic Sea
der **Ostteil,-e** eastern part
*__out__ out-of-date 9

P

paar: ein paar a few
das **Paar,-e** pair, couple
das **Päckchen,-** parcel
packen to pack
die **Packung,-en** package
das **Paket,-e** package
*der **Palast,-̈e** palace 1
die **Panne,-n** mishap 4
die **Pantomime,-n** pantomime
das **Papier** paper
der **Papst,-̈e** pope 3
*das **Paradies** paradise
der **Park,-s** park
parken to park
*der **Parkplatz,-̈e** parking lot 2
*das **Parlament** parliament 9
die **Party,-s** party; *eine Party geben* to give a party
passen to fit; *passend* suitable, right; *das passende Geld* the right change
passieren to happen
die **Passkontrolle,-n** passport checkpoint 9
die **Pasta** pasta
die **Pause,-n** break 2
peinlich embarrassing 5
der **Pelz,-e** fur 6
die **Pension,-en** boarding house, guest house, bed and breakfast establishment
das **Pensionistenheim,-e** home for retirees 10
die **Perücke** wig
die **Pfandflasche,-n** bottle with deposit 3
der **Pfeffer** pepper
das **Pferd,-e** horse
Pfingsten Pentecost
der **Pfirsich,-e** peach
die **Pflanze,-n** plant 8
pflanzen to plant 1
die **Pflaume,-n** plum
das **Pfund,-e** pound
*die **Phase,-n** phase 3

die **Physik** physics
das **Picknick,-s** picnic; *ein Picknick machen* to have a picnic
der **Pilot,-en** pilot
der **Pinsel,-** paintbrush 6
*der **Pirat,-en** pirate 6
die **Pizza,-s** pizza; *das Pizza-Brot* pizza bread
die **Pizzeria,-s** pizza restaurant
*der **Plan,-̈e** plan 3
planen to plan
der **Planet,-en** planet
die **Planetenbahn,-en** planetary orbit 9
*das **Planetensystem,-e** planetary system 9
*das **Plastik** plastic 3
die **Plastiktüte,-n** plastic bag
platt flat 3
die **Platte,-n** plate; *Kalte Platte* cold-cut platter
der **Platz,-̈e** place; seat; *da ist mehr Platz als...* there is more room than...
plötzlich suddenly
plumps bump, thud 4
plündern to loot 2
plus plus
Polen Poland
polieren to polish 2
die **Politik** politics
*der **Politiker,** politician 1
die **Polizei** police
der **Polizist,-en** policeman
die **Pommes frites**(pl.) french fries
die **Pommesbude, -n** mobile fast-food stand that sells french fries and bratwurst 7
das **Pony,-s** pony
das **Popcorn** popcorn
*__positiv__ positive 6
die **Post** post office; mail
das **Postamt,-̈er** post office
das **Poster,-** poster
das **Postfach,-̈er** post office box
die **Postkarte,-n** postcard
die **Postleitzahl,-en** zip code
das **Praktikum,-ka** internship 10
praktisch practical
*der **Präsident,-en** president 5
der **Preis,-e** prize ; price
preiswert reasonable

*__Preußen__ Prussia
prima great
*das **Prisma,-men** prism 9
*__privat__ private 3
*das **Privatleben** private life 9
das **Problem,-e** problem
*das **Produkt,-e** product 3
*__produktiv__ productive 8
produzieren to produce
*__professionell__ professional 4
das **Programm,-e** program
*das **Projekt,-e** project 8
der **Prospekt,-e** brochure 5
der **Protektor,-en** protective gear 8
*die **Provinz,-en** province 1
*das **Prozent,-e** percent
der **Prüfer,-** examiner
die **Prüfung,-en** test, examination
der **Pudding** pudding
der **Pulli,-s** sweater, pullover
der **Pullover,-** sweater, pullover
der **Puls** pulse
pünktlich punctual, on time
die **Puppe,-n** puppet, doll 8
sich **putzen** to clean oneself; *sich die Zähne putzen* to brush one's teeth
die **Putzfrau,-en** cleaning woman 2
*die **Pyramide,-n** pyramid 10

Q

der **Quatsch** nonsense 1; *Schluss mit diesem Quatsch!* Enough of this nonsense! 1
die **Quelle,-n** well, spring 8
die **Quittung,-en** receipt
die **Quizshow,-s** quiz show

R

der **Rabe,-n** raven 4
das **Rad,-̈er** bike; wheel 7; *Rad fahren* to bike
der **Radau: Radau machen** to make a racket
der **Radiergummi,-s** eraser
*__radikal__ radical 3
das **Radio,-s** radio
der **Radiosender,-** radio station 10

die **Radtour,-en** bike tour
rasen to race
der **Rasen** lawn; *den Rasen mähen* to mow the lawn
sich **rasieren** to shave oneself
der **Rassismus** racism
der **Rat** advice; *Du stehst mir mit Rat und Tat zur Seite.* You stand by me with word and deed.
das **Rathaus,-̈er** city hall
das **Rätsel,-** riddle, puzzle 5
rauchen to smoke
der **Raucher,-** smoker 4
rauf und runter up and down 4
der **Raum,-̈e** space, room 7
*raus out 1
raustragen (*trägt raus, trug raus, rausgetragen*) to take outside 3
die **Recherche,-n** research 10
der **Rechner,-** calculator
die **Rechnung,-en** bill
recht right; *Du hast recht.* You're right.; *recht sein* to be okay with 4
rechts right
das **Recht,-e** law, right 6
der **Rechtsanwalt,-̈e** lawyer, attorney
das **Recycling** recycling
die **Redaktion,-en** editorial office, production
reden to talk, speak; *Du hast gut reden.* It's easy for you to talk.
*reformieren to reform 3
die **Regel,-n** rule
regieren to rule 3
die **Regierung,-en** government 6
*die **Region,-en** region 1
*regional regional 4
regnen to rain
reich rich 9
das **Reich,-e** empire 1
reichen: Es reicht mir! I've had enough! 1
der **Reifen,-** tire
die **Reihe,-n** row
reinwerfen (*wirft rein, warf rein, reingeworfen*) to throw into 3

*der **Reis** rice 8
die **Reise,-n** trip
das **Reisebüro,-s** travel agency
die **Reiseleiterin,-nen** tour guide 2
reisen to travel
der **Reisepass,-̈e** passport
der **Reisescheck,-s** traveler's check
*die **Reisezeit,-en** travel season, vacation period 2
reiten (*ritt, ist geritten*) to ride (horseback)
*der **Reiter,-** rider 2
die **Religion** religion
*religiös religious 3
*die **Renaissance** Renaissance 7
die **Rennbahn,-en** race track
das **Rennen,-** race
renovieren to renovate
die **Reparatur,-en** repair 3
reparieren to repair
der **Reporter,-** reporter
*die **Republik** Republic
reservieren to reserve; *Der Tisch ist reserviert.* The table is reserved.
*die **Reservierung,-en** reservation 1
*der **Respekt** respect 9
das **Restaurant,-s** restaurant
*restaurieren to restore 6
retten to save 3
*revolutionär revolutionary 8
das **Rezept,-e** recipe; prescription
der **Rhein** Rhine River
*der **Rheindampfer,-** Rhine steamer
die **Rheinfahrt** Rhine trip
*die **Rhetorik** rhetoric 3
der **Rhythmus** rhythm; *dem Rhythmus nach* according to the rhythm
richtig correct, proper 5
riechen (*roch, gerochen*) to smell
der **Rinderbraten,-** beef roast
riskieren to risk
der **Ritter,-** knight 4
der **Roboter,-** robot
der **Rock,-̈e** skirt
die **Rockgruppe,-n** rock group, rock band

das **Rockkonzert,-e** rock concert
die **Rockmusik** rock music
das **Roggenbrot,-e** rye bread
die **Rolle,-n** role; *keine Rolle spielen* to make no difference
*rollen to roll 7
der **Roller,-** motor scooter 2
der **Rollstuhl,-̈e** wheelchair 8
die **Rolltreppe,-n** escalator
der **Roman,-e** novel, story 1
der **Römer,-** Roman 3
römisch Roman
rosa pink
*die **Rose,-n** rose 1
rot red
der **Rotkohl** red cabbage
rüberkommen to come over
*der **Rubin,-e** ruby 5
der **Rücken,-** back, spine (book) 4
die **Rückenschmerzen** (pl.) backache
der **Rucksack,-̈e** backpack, knapsack
die **Rückseite,-n** back page, reverse
rücksichtslos inconsiderate 5
der **Rücksitz,-e** back seat
der **Ruderschlag,-̈e** oar stroke 3
rufen um (*rief, gerufen*) to call for 4
die **Ruhe** peace, silence; *Immer mit der Ruhe!* Take it easy!
ruhig quiet 2
die **Ruine,-n** ruin(s)
*ruinieren to ruin 8
Rumänien Romania
die **Rumba** rumba
die **Runde,-n** round, lap
runtergehen (*ging runter, ist runtergegangen*) to go down

S

die **S-Bahn,-en** city train, suburban express train
die **Sachen** (pl.) things, items; *die Sachen erledigen* to take care of things (matters)
die **Sachertorte,-n** famous Austrian cake 1
*der **Sack,-̈e** sack, bag 3

sagen to say, tell; *Sagen wir...* Let's say...; *Wie sagt man...?* How do you/they say...?; *Sag mir...* Tell me...

die **Salami** salami

der **Salat,-e** salad; *gemischter Salad* (tossed salad)

die **Salbe,-n** ointment, salve

das **Salz** salt

   salzhaltig salty 8

die **Salzkartoffel,-n** boiled potato

*das **Salzwasser** salt water 6

   sammeln to collect

der **Samstag,-e** Saturday

*der **Satellit,-en** satellite 9

   sauber clean; *sauber machen* to clean 2

   sauer angry 2

der **Sauerbraten** sauerbraten (marinated beef)

das **Säugetier,-e** mammal 10

das **Saxophon,-e** saxophone

der **Schabernack,-e** trick 4

das **Schach** chess; *Schach und matt!* Checkmate!

die **Schachtel,-n** box

   schade too bad, a pity 5

das **Schaf,-e** sheep

   schaffen (*schuf, geschaffen*) to manage(it), make (it), to create 7; *Das schaffen wir.* We'll make it.

der **Schaffner,-** train conductor 1

die **Schallplatte,-n** record

der **Schalter,-** (ticket) counter; switch 2

   scharf spicy, hot 7

das **Schaufenster,-** display window

der **Schaumstoff,-e** foam material 3

der **Schauspieler,-** actor

die **Scheibe,-n** slice; *eine Scheibe Brot* a slice of bread

sich **scheiden lassen** (*lässt scheiden, ließ scheiden, scheiden lassen*) to divorce 8

   scheinen (*schien, geschienen*) to shine; to seem, appear

der **Scheinwerfer,-** headlight

   schenken to give a present

der **Scherz,-e** joke, jest 4

die **Scherzfrage,-n** riddle 4

   schick chic, smart (looking)

   schicken to send

   schieben (*schob, geschoben*) to push

   schief gehen (*ging schief, ist schief gegangen*) to go awry 2

die **Schiene,-n** rail, track 7

*die **Schießbude,-n** shooting gallery

   schießen (*schoss, geschossen*) to shoot; *ins Tor schießen* to shoot into the goal

die **Schießpulverwunde,-n** gunpowder wound 8

das **Schiff,-e** ship

die **Schifffahrt,-en** voyage 8

der **Schiffsbau** shipbuilding 6

das **Schild,-er** sign

   schimpfen to get angry

   schlafen (*schläft, schlief, geschlafen*) to sleep

der **Schlafsack,-e** sleeping bag

das **Schlafzimmer,-** bedroom

   schlagen (*schlägt, schlug, geschlagen*) to beat, hit

die **Schlagsahne** whipped cream

das **Schlagzeug** drums, percussion

der **Schlagzeuger,-** drummer, percussionist 4

   schlecht bad; *Mir wird's schlecht dabei.* It makes me sick.

   Schlittschuh laufen to ice skate

   schlimm bad, severe 8

*das **Schloss,-er** castle, palace

   schlucken to swallow

der **Schlüssel,-** key

der **Schmarotzer,-** parasite 10

   schmecken to taste; *Das schmeckt mir nicht.* I don't like it.

der **Schmerz,-en** pain 4

der **Schmuck** jewelry

  *schmücken** to decorate; *die schön geschmückten Pferde* the beautifully decorated horses

   schmutzig dirty

   schneiden (*schnitt, geschnitten*) to cut

   schneien to snow

   schnell fast

   schnitzen to carve 8

das **Schokoeis** chocolate ice cream

*die **Schokolade,-n** chocolate 3

   schon already; *das schon* that's true

   schön beautiful, nice

der **Schrank,-e** cupboard, closet

   schrecklich terrible, dreadful

   schreiben (*schrieb, geschrieben*) to write

die **Schreibmaschine,-n** typewriter 7

der **Schreibtisch,-e** desk

die **Schreibwaren** (pl.) stationery

   schreien (*schrie, geschrien*) to scream

der **Schritt,-e** step

das **Schrittchen,-** small step; *ein Schrittchen weiterkommen* to make a little headway

   Schuh,-e shoe

die **Schularbeit,-en** schoolwork, homework

der **Schulausflug,-e** field trip

die **Schule,-n** school

der **Schüler,-** student (elementary through secondary school)

*das **Schülerforum,-ren** student forum 9

die **Schülerkarte,-n** ticket for school-age children 7

die **Schülerrockband,-s** student rock band

der **Schulfreund,-e** schoolmate

das **Schulradio** school radio (station)

der **Schultag,-e** school day

die **Schultasche,-n** school bag, satchel

die **Schulter,-n** shoulder

die **Schüssel,-n** bowl

   schützen to protect

   schwach weak 1

der **Schwachkopf,-e** dummy 7

*der **Schwamm,-e** sponge 6

   schwarz black

der **Schwarzwald** Black Forest

   schweben to glide, soar

  *schwedisch** Swedish 6

das **Schwein,-e** pig

der **Schweinebraten** roast pork
die **Schweiz** Switzerland
der **Schweizer,-** Swiss
schwer hard, difficult
das **Schwert,-er** sword 4
die **Schwester,-n** sister
der **Schwiegersohn,-̈e** son-in-law
schwierig difficult 8
schwimmen (schwamm, ist geschwommen) to swim
schwindlig dizzy; Mir ist schwindlig. I'm dizzy.
sechs six
sechzehn sixteen
sechzig sixty
der **See,-n** lake; die Ostsee Baltic Sea
seelisch psychological 8
der **Seemann,-̈er** sailor 2
die **Seeschlacht,-en** sea battle 6
das **Segel,-** sail 6
das **Segelfliegen** sail gliding
segeln to sail 6
das **Segelschiff,-e** sailing ship 6
sehen (sieht, sah, gesehen) to see, look; ein Fernsehprogramm sehen to watch a TV program; Seht mal! Look!; Mal sehen... Let's see...; siehe auch see also, for additional information 6
sehr very
die **Seife,-n** soap 2
das **Seil,-e** rope 6
sein his; its
sein (ist, war, ist gewesen) to be
seit since, for; seit fünf Monaten for five months; seit über...Jahren for more than...years
seitdem since
die **Seite,-n** side; page 6
der **Sekretär,-e** secretary
die **Sekunde,-n** second 3
selbst oneself
selbstsicher self-assured 10
selten rare
seltsam weird, strange 5
*das **Semester,-** semester 7
die **Semmel,-n** hard roll
***senden** to send 6
der **Senf** mustard 7
der **Seniorenpass,-̈e** senior citizen rail pass 1

separat separate
der **September** September
die **Serviette,-n** napkin
der **Sessel,-** armchair, easy chair
sich **setzen** to sit down
sicher safe 6
die **Sicherheit** safety 3
der **Sicherheitsgurt,-e** safety belt
sie she; they
Sie you (formal)
sieben seven
siebzehn seventeen
siebzig seventy
der **Sieg,-e** victory 2
das **Silber** silver 8
singen to sing
*die **Situation,-en** situation 5
der **Sitz,-e** seat 9
sitzen (saß, gesessen) to sit; sitzen lassen to leave in the lurch 3
der **Sitzplatz,-̈e** seat
***Skandinavien** Scandinavia 2
***skandinavisch** Scandinavian 2
das **Skat** German card game
Ski laufen to ski
der **Sklave,-n** slave 6
***Slowenien** Slovenia 1
*das **Snakeboard,-s** snakeboard 9
*das **Snakeboarding** snakeboarding 9
so so; so gegen vier at about four (o'clock); so...wie as...as
sobald as soon as
die **Socke,-n** sock
das **Sofa,-s** sofa
sofort right away, immediately
sogar even
der **Sohn,-̈e** son
solange as long as
solch such
der **Soldat,-en** soldier 2
sollen should, to be supposed to
der **Sommer,-** summer
*der **Sommermonat,-e** summer month
das **Sonderangebot,-e** special offer, bargain price
sondern but (on the contrary)

der **Sonnabend,-e** Saturday
die **Sonne** sun
die **Sonnenbrille,-n** sunglasses
die **Sonnenenergie** solar energy
der **Sonnenfleck,-en** sunspot 9
***sonnig** sunny 2
der **Sonntag,-e** Sunday
sonst besides, otherwise; Sonst noch etwas? Anything else?
die **Sorge,-n** worry, concern 5; sich Sorgen machen to worry 8
sich **sorgen** to worry; to take care of, provide for ; sich sorgen um to worry about
***sortieren** to sort 3
die **Soße,-n** sauce, gravy 2
***sozial** social 10
Spanien Spain
der **Spanier,-** Spaniard
spanisch Spanish; Er spricht spanisch. He speaks Spanish.
spannend exciting, suspenseful 6
sparen to save 4
der **Spargel,-** asparagus
die **Sparkasse,-n** local savings bank 9
der **Spaß** fun; Sie haben viel Spaß. They have lots of fun.; Viel Spaß! Have lots of fun!; Es macht Spaß. It's fun.
spät late; später later; Bis später. See you later.
die **Spätzle** spaetzle (kind of homemade pasta)
speichern to save onto a diskette 4
der **Speicherraum** storage capacity 7
die **Speisekarte,-n** menu
der **Speisesaal,-säle** dining room
das **Spezi,-s** cola and lemon soda
*sich **spezialisieren** to specialize 5
die **Spezialität,-en** specialty
der **Spiegel,-** mirror 1
das **Spiel,-e** game
spielen to play
der **Spieler,-** player

das **Spielfeld,-er** playing field, court *8*

die **Spielwaren** (pl.) toys

die **Spielzeugeisenbahn,-en** model railway *1*

der **Spielzeugzug,̈-e** model train *1*

der **Spinat** spinach

der **Sport** sport

die **Sportart,-en** kind of sport

der **Sportklub,-s** sports club

sportlich athletic, sporty

der **Sportwagen,-** sports car

die **Sprache,-n** language

sprechen *(spricht, sprach, gesprochen)* to speak, talk; *Sie spricht deutsch.* She speaks German.; *sprechen über* to talk about; *sprechen über sich selbst* to talk about oneself

spritzen to splash

das **Spülbecken,-** (kitchen) sink

spülen to wash, rinse

*die **Spur,-en** track, trail, trace *6*

*der **Staat,-en** state

der **Stab,̈-e** stick *4*

*die **Stabilität** stability *10*

die **Stadt,̈-e** city

die **Stadtmitte** center of city

die **Stadtplan,̈-e** city map

der **Stadtverkehr** city traffic

der **Stahl** steel *7*

*der **Stand,̈-e** stand, booth

der **Star,-s** star (athlete)

stark strong *1*

starren to stare *6*

***starten** to start *2*

die **Startlinie,-n** starting line

die **Stätte,-n** place, site *10*

stattfinden *(fand statt, stattgefunden)* to take place

die **Statue,-n** statue

der **Stau** traffic congestion

der **Staub** dust *2*; *Staub wischen* to dust *2*

staubsaugen to vacuum

der **Staubsauger,-** vacuum cleaner *2*

der **Stausee,-n** reservoir *9*

der **Steckbrief,-e** personal data *1*

die **Steckdose,-n** electrical outlet *4*

stecken to put, stick

stehen *(stand, gestanden)* to stand, be; *Es steht dir gut.* It looks good on you.; *Die Mannschaft steht an zweiter Stelle.* The team is in second place.; *Es steht...* The score is...; *hier steht's* here it is

steif stiff

steigen to climb *(stieg, ist gestiegen)*; *aus dem Bett steigen* to get out of bed

steil steep

die **Stelle,-n** place, spot; position *6*; *Die Mannschaft steht an zweiter Stelle.* The team is in second place.

stellen to place, put

sterben *(stirbt, starb, ist gestorben)* to die

der **Stern,-e** star *6*

die **Steuer,-n** tax *2*

das **Steuerrad,̈-er** steering wheel (car)

die **Stichwortkarte,-n** index card *6*

der **Stiefel,-** boot

der **Stift,-e** peg

***still** still, quiet *2*

die **Stimme,-n** voice *1*

stimmen to be correct; *Das stimmt.* That's correct.

***stinken** *(stank, gestunken)* to stink *3*

die **Stirn,-en** forehead

der **Stock, Stockwerke** floor, story

stolz proud

***stoppen** to stop *8*

stören to disturb *6*

straff tight

der **Strand,̈-e** beach, shore; *Timmendorfer Strand* resort on the Baltic Sea

strapaziös strenuous, exhausting

die **Straße,-n** street

die **Straßenbahn,-en** streetcar

*das **Straßentheater** street theater *4*

die **Strecke,-n** stretch, distance

der **Streich,-e** prank *4*

streichen *(strich, gestrichen)* to spread; to paint *6*

der **Streit,-e** argument *7*

streiten *(stritt, gestritten)* to fight, argue *7*

streng strict

*der **Stress** stress *8*

stricken to knit

der **Strom** electricity, current *4*

der **Strumpf,̈-e** stocking

das **Stück,-e** piece

das **Studienprogramm,-e** study abroad program *10*

***studieren** to study (university) *1*

das **Studio,-s** studio

der **Stuhl,̈-e** chair

die **Stunde,-n** hour

der **Stundenplan,̈-e** class schedule

stürzen to fall, plunge *9*

die **Suche,-n** search *7*

suchen to look for, search for

Süddeutschland southern Germany

der **Süden** south

der **Sumpf,̈-e** swamp *4*

super super, great

der **Supermarkt,̈-e** supermarket

die **Suppe,-n** soup

***surfen** to surf *3*

süß sweet

die **Süßwaren** (pl.) sweets

das **Sweatshirt,-s** sweatshirt

*das **Symbol,-e** symbol *10*

*das **System,-e** system *5*

T

das **T-Shirt,-s** T-shirt

die **Tablette,-n** tablet, pill

die **Tafel,-n** (chalk)board

der **Tafellappen,-** rag (to wipe off blackboard)

der **Tag,-e** day; *Tag!* Hello!; *Guten Tag!* Hello!; *am Tag* during the day

das **Tagebuch,̈-er** diary *10*

die **Tagessuppe,-n** soup of the day

der **Takt,-e** time, beat *5*

das **Talent,-e** talent

die **Tante,-n** aunt

der **Tanz,̈-e** dance

tanzen to dance; *beim Tanzen* while dancing
die **Tänzerin,-nen** dance
der **Tanzkurs,-e** dance class 5
der **Tanzlehrer,-** dancing instructor
der **Tanzpartner,-nen** dancing partner
die **Tanzschule,-n** dancing school
die **Tanzstunde,-n** dancing lesson
die **Tapete,-n** wallpaper 6
tapezieren to wallpaper 6
die **Tasche,-n** bag
das **Taschengeld** allowance
die **Tasse,-n** cup
die **Tastatur,-en** keyboard 7
die **Tat** deed; *Du stehst mir mit Rat und Tat zur Seite.*
die **Taufe,-n** baptism 1
tausend thousand
*das **Team,-s** team 6
*das **Teamwork** teamwork 6
die **Technik** technology
*die **Technologie,-n** technology 9
der **Tee** tea
der **Teelöffel,-** teaspoon
*der **Teil,-e** part, section; *zum größten Teil* for the most part
teilen to share 5
teilnehmen an *(nimmt teil, nahm teil, teilgenommen)* to participate in 4
der **Teilnehmer,-** participant
das **Telefax,-e** telefax
das **Telefon,-e** telephone; *am Telefon* on the telephone
das **Telefongespräch,-e** phone call; *ein Telefongespräch führen* to make a call
*das **Teleskop,-e** telescope 9
der **Teller,-** plate
das **Tempo** tempo, speed
das **Tennis** tennis
der **Tennisplatz,-̈e** tennis court
der **Tennisschläger,-** tennis racket
der **Tennisschuh,-e** tennis (athletic) shoe
das **Tennisspiel,-e** tennis game
der **Teppich,-e** carpet, rug 2

der **Termin,-e** deadline, appointment 8
*der **Terrorismus** terrorism 9
*der **Test,-s** test 8
teuer expensive
der **Text,-e** text
*die **Textilproduktion** textile production 7
das **Theater,-** theater
die **Theke,-n** counter, bar
das **Thema,-men** theme, topic
theoretisch theoretical
das **Tier,-e** animal
die **Tierorganisation,-en** animal organization
der **Tierversuch,-e** animal test
der **Tip,-s** hint, tip, suggestion
tiroler Tyrolean 5
der **Tisch,-e** table
der **Tischfußball** table soccer
das **Tischtennis** table tennis
*der **Titel,-** title 1
die **Tochter,-̈** daughter
der **Tod** death 9
der **Todestag,-e** day of death 1
die **Toilette,-n** toilet, restroom
toll great, terrific; *Toll gemacht!* Great job! 4
die **Tomate,-n** tomato
der **Tomatensalat** tomato salad
die **Tomatensuppe,-n** tomato soup
der **Ton,-̈e** sound
das **Tonband,-̈er** tape (recording)
*die **Tonne,-n** ton 6
das **Tor,-e** goal; *aufs Tor schießen* to shoot on goal
Tortellini tortellini (filled pasta)
tot dead 1
töten to kill 3
*der **Tourist,-en** tourist
die **Tournee,-n** tour
der **Trabi,-s** former East German car
*die **Tracht,-en** (national) costume
*die **Tradition,-en** tradition 1
tragen *(trägt, trug, getragen)* to carry; to wear 7
der **Trainer,-** trainer, coach
trainieren to train
der **Traktor,-en** tractor

***transportieren** to transport 1
das **Transportmittel,-** means of transportation 2
träumen to dream
traurig sad 7
sich **treffen** *(trifft, traf, getroffen)* to meet; *Treffen wir uns...!* Let's meet...
treiben *(trieb, getrieben)* to do; *Sport treiben* to participate in sports
der **Treibhauseffekt** greenhouse effect
*der **Trend,-s** trend 9
die **Treppe,-n** stairs, stairway
treten *(tritt, trat, getreten)* to pedal 2
*der **Trick,-s** trick 4
trinken *(trank, getrunken)* to drink
das **Trittbrett,-er** footboard 2
trocken dry
sich **trocknen** to dry; *sich das Haar trocknen* to dry one's hair
die **Trompete,-n** trumpet
trotz in spite of
trotzdem nevertheless, in spite of
die **Tschechische Republik** Czech Republic
Tschüs! See you! Bye!
tun *(tut, tat, getan)* to do; to put, place 6; *zu viel zu tun* too much to do
die **Tür,-en** door
*die **Türkei** Turkey 1
*der **Turm,-̈e** tower
die **Tüte,-n** bag
TÜV (Technischer Überwachungsverein) technical inspection organization
typisch typical

U

die **U-Bahn,-en** subway 7
üben to practice; *zum Üben* for practice
über above, over, across
*überall** all over, everywhere

der **Übergangsstil,-e** transitional style 10

übergeben (*übergibt, übergab, übergeben*) to hand over, pass on 1

übernachten to stay overnight

übernehmen (*übernimmt, übernahm, übernommen*) to take over

überprüfen to check

überqueren to cross

überraschen to surprise

die **Überraschung,-en** surprise 3

übersetzen to translate 8

sich **überzeugen** to convince

die **Übung,-en** exercise, practice; *Übung macht den Meister!* Practice makes perfect.

das **Ufer,-** shore 2

Uhr,-en clock, watch; *Um wie viel Uhr?* At what time?

um around; at; in order to 5; *Um wie viel Uhr?* At what time?

sich **umdrehen** to turn around 3

die **Umfrage,-n** survey

die **Umgebung,-en** surroundings, vicinity

umringen to surround 3

umrüsten to reset 5

umsteigen (*stieg um, ist umgestiegen*) to transfer

umtauschen to exchange 9

die **Umwelt** environment; *Es lebe die Umwelt!* Long live the environment! 3

umweltbewusst environmentally aware 3

der **Umweltschutz** environmental protection

umwerfen (*wirft um, warf um, umgeworfen*) to knock over 9

unbedingt unquestionable; *nicht unbedingt* not necessarily

***unbekannt** unknown 2

und and

undenkbar unthinkable

der **Unfall,-̈e** accident

Ungarn Hungary 4

***ungefähr** approximately

ungeschickt uncoordinated 3

***ungesund** unhealthy 8

*die **Uni,-s** university (short form) 6

*die **Universität,-en** university 1

***unmenschlich** inhuman

unordentlich messy 5

unser our

unsicher unsafe 6

die **Unsicherheit,-en** insecurity 10

unten down, below; *nach unten* to the bottom

unter under, below

untergehen (*ging unter, ist untergegangen*) to perish, come to an end 10

sich **unterhalten** (*unterhält, unterhielt, unterhalten*) to converse,

die **Unterhaltung,-en** entertainment

unternehmen (*unternahm, unternommen*) to undertake, venture 10

der **Unterricht** instruction

unterrichten to instruct

untersuchen to examine

die **Untertasse,-n** saucer

unterwegs on the move 3

der **Urlaub,-e** vacation; *in den Urlaub fahren* to go on vacation; *Urlaub machen* to take a vacation

V

v. Chr. (vor Christus) B.C. 9

der **Valentinstag** Valentine's Day

das **Vanilleeis** vanilla ice cream

der **Vater,-̈** father

der **Vati,-s** dad

verändern to change 2

verantwortlich für responsible for 9

der **Verband,-̈e** bandage

verbessern to improve

verbieten (*verbat, verboten*) to forbid 7

verbinden (*verband, verbunden*) to connect 1

die **Verbindung,-en** connection 1

verbogen bent 3

verbrauchen to use (up)

sich **verbreiten** to spread 8

die **Verbreitung** spreading, dissemination 9

***verbringen** (*verbrachte, verbracht*) to spend (time)

verdienen to earn 4

vereinigen to unite 1

*die **Vereinigten Staaten von Amerika** United States of America

verfolgen to persecute 8

vergehen (*verging, ist vergangen*) to pass (time) 3

vergessen (*vergisst, vergaß, vergessen*) to forget

der **Vergleich,-e** comparison; *im Vergleich zu* in comparison to

das **Vergnügen** pleasure, enjoyment; *Erst die Arbeit, dann das Vergnügen.* Business before pleasure.

verkaufen to sell 3

die **Verkäuferin,-nen** saleslady

die **Verkaufsleiterin,-nen** sales manager 1

der **Verkaufswagen,-** mobile stand 7

der **Verkehr** traffic

*das **Verkehrsbüro,-s** tourist office

das **Verkehrsmittel,-** means of transportation

die **Verkehrsregel,-n** traffic rule 3

die **Verkehrssituation,-en** traffic situation

verkleidet disguised, in costume

verlangen to demand 2

verlassen (*verlässt, verließ, verlassen*) to leave

die **Verletzung,-en** injury 8

verlieren (*verlor, verloren*) to lose

verloren gehen (*verloren ging, ist verloren gegangen*) to get lost 9

vermeiden (*vermied, vermieden*) to avoid

vermissen to miss 7
veröffentlichen to publish 9
das **Verpackungsmaterial,-ien** packing material 3
verpassen to miss
verrostet rusty 3
verschieden different
verschlingen (*verschlang, verschlungen*) to devour 6
verschmutzen to pollute 3
verschreiben (*verschrieb, verschrieben*) to prescribe
verschwenden to waste
die **Versicherung,-en** insurance 10
versinken (*versank, ist versunken*) to sink (into) 3
versprechen (*verspricht, versprach, versprochen*) to promise 2
der **Verstand** understanding; *mehr Glück als Verstand haben* to have more luck than brains
sich **verständigen** to communicate 10
verstehen (*verstand, verstanden*) to understand
versuchen to try, attempt
der **Vertrag,̈-e** contract 2
vertrauen to trust 7
verwandeln to convert
der **Verwandte,-** relative
verwirrt confused 2
der **Verwundete,-n** wounded 8
das **Video,-s** video
*der **Videofilm,-e** video film 2
der **Videorekorder,-** VCR, videocassette recorder
viel much; *wie viel* how much
viele many; *wie viele* how many
vielleicht perhaps
vier four
das **Viertel,-** quarter; *Viertel nach* a quarter after
vierzehn fourteen
vierzig forty
der **Vogel,̈** bird
der **Volkstrauertag** Day of National Mourning

das **Volk,̈er** people, folk 2
voll full
der **Volleyball** volleyball
von from; *von einem...zum anderen* from one to the next
vor before, in front of; *Viertel vor* a quarter before
vorbeigehen (*ging vorbei, ist vorbeigegangen*) to go past
vorbeikommen (*kam vorbei, ist vorbeigekommen*) to come by, pass by
sich **vorbereiten auf** to prepare for
der **Vordersitz,-e** front seat
die **Vorfreude,-n** anticipation 10
vorgestern day before yesterday
vorhaben (*hat vor, hatte vor, vorgehabt*) to plan, intend
vorher before
vorn(e) in front 2
der **Vorsatz,̈e** resolution 10
vorschlagen (*schlägt vor, schlug vor, vorgeschlagen*) to suggest
vorstellen to introduce (oneself) 4
sich **vorstellen** to imagine
die **Vorstellung,-en** performance
der **Vorteil,-e** advantage
vorüber over; *Die Woche ist vorüber.* The week is over.

W

wach awake 5
*das **Wachs** wax 6
*der **Wachturm,̈-e** watchtower
der **Wagen,-** coach; car
wahr: nicht wahr? Isn't it true? Isn't that so?
während during; while
die **Wahrheit,-en** truth 8
wahrscheinlich probably 5
die **Währung,-en** currency
die **Währungsunion,-en** currency consolidation 9
*das **Wahrzeichen,-** landmark
das **Waldsterben** death of the forest as a result of pollution 9
der **Wald,̈er** forest 2

*der **Walkman,-s** walkman 7
*der **Walzer,-** waltz 5
wandern to hike
die **Wanderung,-en** hike 5
die **Wand,̈e** wall 6
wann when
die **Ware,-n** product, ware 3
warm warm; *warm machen* to heat up 2
*die **Warnung,-en** warning 2
warten to wait; *warten auf* to wait for
warum why
was what; *Was gibt's?* What's up?; *was für* what kind of
das **Waschbecken,-** (bathroom) sink
die **Wäsche** laundry
waschen (*wäscht, wusch, gewaschen*) to wash; *sich waschen* to wash oneself
die **Waschmaschine,-n** washer
das **Waschpulver** laundry detergent
das **Wasser** water
das **Wasserfass,̈-er** water barrel 6
der **Wassergeist,-er** water spirit 7
das **Wasserspiel,-e** fountain 1
*das **Wassersystem,-e** water system 10
*die **Web-Seite,-n** web page 1
wechseln to change
der **Wecker,-** alarm clock
weg sein to be gone
der **Weg,-e** way, path
wegbringen (*brachte weg, weggebracht*) to take away
wegen because of
*weglaufen** (*läuft weg, lief weg, ist weggelaufen*) to run away 10
wegwerfen (*wirft weg, warf weg, weggeworfen*) to throw out 7
wehtun (*tut weh, tat weh, wehgetan*) to hurt
weich soft
Weihnachten Christmas; *Fröhliche Weihnachten!* Merry Christmas!
der **Wein,-e** wine
der **Weinberg,-e** vineyard

*die **Weinpresse,-n** wine press 7
die **Weintraube,-n** grape, bunch of grapes
weiß white
weise wise
weit far; *weiter* further
weiterfahren (*fährt weiter, fuhr weiter, ist weitergefahren*) to continue on, drive on
weitergeben (*gibt weiter, gab weiter, weitergegeben*) to pass 3
weiterkommen (*kam weiter, ist weitergekommen*) to advance, to go further
weiterleben to live on 2
weitermachen to continue, carry on
weitreichend far-reaching 10
der **Weizen** wheat 1
welcher which
die **Welt,-en** world
die **Welterbeliste,-n** World Heritage List 10
die **Welterbestätte,-n** world heritage site 10
der **Weltkrieg,-e** world war 1; *der Zweite Weltkrieg* World War II 1
weltoffen open-minded 10
weltweit around the world, worldwide 10
wenig little; *weniger* less
wenige a few
wenigstens at least
wenn when, if; whenever
der **Wenzelsplatz** name of square in Prague 5
wer who
die **Werbung,-en** advertising
werden will, shall
werden (*wird, wurde, ist geworden*) to become, be
werfen (*wirft, warf, geworfen*) to throw
die **Werkstatt,-stätten** workshop 6
das **Werkzeug,-e** tool
wert sein to be worth 3
der **Wert,-e** value 10; *der außergewöhnlich universelle Wert* exceptional universal value 10; *im Wert von* valued at 10

wertvoll valuable 5
wessen whose
der **Westen** west
die **Westfalenhalle** sports arena and concert hall in Dortmund 7
das **Wetter** weather
wichtig important
der **Widerstand,-̈e** resistance 4
wie how, what, as; *Wie heißt du?* What's your name?; *Wie findest du...?* What do you think of...?; *wie viele* how many; *wie viel* how much; *Wie schmeckt's?* How do you like it?, How does it taste?; *Wie wär's...?* How about...?
wieder again
wiederentdecken to rediscover 8
die **Wiederentdeckung,-en** rediscovery 8
Wiedersehen: Auf Wiedersehen! Good-bye!
die **Wiedervereinigung** reunification 9
wiederverwerten to recycle 3
die **Wiederverwertung** recycling 3
wiegen (*wog, gewogen*) to weigh
das **Wiener Schnitzel** breaded veal cutlet
die **Wiese,-n** lawn, meadow
*der **Wikinger,-** Viking 2
*wild** wild 2
die **Wildwasserbahn,-en** wild water ride
*willkommen** welcome; *willkommen heißen* to welcome
*der **Wind,-e** wind 2
die **Windschutzscheibe,-n** windshield
der **Winter,-** winter
wir we
wirklich really
wirtschaftlich economic 9
das **Wirtschafts- und Kulturzentrum** economic and cultural center 3
wischen to wipe 2

wissen (*weiß, wusste, gewusst*) to know
das **Wissen** knowledge 8
die **Wissenschaft,-en** science 1
der **Wissenschaftler,-** scientist 8
der **Witz,-e** joke; *Witze machen* to make jokes
wo where
die **Woche,-n** week
das **Wochenende,-n** weekend
woher where from
wohin where (to)
wohl: Das kannst du wohl sagen. You can say that again.
wohnen to live
der **Wohnraum,-̈e** living quarter 2
die **Wohnung,-en** apartment
der **Wohnwagen,-** RV (recreational vehicle), camper
das **Wohnzimmer,-** livingroom
die **Wolke,-n** cloud 9
wollen to want to
Wort,-̈er word; *das Wort (die Worte)* word, saying; *mit anderen Worten* in other words
wozu what for
wünschen to wish
der **Wunsch,-̈e** wish 4
würfeln to throw the dice
die **Wurst: Das ist mir Wurst!** I couldn't care less! 4
die **Wurst,-̈e** sausage
das **Wurstbrot,-e** sausage sandwich
das **Würstchen,-** hot dog
wütend mad, angry 1

Z

zählen to count 8
zahn tame 4
der **Zahn,-̈e** tooth
der **Zahnarzt,-̈e** dentist
die **Zahnschmerzen** (pl.) toothache
zaubern to perform magic 4
der **Zaun,-̈e** fence
die **Zeche, -n** coal mine 7
zehn ten

das **Zeichen,-** sign 2; signal 4
zeichnen to draw, sketch 9
zeigen to show, demonstrate
die **Zeit,-en** time
das **Zeitalter** age, era 2
*die **Zeitmaschine,-n** time machine 1
die **Zeitschrift,-en** magazine
die **Zeitung,-en** newspaper
*die **Zeitzone,-n** time zone 9
das **Zelt,-e** tent
die **Zeltstange,-n** tent pole
*der **Zentimeter,-** centimeter 6
*das **Zentrum,-tren** (city) center 1
der **Zeuge,-n** witness 3
die **Ziege,-n** goat
ziehen: in andere Länder ziehen *(zog, ist gezogen)* to move to other countries 2
das **Ziel,-e** goal, finish; destination 1
die **Zigarre,-n** cigar
das **Zimmer,-** room
*der **Zirkus,-se** circus 4
das **Zitroneneis** lemon ice cream
der **Zoll** customs 9

zu at, to, too; *zu Hause* at home; *zu* closed
zubereiten to prepare (a meal)
der **Zucker** sugar
zuerst first
der **Zufall,-̈e** coincidence 7
zufrieden satisfied 3
der **Zug,-̈e** train
zugeben *(gibt zu, gab zu, zugegeben)* to admit
das **Zuhause** home 3
der **Zuhörer,-** listener 9
die **Zukunft** future
zumachen to close
zurück back
zurückbringen *(brachte zurück, zurückgebracht)* to bring back
zurückfahren *(fährt zurück, fuhr zurück, ist zurückgefahren)* to go/drive back
zurückkommen *(kam zurück, ist zurückgekommen)* to come back
zusammen together

***zusammenarbeiten** to work together 6
***zusammenbringen** *(brachte zusammen, hat zusammengebracht)* to bring together 1
zusammenkommen *(kam zusammen, ist zusammengekommen)* to get together
zusammennähen to sew together 6
zusammenstoßen *(stößt zusammen, stieß zusammen, ist zusammengestoßen)* to collide 5
der **Zuschauer,-** spectator 4
zusehen *(sieht zu, sah zu, zugesehen)* to watch
der **Zustand,-̈e** condition 2
zwanzig twenty
zwei two
die **Zwiebel,-n** onion
zwischen between
*das **Zwischenmenschliche** interpersonal (matters) 10
zwölf twelve

A

a ein(e); *a few* ein paar, manche, einige, wenige; *a little* etwas
to **abandon** im Stich lassen 10
to **abduct** entführen 3
about gegen; *about four o'clock* gegen vier Uhr; *about it* davon
above über
academic akademisch 1
to **accept** akzeptieren; annehmen (nimmt an, nahm an, angenommen) 4
accident der Unfall,⸚e
to **accompany** begleiten
acquaintance (male) der Bekannte,-n
acquaintance (female) die Bekannte,-n
across über
action die Aktion,-en 3
active aktiv
actor der Schauspieler,-
actually eigentlich
ad die Anzeige,-n 2
address die Anschrift,-en
addressee der Empfänger,-
adhesive bandage das Heftpflaster,-
to **adjust** einstellen
to **admit** zugeben (gibt zu, gab zu, zugegeben)
adult (female) die Erwachsene,-n; *adult (male)* der Erwachsene,-n
to **advance** weiterkommen (kam weiter, ist weiergekommen)
advance der Fortschritt,-e 10
advantage der Vorteil,-e
adventure das Abenteuer,- 10
advertising die Werbung,-en
advice der Rat
to **afford** sich leisten
Africa Afrika 5
after nach; *after that* danach; *after (having)* nachdem
afternoon der Nachmittag,-e; *Saturday afternoon* Samstagnachmittag

afterward(s) danach
again wieder
against gegen
age das Alter 5; das Zeitalter 2
aggressive aggressiv 4
to **agree** sich einigen 2
Agreed! Abgemacht!
air die Luft,⸚e
air mattress die Luftmatratze,-n
airmail die Luftpost
airplane das Flugzeug,-e
airport der Flughafen,⸚
alarm clock der Wecker,-
alchemy die Alchemie 8
alcohol der Alkohol
all alle; *all over* überall
alliance der Bund,⸚e 6
to **allow** erlauben 7
allowance das Taschengeld
almanac der Almanach,-e 6
almost fast
alone allein
Alps die Alpen
already schon
Alsace (province in France) das Elsass 9
also auch
alternative alternativ 7; *alternative family* die Alternativfamilie,-n 3
although obwohl, obgleich
aluminum foil die Alufolie 3
always immer
America Amerika
American der Amerikaner,-
amethyst der Amethyst,-e
amount der Betrag,⸚e 3
amusing lustig
an ein(e)
to **analyze** analysieren 8
ancient antik 8
and und
angry sauer 2; wütend 1; böse 8
animal das Tier,-e; *domestic animal* das Haustier,-e
animal organization die Tierorganisation,-en
animal test der Tierversuch,-e
annals die Annalen (pl.) 3

to **announce** bekannt geben (gab bekannt, bekannt gegeben)
to **annoy** ärgern 5
to **answer** beantworten 5
answer die Antwort,-en
anteater der Ameisenbär,-en 10
anticipation die Vorfreude,-n 10
anything: Anything else? Sonst noch etwas?
apartment building das Mietshaus,⸚er 3
apartment die Wohnung,-en
to **appear** scheinen (schien, geschienen)
apple der Apfel,⸚
apple cake der Apfelkuchen,-
apple juice der Apfelsaft
appliance der Apparat,-e 4
application die Bewerbung,-en 6
to **apply for** sich bewerben um 6
appointment der Termin,-e 8
apprentice der Azubi,-s
apprenticeship die Lehre,-n
approximately ungefähr
April der April
Arabia Arabien 7
archbishop der Erzbischof,⸚e 3
architect der Architekt,-en 3
architecture die Architektur 9
archive Archiv,-e 3
area Gegend,-en
to **argue** streiten (stritt, gestritten) 7
argument der Streit,-e 7
arm der Arm,
armchair der Sessel,-
around um, gegen
arrangement (musical) das Arrangement,-s 4
arrival die Ankunft,⸚e 1
to **arrive** ankommen (kam an, ist angekommen)
art die Kunst,⸚e 2; *fine arts* die schönen Künste 2
artist der Künstler,-e 4
as wie; *as...as* so...wie; *as soon as* sobald; *as long as* solange; *as of* ab 2
Ascension Day Himmelfahrt

to **ask** fragen; bitten (bat, gebeten); *to ask for* fragen nach; *to ask for something* um etwas bitten 3

asparagus der Spargel,-

aspirin das Aspirin

assignment die Aufgabe,-n

assorted gemischt; *assorted ice cream* ein gemischtes Eis

to **assume** annehmen (nimmt an, nahm an, angenommen)

astronomer der Astronom,-en 8

astronomy die Astronomie 9

at an, auf, bei, um; *at about four (o'clock)* so gegen vier; *At what time?* Um wie viel Uhr?; *at least* wenigstens; *at home* zu Hause

athletic sportlich

Atlantic Ocean der Atlantik 6

to **attempt** versuchen

attention die Achtung 2

attorney der Rechtsanwalt,-̈e

attraction die Attraktion,-en 3

August der August

aunt die Tante,-n

Austria Österreich

Austrian der Österreicher,-; *(adjective)* österreichisch 4

automat der Automat,-en

automobile company die Autofirma,-firmen

automobile part das Autoteil,-e

autumn der Herbst,-e

available frei

avalanche die Lawine,-n 9

average der Durchschnitt 3; *on the average* im Durchschnitt 3

to **avoid** vermeiden (vermied, vermieden)

awake wach 5

aware bewusst 8

away entfernt

B

B.C. v. Chr. (vor Christus) 9

bachelor der Junggeselle,-n 4

back der Rücken,- 4

back zurück; *back then* damals 3; *back and forth* das Hin und Her 9

back page die Rückseite,-n

back seat der Rücksitz,-e

backache die Rückenschmerzen (pl.)

backgammon das Backgammon

backpack der Rucksack,-̈e

bad schlecht, schlimm 8; *too bad* schade 5

bag die Tasche,-n; die Tüte,-n; der Sack,-̈e 3

baggage das Gepäck

baggage carrier der Gepäckträger,- 3

to **bake** backen; *baked goods* die Backwaren (pl.); *baked* gebacken

baker der Bäcker,-

bakery die Bäckerei,-en

balcony der Balkon,-s

Balkan Peninsula der Balkan 8

ball der Ball,-̈e; *ball (dance)* der Abschlussball,-̈e

ball control die Ballkontrolle

ballet das Ballett 5

balloon der Ballon,-s

Baltic Sea die Ostsee

banana die Banane,-n

band die Band,-s

bandage der Verband,-̈e

bank die Bank,-en; *savings bank* die Sparkasse,-n 9

baptism die Taufe,-n 1

bar die Theke,-n

barber der Friseur

bargain price das Sonderangebot,-e

baroque barock 1

basement der Keller -

basis die Basis 9

basket der Korb,-̈e 8

basketball er Basketball,-̈e

bass der Bass,-̈e

bath das Bad,-̈er 4; *to take a bath* ein Bad nehmen 4

bathroom das Bad,-̈er

bathtub die Badewanne,-n

battery die Batterie,-n

battle der Kampf,-̈e 2

Bavaria Bayern

Bavarian bayrisch

to **be** sein (ist, war, ist gewesen); *to be (become)* werden (wird, wurde, ist geworden; *to be able* können (kann, konnte, gekonnt); *to be called* heißen (hieß, geheißen); *to be correct* stimmen; *to be gone* weg sein; *to be interested* sich interessieren; *to be located* liegen (lag, gelegen); *to be missing* fehlen; *to be permitted to* dürfen (darf, durfte, gedurft); *to be present* dabei sein; *to be supposed to* sollen; *to be worth* wert sein 3; *to be okay with* recht sein 4; *to be about* handeln von 6; *to be active in social* issues sich engagieren 10

beach der Strand,-̈e

bean die Bohne,-n

to **beat** schlagen (schlägt, schlug, geschlagen)

beat der Takt,-e 5

beautician die Friseuse,-n

beautiful schön

because denn; *because of* wegen

to **become** werden (wird, wurde, ist geworden)

bed linen die Bettwäsche

bed das Bett,-en

bed and breakfast establishment die Pension,-en

bedroom das Schlafzimmer,-

beef roast der Rinderbraten,-

beer das Bier,-e

beer tent das Bierzelt,-e

before vor, bevor, vorher; *a quarter before* Viertel vor

to **beg** betteln

to **begin** beginnen (begann, begonnen)

beginner der Anfänger,- 5

beginning der Anfang,-̈e 4

to **behave** sich benehmen (benimmt, benahm, benommen) 5

to **behead** enthaupten 3

behind hinter; *to have behind oneself* hinter sich haben

beige beige

Belgium Belgien

to **believe** glauben
belly dance der Bauchtanz,¨e 4
to **belong to** gehören zu
beloved beliebt 2
below unten, unter
bench die Bank,¨e
bent verbogen 3
beret das Barett 9
beside neben
besides außer, sonst, außerdem; *besides that* nebenbei
best best-; *the best* am besten
best-preserved besterhalten 10
better besser
between zwischen
beverage das Getränk,-e
beverage container der Getränkekarton,-s 3
Bible die Bibel,-n 7
bicycle das Fahrrad,¨er
big groß; *as big as* so groß wie
bike das Rad,¨er; *to bike* Rad fahren
bike tour die Radtour,-en
bill die Rechnung,-en
billiards das Billard
billion die Milliarde,-n 10
binding (book) der Einband,¨e 6
biology die Biologie
bird der Vogel,¨
birth die Geburt,-en 8
birthday der Geburtstag,-e; *Happy birthday!* Herzlichen Glückwunsch zum Geburtstag!
birthday cake der Geburtstagskuchen,-
black schwarz
Black Forest der Schwarzwald
blackberry die Brombeere,-n
blanket die Decke,-n
blood pressure der Blutdruck
blouse die Bluse,-n
blue blau
board (chalk) die Tafel,-n; *(wood)* das Brett,-er 9; *(ship)* der Bord,-e 6; *on board* an Bord 6
to **board** einsteigen (stieg ein, ist eingestiegen)
board game das Brettspiel,-e
boarding house die Pension,-en

boarding pass die Bordkarte,-n
boarding school die Internatsschule,-n 10
boat das Boot,-e
body der Körper,-
Bohemia Böhmen 5
book das Buch,¨er
book cover der Einband,¨e 6
book printing der Buchdruck
book worm der Bücherwurm,¨er 4
bookshelf das Bücherregal,-e
bookstore die Buchhandlung,-en 7
boom der Boom,-s 10
boot der Stiefel,-
booth der Stand,¨e
border die Grenze,-n; *at the border with* an der Grenze zu
border crossing der Grenzübergang,¨e
to **border on** grenzen an
bored: to be bored sich langweilen 4
boring langweilig
born geboren 1
Bosnia-Herzegovina Bosnien-Herzegowina
boss der Boss,-e 10
both beide
bottle die Flasche,-n; *nonreturnable bottle* die Einwegflasche,-n 3; *bottle with deposit* die Pfandflasche,-n 3
bowl die Schüssel,-n
box die Schachtel,-n
boy der Junge,-n; der Knabe,-n 3
boyfriend der Freund,-e
bragger der Angeber,- 6
bratwurst die Bratwurst,¨e
bread das Brot,-e
breaded veal cutlet das Wiener Schnitzel
break die Pause,-n 2
to **break** kaputt machen 6
to **break down** ausfallen (fällt aus, fiel aus, ist ausgefallen) 4
breakfast das Frühstück
breathing passage der Atemweg,-e 8
brewery die Brauerei,-en
bridge die Brücke,-n 3

briefcase die Aktentasche,-n
to **bring** bringen (brachte, gebracht); *Bring me...* Bringen Sie mir...; *to bring along* mitbringen; *to bring back* zurückbringen; *to bring order to* in Ordnung bringen 2; *to bring together* zusammenbringen 1
brochure die Broschüre,-n; der Prospekt,-e 5
broken kaputt
broomstick riding das Besenreiten 8
brother der Bruder,¨
brown braun
to **brush one's teeth** sich die Zähne putzen
bucket der Eimer,- 2
to **build** bauen; *built* erbaut; *built-in* eingebaut 10
building das Gebäude,- 3
to **burn** brennen (brannte, gebrannt) 8
bus der Bus,-se
business das Geschäft,-e 2
businessman der Geschäftsmann,¨er 7
businesspeople die Geschäftsleute (pl.) 1
but aber; *but (on the contrary)* sondern
butcher der Fleischer,-; der Metzger,-
butter die Butter
button der Knopf,¨e 2
to **buy** kaufen; *to buy on credit* anschreiben (schrieb an, angeschrieben) 3
by bei; *by no means* gar nicht
Bye! Tschüs!

C

cabbage der Kohl 7
cable das Kabel,- 4
café das Café,-s; das Eiscafé,-s
cake der Kuchen,-
calculator der Rechner,-
calendar der Kalender,- 10
to **call for** rufen um (rief, gerufen) 4

to **call up** anrufen (rief an, angerufen); *Why don't you call...!* Ruf doch...an!

to **calm down** beruhigen 3

calorie die Kalorie,-n 8

camera die Kamera,-s

to **camp** campen

camper der Wohnwagen,-; der Camper,-

campground der Campingplatz,¨e

can die Dose,-n

can können (kann, konnte, gekonnt)

Canadian kanadisch 10

candle die Kerze,-n 1

canton der Kanton,-e 1

capital (city) die Hauptstadt,¨e

to **capture** kapern 6; gefangen nehmen (nimmt gefangen, nahm gefangen, gefangen genommen) 6

car das Auto,-s; der Wagen,-

car magazine die Autozeitschrift,-en

carbon dioxide das Kohlendioxyd

carbon monoxide das Kohlenmonoxyd

card die Karte,-n

career die Karriere,-n

carnival der Karneval 7

carousel das Karussell,-s

carp der Karpfen,-

carpet der Teppich,-e 2

carrot die Karotte,-n; die Möhre,-n

to **carry** tragen (trägt, trug, getragen)

to **carry on** weitermachen

carton der Karton,-s 2

to **carve** schnitzen 8

cash register die Kasse,-n

cashier die Kassiererin,-nen

cassette die Kassette,-n

cassette recorder der Kassettenrekorder,-

castle die Burg,-en; das Schloss,¨er

cat die Katze,-n

to **catch a cold** sich erkälten

cathedral der Dom,-e

Catholic katholisch 3

cauliflower der Blumenkohl 2

cave die Höhle,-n 5

CD die CD,-s

CD player der CD-Spieler,-

CD-ROM die CD-ROM,-s 7

to **celebrate** feiern

celebration das Fest,-e 1

cellar der Keller -

cemetery der Friedhof,¨e 2; *cemetery for homeless/ nameless people* der Heimatlosenfriedhof,¨e 2

center die Mitte

center of city die Innenstadt,¨e; die Stadtmitte; das Zentrum,-tren 1

centimeter der Zentimeter,- 6

century das Jahrhundert,-e 3; *turn of the century* die Jahrhundertwende,-n 10

chain die Kette,-n 3

chair der Stuhl,¨e

chalk die Kreide

champion der Meister,-; *National Champion of Germany* Deutscher Meister

chance die Chance,-n

to **change** wechseln; verändern 2; auswechseln 3

channel der Kanal,¨e 2

to **charge** anschreiben (schrieb an, angeschrieben) 3

charming charmant

cheap billig 2

to **check** nachsehen (sieht nacht, sah nach, nachgesehen); überprüfen

to **cheer** jubeln

cheese der Käse

cheese sandwich das Käsebrot,-e

chemistry die Chemie

cherry die Kirsche,-n

chess das Schach; *Checkmate!* Schach und matt!

chic schick

chicken das Huhn,¨er

child das Kind,-er

chin das Kinn,-e

China China

chocolate die Schokolade,-n 3

chocolate ice cream das Schokoeis

choice Auswahl

to **choose** sich aussuchen

Christmas Weihnachten; *Merry Christmas!* Fröhliche Weihnachten!

church die Kirche,-n

cigar die Zigarre,-n

cinema das Kino,-s

circle der Kreis,-e

circus der Zirkus,-se 4

city die Stadt,¨e; *big city* die Großstadt,¨e 7

city hall das Rathaus,¨er

city map die Stadtplan,¨e

city traffic der Stadtverkehr

city train die S-Bahn,-en

clarinet die Klarinette,-n

class die Klasse,-n; *second (economy) class (train)* die Zweite Klasse; *top of the class* die Klassenbeste,-n 6

class representative die Klassensprecherin,-nen 6

class reunion das Klassentreffen,- 6

class schedule der Stundenplan,¨e

classical antik 8

clean sauber

to **clean** sauber machen 2

to **clean up** aufräumen

cleaning woman die Putzfrau,-en 2

clear klar; *Of course.* Klar.

to **clear (table)** abräumen

clerk (male) der Beamte,-n

to **click on** klicken auf 10

cliff die Klippe,-n 2

to **climb**

to **climb** steigen (stieg, ist gestiegen); klettern 9 *to get out of bed* aus dem Bett steigen

clip der Clip,-s 2

clock Uhr,-en

cloister das Kloster,¨ 3

to **close** zumachen

closed zu

closet der Schrank,¨e

clothes die Kleidung

clothes line die Leine,-n

clothing die Kleidung

clothing item das Kleidungsstück,-e

cloud die Wolke,-n 9

clown der Clown,-s 6
club (organization) der Klub,-s; *(tool)* die Keule,-n 2
coach der Trainer,-
coach (train) der Wagen,-
coal die Kohle,-n 1
coal mine die Zeche, -n 7
coat der Mantel,⁻
cocoa der Kakao
coffee der Kaffee
coin die Münze,-n
coincidence der Zufall,⁻e 7
cola die Cola,-s
cold kalt
cold-cut platter die Kalte Platte
colleague der Kollege,-n
to **collect** sammeln
college preparatory school das Gymnasium,-sien
to **collide** zusammenstoßen (stößt zusammen, stieß zusammen, ist zusammengestoßen) 5
color die Farbe,-n
color monitor der Farbmonitor,-en 7
colorful bunt
to **comb one's hair** sich kämmen
to **come** kommen (kam, ist gekommen); *to come back* zurückkommen; *to come by* vorbeikommen; *to come to an end* untergehen (ging unter, ist untergegangen) 10; *to come here* herkommen; *to come over* rüberkommen; *to come along* mitkommen; *to come up* entstehen (entstand, ist entstanden) 8
comfortable bequem 1
comic magazine die Cartoonzeitschrift,-en
to **communicate** sich verständigen 10
communication technology die Kommunikationstechnologie,-n 7
communism der Kommunismus 5
compact disk die CD,-s
company die Firma,-men

comparison der Vergleich,-e; *in comparison to* im Vergleich zu
compartment das Abteil,-e
competition die Konkurrenz 8
to **complain** maulen 1
compost der Kompost 3
computer der Computer,-
computer exhibit die Computerausstellung,-en 7
computer game das Computerspiel,-e
computer network das Computernetz 2
computer science die Informatik 1
computer specialist der Computerspezialist,-en
computer technology die Computertechnologie,-n 7
to **concentrate** sich konzentrieren 2
concept der Begriff,-e 9
concern die Sorge,-n 5; das Anliegen,- 10
concert das Konzert,-e
condition der Zustand, ⁻e 2
conference die Konferenz,-en 8
conflict der Konflikt,-e 8
confused verwirrt 2
to **congratulate** gratulieren
to **connect** verbinden (verband, verbunden) 1
connection die Verbindung,-en 1
to **conquer** erobern 9
conscious bewusst 8
to **consist of** bestehen aus (bestand, bestanden) 5
to **construct** aufbauen, bauen, erbauen
consumerism der Konsum 9
consumption der Konsum 9
contact der Kontakt,-e 3
container der Container,- 3
contemporary heutig
continuation die Fortsetzung,-en 6
to **continue** weitermachen; *to continue driving* weiterfahren (fährt weiter, fuhr weiter, ist weitergefahren)
contract der Vertrag,⁻e 2
contrast der Kontrast,-e 1

conversation das Gespräch,-e 6
to **converse** sich unterhalten (unterhält, unterhielt, unterhalten)
to **convert** verwandeln
to **convince** sich überzeugen
cook (female) die Köchin,-nen
to **cook** kochen
cooker der Kocher,-
cookie der Keks,-e
cool kühl
coordinated koordiniert
to **copy** kopieren 5
copy machine die Kopiermaschine,-n 7
cordial herzlich
corner die Ecke,-n
correct richtig 5
to **cost** kosten
costume die Tracht,-en
cosy gemütlich 7
cough drop der Hustenbonbon,-s
cough syrup der Hustensaft,⁻e
Council of Europe der Europarat 9
to **count** zählen 8
counter die Theke,-n; *ticket counter* der Schalter,-
Counter Reformation die Gegenreformation 9
country das Land,⁻er; *in the country* auf dem Land
couple das Paar,-e
course der Kurs,-e 8
court (sports) das Spielfeld,-er 8; *court (law)* der Gerichtshof,⁻e 9
cousin (female) die Cousine,-n
cousin (male) der Cousin,-s
to **cover** decken; *to set the table* den Tisch decken
covered belegt; *sandwiches* belegte Brote
cow die Kuh,⁻e
crank die Kurbel,-n 7
to **create** schaffen (schuf, geschaffen) 7; herstellen 10
crime die Kriminalität 9
to **criticize** kritisieren 7
to **cross** überqueren
cross das Kreuz,-e
crown die Krone,-n 4

to **crown** krönen 1
Crusade der Kreuzzug,¨e 3
cucumber salad der Gurkensalat
cucumber die Gurke,-n
culture die Kultur,-en 1
cultural accomplishment die Kulturleistung,-en 10
cultural heritage das Kulturgut,¨er 9
cultural heritage site die Kulturerbestätte,-n 10
cup die Tasse,-n
cupboard der Schrank,¨e
currency die Währung,-en
currency consolidation die Währungsunion,-en 9
current der Strom 4
curry sausage die Currywurst,¨e 7
curry spice das Curry 7
curve die Kurve,-n 9
customs der Zoll 9
to **cut** schneiden (schnitt, geschnitten); *to cut off* abschneiden 6; *to cut down (trees)* fällen 9
Czech Republic die Tschechische Republik 1

D

dad der Vati,-s
dairy product das Milchprodukt,-e 8
dance der Tanz,¨e
to **dance** tanzen; *while dancing* beim Tanzen
dance class der Tanzkurs,-e 5
dancer (female) die Tänzerin,-nen
dancing instructor der Tanzlehrer,-
dancing lesson die Tanzstunde,-n
dancing partner der Tanzpartner,-nen
dancing school die Tanzschule,-n
dangerous gefährlich 3
Danish dänisch 6

dark dunkel; *dark blue* dunkelblau
daughter die Tochter,¨
day der Tag,-e; *during the day* am Tag; *day before yesterday* vorgestern; *Day of National Mourning* der Volkstrauertag; *day of departure* der Abreisetag,-e 1; *day of death* der Todestag,-e 1
dead tot 1
deadline der Termin,-e 8
to **deal with** handeln von 6
Dear... (letter) Liebe(r)...
death der Tod 9
December der Dezember
to **decide** entscheiden (entschied, entschieden) 6
to **decorate** schmücken; *the beautifully decorated horses* die schön geschmückten Pferde
deed die Tat
to **define** definieren 10
definitely bestimmt
delegate der Abgeordnete,-n 9
delicacy der Leckerbissen,-
delicious lecker
to **demand** verlangen 2
democracy die Demokratie 9
democratization die Demokratisierung 10
to **demonstrate** zeigen
Denmark Dänemark
dentist der Zahnarzt,¨e
to **depart** abfahren (fährt ab, fuhr ab, ist abgefahren)
department die Abteilung,-en
department store das Kaufhaus,¨er
departure die Abfahrt,-en 1; *day of departure* der Abreisetag,-e 1
depict darstellen
to **describe** beschreiben (beschrieb, beschrieben)
to **desert** im Stich lassen 10
desk der Schreibtisch,-e
desktop publishing das Desktop-Publishing 7
desolate desolat 2
dessert der Nachtisch,-e
destination das Ziel,-e 1

detail das Detail,-s 1
detective story der Krimi,-s
to **determine** bestimmen 10
to **develop** entwickeln 7; entstehen (entstand, ist entstanden) 8
to **devour** fressen (frisst, fraß, gefressen) 4; auffressen (frisst auf, fraß auf, aufgefressen); verschlingen (verschlang, verschlungen) 6
dialect der Dialekt,-e 1
diamond der Diamant,-en 5
diary das Tagebuch,¨er 10
to **die** sterben (stirbt, starb, ist gestorben)
dietary plan der Essensplan,¨e 8
different verschieden; anders 3
difficult schwer; schwierig 8
dining room das Esszimmer,-; der Speisesaal,-säle
dinner das Abendessen
dinosaur der Dinosaurier,- 1
diplomacy die Diplomatie 5
director der Direktor,-en 6
dirty schmutzig
disc jockey,-s
disco die Disko,-s
to **discover** entdecken 7
discovery die Entdeckung,-en 8
to **discuss** besprechen (bespricht, besprach, besprochen); diskutieren 2
discussion die Diskussion,-en 9
disease die Krankheit,-en 8
disguised verkleidet
dishes das Geschirr
dishwasher die Geschirrspülmaschine,-n
disk die Diskette,-n 7
to **dispatch** aufgeben (gibt auf, gab auf, aufgegeben)
display window das Schaufenster,-
dissemination die Verbreitung 9
distance die Entfernung,-en; die Strecke,-n; *the farthest distance* die weiteste Entfernung
distant entfernt
to **disturb** stören 6
ditch der Graben,- 4

to **divorce** sich scheiden lassen (lässt scheiden, ließ scheiden, scheiden lassen) 8

dizzy schwindlig; *I'm dizzy.* Mir ist schwindlig.

DJ der Diskjockey

to **do** machen; tun (tat, getan); *to do (handi)crafts* basteln; *What are you doing?* Was machst du?

doctor (female) die Ärztin,-nen,

doctor (male) der Arzt,⸚e; der Doktor,-en; *doctor working with natural methods* der Öko-Arzt,⸚e 8

dog der Hund,-e; *dog's life* das Hundeleben 6

doll die Puppe,-n 8

domestic animal das Haustier,-e

door die Tür,-en

down unten; hinunter 5

downtown die Innenstadt,⸚e

to **draw** zeichnen 9

dreadful schrecklich

to **dream** träumen

dress das Kleid,-er

to **drink** trinken (trank, getrunken)

to **drive** fahren (fährt, fuhr, ist gefahren); *to drive along* entlangfahren; *to drive around* herumfahren; *to drive on* weiterfahren; *to drive there* hinfahren

driver der Fahrer,-

driver's license der Führerschein,-e; *to take driver's education* den Führerschein machen

driving experience die Fahrpraxis

driving instructor der Fahrlehrer,-

driving lesson die Fahrstunde,-n

driving school die Fahrschule,-n

to **drown** ertrinken (ertrank, ist ertrunken) 1

drug das Medikament,-e

drug traffic der Drogenhandel 9

drummer der Schlagzeuger,- 4

drums das Schlagzeug

dry trocken

to **dry** sich trocknen; *to dry one's hair* sich das Haar trocknen; *to dry (dishes)* abtrocknen 2

duck die Ente,-n

dull eintönig

dumb dumm 4

dummy der Schwachkopf,⸚e 7

dumpling der Knödel,-

dumpster der Container,- 3

dune die Düne,-n 2

during während

dust der Staub 2

to **dust** Staub wischen 2

to **dye** färben 7

E

each jeder; *each other* einander 6

ear das Ohr,-en

earlier früher

early früh

to **earn** verdienen 4

earring der Ohrring,-e

earth die Erde

east der Osten; *east (of)* östlich; *eastern part* der Ostteil,-e

East Asia Ostasien 5

Easter Ostern; *Happy Easter!* Frohe Ostern!

easy leicht

easy chair der Sessel,-

to **eat** essen (isst, aß, gegessen); *to eat (animals)* fressen (frisst, fraß, gefressen) 4; *to eat up (animal)* auffressen

eating habit die Essgewohnheit,-en 2

ecological ökologisch

economic wirtschaftlich 9

economical ökonomisch 1

economist die Betriebswirtin,-nen 9

edition die Ausgabe,-n 10

editorial office die Redaktion,-en

education die Ausbildung 1

effect der Effekt,-e

Egypt Ägypten 4

eight acht

eighteen achtzehn

eighty achtzig

elbow der Ellenbogen,- 8

electric appliance das Elektrogerät,-e

electric motor der Elektromotor,-en 7

electrical outlet die Steckdose,-n 4

electrician der Elektriker,-

electricity die Elektrizität; der Strom 4

electrotechnician der Eletrotechniker,-

elegant elegant

element das Element,-e 3

elevator der Fahrstuhl,⸚e

eleven elf

elliptical elliptisch 9

embarrassing peinlich 5

emission die Emission,-en

emperor der Kaiser,- 1

empire das Reich,-e 1; das Kaiserreich,-e 1

employee (female) die Angestellte,-n

employee (male) der Angestellte,-n

empty leer

encyclopedia die Enzyklopädie,-n 1

energy die Energie

engineer der Ingenieur,-e

England England

English englisch; *English (subject)* das Englisch

Englishman der Engländer,-

to **enjoy** genießen (genoss, genossen) 2

enjoyment das Vergnügen

enough genug; *I've had enough!* Es reicht mir! 1

entertainment die Unterhaltung,-en

enthusiastic about begeistert von 9

entrance der Eingang,⸚e; die Einfahrt,-en

envelope der Briefumschlag,⸚e

environment die Umwelt

environmental protection der Umweltschutz

environmentally aware umweltbewusst 3

Eocene period das Eozän 10

equal gleich 6
equipment Ausrüstung,-en 9
era das Zeitalter 2
eraser der Radiergummi,-s
error der Fehler,- 2
escalator die Rolltreppe,-n
especially besonders; *not especially* nicht besonders
essay der Aufsatz,¨e 4
Europe Europa
European europäisch; *European Union* die Europäische Union 1
even sogar; *even (ground)* eben
evening der Abend,-e; *in the evening* am Abend; *evenings* abends 8
every jeder
everyday life der Alltag,-e
everything alles
everywhere überall
exact(ly) genau
exam die Arbeit,-en; *exam (final) for Gymnasium* das Abitur 8
examination die Prüfung,-en
to **examine** untersuchen
examiner der Prüfer,-
example das Beispiel,-e; *for example* zum Beispiel
except außer
excerpt der Auszug,¨e 10
to **exchange** umtauschen 9
exchange student die Austauschschülerin,-nen 6
exchange of ideas der Gedankenaustausch 10
exciting spannend 6
excursion der Ausflug,¨e 10
excuse die Entschuldigung; die Ausrede,-n 8; *Excuse me!* Entschuldigung!, Entschuldigen Sie!
exercise die Übung,-en; die Aufgabe,-n
exhausting strapaziös
to **exist** existieren 6
exit der Ausgang,¨e
to **expect** erwarten
expensive teuer
experience das Erlebnis,-se; die Erfahrung,-en 9

to **experience** erleben 9
expert der Experte,-n 9
to **explain** erklären
explanation die Erklärung,-en 5
eye das Auge,-n

F

face das Gesicht,-er
to **fail** ausfallen (fällt aus, fiel aus, ist ausgefallen) 4
to **fail** durchfallen (fällt durch, fiel durch, ist durchgefallen)
fairy tale das Märchen,- 8
fairy-tale king der Märchenkönig,-e 1
fall der Herbst,-e
to **fall** fallen (fällt, fiel, ist gefallen) 4; stürzen 9
family family; *sense of family* der Familiensinn 7
famous berühmt
fan der Fan,-s
far weit; *far-reaching* weitreichend 10
farm der Bauernhof,¨e
farmer der Bauer,-n 1
to **fascinate** faszinieren 6
fascinated fasziniert 3
fashion die Mode,-n
fashionable modisch
fast schnell
to **fasten** befestigen
fat das Fett,-e 7
father der Vater,¨
favor der Gefallen; *to do them a favor* ihnen einen Gefallen tun
favorite meal das Lieblingsessen,-
favorite song das Lieblingslied,-er
favorite (school) subject das Lieblingsfach,¨er
fear die Angst,¨e
February der Februar
federal state das Bundesland,¨er 1
to **feed** füttern
to **feel** fühlen; *to feel well* sich wohl fühlen
feeling das Gefühl,-e 3

fence der Zaun,¨e
festival das Fest,-e
to **fetch** holen
fever das Fieber
fever thermometer das Fieberthermometer,-
field das Feld,-er 1
field trip der Schulausflug,¨e
fifteen fünfzehn
fifty fünfzig
fight der Kampf,¨e 2
to **fight** kämpfen; *to fight* streiten (stritt, gestritten) 7; sich in die Haare kriegen 4
figure die Figur,-en 1
to **fill out** ausfüllen
film der Film,-e
final (graduation) ball der Abschlussball,¨e
finally endlich; *Finally, the day is here.* Endlich ist der Tag da.
to **find** finden (fand, gefunden); *to find out* feststellen
finger der Finger,-
finger technique die Fingertechnik
finish das Ziel,-e
finished fertig
fire das Feuer,- 2
firm die Firma,-men
first erst-, zuerst
fish der Fisch,-e
fish fillet das Fischfilet
fish sandwich die Fischsemmel,-n
to **fit** passen
five fünf
flag die Fahne,-n
flat flach; platt 3
flight der Flug,¨e
flight attendant der Flugbegleiter,-
flight passenger der Fluggast,¨e
flight ticket der Flugschein,-e
flood die Flut,-en 9
floor (level) der Stock, Stockwerke; *floor (ground)* der Boden,¨ 2; *first floor (in America)*; das Erdgeschoss,-e

to **flow** fließen (floss, ist geflossen)

flower die Blume,-n

flu die Grippe,-n 8

flute die Flöte,-n

to **fly** fliegen (flog, ist geflogen)

foam material der Schaumstoff,-e 3

folk das Volk,-̈er 2

folklore die Folklore 4

to **follow** folgen

food das Essen,-

food group die Nahrungsmittelgruppe,-n 8

food server (female) die Kellnerin,-en

food server (male) der Kellner,-

foot der Fuß,-̈e; *on foot* zu Fuß

footboard das Trittbrett,-er 2

for für; *for more than...years* seit über...Jahren; *for you* für dich; *for it* dafür

to **forbid** verbieten (verbat, verboten) 7

force die Macht,-̈e 1

forehead die Stirn,-en

foreign fremd; ausländisch 6

foreign country das Ausland 1

foreign language die Fremdsprache,-n 6

foreigner der Ausländer,-

forest der Wald,-̈er 2

to **forget** vergessen (vergisst, vergaß, vergessen)

fork die Gabel,-n

form das Formular,-e 9

former ehemalig

fort das Fort,-s 9

fortress die Burg,-en

forty vierzig

fossil die Fossilie,-n 10

fossil pit die Fossiliengrube,-n 10

to **found** gründen 6

founded gegründet

founder der Begründer,- 8

fountain das Wasserspiel,-e 1

four vier

fourteen vierzehn

foxtrot der Foxtrott

franc (Swiss monetary unit) der Franken,-

France Frankreich

free frei; kostenlos 3

freedom die Freiheit 9

French französisch; *French (subject)* das Französisch; *She speaks French.* Sie spricht französisch.

french fries die Pommes frites (pl.)

Frenchman der Franzose,-n

Frenchwoman die Französin,-nen

fresh frisch; frech 4

Friday der Freitag,-e

fried potatoes die Bratkartoffeln (pl.)

friend (female) die Bekannte,-n

friend (male) der Bekannte,-n

friendly freundlich

friendship die Freundschaft,-en 10

frightened erschrocken

Frisia (northwestern Germany) Friesland 6

Frisian friesisch 2

from aus, von; *from where* woher; *from one to the next* von einem...zum anderen

front: in front vorn 2

front seat der Vordersitz,-e

fruit(s) das Obst

fruit juice der Fruchtsaft,-̈e

fuel das Benzin

full voll

fun der Spaß; *They have lots of fun.* Sie haben viel Spaß.; *Have lots of fun!* Viel Spaß!; *It's fun.* Es macht Spaß.; *to make fun of* sich lustig machen über 10

to **function** funktionieren 1

funeral die Beerdigung,-en 1

funny lustig; komisch 5

fur der Pelz,-e 6

further weiter

future die Zukunft

G

game das Spiel,-e

garage die Garage,-n

garbage der Müll; *garbage for composting* die Bio-Tonne,-n 3

garden der Garten,-̈

gas das Benzin

gate (airport) der Flugsteig,-e

gear der Gang,-̈e

gem der Edelstein,-e 5

general der General,-e 1

general(ly) allgemein

generation die Generation,-en 2

genius das Genie,-s; *Such a genius!* So ein Genie!

gentleman der Herr,-en; der Kavalier,-e

geocentric geozentrisch 9

geographical geographisch 4

geography die Erdkunde

geometry die Geometrie

German (female) die Deutsche,-n

German (male) der Deutsche,-n

German deutsch; *She speaks German.* Sie spricht deutsch.; *German (subject)* auf Deutsch; *German-speaking* deutschsprachig 3

Germany Deutschland

to **get** bekommen (bekam, bekommen); holen; *to get along with* auskommen mit (kam aus, ist ausgekommen) 9; *to get angry* schimpfen; *to get around* herumkommen 2 *to get in* einsteigen (stieg ein, ist eingestiegen); *to get lost* verloren gehen (ging verloren, ist verloren gegangen) 9; *to get on* aufsteigen; *to get off* aussteigen; *to get there* hinkommen; *to get through* durchkommen; *to get to know* kennen lernen 1; *to get together* zusammenkommen; *to get up* aufstehen (stand auf, ist aufgestanden); *to get used to* sich gewöhnen an 9

gift das Geschenk,-e

gingerbread der Lebkuchen,- 6; *gingerbread heart* das Lebkuchenherz,-en

girl das Mädchen,-

girlfriend die Freundin,-nen
to **give** geben (gibt, gab, gegeben); *to give a present* schenken; *to give up* abgeben 3
glad froh
gladly gern
glass das Glas,-̈er
to **glide** schweben
glimpse der Einblick 10
glove der Handschuh,-e
to **glue** kleben
to **go** gehen (ging, ist gegangen); *to go (by vehicle)* fahren (fährt, fuhr, ist gefahren); *to go awry* schief gehen 2; *to go down* runtergehen; *to go further* weiterkommen (kam weiter, ist weitergekommen); *to go inside* hineingehen; *to go out (electricity)* ausfallen (fällt aus, fiel aus, ist ausgefallen) 4; *to go past* vorbeigehen; *to go there* dahingehen
goal das Ziel,-e
goat die Ziege,-n
gold das Gold
golden golden
goldsmith der Goldschmied,-e 7
golf das Golf
good gut
Good Friday der Karfreitag
Good-bye! Wiedersehen: Auf Wiedersehen!
goodness die Güte; *Oh my goodness!* Du meine Güte!
goose die Gans,-̈e
Gothic gotisch
goulash soup die Gulaschsuppe,-n
government die Regierung,-en 6
to **grab** festhalten (hält fest, hielt fest, festgehalten) 1; greifen (griff, gegriffen) 10
grade die Note,-n
grammar die Grammatik 3
grammophone das Grammophon,-e 7
grandfather der Großvater,-̈
grandma die Oma,-s
grandmother die Großmutter,-̈
grandpa der Opa,-s

grandparents die Großeltern (pl.)
grandson der Enkelsohn,-̈e 9
grape die Weintraube,-n; *bunch of grapes* die Weintraube,-n
grass das Gras,-̈er 6
grave das Grab,-̈er 3
gravestone der Grabstein,-e 2
gravity die Gravitation 9
gravy die Soße,-n 2
gray grau
great klasse, prima, super, toll
Greece Griechenland 1
Greek der Grieche,-n 8
Greek (language) Griechisch 8
green grün
greenhouse effect der Treibhauseffekt
to **greet** begrüßen
greeting der Gruß,-̈e
greeting card die Glückwunschkarte,-n
gremlin der Kobold,-e 1
grinning grinsend
groceries die Lebensmittel (pl.)
ground die Erde
ground floor das Erdgeschoss,-e
group die Gruppe,-n
grown-up erwachsen 10
guest der Gast,-̈e
guest daughter die Gasttochter,-̈ 10
guest house die Pension,-en
guitar die Gitarre,-n
gummy bears die Gummibären (pl.) 8
gunpowder wound die Schießpulverwunde,-n 8

H

hair das Haar,-e
hairstylist der Friseur,-e
half halb; die Hälfte,-n 9
halftime die Halbzeit
hallway der Flur,-e 1
hamburger der Hamburger,-; *thick hamburger patty with spices* die Frikadelle, -n 7
hand die Hand,-̈e

hand brake die Handbremse,-n
hand mixer der Mixer,- 4
to **hand over** übergeben (übergibt, übergab, übergeben) 1
handicapped person der Behinderte,-n 6
handlebar (bicycle) die Lenkstange,-n
to **hang** hängen
hang gliding das Drachenfliegen 9
Hanseatic League die Hanse 6
to **happen** passieren
happy froh, glücklich; *Happy New Year!* Ein glückliches Neues Jahr!
harbor der Hafen,-̈ 2
hard roll das Brötchen,-; die Semmel,-n
hard schwer; hart
harvest die Ernte,-n 1
to **hate** hassen 3
to **have** haben (hat, hatte, gehabt); *to have in store* bereithalten (hält bereit, hielt bereit, bereit gehalten) 3; *to have on* anhaben; *to have ready* bereithalten (hält bereit, hielt bereit, bereit gehalten) 3; *to have to* müssen
he er
head der Kopf,-̈e; *bald head* der Glatzkopf,-̈e
headache die Kopfschmerzen (pl.)
headgear die Kopfbedeckung,-en 2
headlight der Scheinwerfer,-
healing art die Heilkunde 8
health die Gesundheit
healthy gesund
to **hear** hören
heart das Herz,-en 1
to **heat up** warm machen 2
helicopter der Hubschrauber,-
heliocentric heliozentrisch 9
Hello! Tag!; Grüß dich!; Guten Tag!
helmet der Helm,-e
helmet law die Helmpflicht 2
help die Hilfe,-n 1

to **help** helfen (hilft, half, geholfen); *to help oneself* sich bedienen; *Should I help myself?*; Soll ich mich selbst bedienen; *to help with the work* bei der Arbeit helfen; *May I help you?* Ja, bitte?, Bitte schön?

her ihr

herb das Kraut,-̈er 8

here hier; *here it is* hier steht's; *to come here* hierher kommen

heritage das Erbe,-n 10

hero der Held,-en

Hi! Hallo!; Grüß dich!

high hoch

highrise building das Hochhaus,-̈er 10

hike die Wanderung,-en 5

to **hike** wandern

hint der Tip,-s

hippie der Hippie,-s 7

his sein

history die Geschichte

hit (song, tune) der Hit,-s

to **hit** schlagen (schlägt, schlug, geschlagen)

hobby das Hobby,-s

to **hold** halten (hält, hielt, gehalten); *to hold on* festhalten 1

holiday der Feiertag,-e

Holland Holland

Holy Land das Heilige Land 3

home sickness das Heimweh 10

home das Zuhause 3

home for retirees das Pensionistenheim,-e 10

home: to go home nach Hause gehen

homeland die Heimat,-en,

homeless obdachlos 10; *homeless person* der Obdachlose,-n

hometown die Heimatstadt,-̈e 1

homework die Hausaufgabe,-n; die Schularbeit,-en; *to have homework to do* Hausaufgaben

honey der Honig

hood die Motorhaube,-n

hope die Hoffnung,-en 4

to **hope** hoffen

hopefully hoffentlich

horoscope das Horoskop,-e 9

horse das Pferd,-e

host family die Gastfamilie,-n 10

hostility (toward foreigners) die Ausländerfeindlichkeit

hot heiß; *hot (spicy)* scharf 7

hot chocolate der Kakao

hot dog das Würstchen,-

hour die Stunde,-n

house das Haus,-̈er; *at home* zu Hause; *to go home* nach Hause gehen; *half-timber house* das Fachwerkhaus,-̈er 8

house number die Hausnummer,-n

household der Haushalt,-e

housework die Hausarbeit 2

how wie; *how many* wie viele; *how much* wie viel; *How do you like it? (food), How does it taste?* Wie schmeckt's?; *How about...?* Wie wär's...?

human der Mensch,-en

human right das Menschenrecht,-e 9

hundred hundert

Hungary Ungarn 4

hunger der Hunger; *to be hungry* Hunger haben

to **hurry** sich beeilen

to **hurt** wehtun (tut weh, tat weh, wehgetan)

husband der Mann,-̈er

I

I ich

ice cream das Eis

ice cream parlor das Eiscafé,-s

ice hockey das Eishockey

to **ice skate** Schlittschuh laufen

ice tea der Eistee

Iceland Island 2

idea die Idee,-n; *Good idea!* Gute Idee!; *exchange of ideas* der Gedankenaustausch 10

idol das Idol,-e 4

if ob, wenn

to **ignore** ignorieren 9

ill krank

to **imagine** sich vorstellen

immediately gleich, sofort

immigrant der Einwanderer,-

imp der Kobold,-e 1

important wichtig

impressed beeindruckt 9

impressive eindrucksvoll 1

to **improve** verbessern

improvement die Besserung

in in; *in front* vorne, *in front of* vor; *in order that* damit; *in spite of* trotz, trotzdem; *in the back* hinten; *in costume* verkleidet

in-line skate der Inline Skate,-s 8

in-line skating 8 das Inline Skating 8

Inca der Inka,-s 7

inconsiderate rücksichtslos 5

index card die Stichwortkarte,-n 6

India Indien 3

Indian indisch 3

indigenous einheimisch 8

individual einzeln 3

industrial industriell 7

industrialized nation das Industrieland,-̈er 2

industry die Industrie,-n 7

inexpensive billig 2

influence der Einfluss,-̈e; *to have influence on* Einfluss haben auf

to **influence** beeinflussen 2

to **inform** informieren; *to inform oneself* sich informieren 8

information die Auskunft,-̈e; die Information,-en 6

information media das Informationsmedium,-medien 7

information superhighway die Datenautobahn,-en 10

informative informativ

ingenuity der Erfindungsgeist,-e 10

inhabitant der Einwohner,-

inheritance das Erbe,-n 10

inhuman unmenschlich

initiative die Aktion,-en 3

injury die Verletzung,-en 8

inland das Inland 6

inn der Gasthof,-̈e
Inquisition die Inquisition,-en 8
insecurity die Unsicher-
    heit,-en 10
inside innerhalb; *inside mirror*
    der Innenspiegel,-
insight der Einblick 10
insistent aufdringlich
instead of anstatt
to **instruct** unterrichten
instruction der Unterricht
insurance die Versiche-
    rung,-en 10
integration die Integration,-en 9
intelligent klug
to **intend** vorhaben (hat vor,
    hatte vor, vorgehabt)
interest das Interesse,-n
interesting interessant
Internet das Internet 1
internship das Praktikum,-en 10
interpersonal (matters) das
    Zwischenmenschliche 10
interview das Interview,-s
to **interview** interviewen
Intranet das Intranet 3
to **introduce (oneself)** vorstellen 4
to **invent** erfinden (erfand,
    erfunden) 7
invention die Erfindung,-en 5
inventor der Erfinder,- 7
to **invest** investieren 1
invitation die Einladung,-en
to **invite** einladen (lädt ein, lud
    ein, eingeladen)
Iran der Iran
to **iron** bügeln 2
Islamic islamisch 4
island die Insel,-n 1; *group of
    islands* die Inselgruppe,-n 2
to **isolate** isolieren 8
issue die Ausgabe,-n 10; das
    Anliegen,- 10
it es
Italian der Italiener,-
Italian italienisch; *He speaks
    Italian. Er spricht italie-
    nisch.*
Italy Italien
items die Sachen (pl.)
its sein

J

jacket die Jacke,-n
jam die Marmelade,-n
January der Januar
jeans die Jeans (pl.)
jeep der Jeep,-s
jest der Scherz,-e 4
jewelry der Schmuck
Jewish jüdisch 5
job der Job,-s 3; der Beruf,-e 1;
    job interview das
    Bewerbungsgespräch,-e 6
joke der Witz,-e; der
    Scherz,-e 4; *to make jokes*
    Witze machen
journalism der Journalismus 10
joy die Lust
to **juggle** jonglieren 4
juggler der Jongleur,-e 4
July der Juli
June der Juni
Jupiter der Jupiter 9
just erst; *just as* genauso...wie

K

to **keep** behalten (behält, behielt,
    behalten) 5; *to keep up*
    mitkommen (kam mit, ist
    mitgekommen) 4
ketchup der Ketchup 7
key der Schlüssel,-
keyboard das Keyboard,-s; die
    Tastatur,-en 7
kick start der Kick-Starter,- 2
to **kill** töten 3
kilo das Kilo,-s
kilometer der Kilometer,-
king der König,-e 1
kiosk der Kiosk,-e
to **kiss** küssen 5
kitchen die Küche,-n
kitchen garbage der
    Küchenabfall,-̈e 3
kite der Drachen,- 2; *kite flying
    festival* das Drachenfest,-e 2
knapsack der Rucksack,-̈e
knee das Knie,- 4
knife das Messer,-
knight der Ritter,- 4
to **knit** stricken

to **knock** klopfen; *to knock over*
    umwerfen (wirft um, warf
    um, umgeworfen) 9
to **know (fact)** wissen (weiß,
    wusste, gewusst); *to know
    (person, place)* kennen (kannte,
    gekannt); *to get to know*
    kennen lernen 1
knowledge das Wissen 8
Korean War der Koreakrieg 8

L

ladder die Leiter,-n 6
lady die Dame,-n
lake der See,-n
lamp die Lampe,-n
to **land** landen 2
landmark das Wahrzeichen,-
landscape die Landschaft,-en 1
language die Sprache,-n
lap (race) die Runde,-n
large groß
last letzt-
to **last** dauern
late spät; *later* später; *See you
    later.* Bis später.
Latin das Latein; lateinisch 1
to **laugh** lachen
laundry die Wäsche
laundry detergent das
    Waschpulver
law das Gesetz,-e; das Recht,-e 6
lawn der Rasen; die Wiese-n;
    to mow the lawn den Rasen
    mähen
lawyer der Rechtsanwalt,-̈e
to **lay** legen
lazy faul
lazybones der Faulenzer,-; *You
    lazybones! Du Faulenzer!*
to **lead** führen; leiten 2
leader der Führer,- 2
leadfree bleifrei
league die Liga, Ligen
to **learn** lernen; *to learn from a
    person* erfahren (erfährt,
    erfuhr, erfahren) 2
least: at least mindestens 8

to **leave** verlassen (verlässt, verließ, verlassen); abfahren (fährt ab, fuhr ab, ist abgefahren); lassen (lässt, ließ, gelassen); losfahren *1; to leave in the lurch* sitzen lassen (lässt sitzen, ließ sitzen, sitzen gelassen) *3*

left links; *on the left side* auf der linken Seite

leg das Bein,-e

legend die Legende,-n *8*

leisure time die Freizeit *8*

lemon ice cream das Zitroneneis

lemonade die Limo,-s; die Limonade,-n

to **lend** leihen (lieh, geliehen)

lense die Linse,-n *9*

less weniger

to **let** lassen (lässt, ließ, gelassen); *Let's go right away!* Gehen wir doch gleich!; *Let's see...* Mal sehen...; *to let go* loslassen (lässt los, ließ los, losgelassen) *1*

letter der Brief,-e; *letter (of the alphabet)* der Buchstabe,-n *7*

level eben

library die Bibliothek,-en *1*

license plate das Nummernschild,-er

to **lie** liegen (lag, gelegen)

Liechtenstein Liechtenstein

life das Leben

lifelong lebenslang *9*

lift der Lift,-e *9*

to **lift** heben (hob, gehoben) *4*

light das Licht,-er *2*

light hell

to **light up** beleuchten *7*

lighthouse der Leuchtturm,-̈e *2*

to **like** gefallen (gefällt, gefiel, gefallen); *to like (to do)* gern haben/machen; mögen (mag, mochte, gemocht); *How do you like it...?* Wie gefällt es dir...?; *I would like to...* Ich habe Lust....

likewise gleichfalls; *the same to you* danke, gleichfalls

limit die Grenze,-n *8*

lip die Lippe,-n

to **listen to** hören; sich anhören

listener der Zuhörer,- *9*

literature die Literatur,-en *1*; die Dichtung,-en *5*

little wenig

to **live** wohnen, leben *1; to live on* weiterleben *2*

lively lebendig *8*

living quarter der Wohnraum,-̈e *2*

living room das Wohnzimmer,-

to **loan** leihen (lieh, geliehen)

local einheimisch *8*

location die Lage,-n *4*

locomotive die Lokomotive,-n *1*

long lang, lange; *for ten days* zehn Tage lang; *long time* lange

to **look** sehen (sieht, sah, gesehen); *to look at* sich ansehen; *to look for* suchen; *to live on* weiterleben *2*

loose locker

to **loot** plündern *2*

Lord Mayor der Oberbürgermeister,- *10*

to **lose** verlieren (verlor, verloren)

lost: to get lost verloren gehen (ging verloren, ist verloren gegangen) *9*

lost and found baggage service der Gepäckdienst *9*

loud laut *1*

love die Liebe,-n *1; love story* die Liebesgeschichte,-n *9*

low niedrig

luck das Glück; *to be lucky* Glück haben

luggage das Gepäck

lunch das Mittagessen

Luxembourg Luxemburg

M

machine der Apparat,-e *4*

mad wütend *1;* böse *8*

magazine die Zeitschrift,-en

magic: to perform magic zaubern *4*

magical das Magische *10*

mail die Post

to **mail (letter)** einwerfen (wirft ein, warf ein, eingeworfen)

mail carrier die Briefträgerin,-nen

mailbox der Briefkasten,-̈

mainly vor allem

to **make** machen; *to make (it)* schaffen; *We'll make it.* Das schaffen wir.; *to make a racket* Radau machen; *to make no difference* keine Rolle spielen; *to make (somebody) angry* sich ärgern *5; to make use of* gebrauchen

mammal das Säugetier,-e *10*

man der Mann,-̈er

to **manage (it)** schaffen

many viele; *how many* wie viele

map die Landkarte,-n

March der März

mark (German monetary unit) die Mark

market der Markt,-̈e

marmalade die Marmelade,-n

married couple das Ehepaar,-e *4*

to **marry** heiraten *3*

Mars der Mars *9*

mask die Maske,-n

mass production die Massenproduktion,-en *7*

master der Meister,- *5*

masterpiece das Meisterstück,-e *10*

material das Material,-ien *1*

mathematics (math) die Mathematik (Mathe); *math book* das Mathebuch; *math class* die Mathestunde; *math lesson* die Mathestunde

May der Mai

may dürfen (darf, durfte, gedurft); *May I join you?* Ist hier noch frei?

mayonnaise die Mayonnaise (or: *die Majo*) *7*

me mich, mir

meadow die Wiese,-n

meal das Essen,-; *Enjoy your meal!* Guten Appetit!

to **mean** meinen, bedeuten

meaning die Bedeutung,-en

means of transportation das Verkehrsmittel,-; das Transportmittel,- 2

meantime: in the meantime inzwischen 8

to **measure** messen (misst, maß, gemessen)

meat das Fleisch

mechanic der Mechaniker,-

mechanical mechanisch 7

media die Medien (pl.) 1

medicine die Medizin, das Medikament,-e

Mediterranean Sea das Mittelmeer 6

to **meet** sich treffen (trifft, traf, getroffen); *Let's meet...* Treffen wir uns...!

member das Mitglied,-er 1

membership card die Mitgliedskarte,-n

memory die Erinnerung,-en

menu die Speisekarte,-n

merchants die Kaufleute (pl.) 6

merry-go-round das Karussell,-s

messy unordentlich 5

metal das Metall,-e 6

meter der Meter,- 6

method die Methode,-n 7

metropolis die Großstadt,-̈e 7

microphone das Mikrophon,-e

microwave oven der Mikrowellenherd,-e

middle die Mitte

Middle Ages das Mittelalter 3

Midwest der Mittelwesten

midwife die Hebamme,-n 8

military camp das Militärlager,-

milk die Milch

millennium: turn of the millennium die Jahrtausendwende,-n 3

million die Million,-en

mind: I don t mind. Es macht mir nichts aus. 6

mineral das Mineral,-ien 8

mineral water das Mineralwasser

mining der Bergbau 10

minus minus

minute die Minute,-n; *every five minutes* alle fünf Minuten 7

mirror der Spiegel,- 1

mishap die Panne,-n 4

to **miss** verpassen; vermissen 7

mistake der Fehler,- 2

mixed gemischt

mobile mobil 2

mobile stand der Verkaufswagen,- 7

model das Modell,-e

model railway die Spielzeugeisenbahn,-en 1

model train die Modelleisenbahn,-en; der Spielzeugzug,-̈e 1

model-building der Modellbau

modem das Modem,-s 7

modern modern 8

modest bescheiden 3

mom die Mutti,-s

moment der Moment,-e; *Just a moment, please.* Einen Moment, bitte.

monastery das Kloster,-̈ 3

Monday der Montag,-e

money das Geld

monitor der Monitor,-en

monk der Mönch,-e 7

monotonous eintönig

month der Monat,-e; *monthly ticket* die Monatskarte,-n 7

mood die Laune,-n; *to be in a bad mood* in schlechter Laune sein

moon der Mond,-e 9

moped das Moped,-s; der Kicker,- 2

more mehr; *no more* nicht mehr; *more than* mehr...als

morning der Morgen

most meist-; *most of the school friends* die meisten Schulfreunde

mostly meistens

mother die Mutter,-̈

Mother's Day der Muttertag

motionless bewegungslos

to **motivate** motivieren 3

motivation die Motivation,-en 3

motor scooter der Roller,- 2

motorcycle das Motorrad,-̈er

motto das Motto,-s 6

mountain der Berg,-e; *mountain of garbage* der Müllberg,-e 3

mountain bike das Mountainbike,-s 3

mountain biking das Mountainbiking 3

mountain spirit der Berggeist,-er 5

mouth der Mund,-̈er

movable beweglich 7

to **move** sich bewegen; *to move to other countries* in andere Länder ziehen (zog, ist gezogen) 2; *on the move* unterwegs 3; *to move in* einziehen 3

movie der Film,-e

movie theater das Kino,-s

to **mow** mähen

Mr. der Herr,-en

Mrs. die Frau,-en

much viel; *how much* wie viel

mug der Becher,-

multiple-trip card die Mehrfahrtkarte,-n 7

muscle der Muskel,-n 8

museum das Museum,-seen; *museum for local artifacts* das Landesmuseum,-en 5

mushroom der Champignon,-s

music die Musik

music festival das Musikfest,-e

music teacher der Musiklehrer,-

musical instrument das Musikinstrument,-e

musician der Musiker,-

must müssen

mustard der Senf 7

N

nail der Nagel,-̈ 6

name der Name,-n

to **name** nennen (nannte, genannt) 1

named: to be named heißen (hieß, geheißen); *What's your name?* Wie heißt du?

napkin die Serviette,-n
national flag die Nationalfahne,-n
natural phenomenon das Naturphänomen,-e 10
natural sciences die Naturwissenschaften (pl.)
natural scientist der Naturforscher,- 8
natural(ly) natürlich
nature die Natur,-en 2
nature preserve das Naturschutzgebiet,-e 9
navigation die Navigation 6
near bei; nah; *near the park* beim Park
nearness die Nähe; *nearby* in der Nähe
neck der Hals,-̈e
to **need** brauchen
negative negativ
neighbor boy der Nachbarsjunge,-n 3
neighboring country das Nachbarland,-̈er
neighboring island die Nachbarinsel,-n 2
nerve der Nerv,-en 7; *to get on somebody's nerves* auf die Nerven gehen 7
nervous nervös
net das Netz,-e
Netherlands die Niederlande
network das Netzwerk,-e 2
never nie 1
nevertheless trotzdem
new neu
New Year das Neujahr
news die Nachrichten (pl.)
newspaper die Zeitung,-en
next nächst-; *the next time* das nächste Mal; *next to* neben
nice nett, schön
night die Nacht,-̈e
nine neun
nineteen neunzehn
ninety neunzig
no nein, kein; *no longer* nicht mehr; *no one* niemand
Nobel Peace Prize der Friedensnobelpreis 9
noble nobel 1
nobody niemand 5

noise der Lärm
nonsense der Quatsch 1; *Enough of this nonsense!* Schluss mit diesem Quatsch! 1
nonsmoking car der Nichtraucher-Wagen,- 1
noodle die Nudel-n 8
noodle soup die Nudelsuppe
noon der Mittag,-e
normal normal; *normally* normalerweise 1
Norman der Normanne,-n 2
north der Norden
North Pole der Nordpol 7
North Sea die Nordsee
nose die Nase,-n
not nicht; *not at all* gar nicht; *not only...but also* nicht nur...sondern auch; *not even* nicht einmal
note die Notiz,-en 9
notebook das Heft,-e
nothing nichts
novel der Roman,-e 1
November der November
now jetzt
nowadays heutzutage
nowhere nirgendwo 9
number die Nummer,-n
nurse (female) die Krankenschwester,-
nurse (male) der Krankenpfleger,-
nutrition die Ernährung 8

O

oar stroke der Ruderschlag,-̈e 3
objective(ly) objektiv 9
October der Oktober
of von; *of all things* ausgerechnet; *of course* natürlich; *of it* davon
to **offer** bieten (bot, geboten); anbieten (bot an, angeboten)
office das Büro,-s
official der Beamte,-n
official offiziell
often oft
oil level der Ölstand
ointment die Salbe,-n
OK gut

old alt; *old town* die Altstadt,-̈e
on an, auf; *on time* pünktlich
once einmal; *once more* noch einmal; *once a week* einmal die Woche; *once in a while* ab und zu
one eins, man; *one-of-a-kind* einzigartig 10; *one-way* einfach 1
oneself selbst
onion die Zwiebel,-n
only nur, erst; einzig 9; *not until tomorrow* erst morgen; *first* erst-
open geöffnet
to **open** aufmachen; öffnen 6
opinion die Meinung,-en
opinion poll die Meinungsumfrage,-n 10
opportunity die Gelegenheit,-en 2
opposite das Gegenteil,-
or oder
orange die Apfelsine,-n
orange orange
orange juice der Orangensaft
order die Ordnung,-en 2
to **order** bestellen
ore mine das Erzbergwerk,-e 10
organ (musical instrument) die Orgel,-n 9
organization die Organisation,-en
to **organize** organisieren 4
original originell
to **originate (river)** entspringen (entsprang, ist entsprungen)
others andere; *the others* die anderen
otherwise sonst
our unser
out raus 1; *out-of-date* out 9; *out of* aus, außerhalb
outfit Ausrüstung,-en 9
outside außerhalb; draußen
over über; vorüber; *over there* da drüben; *The week is over.* Die Woche ist vorüber.
overhead electric wire die Oberleitung,-en 7
own eigen; *It has a mind of its own.* Es hat seinen eigenen Kopf.

P

to **pack** packen
  package das Paket,-e; *die Packung,-en*
  packing material das Verpackungsmaterial,-ien 3
  page (sheet) das Blatt,¨er 6; *(book)* die Seite,-n 6
  pail der Eimer,- 2
  pain der Schmerz,-en 4
  paint die Farbe,-n 6
to **paint** streichen (strich, gestrichen) 6
  paintbrush der Pinsel,- 6
  painter der Maler,-
  painting die Malerei 6
  pair das Paar,-e
  palace das Schloss,¨er; der Palast,¨e 1
  pantomime die Pantomime,-n
  pants die Hose,-n
  paper das Papier
  paradise das Paradies
  parasite der Schmarotzer,- 10
  parcel das Päckchen,-
  parents die Eltern (pl.)
  park der Park,-s
to **park** parken
  parking lot der Parkplatz,¨e 2
  parliament das Parlament 9
  part der Teil,-e; *for the most part* zum größten Teil; *part of body* der Körperteil,-e
  participant der Teilnehmer,-
to **participate** mitmachen; *to participate in sports* Sport treiben; *to participate in* teilnehmen an (nimmt teil, nahm teil, teilgenommen) 4
  party die Party,-s; *to give a party* eine Party geben
to **pass** weitergeben (gibt weiter, gab weiter, weitergegeben) 3; *to pass (ball)* abgeben; *to pass by* vorbeikommen (kam vorbei, ist vorbeigekommen); *to pass on* übergeben 1; *to pass (test)* bestehen (bestand, bestanden); *to pass (time)* vergehen (verging, ist vergangen) 3

  passport der Reisepass,¨e
  passport checkpoint die Passkontrolle,-n 9
  pasta die Pasta
to **paste** kleben
  path der Weg,-e
  patience die Geduld; *Just be patient!* Nur Geduld!
to **pay** bezahlen; *to pay attention* aufpassen 6
  pea die Erbse,-n
  peace die Ruhe; der Frieden 9
  peaceful friedlich 4
  peach der Pfirsich,-e
  peak der Gipfel,- 9
  peanut butter die Erdnussbutter
  pear die Birne,-n
to **pedal** treten (tritt, trat, getreten) 2
  peg der Stift,-e
  pen der Kuli,-s (ballpoint)
  pencil der Bleistift,-e
  Pentecost Pfingsten
  people die Leute (pl.); das Volk,¨er 2
  pepper der Pfeffer
  percent das Prozent,-e
  percussion das Schlagzeug
  percussionist der Schlagzeuger,- 4
  performance die Vorstellung,-en
  perhaps vielleicht
to **perish** untergehen (ging unter, ist untergegangen) 10
to **persecute** verfolgen 8
  person der Mensch,-en
  personal data der Steckbrief,-e 1
  pet das Haustier,-e
  pharmacist der Apotheker,-
  pharmacy die Apotheke,-n
  phase die Phase,-n 3
  phone call das Telefongespräch,-e; *to make a phone call* ein Telefongespräch führen
  photo das Foto,-s
  photo album das Fotoalbum, Fotoalben
  photographer der Fotograf,-en
  physical körperlich; *physically handicapped* körperlich behindert

  physician (female) die Ärztin,-nen,
  physician (male) der Arzt,¨e; der Doktor,-en
  physics die Physik
  piano das Klavier,-e
  piano lessons der Klavierunterricht
to **pick out** sich aussuchen
to **pick up** abholen
  picnic das Picknick,-s; *to have a picnic* ein Picknick machen
  picture das Bild,-er
  picture postcard die Ansichtskarte,-n
  piece das Stück,-e
  pig das Schwein,-e
  pill die Tablette,-n
  pilot der Pilot,-en
  pink rosa
  pirate der Pirat,-en 6
  pit die Grube,-n 10
to **pitch (tent)** aufbauen
  pizza die Pizza,-s
  pizza bread das Pizza-Brot
  pizza restaurant die Pizzeria,-s
  place die Stelle,-n; der Platz,¨e; der Ort,-e; die Stätte,-n 10; *The team is in second place.* Die Mannschaft steht an zweiter Stelle.
to **place** legen, stellen; tun (tut, tat, getan) 6
  plan der Plan,¨e 3
to **plan** vorhaben (hat vor, hatte vor, vorgehabt); *to plan* planen
  planet der Planet,-en
  planetary orbit die Planetenbahn,-en 9
  planetary system das Planetensystem,-e 9
  plant die Pflanze,-n 8
to **plant** pflanzen 1
  plastic bag die Plastiktüte,-n
  plate die Platte,-n; der Teller,-
to **play** spielen
  player der Spieler,-
  playing field das Spielfeld,-er 8
  please bitte
  pleasure das Vergnügen, die Lust; *Business before pleasure.* Erst die Arbeit, dann das Vergnügen.

to **plug in** einstecken 4
plum die Pflaume,-n
to **plunge** stürzen 9
plus plus
poem das Gedicht,-e 4
poet der Dichter,- 5
poetry die Dichtung,-en 5
Poland Polen
police die Polizei
policeman der Polizist,-en
to **polish** polieren 2
polite höflich 5
politician der Politiker,- 1
politics die Politik
to **pollute** verschmutzen 3
pony das Pony,-s
poor arm
popcorn das Popcorn
pope der Papst,-̈e 3
popular beliebt
to **portray** darstellen
position die Stelle,-n 6
positive positiv 6
possible möglich
post office die Post; das Postamt,-̈er
post office box das Postfach,-̈er
postcard die Postkarte,-n
poster das Poster,-
potato die Kartoffel,-n; *boiled potato* die Salzkartoffel,-n
potato dish die Kartoffelspeise,-n 7
potato salad der Kartoffelsalat
pound das Pfund,-e
to **pour** gießen (goss, gegossen)
power die Macht,-̈e 1
powerful mächtig 6
practical praktisch
practice die Übung,-en; *Practice makes perfect!* Übung macht den Meister!
prank der Streich,-e 4
precious stone der Edelstein,-e 5
prepackaged abgepackt 3
to **prepare (a meal)** zubereiten; *to prepare for* sich vorbereiten auf
to **prescribe** verschreiben (verschrieb, verschrieben)
prescription das Rezept,-e
present das Geschenk,-e

to **preserve** erhalten (erhält, erhielt, erhalten) 9
president der Präsident,-en 5
to **press** drücken 2
pretzel die Brezel,-n
price der Preis,-e
prince der Fürst,-en
principality das Fürstentum
to **print** drucken 7
printer Drucker,- 7
printing press die Buchpresse,-n 7
prism das Prisma,-men 9
private privat 3
private lesson die Nachhilfestunde,-n
private life das Privatleben 9
prize der Preis,-e
probably wahrscheinlich 5
problem das Problem,-e; die Aufgabe,-n; *to have problems* in der Klemme sitzen 1
to **produce** produzieren; herstellen 10
product das Produkt,-e 3; die Ware,-n 3
production die Redaktion,-en
productive produktiv 8
profession der Beruf,-e 1
professional professionell 4
program das Programm,-e
progress der Fortschritt,-e 10
project das Projekt,-e 8
to **promise** versprechen (verspricht, versprach, versprochen) 2
to **promote** fördern 9
proper richtig 5
to **protect** schützen
protective gear der Protektor,-en 8
Protestant evangelisch 9
proud stolz
to **prove** beweisen (bewies, bewiesen) 9
to **provide for** sich sorgen um
province die Provinz,-en 1
proximity die Nähe
Prussia Preußen
psychological seelisch 8
to **publish** veröffentlichen 9
pudding der Pudding
to **pull off** abziehen (zog ab, abgezogen) 6

pullover der Pullover,-; der Pulli,-s
pulse der Puls
punctual pünktlich
puppet die Puppe,-n 8
purchase der Einkauf,-̈e
purse die Handtasche,-n
to **push** schieben (schob, geschoben); drücken 2
pushy aufdringlich
to **put** legen, stecken, stellen; tun (tut, tat, getan) 6; *to put on* anziehen (zog an, angezogen)
puzzle das Rätsel,- 5
pyramid die Pyramide,-n 10

Q

quarter das Viertel,-; *a quarter after* Viertel nach
question die Frage,-n; *to ask a question* eine Frage stellen
questionnaire der Fragebogen,-
quiet ruhig 2; still 2
quite ganz
quiz show die Quizshow,-s

R

rabbit das Kaninchen,-
race das Rennen,-
to **race** rasen
race track die Rennbahn,-en
racisim der Rassismus
radical radikal 3
radio das Radio,-s
radio station der Radiosender,- 10
rag (to wipe off blackboard) der Tafellappen,-
rail die Schiene,-n 7
railroad die Bahn,-en 1
to **rain** regnen
to **raise** heben (hob, gehoben) 4
rare selten
rather lieber
raven der Rabe,-n 4
to **reach** erreichen 10
to **read** lesen (liest, las, gelesen)

reading room das Lesezimmer,- 1
ready fertig; bereit 2
real(ly) echt
to **realize** feststellen
really wirklich
reason der Grund,¨e 2
reasonable preiswert
receipt die Quittung,-en
to **receive** bekommen (bekam, bekommen)
reception (doctor's) die Anmeldung
recipe das Rezept,-e;
recipient der Empfänger,-
to **recognize** erkennen (erkannte, erkannt) 2
to **recommend** empfehlen (empfiehlt, empfahl, empfohlen)
record die Schallplatte,-n
to **record** aufnehmen (nimmt auf, nahm auf, aufgenommen)
recorder die Blockflöte,-n
to **recover** sich erholen 3
to **recuperate** sich erholen 3
recuperation die Erholung 2
to **recycle** wiederverwerten 3
recycling das Recycling; die Wiederverwertung 3
red rot
red cabbage der Rotkohl
to **rediscover** wiederentdecken 8
rediscovery die Wiederentdeckung,-en 8
to **reform** reformieren 3
refrigerator der Kühlschrank,¨e
region die Region,-en 1; das Gebiet,-e 7
regional regional 4
registration (doctor's) die Anmeldung
relationship die Beziehung,-en 8
relative der Verwandte,-
to **relax** sich ausruhen
relaxation die Erholung 2
religion die Religion
religious religiös 3
to **relinquish** abgeben (gibt ab, gab ab, abgegeben) 3
to **remain** bleiben (blieb, ist geblieben)
remedy das Heilmittel,-n 8

to **remember** sich erinnern
remembrance die Erinnerung,-en
to **remind of** sich erinnern an 1
Renaissance die Renaissance 7
to **renovate** renovieren
to **rent** sich mieten
repair die Reparatur,-en 3
to **repair** reparieren
reporter der Reporter,-
Republic die Republik
research die Recherche,-n 10
reservation die Reservierung,-en 1
to **reserve** reservieren; *The table is reserved.* Der Tisch ist reserviert.
reservoir der Stausee,-n 9
to **reset** umrüsten 5
resistance der Widerstand,¨e 4
resolution der Vorsatz,¨e 10
resort der Kurort,-e 2
respect der Respekt 9
respiratory tract der Atemweg,-e 8
responsible for verantwortlich für 9
to **rest** sich ausruhen
restaurant das Restaurant,-s; der Gasthof,¨e
to **restore** restaurieren 6
restroom die Toilette,-n
result das Ergebnis,-se 10
reunification die Wiedervereinigung 9
reverse die Rückseite,-n
revolutionary revolutionär 8
rhetoric die Rhetorik 3
rhythm der Rhythmus; *according to the rhythm* dem Rhythmus nach
rice der Reis 8
rich reich 9
riddle die Scherzfrage,-n 4; das Rätsel,- 5
to **ride (horseback)** reiten (ritt, ist geritten); *to ride downhill* hinunterfahren (fährt hinunter, fuhr hinunter, ist hinuntergefahren) 3; *to ride uphill* hinauffahren 3
ride share agency die Mitfahrzentrale,-n 4

ride share opportunity die Mitfahrgelegenheit,-en 4
ride sharer der Mitfahrer,- 4
rider der Reiter,- 2
right das Recht,-e 6
right recht; rechts; passend; *You're right.* Du hast recht.; *right around the corner* gleich um die Ecke; *right away* gleich; sofort; *the right change* das passende Geld
to **rinse** spülen
to **risk** riskieren
river der Fluss,¨e
roast der Braten 2
roast pork der Schweinebraten
robot der Roboter,-
rock der Felsen,-
rock band die Rockgruppe,-n
rock concert das Rockkonzert,-e
rock group die Rockgruppe,-n
rock music die Rockmusik
role die Rolle,-n
to **roll** rollen 7
roller coaster die Achterbahn-en
Roman der Römer,- 3
Roman römisch
Romania Rumänien
roof das Dach,¨er
room das Zimmer,-; der Raum,¨e 7
rope die Leine,-n; das Seil,-e 6
rose die Rose,-n 1
round die Runde,-n
round-trip hin und zurück 1
row die Reihe,-n
royal festival das Hoffest,-e 4
ruby der Rubin,-e 5
rug der Teppich,-e 2
to **ruin** ruinieren 8; kaputt machen 6
ruin(s) die Ruine,-n
rule die Regel,-n
to **rule** herrschen 1; regieren 3
ruler (measure) das Lineal,-e; *(head of country)* der Herrscher,- 1
rumba die Rumba
to **run** laufen (läuft, lief, ist gelaufen); *to run (river);* fließen (floss, ist geflossen); *to run around* herumlaufen; *to run away* weglaufen 10

rusty verrostet *3*
RV (recreational vehicle) der Wohnwagen,-
rye bread das Roggenbrot,-e

S

sack der Sack,¨-e *3*
sad traurig *7*
safe sicher *6*
safety die Sicherheit *3*
safety belt der Sicherheitsgurt,-e
sail das Segel,- *6*
to **sail** segeln *6*
sail gliding das Segelfliegen
sailing ship das Segelschiff,-e *6*
sailor der Seemann,¨-er *2*; der Matrose,-n *6*
salad der Salat,-e; *tossed salad* gemischter Salat
salami die Salami
sales manager die Verkaufsleiterin,-nen *1*
saleslady die Verkäuferin,-nen
salt das Salz
salt water das Salzwasser *6*
salty salzhaltig *8*
salve die Salbe,-n
same gleich *6*
sanitation worker der Müllmann,¨-er *3*
satchel die Schultasche,-n
satisfied zufrieden *3*
Saturday der Sonnabend,-e; der Samstag,-e
sauce die Soße,-n *2*
saucer die Untertasse,-n
sauerbraten (marinated beef) der Sauerbraten
sausage die Wurst,¨-e
sausage sandwich das Wurstbrot,-e
to **save (money)** sparen *4*; *to save (person)* retten *3*; *to save onto a diskette* speichern *4*
savings bank die Sparkasse,-n *9*
saxophone das Saxophon,-e
to **say** sagen; *Let's say...* Sagen wir...; *How do you/they say...?* Wie sagt man...?
saying das Wort (die Worte)

Scandinavia Skandinavien *2*
Scandinavian skandinavisch *2*
scared erschrocken
scenery die Landschaft,-en *1*
schedule der Fahrplan,¨-e
scholar der Gelehrte,-n *8*
school die Schule,-n
school bag die Schultasche,-n
school day der Schultag,-e
school radio (station) das Schulradio
schoolmate der Schulfreund,-e
schoolwork die Schularbeit,-en
science die Wissenschaft,-en *1*
scientist der Wissenschaftler,- *8*
to **scream** schreien (schrie, geschrien)
sea das Meer,-e *2*; *at sea and on land* zu Wasser und zu Lande *6*
sea battle die Seeschlacht,-en *6*
search die Suche,-n *7*
to **search** for suchen
season die Jahreszeit,-en
seat der Platz,¨-e; der Sitzplatz,¨-e; der Sitz,-e *9*
second die Sekunde,-n *3*
secondary school das Gymnasium,-sien
secret das Geheimnis,-se *7*
secret geheim; *on a secret mission* in geheimer Mission
secretary der Sekretär,-e
section der Teil,-e;
to **secure** befestigen
to **see** sehen (sieht, sah, gesehen); *See you!* Tschüs!
to **seem** scheinen (schien, geschienen)
to **select** sich aussuchen
selection die Auswahl
self-assured selbstsicher *10*
to **sell** verkaufen *3*
semester das Semester,- *7*
to **send** schicken; senden *6*; *to send (package)* aufgeben (gibt auf, gab auf, aufgeben)
sender der Absender,-
senior citizen rail pass der Seniorenpass,¨-e *1*
separate separat
September der September
to **serve** dienen *1*

service die Dienstleistung,-en *10*
to **set up** aufbauen
seven sieben
seventeen siebzehn
seventy siebzig
severe schlimm *8*
to **sew together** zusammennähen *6*
shall werden
shape die Form,-en
to **share** teilen *5*; *to share a ride* mitfahren (fährt mit, fuhr mit, ist mitgefahren) *4*
to **shave oneself** sich rasieren
she sie
sheep das Schaf,-e
sheet (of paper) das Blatt,¨-er *6*
to **shine** scheinen (schien, geschienen)
ship das Schiff,-e
shipbuilding der Schiffsbau *6*
shirt das Hemd,-en
shoe der Schuh,-e
to **shoot** der schießen (schoss, geschossen); *to shoot into the goal* ins Tor schießen
shooting gallery die Schießbude,-n
to **shop** einkaufen; *to go shopping* einkaufen gehen
shop der Laden,¨-; das Geschäft,-e
shopping der Einkauf
shopping bag die Einkaufstasche,-n
shopping cart der Einkaufswagen,-
shopping list die Einkaufsliste,-n
shore der Strand,¨-e; das Ufer,- *2*
short kurz
should sollen
shoulder die Schulter,-n
to **show** zeigen
show-off der Angeber,- *6*
to **shower** sich duschen
siblings die Geschwister (pl.) *1*
sick krank; *I'm getting sick.* Mir wird's schlecht.
sickness die Krankheit,-en *8*
side die Seite,-n
side dish die Beilage,-n
sidewalk der Gehsteig,-e *8*

sign das Schild,-er; das Zeichen,- 2

signal das Zeichen,- 4

to **signify** bedeuten

silence die Ruhe

silver das Silber 8

similar ähnlich 8

simple einfach

since seit, seitdem, da

sincere herzlich

to **sing** singen

single einzeln 3

sink (bathroom) das Waschbecken,-; *sink (kitchen)* das Spülbecken,-

to **sink (into)** versinken (versank, ist versunken) 3

sister die Schwester,-n

to **sit** sitzen (saß, gesessen); *to sit down* sich hinsetzen, sich setzen

site die Stätte,-n 10

situation die Situation,-en 5

six sechs

sixteen sechzehn

sixty sechzig

to **sketch** zeichnen 9

to **ski** Ski laufen

skirt der Rock,¨e

sky der Himmel 4

slacks die Hose,-n

slave der Sklave,-n 6

to **sleep** schlafen (schläft, schlief, geschlafen)

sleeping bag der Schlafsack,¨e

slice die Scheibe,-n; *a slice of bread* eine Scheibe Brot

Slovenia Slowenien 1

slow langsam

small klein

smart klug; *smart (looking)* schick

to **smell** riechen (roch, gerochen)

to **smile** lächeln

to **smoke** rauchen

smoker der Raucher,- 4

snack (bar) der Imbiss,-e

snakeboard das Snakeboard,-s 9

snakeboarding das Snakeboarding 9

snotty frech 4

to **snow** schneien

so so

soap die Seife,-n 2

to **soar** schweben

soccer der Fußball,¨e

soccer ball der Fußball,¨e

soccer fan der Fußballfan,-s 7

soccer field der Fußballplatz,¨e

soccer player der Fußballspieler,-

social sozial 10

sock die Socke,-n

sofa das Sofa,-s

soft (material) weich; *soft (noise)* leise 1

soft drink die Limo,-s; die Limonade,-n

solar energy die Sonnenenergie

soldier der Soldat,-en 2

solution die Lösung,-en 7

to **solve** lösen

some etwas; manche

something etwas

sometimes manchmal

somewhere irgendwo

son der Sohn,¨e

son-in-law der Schwiegersohn,¨e

song das Lied,-er

soon bald

sore throat die Halsschmerzen (pl.)

sorry: I'm sorry. Es tut mir leid.

to **sort** sortieren 3

sound der Ton,¨e

to **sound like** klingen wie (klang, geklungen) 7

soup die Suppe,-n; *soup of the day* die Tagessuppe,-n

south der Süden

souvenir das Andenken,-

spa der Kurort,-e 2; das Bad,¨er 8

space der Raum,¨e 7

spaetzle (kind of homemade pasta) die Spätzle

Spain Spanien

Spaniard der Spanier,-

Spanish spanisch; *He speaks Spanish.* Er spricht spanisch.

to **speak** sprechen (spricht, sprach, gesprochen); reden; *She speaks German.* Sie spricht deutsch.

special offer das Sonderangebot,-e

special besonders

to **specialize** sich spezialisieren 5

specialty die Spezialität,-en

spectator der Zuschauer,- 4

speed das Tempo; die Geschwindigkeit,-en 8

to **speed around** herumrasen 9

to **spend (money)** ausgeben (gibt aus, gab aus, ausgegeben); *to spend (time)* verbringen (verbrachte, verbracht)

spicy scharf 7

spinach der Spinat

spine (book) der Rücken,- 4

to **splash** spritzen

sponge der Schwamm,¨e 6

sport der Sport; *kind of sport* die Sportart,-en

sports car der Sportwagen,-

sports club der Sportklub,-s

sporty sportlich

spot die Stelle,-n

to **spread (paint)** streichen (strich, gestrichen); *to spread* sich verbreiten 8; *to spread out* ausbreiten

spreading die Verbreitung 9

spring (season) der Frühling,-e; *(water)* die Quelle,-n 8

stability die Stabilität 10

staging die Bühnenshow,-s 4

stairs die Treppe,-n

stairway die Treppe,-n

stamp die Briefmarke,-n

stand der Stand,¨e

to **stand** stehen (stand, gestanden)

star der Stern,-e 6

star (athlete) der Star,-s

to **stare** starren 6

to **start** anfangen (fängt an, fing an, angefangen); starten 2; losgehen (ging los, ist losgegangen); *to start (motor)* anspringen (sprang an, ist angesprungen); *When does it start?* Wann geht's los?

starting line die Startlinie,-n

state der Staat,-en

stationery die Schreibwaren (pl.)

statue die Statue,-n

stay der Aufenthalt,-e 10

to **stay** bleiben (blieb, ist geblieben); *to stay overnight* übernachten

steam der Dampf,¨e 1

steel der Stahl 7

steep steil

to **steer** lenken 8

steering wheel das Lenkrad,¨er; das Steuerrad,¨er

step der Schritt,-e

stewed fruit das Kompott

stick der Stab,¨e 4

to **stick** stecken, kleben

stiff steif

still noch; *(quiet)* still 2

stingy geizig

to **stink** stinken (stank, gestunken) 3

stocking der Strumpf,¨e

stomach der Bauch,¨e

stomachache die Bauchschmerzen (pl.)

stop die Haltestelle,-n 7

to **stop** anhalten (hält an, hielt an, angehalten); aufhören 6; stoppen 8

storage capacity (computer) der Speicherraum 7

store das Geschäft,-e; der Laden,¨

story die Geschichte,-n; *(building)* der Stock, Sockwerke

stove der Herd,-e

straight ahead geradeaus

strange seltsam, komisch 5

strawberry ice cream das Erdbeereis

strawberry die Erdbeere,-n

street die Straße,-n

street theater das Straßentheater 4

streetcar die Straßenbahn,-en

strenuous strapaziös

stress der Stress 8

stretch die Strecke,-n

strict streng

strong stark 1

student (elementary through secondary school) der Schüler,-; *(college)* der Student,-en; *exchange student* die Austauschschülerin,-nen 6

student driver der Fahrschüler,-

student forum das Schülerforum,-ren 9

student rock band die Schülerrockband,-s

studio das Studio,-s

to **study (university)** studieren 1

study abroad program das Studienprogramm,-e 10

study abroad experience die Auslandserfahrung,-en 10

stupid dumm 4

subject (school) das Fach,¨er

suburban express train die S-Bahn,-en

subway die U-Bahn,-en 7

success der Erfolg,-e

successful erfolgreich

such solch

suddenly plötzlich

to **suffer** leiden *(litt, gelitten)* 2

sugar der Zucker

to **suggest** vorschlagen (schlägt vor, schlug vor, vorgeschlagen)

suggestion der Tip,-s

suit der Anzug,¨e

suitable passend

suitcase der Koffer,-

summer der Sommer,-

summer month der Sommermonat,-e

summit der Gipfel,- 9

sun die Sonne

Sunday der Sonntag,-e

sunglasses die Sonnenbrille,-n

sunny sonnig 2

sunspot der Sonnenfleck,-en 9

super super, klasse

supermarket der Supermarkt,¨e

supper das Abendessen

sure thing doch; *for sure* bestimmt

to **surf** surfen 3

surgeon der Chirurg,-en 8

surprise die Überraschung,-en 3

to **surprise** überraschen

surprised erstaunt

to **surround** umringen 3

surroundings die Umgebung,-en

survey die Umfrage,-n

suspenseful spannend 6

to **swallow** schlucken

swamp der Sumpf,¨e 4

sweater der Pulli,-s; der Pullover,-

sweatshirt das Sweatshirt,-s

Swedish schwedisch 6

sweet süß

sweets die Süßwaren (pl.)

to **swim** schwimmen (schwamm, ist geschwommen)

Swiss der Schweizer,-

switch der Schalter,- 2

Switzerland die Schweiz

swollen geschwollen

sword das Schwert,-er 4

symbol das Symbol,-e 10

system das System,-e 5

T

T-shirt das T-Shirt,-s

table der Tisch,-e

table soccer der Tischfußball

table tennis das Tischtennis

tablet die Tablette,-n

to **take** nehmen (nimmt, nahm, genommen); *to take along* mitnehmen; *to take away* wegbringen (brachte weg, weggebracht); *to take a bath* ein Bad nehmen 4; *to take a shower* sich duschen; *to take care of* erledigen, sich sorgen um; *to take off* abnehmen; *to take off (plane)* abfliegen (flog ab, ist abgeflogen); *to take off (car)* losfahren (fährt los, fuhr los, ist losgefahren) 1; *to take outside* raustragen (trägt raus, trug raus, rausgetragen) 3 *to take over* übernehmen (übernimmt, übernahm, übernommen) *to take part* dabei sein (ist dabei, war dabei, ist dabei gewesen); *to take pictures*

fotografieren; *to take place*
stattfinden (fand statt,
stattgefunden); *to take time*
dauern; *Take it easy!* Immer
mit der Ruhe!

talent das Talent,-e

to **talk** sprechen (spricht, sprach,
gesprochen); reden; *to talk
about* sprechen über; *to talk
about themselves* sprechen
über sich selbst; *It's easy for
you to talk* Du hast gut
reden.

tame zahm 4

tape (recording) das
Tonband,-̈er

to **taste** schmecken; *I don't like it.*
Das schmeckt mir nicht.

tax die Steuer,-n 2

tea der Tee

teacher (female) die Lehrerin,-nen; *teacher (male)* der
Lehrer,-

team die Mannschaft,-en; das
Team,-s 6

teamwork das Teamwork 6

teaspoon der Teelöffel,-

**technical inspection organiza-
tion** TÜV (Technischer
Überwachungsverein)

technology die Technik; die
Technologie,-n 9

teenager der Jugendliche,-n

telefax das Telefax,-e

telephone das Telefon,-e; *on
the telephone* am Telefon

telescope das Teleskop,-e 9;
primitive telescope das
Fernrohr,-e 9

television das Fernsehen; *on
television* im Fernsehen.

television program das
Fernsehprogramm,-e

television set der Fernseher,-

to **tell** erzählen; sagen; *to tell
about* erzählen von; *Tell me...*
Sag mir...

tempo das Tempo

ten zehn

tennis das Tennis

tennis court der Tennisplatz,-̈e

tennis game das Tennisspiel,-e

tennis racket der
Tennisschläger,-

tennis (athletic) shoe der
Tennisschuh,-e

tent das Zelt,-e

tent pole die Zeltstange,-n

terrible furchtbar; schrecklich

terrific klasse; toll

terrorism der Terrorismus 9

test die Prüfung,-en; der Test,-s 8

text der Text,-e

textile production die
Textilproduktion 7

therapeutic herb das
Heilkraut,-̈er 8

to **thank** danken, sich bedanken

thanks danke

that das; *That doesn't matter!*
Mir ist's egal.; *that's why*
deshalb; *that's OK* das geht;
that's true das schon

the der, die, das; *the same*
derselbe

theater das Theater,-

their ihr

theme das Thema,-men

then dann

theoretical theoretisch

there da, dort; *there* dorthin;
There is a lot going on. Da ist
viel los.

therefore deshalb

they sie, man

thing das Ding,-e 2

things die Sachen (pl.); *to take
care of things (matters)* die
Sachen erledigen

to **think** denken, finden,
glauben, meinen; *to think
about* denken an; *What do
you think of...?* Wie findest
du...?

thirst der Durst; *to be thirsty*
Durst haben

thirteen dreizehn

thirty dreißig

this dieser; *this afternoon* heute
Nachmittag; *this evening*
heute Abend; *this noon*
heute Mittag; *this morning*
heute Morgen

thought der Gedanke,-n 10

thousand tausend

to **threaten** bedrohen

three drei

thriller der Krimi,-s

throat infection die
Halsentzündung

through durch

to **throw** werfen (wirft, warf,
geworfen); *to throw into*
reinwerfen 3; *to throw out*
wegwerfen 7; *to throw the
dice* würfeln

thunderstorm das Gewitter,- 4

Thursday der Donnerstag,-e

ticket validator der
Entwerter,- 7

ticket die Karte,-n; die
Fahrkarte,-n

tide die Flut,-en 9

tie die Krawatte,-n

tight eng, straff

time die Zeit,-en; *at that time*
damals 3; *time(s)* das Mal,-e;
the last time das letzte Mal; *a
few times* ein paar mal

time machine die
Zeitmaschine,-n 1

time zone die Zeitzone,-n 9

tin can die Blechdose,-n 3

tip der Tip,-s

tire der Reifen,-

tired müde

title der Titel,- 1

to an

today heute; heutezutage;
today's heutig

together zusammen

toilet die Toilette,-n

to **tolerate** leiden (litt, gelitten) 2;
aushalten (hält aus, hielt
aus, ausgehalten) 3

tomato die Tomate,-n

tomato salad der Tomatensalat

tomato soup die
Tomatensuppe,-n

tomorrow morgen

ton die Tonne,-n 6

tonsil die Mandeln-n

too auch, zu

tool das Werkzeug,-e

tooth der Zahn,-̈e

toothache die Zahnschmerzen (pl.)

top oben; *to the top* nach oben

topic das Thema,-men

tortellini (filled pasta) Tortellini

tour die Tournee,-n

tour guide die Reiseleiterin,-nen 2

tourist der Tourist,-en

tourist office das Verkehrsbüro,-s; *tourist in seaside or beach resort* der Badegast,-̈e 2

tower der Turm,-̈e

town der Ort,-e; *town by the sea* der Badeort,-e 2

toys die Spielwaren (pl.)

trace die Spur,-en 6

track das Gleis,-e; die Spur,-en 6; die Schiene,-n 7

tractor der Traktor,-en

trade der Handel 6

trade route die Handelsroute,-n 6

trading right das Handelsrecht,-e 6

tradition die Tradition,-en 1

traffic der Verkehr

traffic congestion der Stau

traffic rule die Verkehrsregel,-n 3

traffic situation die Verkehrssituation,-en

trail die Spur,-en 6

train der Zug,-̈e; die Bahn,-en 1

to **train** trainieren

train conductor der Schaffner,- 1

train station der Bahnhof,-̈e

trainer der Trainer,-

training die Ausbildung 1

to **transfer** umsteigen

to **translate** übersetzen 8

to **transport** transportieren 1

trash der Müll

to **travel** reisen

travel agency das Reisebüro,-s

travel season die Reisezeit,-en 2

traveler's check der Reisescheck,-s

treacherous gefährlich 3

treat der Leckerbissen,-

to **treat** behandeln 7

tree der Baum,-̈e 4

trend der Trend,-s 9

trick der Trick,-s 4; der Schabernack,-e 4

trip die Reise,-n; die Fahrt,-en

trout die Forelle,-n

truck der Lastwagen,-

trumpet die Trompete,-n

trunk der Kofferraum,-̈e

to **trust** vertrauen 7

truth die Wahrheit,-en 8

to **try** versuchen; *to try out* ausprobieren

Tuesday der Dienstag,-e

Turkey die Türkei 1

to **turn** drehen; *to turn around* sich umdrehen 3; *to turn off* abstellen, ausschalten 10; *to turn on* anmachen 4; *to turn to* abbiegen (bog ab, abgebogen)

TV der Fernseher,-

twelve zwölf

twenty zwanzig

two zwei

to **type in** eintippen 10

typewriter die Schreibmaschine,-n 7

typical typisch

Tyrolean tiroler 5

U

ugly hässlich

uncle der Onkel,-

uncoordinated ungeschickt 3

under unter

to **understand** verstehen (verstand, verstanden)

understanding der Verstand; *to have more luck than brains* mehr Glück als Verstand haben

to **undertake** unternehmen (unternahm, unternommen) 10

unfortunately leider

unhealthy ungesund 8

unique einzigartig 10

to **unite** vereinigen 1

United States of America die Vereinigten Staaten von Amerika

unity die Einheit; *Day of Unity* Tag der Einheit

university die Universität,-en 1; *university (short form)* die Uni,-s 6

unknown unbekannt 2

to **unpack** auspacken

unquestionable unbedingt

unsafe unsicher 6

unsuspecting arglos 3

unthinkable undenkbar

until bis

up(stairs) oben; *up and down* rauf und runter 4

to **use** benutzen 2; gebrauchen; *to use (up)* verbrauchen

V

vacation die Ferien (pl.); der Urlaub,-e; *to go on vacation* in den Urlaub fahren, in die Ferien fahren

to **vacuum** staubsaugen

vacuum cleaner der Staubsauger,- 2

Valentine's Day der Valentinstag

valuable wertvoll 5

value der Wert,-e 10

valued at im Wert von 10

vanilla ice cream das Vanilleeis

VCR recorder der Videorekorder,-

vegetable(s) das Gemüse

vegetable soup die Gemüsesuppe,-n

to **venture** unternehmen (unternahm, unternommen) 10

very sehr

vicinity die Umgebung,-en

victory der Sieg,-e 2

video das Video,-s

video film der Videofilm,-e 2

videocassette recorder der Videorekorder,-

view der Ausblick; die Aussicht,-en 9

to **view** besichtigen

Viking der Wikinger,- 2

village das Dorf,-̈er 1

vineyard der Weinberg,-e

violence die Gewalt
violin die Geige,-n
visit der Besuch,-e; *She comes to visit.* Sie kommt zu Besuch.
to visit besuchen; *(sights)* besichtigen
visitor der Besucher,-
voice die Stimme,-n 1
volleyball der Volleyball
voluntary freiwillig
voyage die Schifffahrt,-en 8

W

to wait warten *to wait for* warten auf; *I can hardly wait.* Ich kann es gar nicht erwarten.
waiter der Kellner,-
waitress die Kellnerin,-en
to wake up aufwachen
to walk around herumlaufen (läuft herum, lief herum, ist herumgelaufen)
walkman der Walkman,-s 7
wall die Mauer,-n; die Wand,¨e 6
wallpaper die Tapete,-n 6
to wallpaper tapezieren 6
wallpaper paste der Kleister,- 6
waltz der Walzer,- 5
to want to wollen
war der Krieg,-e; *World War II* der Zweite Weltkrieg 1
ware die Ware,-n 3
warm warm
warning die Warnung,-en 2
to wash waschen (wäscht, wusch, gewaschen); spülen; *to wash oneself* sich waschen; *washed ashore* angeschwemmt 2
washer die Waschmaschine,-n
to waste verschwenden
waste avoidance die Müllvermeidung 3
watch Uhr,-en
to watch zusehen (sieht zu, sah zu, zugesehen); *to watch out* aufpassen; *to watch a TV program* ein Fernsehprogramm sehen

watchtower der Wachturm,¨e
water das Wasser
to water (flowers) gießen (goss, gegossen)
water barrel das Wasserfass,¨er 6
water spirit der Wassergeist,-er 7
water system das Wassersystem,-e 10
wax das Wachs 6
way der Weg,-e
we wir
weak schwach 1
to wear anziehen *(zog an, angezogen)*; anhaben (hat an, hatte an, angehabt); tragen (trägt, trug, getragen) 7
weather das Wetter
web page die Web-Seite,-n 1
wedding die Hochzeit,-en 1
Wednesday der Mittwoch,-e
week die Woche,-n
weekend das Wochenende,-n
to weigh wiegen (wog, gewogen)
weird seltsam 5
welcome willkommen
to welcome willkommen heißen
well die Quelle,-n 8
well gut; na; *Oh well.* Na ja.; *Get well!* Gute Besserung!
well-known bekannt
weltoffen open-minded 10
west der Westen
wet nass
what was, wie; *What's your name?* Wie heißt du?; *What do you think of...?* Wie findest du...?; *what for* wozu; *What's up?* Was gibt's?; *what kind of* was für
wheat der Weizen 1
wheel das Rad,¨er 7
wheelchair der Rollstuhl,¨e 8
when wann, wenn, als
whenever wenn
where wo; *where to* wohin
whether ob
which welcher
while während
whipped cream die Schlagsahne
white weiß
who wer

whole ganz toll
whose wessen
why warum
wicked böse 8
wide breit 2
wife die Frau,-en
wig die Perücke
wild wild 2
wild water ride die Wildwasserbahn,-en
will werden
to win gewinnen (gewann, gewonnen)
wind der Wind,-e 2
window das Fenster,-
windshield die Windschutzscheibe,-n
wine der Wein,-e
wine press die Weinpresse,-n 7
wing der Flügel,- 9
winner der Gewinner,- 9
winter der Winter,-
to wipe wischen 2
wise weise
wish der Wunsch,¨e 4
to wish wünschen
witch die Hexe,-n 8; *witch burning* die Hexenverbrennung,-en 8
with mit, bei
within innerhalb
without ohne; *without charge* kostenlos 3
witness der Zeuge,-n 3
woman die Frau,-en
wood das Holz,¨er 2
wood carver der Holzschnitzer,- 8
word Wort,¨er; *word* das Wort,-e; *in other words* mit anderen Worten

work die Arbeit,-en; *to help with the work* bei der Arbeit helfen
to work arbeiten; *to work (item)* funktionieren 1; *to work together* zusammenarbeiten 6
worker der Arbeiter,- 1
workshop die Werkstatt,-stätten 6

world die Welt,-en; *around the world* weltweit 10; *world heritage site* die Welterbestätte,-n 10; *World Heritage List*; die Welterbeliste,-n 10

worldwide weltweit 10

worried besorgt 3

worry die Sorge,-n 5

to **worry** sich sorgen; *to worry about* sich sorgen um; sich Sorgen machen 8; *Don't worry!* Keine Angst!

would like to möchten; *I would like to go to the rock concert.* Ich möchte zum Rockkonzert (gehen).

wounded der Verwundete,-n 8

wrist das Handgelenk,-e 8

to **write** schreiben (schrieb, geschrieben)

Y

yard der Garten

year das Jahr,-e

yellow gelb

yes ja

yesterday gestern

yet noch

you *(familiar singular)* du; *you (familiar plural)* ihr; *you (formal)* Sie; *you (accusative)* dich; *for you* für dich

young person der Jugendliche,-n

your dein; *Your...* Dein(e)...; *your (familiar plural)* euer; *your (formal singular and plural)* Ihr

youth die Jugend

youth club der Jugendklub,-s

youth hostel die Jugendherberge,-n

youth hostel director der Herbergsvater,-

youth team die Jugendmannschaft,-en

Yugoslavia Jugoslawien 7

Z

zero null

zip code die Postleitzahl,-en

accusative
    after verbs with preposi-
        tions *127*
    relative pronouns *91*
adjectives
    comparison of *157*
    past participles as *359*
adverbials
    word order of *310*
adverbs
    comparison of *157*
als *84*
command forms *116*
comparative *155, 159*
comparison of adjectives
    and adverbs *157*
compound nouns *102*
conjunctions
    coordinating *10*
    subordinating *10*
coordinating conjunctions *10*
da-compounds *174*
dative
    after verbs with preposi-
        tions *127*
    relative pronouns *91*
    time expressions with *59*
double infinitives
    modals *198*
es
    used with the passive voice
        314
expressing preferences with
    comparative and superla-
    tive *159*
expressions for times of day *19*
future tense
    with *werden* *303*
genitive *285*
if/then clauses
    past tense *166*
    present tense *135*
imperative *116*
infinitive clauses with *zu* and
    um...zu *248*
infinitives
    double *198*
modals
    double infinitives *198*
    narrative past *205*
    passive voice with (narra-
        tive past/past tense) *272*
    past perfect tense *351*

past subjunctive *214*
present perfect tense *196*
present subjunctive *213*
present tense *241*
narrative past
    irregular verbs *51*
    modals *205*
    passive voice *266*
    passive voice with modals
        272
    regular verbs *49*
nominative
    relative pronouns *91*
nouns
    compound *102*
    verbs used as *41*
ob *218*
participles
    past (as adjectives) *359*
passive voice
    narrative past *266*
    present tense *236*
    present tense with modals
        241
    with modals (past
        tense/narrative past) *272*
    with the subject *es* *314*
past participles as adjectives
    359
past perfect tense
    with modals *351*
    with verbs *342*
past subjunctive
    modals *214*
past tense
    if/then clauses *166*
    irregular verbs *51*
    modals *205*
    regular verbs *49*
    passive voice *266*
    passive voice with modals
        272
    subjunctive with modals *214*
polite requests and wishes *100*
prepositions
    with relative pronouns *131*
    verbs with *126*
present perfect tense
    irregular verbs *51*
    modals *196*
    regular verbs *49*
present tense
    if/then clauses *135*

modals with the passive *241*
passive voice *236*
subjunctive with modals *213*
pronouns
    after prepositions *131*
    relative *91, 131*
    was and *wo* *278*
question words
    subordinate clauses with
        355
relative pronouns *91*
    after preposition *131*
    was and *wo* *278*
subjunctive
    past *166*
    past in the modals *214*
    present subjunctive II *100*
    present with modals *213*
subordinate clauses with ques-
    tions words *355*
subordinating conjunctions *10*
superlative
    expressing preferences *155,
        159*
time expressions with the
    dative *59*
times of day *19*
um zu
    infinitive clauses with *248*
-ung nouns from verbs *322*
uses of *werden* *303*
verbs
    forming *-ung* nouns *322*
    past perfect tense *342*
    past tense *49*
    preposition combinations
        126
    present perfect tense *49*
    used as nouns *41*
wann *84, 218*
was
    relative pronouns with *278*
wenn *84*
werden
    as a full verb *303*
    with future tense *303*
    with passive *303*
wo
    as relative pronoun with *278*
wo-compounds *231*
word order of adverbials *310*
zu
    infinitive clauses with *248*

The authors would like to thank the following German instructors who provided valuable comments for the new edition of *Deutsch Aktuell*:

Kristine S. Albrecht, St. Charles High School, St. Charles, Illinois
Marianne Allen, Northwestern-Lehigh High School, New Tripoli, Pennsylvania
Eva Arndt, Morris Catholic High School, Denville, New Jersey
Gertrud Ashe, Cholla High School, Tucson, Arizona
Gabriele Auerbach, Bettendorf High School, Bettendorf, Iowa
Fritz A. Baake, Northwest Global Studies Middle Magnet School, Kansas City, Missouri
Jim Baggett, Springstead High School, Spring Hill, Florida
Ursula Baker, West Chicago Community High School, West Chicago, Illinois
Greg Barnett, Oak Grove High School, San Jose, California
Brigitte Baur, Glenbrook North High School, Northbrook, Illinois
Margrit Bickelmann, Rochester High School, Rochester, Michigan
Erin Bierley, Fernley High School, Fernley, Nevada
Anneliese Boghossian, Perth Amboy High School, Perth Amboy, New Jersey
Rick Brairton, Chatham High School, Chatham, New Jersey
Nancy Brock, Crittenden County High School, Marion, Kentucky
Mara R. Brogan, Peoria Notre Dame High School, Peoria, Illinois
Helga S. Brown, Basic High School, Henderson, Nevada
Lynn G. Brown, Scranton School/Yellowstone Trail Consortium (ITV), Scranton, North Dakota
Jill Brunner, Richmond High School, Richmond, Michigan
Nancy Burbank, Reno High School, Reno, Nevada
Jacqueline A. Cady, Bridgewater-Raritan High School, Bridgewater, North Dakota
Karin Carl, Wall High School, Wall, New Jersey
Phillip Carlson, New Mexico Military Institute, Roswell, New Mexico
James P. Carrell, Albuquerque Academy, Albuquerque, New Mexico
Chris Case, McQueen High School, Reno, Nevada
Marjorie E. Cederlund, Thomas Middle School, Arlington Heights, Illinois
Stephanie Christensen, Flathead High School, Kalispell, Montana
Sandra Clymer, Ravenna High School, Ravenna, Nebraska
Margaret Collier, Bishop Eustau Preparatory School, Pennsauken, New Jersey
Susan Davis, Manchester High School, Manchester, Michigan
Carol W. Devoss, St. Charles High School, St. Charles, Illinois
Maryann De Young, Miamisburg High School, Miamisburg, Ohio
Joseph Dowling, William Penn High School, New Castle, Delaware
Susan Durkin, Arbor Park Middle School, Oak Forest, Illinois
Robert B. Edwards, Metropolitan East Luthern High School Edwardsville, Illinois
Nancy Ericson, New Life Academy, Woodbury, Minnesota
Amy Evers, Brentwood High School, Brentwood, Tennessee
Thomas Fischer, Overbrook Regional Senior High School, Pine Hill, New Jersey
Gregory Fruhman, Clifton High School, Clifton, New Jersey
Doris Glowacki, Union High School, Union, New Jersey
Walter Godecke, Sacramento High School, Sacramento, California
K. Joy Gruits, Reuther Middle School, Rochester Hills, Michigan
J. Royce Gubler, Green Valley High School, Henderson, Nevada
Beth Guhr, Edgewood High School, Edgewood, Maryland
John F. Györy, G.A.R. Memorial Junior Senior High School, Wilkes-Barre, Pennsylvania
Shawn Harms, La Salle-Peru High School, La Salle, Illinois
Mary Hart, Eddyville High School, Eddyville, Iowa
Ann Hartman, New Prague Senior High School, New Prague, Minnesota
Peri V. Hartzell, Field Kindley High School, Coffeyville, Kansas
Victoria Heiderscheidt, St. Joseph Middle School, Waukesha, Wisconsin
Arthur Helwing, Mather High School, Chicago, Illinois
Arthur P. Herrmann, White Station High School, Memphis, Tennessee
Nancy Hetzel, Mark T. Sheehan High School, Wallingford, Connecticut
Tom Hoffman, Russell High School, Russell, Kansas

Judy Horning, Newark High School, Newark, Ohio
Patricia Hughes, Kelliher Public School, Kelliher, Minnesota
Daniel L. Hunter, Bald Eagle Nittany High School, Mill Hall, Pennsylvania
Glenn P. Huntoon, Wabasha-Kellogg High School, Wabasha, Minnesota
Terry L. Huth, Wauwatosa School District, Wauwatosa, Wisconsin
Kim P. Icsman, Ursuline Academy of Cincinnati, Cincinnati, Ohio
Jennifer E. Jacobi, Haines Middle School, St. Charles, Illinois
Heinz Janning, Redwood Valley High School, Redwood Falls, Minnesota
Wilfried Jarosch, Thornwood High School, South Holland, Illinois
Regina Johannson, Webb School of Knoxville, Knoxville, Tennessee
Roger P. Johnson, Elko High School, Elko, Nevada
Rhonda Jones, Lane Technical High School, Chicago, Illinois
Guido Kauls, Minnehaha Academy, Minneapolis, Minnesota
Kristine Keller, Wilton High School, Wilton, Iowa
Charles King, St. Joseph High School, Westchester, Illinois
Elizabeth Kitamann, Battle Mountain High School, Minturn, Colorado
Joanne Kiwak, Coatesville Area High School, Coatesville, Pennsylvania
Linda Klein, Waupaca High School, Waupaca, Wisconsin
Hans Koenig, Blake School, Hopkins, Minnesota
Robert Komar, North Bergen High School, North Bergen, New Jersey
Maggie Kornreich, Mariemont High School, Cincinnati, Ohio
Nancy Kuechelmann, Ridge High School, Basking Ridge,New Jersey
David J. Lane, The Kiski School, Saltsburg, Pennsylvania
Erl Langness, Ishpeming High School, Ishpeming, Michigan
Ardis D. Larvick, Stewardson-Strasburg High School, Strasburg, Illinois
Eric Lassner, Standley Lake High School, Westminster, Colorado
Irmgard K. Lindahl, Lutheran High School, Springfield, Illinois
Ingrid Luchini, Mayfield High School, Las Cruces, New Mexico
Joyce Luekens, Kawameeh Middle School, Union, New Jersey
Roger VanMaasdam, Schaumburg Christian School, Schaumburg, Illinois
David M. Major, Colerain High School, Cincinnati, Ohio
Jean Maley, New Mexico Military Institute, Roswell, New Mexico
Ann Mans, Pine City High School, Pine City, Minnesota
Ingrid May, Harding High School and River Valley High School, Marion, Ohio
Linda R. McCrae, Muhlenberg High School, Laureldale, Pennsylvania
Charles Mescher, Marion Local High School, Maria Stein, Ohio
Barbara Mieder, Milton Junior-Senior High School, Milton, Vermont
Judith Miller, Hightstown High School, Hightstown, New Jersey
Jo Anne Miller, Cumberland Valley High School, Mechanicsburg, Pennsylvania
Ronald Moore, Platteview High School, Springfield, Nebraska
Helga E. Morganstern, Luther Burbank High School, Sacramento, California
Karen Mosher, Alamogordo High School, Alamogordo, New Mexico
Barbara Muehler, Providence Catholic High School, New Lenox, Illinois
Frank Mulhern, Wissahickon School District, Ambler, Pennsylvania
Daniel P. Nash, Evergreen High School, Evergreen, Colorado
Helga Needham, Howell High School, Farmingdale, New Jersey
Jo Ann D. Nelson, Jacksonville High School, Jacksonville, Illinois
Rebecca Kettler Nemec, Maplewood-Richmond Heights Senior High School, St. Louis, Missouri
Nancy Lorraine Newson, Lakewood Senior High School, Lakewood, Colorado
Ronald E. Nocks, Westerville South High School, Westerville, Ohio
Joan Nowak, Oak Creek Senior High School, Oak Creek, Wisconsin
Patrick O'Malley, New Prague Senior High School, New Prague, Minnesota
Mary Loomer Oliver, Foley Senior High School, Foley, Minnesota
Barry Olsen, Timpview High School, Provo, Utah
Tom Ore, Pickerington High School, Pickerington, Ohio
Joan M. Otoupalik, Cherry Creek High School, Englewood, Colorado
Lillian Pennington, Pickerington High School, Pickerington, Ohio
Sister Mary Perpetua, Central Catholic High School, Reading, Pennsylvania
Rosie Peters, Holt High School, Holt, Michigan

Connie Popken, West High School, Sioux City, Iowa

Ronald Porotsky, Whitehall High School, Whitehall, Pennsylvania

Karen Diane Price, Charlottesville High School, Charlottesville, Virginia

Lois Purrington, BDSH High School, Renville, Minnesota

Susan Rayner, Foothill Farms Junior High School, Sacramento, California

Caroline F. Redington, Dunkirk Middle School, Dunkirk, New York

David H. Renoll, Tunkhannock Area High School, Tunkhannock, Pennsylvania

Dwight Repsher, Pen Argyl Area School District, Pen Argyl, Pennsylvania

Rev. Donald R. Rettig, Elder High School, Cincinati, Ohio

Albert E. Reynolds, Cordova High School, Rancho Cordova, California

Ernest L. Roane, Huguenot High School, Richmond, Virginia

Faye Rollings-Carter, Midlothian High School, Midlothian, Virginia

Cecil Roth, Williston High School, Willston, North Dakota

Don Ruhde, Iowa Falls High School, Iowa Falls, Iowa

Runy Runge, McLane High School, Fresno, California

Emmerich Sack, St. John's Preparatory School, Collegeville, Minnesota

Loretta Saunderson, Burnet Middle School, Caldwell, New Jersey

Elaine Schuessler, Wesclin High School, Trenton, Illinois

Linda Schwinghammer, Shakopee Junior High School, Shakopee, Minnesota

Linda B. Seward, Loyola Academy, Wilmette, Illinois

Scott Alan Seyler, MMI Preparatory School, Freeland, Pennsylvania

Ramona Shaw, Steelville R-3 Schools, Steelville Missouri

Angela Shea, St. Mary's High School, Stockton, California

Marsha S. Sirman, Seaford High School, Seaford, Delaware

Marcia K. Slosser, Lloyd C. Bird High School, Chesterfield, Virginia

Theresa Smejkal, Loyola Academy, Wilmette, Illinois

Susan Smith, Van Hoosen Middle School, Rochester, Michigan

Ruth Stark, Chisago Lake High School, Lindstrom, Minnesota

Mary Stefano, Seaholm High School, Birmingham, Michigan

Shirley Swan, Lakeview High School, St. Clair Shores, Michigan

Patrick W. Sylvester, Socorro High School, Socorro, New Mexico

William Thomas, Limestone Community High School, Bartonville, Illinois

Robert S. Thompson, F. T. Maloney High School, Meriden, Connecticut

Warren E. Thornock, Elk Grove High School, Elk Grove, California

Roswitha Timbrell, Gulf High School, New Port Richey, Florida

Tanya Tobin, Purcell Marian High School, Cincinnati, Ohio

Ernst Unger, Paramus High School, Paramus, New Jersey

Doris Unruh, Peabody High School, Peabody, Kansas

Joyce Van Ness, Central Campus High School, Minot, North Dakota

Archie Walker, Groveport-Madison High School, Groveport, Ohio

Nancy S. Walker, Craigmont High School, Memphis, Tennessee

Gerald Walta, Lakeside Lutheran High School, Lake Mills, Wisconsin

John Walte, Mount Vernon High School, Mount Vernon, Washington

Jon Ward, Rigby High School, Rigby, Idaho

Deborah E. Weston, Lindenhurst Junior High School, Lindenhurst, New York

Eleanor Weston, Bishop Foley High School, Madison Heights, Michigan

Gabriele Whittemore, Manchester Regional High School, Haledon, New Jersey

Ursula Wilhelm, John Burroughs School, St. Louis, Missouri

Robert F. Williams, Green Mountain High School, Lakewood, Colorado

Robert Williams, Waseca High School, Waseca, Minnesota

Kimberly Winter-McGhee, Morgan County R-II Schools, Versailles, Missouri

Diane Wippler, Proctor High School, Proctor, Minnesota

William Witney, Hastings Middle School, Columbus, Ohio

Spencer H. Wolf, Middletown High School North, Middletown, New Jersey

Walter Wolf, Center High School, Center, North Dakota

Jan Zamir, John Hersey High School, Arlington Heights, Illinois

Georgeanna Zauhoff, Holland Christian High School, Holland, Michigan

Photo Credits